Enzyklopädie der
griechisch-römischen
Antike

Enzyklopädie der griechisch-römischen Antike

Herausgegeben
von
Aloys Winterling

in Verbindung mit
Kai Brodersen, Martin Jehne
und Winfried Schmitz

Band 10

Antike Wirtschaft

Von
Sitta von Reden

ISBN 978-3-486-59700-4
e-ISBN (PDF) 978-3-486-85262-2
e-ISBN (EPUB) 978-3-11-039829-8

Library of Congress Cataloging-in-Publication Data
A CIP catalog record for this book has been applied for at the Library of Congress.

Bibliografische Information der Deutschen Nationalbibliothek
Die Deutsche Nationalbibliothek verzeichnet diese Publikation in der Deutschen Nationalbiblio-grafie; detaillierte bibliografische Daten sind im Internet über http://dnb.dnb.de abrufbar.

© 2015 Walter de Gruyter GmbH, Berlin/Boston
Druck und Bindung: Hubert & Co. GmbH & Co. KG, Göttingen
Gedruckt auf säurefreiem Papier
Printed in Germany

www.degruyter.com

Für Dich, Cyprian

Vorwort

Die „Enzyklopädie der griechisch-römischen Antike" richtet sich an Studierende, Lehrende und Forschende der Geschichte, an interdisziplinär interessierte Wissenschaftlerinnen und Wissenschaftler benachbarter Fächer sowie an historisch interessierte Laien. Ihnen soll ein praktisches Hilfsmittel an die Hand gegeben werden, das auf knappem Raum einen forschungsnahen, problemorientierten Zugang zu zentralen Themenfeldern des griechisch-römischen Altertums eröffnet. Die einzelnen Bände orientieren sich an der bewährten Konzeption der Reihen „Grundriss der Geschichte" und „Enzyklopädie deutscher Geschichte" des Oldenbourg Verlags: Zunächst wird jeweils eine einführende Überblicksdarstellung des Gegenstandes gegeben. Es folgt eine Analyse der wissenschaftsgeschichtlich wichtigsten sowie der aktuellen Probleme, Diskussionen und Kontroversen der Forschung. Den Abschluss bildet eine auf den Forschungsteil bezogene, ausgewählte Bibliographie.

Die thematische Gliederung des Gesamtwerks geht aus von der strukturgeschichtlichen Bedeutung städtischer Bürgerschaften für Gesellschaft und Kultur der klassischen griechisch-römischen Antike. Behandelt werden daher – teils gemeinsam, teils getrennt für Griechenland und Rom – Haus und Familie als Grundeinheiten der Stadt, soziale Strukturen und politische Organisationsformen, die auf der Basis städtischer Siedlung entstanden, schließlich außerstädtische und stadtübergreifende politische Strukturen (Reiche, Monarchien) sowie Themenfelder, die auf mehreren der drei Ebenen in Erscheinung traten (Militär, Wirtschaft, Geschlechterrollen, Religion). Methodisch sind die Bände einer Sichtweise verpflichtet, die an der Besonderheit der griechisch-römischen Antike gegenüber anderen vormodernen und gegenüber modernen Gesellschaften interessiert ist und die daher mit der Übertragung von Begriffen und Konzepten, die für moderne Sachverhalte entwickelt wurden, auf antike Phänomene vorsichtig umgeht. Entsprechend werden die begriffsgeschichtliche Dimension gegenwärtigen wissenschaftlichen Sprachgebrauchs und die kulturelle Dimension der behandelten Themen – die aus der Antike überlieferten symbolischen Sinnzuschreibungen und sprachlichen Selbstdeutungen – in die Überlegungen einbezogen.

Eine systematische Enzyklopädie, die in dieser Weise dem heutigen Bild der Antike eine kritische Bestandsaufnahme der vergangenen und gegenwärtigen wissenschaftlichen Beschäftigung mit ihr an die Seite stellt, wird in unterschiedlichen Kontexten von Nutzen sein: Studierende bekommen Überblickswissen zur Einführung geboten und zugleich einen schnellen diskursiven Zugang zu den unterschiedlichen Positionen der Forschung, die sich sonst erst nach längerer Einarbeitung in das jeweilige Thema erschließen. Lehrenden wird ein Arbeitsinstrument für modernen akademischen Unterricht an die Hand gegeben, das nicht nur die Ergebnisse historischer Forschung, das „gesicherte Wissen", sondern auch die Entstehung dieses Wissens vorstellt und das daher bestens geeignet ist für das exemplarische Erlernen der Methoden historischen Arbeitens durch Beobachtung konkreter Forschungsdiskurse. Zweifellos werden die Bände der Enzyklopädie auch in der althistorischen Wissenschaft selbst willkommen sein. Die zunehmende Spezialisierung und die steigende Quantität der Publikationen hat auch hier den Überblick über das Fach längst zum Problem gemacht und das Bedürfnis nach Orientierung über herrschende Meinungen, aber auch über Desiderate und offene Fragen wachsen lassen. Im Kontext wissenschaftlicher Arbeit erleichtert eine systematische Aufarbeitung der Forschung zudem stets auch die kritische Reflexion der Prämissen, Fragen, Begriffe, Theorien und Methoden der bisherigen Beschäftigung mit der Antike. Orientierung über vorhandenes Wissen und Selbstbeobachtung der Forschung aber sind nicht nur Voraussetzung für die Fortentwicklung einer modernen Alten Geschichte, sie erleichtern auch den Zugang zum Fach für benachbarte Disziplinen und für eine breitere, in den letzten Jahren verstärkt an der Antike interessierte Öffentlichkeit.

In gemeinsamen Treffen der beteiligten Wissenschaftlerinnen und Wissenschaftler wurden methodisch-theoretische Fragen und der Zuschnitt der einzelnen Bände diskutiert; die Manuskripte wurden von den Herausgebern vor der Drucklegung kritisch kommentiert. Trotz seines Bezugs auf das Gesamtwerk stellt gleichwohl jedes Buch eine unabhängige und eigenständige Abhandlung der jeweiligen Autorinnen und Autoren dar.

Aloys Winterling

Zu diesem Band

Dieser Band entstand während eines Forschungsaufenthalts am Institute for Advanced Study in Princeton/New Jersey. Ich danke den *permanent members* des Institutes, insbesondere Angelos Chaniotis, für das Privileg, am Institute gearbeitet haben zu dürfen. Ohne die Freiheit, die den Mitgliedern dort gewährt wird, hätte das Buch nicht in wenigen Monaten geschrieben werden können. Dank schulde ich auch Kirstie Venanzi, Bibliothekarin der History and Social Science Library, die den größten Teil der hier verarbeiteten Literatur besorgt hat. Den *Friends of the Institute* danke ich für die finanzielle Unterstützung des Aufenthalts.

Viele Kollegen, Kolleginnen und Freunde waren an der gedanklichen Entwicklung des Buchs beteiligt. Danken möchte ich an dieser Stelle William Harris, Kaja Harter-Uibopuu, Éva Jakab, Barbara Kowalzig, Stewart Manning, Andrew Meadows, Josiah Ober, Sebastian Prignitz, Walter Scheidel, Brent Shaw, Gerhard Thür, Heinrich von Staden, Andrew Wilson und noch einmal Angelos Chaniotis, mit denen ich in und außerhalb Princetons Einzelfragen diskutieren konnte und dabei viel gelernt habe. Zu speziellem Dank bin ich meinem Freiburger Kollegen Peter Eich verpflichtet, der mich vor Fehlern bewahrt und immer wieder dazu angehalten hat, die für einen großen Überblick unbequemen Details nicht aus dem Auge zu verlieren. Für alle verbleibenden Unzulänglichkeiten bleibe ich natürlich allein verantwortlich.

Den Herausgebern der Reihe, Aloys Winterling und Kai Brodersen danke ich für hilfreiche Anregungen und Überarbeitungsvorschläge. Ihre Erfahrung mit dem Vermittlungsformat dieser Reihe hat entscheidend zur besseren Benutzbarkeit des Bandes beigetragen. Florian Hoppe vom Verlag de Gruyter Oldenbourg danke ich für die kompetente und angenehme Zusammenarbeit bei der Manuskriptherstellung und Drucklegung. Für Literaturbeschaffung, Korrekturlesen und Textformatierung danke ich in Freiburg Sophie Stritzelberger, Ole Johannsen, Clara Hillebrecht und Stephan Baake. Philip Straub hat in bemerkenswerter Geschwindigkeit und Sorgfalt, obwohl er sich selbst im Examen befand, die Register erstellt. Dafür ein Extradank.

Meiner Familie schulde ich mehr als ich hier ausdrücken kann. Euer Frohsinn und Lachen begleiten mich täglich. Das Ergebnis der vielen Stunden Abwesenheit widme ich Dir, Cyprian, weil Du die Spinnen in Princeton so heroisch ertragen hast, und überhaupt für all die Freude, die Du in mein Leben bringst!

Freiburg, im Dezember 2014   Sitta von Reden

Inhaltsverzeichnis

I. Enzyklopädischer Überblick

  1. Wirtschaft und Wirtschaftsgeschichte 1
     1.1 Wirtschaftsgeschichte 1
     1.2 Kontroversen um die Antike Wirtschaft 5
     1.3 Das Konzept dieses Buches 6
  2. Die Bedingungen der Wirtschaft 8
     2.1 Ökologie und Wirtschaftsräume 8
     2.2 Bevölkerung 15
     2.3 Technik und Infrastruktur 19
     2.4 Institutionen 24
     2.5 Staatliche Organisation 33
  3. Wirtschaftliche Praxis 38
     3.1 Steuern, Abgaben und Redistribution 38
     3.2 Konsum und Lebensstandard 49
     3.3 Landwirtschaft und Produktion 54
     3.4 Geld, Kredit und Banken 60
     3.5 Handel und Märkte 67
  4. Theorien der Wirtschaft 75
     4.1 Wirtschaft und Politik 75
     4.2 Geldkritik, Zinskritik und Handel 77
     4.3 Hauswirtschaft und Staatshaushalt 81
     4.4 Theorie und Praxis 86

II. Grundprobleme und Tendenzen der Forschung

  1. Wirtschaft und Wirtschaftsgeschichte 89
     1.1 Wirtschaftsgeschichte 89
     1.2 Kontroversen um die Antike Wirtschaft 91
     1.3 Neue Ansätze in der Wirtschaftsgeschichte 98
  2. Die Bedingungen der Wirtschaft 105
     2.1 Ökologie und Wirtschaftsräume 105
     2.2 Bevölkerung 111
     2.3 Technik und Infrastruktur 117
     2.4 Institutionen 118
     2.5 Staatliche Organisation 128
  3. Wirtschaftliche Praxis 134
     3.1 Steuern, Abgaben und Redistribution 134
     3.2 Konsum und Lebensstandard 142
     3.3 Landwirtschaft und Produktion 146

3.4 Geld, Kredit und Banken 153
3.5 Handel und Märkte 161
4. Theorien der Wirtschaft 170
4.1 Wirtschaft und Politik 170
4.2 Geldkritik, Zinskritik und Handel 172
4.3 Hauswirtschaft und Staatshaushalt 176
4.4 Theorie und Praxis 181

III. Literatur

1. Wirtschaft und Wirtschaftsgeschichte 183
   1.1 Wirtschaftsgeschichte 183
   1.2 Kontroversen um die Antike Wirtschaft 184
   1.3 Neue Ansätze in der Wirtschaftsgeschichte 188
2. Die Bedingungen der Wirtschaft 192
   2.1 Ökologie und Wirtschaftsräume 192
   2.2 Bevölkerung 196
   2.3 Technik und Infrastruktur 199
   2.4 Institutionen 200
   2.5 Staatliche Organisation 206
3. Wirtschaftliche Praxis 208
   3.1 Steuern, Abgaben und Redistribution 208
   3.2 Konsum und Lebensstandard 212
   3.3 Landwirtschaft und Produktion 215
   3.4 Geld und Kredit 218
   3.5 Handel und Märkte 222
4. Theorien der Wirtschaft 227
   4.1 Wirtschaft und Politik 227
   4.2 Geldkritik, Zinskritik und Handel 228
   4.3 Hauswirtschaft und Staatshaushalt 229
   4.4 Theorie und Praxis 231

Register

Personenregister 233
Orts- und Sachregister 238

I. Enzyklopädischer Überblick

1. Wirtschaft und Wirtschaftsgeschichte

1.1 Wirtschaftsgeschichte

Die Wirtschaft einer Gesellschaft kann als der Zusammenhang von Herstellung (Produktion), Verteilung und Verbrauch (Konsum) knapper Güter verstanden werden. Wirtschaftsgeschichte verfolgt dann zunächst die Frage, wie Gesellschaften menschliche und natürliche Ressourcen nutzten, um ihren Verbrauch zu sichern und Überschüsse zu erwirtschaften, wie knappe Güter verteilt wurden und wie erfolgreich die Verbrauchssicherung über Produktion und Verteilung war. Verbrauchssicherung und Überschüsse sind Resultate der wirtschaftlichen Leistung und schlagen sich in steigendem Lebensstandard nieder. Die antike Wirtschaft ist ein unschätzbares Untersuchungsfeld für diese Fragen, da die Entwicklung griechischer Poleis und des römischen Reiches von einem zumindest punktuell gesamtgesellschaftlich wachsenden Lebensstandard über gewisse Zeiträume zeugen. Wie ist diese Entwicklung zu erklären und basierte sie tatsächlich auf steigender Wirtschaftsleistung oder lediglich auf Phasen erfolgreicher Tributsicherung? Definition

Wirtschaften sind neben ökologischen und technischen Bedingungen von sozialen und politischen Faktoren beeinflusst. Es ist zu fragen, welche sozialen Gruppen von den Erträgen der Gesellschaft profitierten und wie sich ihr Lebensstandard im Vergleich zu anderen sozialen Gruppen entwickelte. Wie entstanden und wie effizient funktionierten Märkte und andere Verteilungssysteme, welche Güter wurden über sie verteilt und welche Rückwirkungen hatten sie auf unterschiedliche soziale Gruppen? An einer Wirtschaft sind Menschen („Akteure") beteiligt, d. h. Verbraucher, Produzenten und verschiedene Mittelsleute wie Händler, Kleinhändler, Dienstleister und Kreditgeber. Welche Interessen verfolgten sie, mit welchem Informationsstand verfolgten sie diese und in welchem Maß investierten sie in ihre effiziente Verwirklichung? Bedingungen

Akteuren stehen staatliche Organisationen bzw. ihr Personal gegenüber: Staaten bestreiten Ausgaben und haben einen eigenen Bedarf an Gütern und Geld. Sie stehen häufig in Konkurrenz mit anderen Staaten im Zugriff auf Ressourcen und Güter und greifen regelnd in Konsum-, Produktions- und Marktmuster innerhalb ihres Staatsgebiets ein. Welche Rolle spielt der staatliche Bedarf an Gütern und Geld für die wirtschaftliche Entwicklung und wie wirken sich die Regulierungsinteressen von Staaten auf die Wirtschaft aus? Wirtschaften sind unmittelbarer Bestand- Staaten teil staatlicher und sozialer Organisation. Daraus ergeben sich wesentliche Unterschiede zwischen modernen und antiken Wirtschaften.

Unterschiede antiker und moderner Wirtschaften: Märkte

Erstens steht in der modernen Wirtschaftstheorie und Wirtschaftsanalyse die Marktentwicklung als Leistungsfaktor im Mittelpunkt. Märkte werden hier nicht als Orte, sondern als Verteilungsmechanismen verstanden, die Angebot und Nachfrage regeln. Entsprechend der Gleichgewichtstheorie (auch Marktprinzip genannt) bildet der Ausgleich von Angebot und Nachfrage den Preis von Waren. Antike Marktplätze funktionierten jedoch nicht nach diesem Muster; ob es Angebot- und Nachfragemärkte gab, muss im Einzelfall diskutiert werden. Vielen Menschen waren Marktplätze und ihre Waren aus geographischen und monetären Gründen (sie verfügten über nur geringe Mengen von Geld) gar nicht zugänglich, weswegen ihr Bedarf nie die Marktnachfrage und die Preise beeinflusste. Begrenzte Informationsflüsse verhinderten, dass diejenigen, die den Markt nutzen, nicht ausreichend oder sehr unterschiedlich über Angebot und Nachfrage innerhalb eines Netzes von Märkten informiert waren. Die in literarischen Quellen häufig geäußerte Furcht vor Betrug und Geldschneiderei lag in einem sehr ungleichen und häufig begrenzten Informationsstand der Marktteilnehmer begründet. Neben Märkten bestanden daher andere, häufig sozial oder politisch abgesicherte Tausch- und Verteilungsformen weiter, die besser funktionierten, weil sie den Beteiligten sicherer erschienen. Wegen ihrer erhöhten Sicherheit konnten sie sogar als wirtschaftlich effizienter als Marktverteilung angesehen werden.

Antike Staatlichkeit

Zweitens sind auch die Formen staatlicher und sozialer Ordnung, auf denen die moderne Wirtschaftstheorie aufbaut, nicht unmittelbar auf die Antike übertragbar, denn das Verhältnis von Staat, Regierung und Volk und damit auch die Unterscheidung von öffentlichen und privaten Akteuren war ganz anders gelagert. Antike Staaten, die weitgehend von sehr personalen und weniger bürokratischen Strukturen geprägt waren, verfügten nicht über die gleichen administrativen und rechtlichen Mittel, ihre Regeln und Interessen durchzusetzen. Sie hatten andere Organisationsstrukturen und verfügten über andere Möglichkeiten, auf das Wirtschaftsverhalten der Menschen einzuwirken. Soziale Schichten waren weniger durchlässig, geographische Unterschiede weniger überwindbar und die wirtschaftlichen Möglichkeiten verschiedener sozialer Gruppen nicht miteinander vergleichbar. Sie können daher nicht ohne weiteres mit den Annahmen der modernen Wirtschaftstheorie untersucht werden.

Akteure

Drittens müssen die Akteure antiker Wirtschaften vor allem als soziale Gruppen gedacht werden. Individuelle Zielperspektiven waren angesichts ökologischer Unsicherheiten und begrenzter Lebenserwartung relativ schwach konturiert; Menschen bewegten sich in familiären, politischen, militärischen, beruflichen oder religiösen Zusammenhängen, in denen die Interessen der sozialen Gruppe dem Vorteil ihrer einzelnen Mitglieder übergeordnet waren. Fragt man nach Leistung und Entwicklung in der antiken Wirtschaft, müssen weniger die Leistung einzelner Individuen im Mittelpunkt stehen als die Interessen und die Leistungsfähigkeit sozialer Verbände: neben häuslichen, dörflichen und politischen Gemeinschaften auch Status- und Einkommensgruppen, die ihrem Status spezifische Ziele verfolgten und unterschiedliche Ansprüche (*entitlements*) auf gesamtgesellschaftliche Erträge hatten. Antike Wirtschaften waren im Vergleich zur Moderne außerordentlich oberschichtslastig, d. h. Produktion, Konsum und Verteilung waren in höchstem Maß vom Verhalten und den Interessen sehr kleiner, außerordentlich reicher Eliten dominiert.

Viertens war die Wirtschaftsmentalität, d. h. die Motivationen und das Wirtschaftsverhalten, von mit der Moderne nicht vergleichbaren ökologischen, technischen und institutionellen Bedingungen geprägt. Entsprechend dem Menschenbild der klassischen Wirtschaftstheorie strebt jeder Mensch nach seinem eigenen Vorteil: Menschen handeln umso vernünftiger oder „rationaler", je effizienter sie diesen Vorteil verfolgen. Doch ist die Frage, was unter bestimmten Bedingungen vorteilhaft und vernünftig ist, sehr wandelbar. Zum Beispiel ist die Stabilität der Familie, des Haushalts oder der Dorfgemeinschaft eine vorteilhafte Zielperspektive, wenn die persönliche Lebenserwartung oder naturräumliche Bedingungen für Landwirtschaft und Produktion unsicher sind. Investitionen in Freundschaften, soziale Netzwerke und andere Kollektive oder sogar verschwenderische Ausgaben für den Erhalt einer Machtposition können sehr rational geplant sein, wenn sie wirtschaftliche Vorteile in Krisenzeiten und Gefahren bieten. Für Händler mögen Absatzsicherheit, sichere Verkehrsrouten oder eine Finanzierung unter Bekannten anstatt durch Banken nützlicher sein als der reine Preisvorteil, wenn Transaktions- und Transportrisiken hoch sind. In der Antike ist grundsätzlich eine Zielperspektive der Sicherheit und sozialen Absicherung zu beobachten, eine Rationalität, die man im Fachjargon als *satisficing* (befriedigend, genügend) im Gegensatz zu *optimizing* (optimierend) bezeichnet.

Wirtschaftsmentalität

Ähnlich wie die Fragen sind auch die Methoden der Wirtschaftsgeschichte einer antiken Wirtschaftsgeschichte anzupassen. Wirtschaftsgeschichte untersucht kollektive Verhaltensweisen, Geld- und Güterströme und nur in geringerem Maße einmalige Ereignisse und einzelne Personen. Um Entwicklungen zu erklären, abstrahieren Untersuchungen von den Komplexitäten menschlicher Gedanken und Einzelbeziehungen und versuchen übergeordnete Strukturen aufzudecken. Sie arbeiten mit Modellen, die das Typische hervorheben und die vielen Ausnahmen und Abweichungen menschlichen Verhaltens vernachlässigen. Grundsätzlich

Methoden antiker Wirtschaftsgeschichte

versuchen Wirtschaftshistoriker ihre Aussagen zu quantifizieren, d. h. ihre Hypothesen mit messbaren Größen nachzuweisen.

Literarische Quellen   All dem stehen die Quellen und Methoden der Alten Geschichte zunächst entgegen: Lange Zeit speiste sich die althistorische Wirtschaftsgeschichte aus literarischen Quellen. Sie sind bis heute wertvoll, um Mentalitäten und Ordnungsvorstellungen nachzuvollziehen. Allerdings geben sie fast ausschließlich die Sichtweisen bestimmter sozialer Gruppen wieder. Sie stellen persönliche Leistung und/oder herausragende Persönlichkeiten in den Mittelpunkt und vernachlässigen das Normale und Offensichtliche. In der Antike entstanden zudem fast alle literarischen Werke in Auseinandersetzung mit kulturellen und politischen Zentren wie Rom und Athen. Sie zeigen daher eine urbane und oft hegemoniale Perspektive auf wirtschaftliche Fragen, die die Bedingungen von Wohlstand und Krisen aus bestimmten Blickwinkeln beleuchten. Überdies bieten Agrarerträge, Steuereinkünfte, Bevölkerungszahlen und Preise keinen Stoff für spannende Lektüre, so dass entsprechende Angaben nur auftauchen, wenn sie außergewöhnlich waren. Sie sind häufig ungenau, schwer überprüfbar und aus erzählerischen Gründen entstellt.

Quantifizierbare Zeugnisse   In den letzten Jahrzehnten haben sich Wirtschaftshistoriker der Antike zunehmend dokumentarischem und besser quantifizierbarem Material zugewandt: der Verteilung von Transportkeramik oder ihren Scherben, gesunkenen Schiffswracks und ihren Ladungen, Münzen und der Zusammensetzung von Schatz- oder archäologischen Streufunden. Über Papyri und Inschriften auf unvergänglichen Schriftträgern sind Abrechnungen, Vermögensaufstellungen, Zensus- und Steuerlisten, Preise, Zinsraten, Ernteerträge und Zölle, aber auch Geburts- und Sterbedaten, Berufsbezeichnungen und soziale oder ethnische Statusangaben erhalten. Chemische Verfahren erlauben die Analyse von Materialien, die Auskunft über die Herkunft von Gütern und Baumaterialien geben. Knochen- und Zahnmaterial können Ernährungsgewohnheiten und

Naturwissenschaftliche Methoden   Ernährungsdefizite belegen. Pollenanalysen und andere paläobotanische Untersuchungen, Oberflächenprospektionen von Landschaften und die Analyse von Böden, Baumringen, Gletscher- und Polareis geben Aufschlüsse über Klimaschwankungen, Ressourcenabbau, Anbaumethoden, Anbauflächen und Energiegewinnung sowie ihre Veränderung im Zeitverlauf. Bessere Analyseverfahren klimatischer Bedingungen (Temperaturen und Niederschlag) erlauben Rückschlüsse auf ihre Folgen für die Landwirtschaft, auf die Verbreitung von Krankheitserregern und auf Sterberaten. Derartige Quellen haben die Datenbasis in den letzten Jahren vergrößert und lenken den Blick auf andere geographische Räume, wirtschaftliche Bedingungen und soziale Schichten. Allerdings setzt ihre Interpretation große wissenschaftliche Expertise voraus, und ihr Aussagewert für wirtschaftshistorische Fragen muss im Einzelfall vorsichtig geprüft werden.

Archäologische Quellen sind abhängig von Fundorten, der Datierung Quellenauswertung
und der Rekonstruktion ihres Zusammenhangs. Münzfunde konzentrieren sich ebenfalls auf bestimmte Grabungsorte, zufällige Schatzfunde oder Einzelstücke, die mit häufig unbekannter Herkunft in Auktionshäusern gehandelt werden. Um sie wirtschaftlich auszuwerten, muss von monetären Stücken auf monetäres Verhalten geschlossen werden, was zunächst Fragen des Ausgabedatums und der Herkunft, dann aber auch Schätzungen der Umlaufgeschwindigkeit und -dauer, Verbreitung und Repräsentativität für monetäres Verhalten aufwirft. Papyri liefern umfangreiche Zensusdaten, Preis-, Lohn- oder Steuerangaben, sind aber nur aus den ganz wenigen Wüstenregionen der antiken Welt im ägyptischen und mesopotamischen Binnenland erhalten. Sie geben ortsgebundene Gegebenheiten wieder, deren Repräsentativität für die antike Wirtschaft insgesamt diskutiert werden muss. Auch ist der Zusammenhang ihrer Angaben häufig ungeklärt. Ähnliches gilt für Inschriften und Tonscherben, die Daten für andere Zwecke festhielten, als sie Historiker benötigen. Häufig listen sie Ausgaben und Zahlungen aus Rechenschaftspflicht oder Repräsentationsgründen auf. Bei Lohnangaben fehlen Auskünfte über Dauer und Art der Beschäftigung. Quittungen, Kauf- oder Zinsabrechnungen vernachlässigen Stückpreis, Mengenangaben, Maße oder Zahlungsbedingungen. Die Berücksichtigung bioanthropologischer, paläobotanischer und klimatologischer Daten schließlich setzt enge Kooperation mit Naturwissenschaftlern und einen oft schwierigen Abgleich historischer und naturwissenschaftlicher Interpretationsverfahren voraus. Es darf daher nicht enttäuschen, dass ein wesentlicher Teil althistorischer Wirtschaftsforschung gegenwärtig mit methodischen Fragen der Materialauswertung befasst ist.

1.2 Kontroversen um die Antike Wirtschaft

Historiker der antiken Wirtschaftsgeschichte haben sich über mehr als Modelle für die antike
100 Jahre mit der Frage beschäftigt, in welches wirtschaftliche Gesamt- Wirtschaft
modell die Einzelbefunde der Antike einzuordnen sind. Funktionierte die antike Wirtschaft ähnlich wie eine moderne, nur in kleinerem Stil und unter anderen technischen Voraussetzungen? Oder waren auch die sozialen und mentalen Voraussetzungen so verschieden, dass Entwicklung und Wachstum anders erklärt werden müssen? Gab es überhaupt wirtschaftliche Entwicklung oder blieben Produktionsformen, Verteilung und Erträge über 1000 Jahre weitgehend gleich? Und wenn es wirtschaftliche Entwicklungen gab, an welchen Faktoren lassen sie sich nachweisen? Umgekehrt lässt sich fragen, was die Gründe dafür gewesen sein mögen, dass sich moderne Phänomene wie Märkte, internationaler Handel, Banken und staatliche Wirtschaftspolitik nicht oder nur begrenzt entwickelten.

6   I. Enzyklopädischer Überblick

Wachstum Die umfangreiche Diskussion dieser Probleme wird im ersten Kapitel des Forschungsteils vorgenommen. Sie gilt als Klammer um die Darstellung der Forschung zu einzelnen Problemen. Wie aus den einleitenden Sätzen oben hervorgeht, wird in diesem Buch die These vertreten, dass es ein – wenn auch begrenztes – wirtschaftliches Wachstum sowohl innerhalb der griechischen Poliswelt als auch im römischen Reich und dessen Einflussgebieten gegeben hat. Dies lässt sich mancherorts an steigendem Lebensstandard und steigender Produktionsleistung sowie auch an der Entwicklung von Handel und Märkten nachweisen. Ein Anstieg von Konsum, Produktion und Handel lässt sich darüber hinaus nicht allein aus der Erbeutung fremder Ressourcen oder aus einer Eigendynamik von Geld, Märkten oder menschlichem Maximierungswillen erklären, sondern basierte vielmehr auf einem Anstieg der Wirtschaftsleistung.

Ursachen für Wachstum Warum dies möglich war, lässt sich nur durch ein Bündel von interdependenten Faktoren erklären. Hierzu gehörten zum einen die Bildung größerer politischer Organisationseinheiten (Reiche, Bündnisse oder Imperien) und die damit einhergehende Ausweitung von Steuer- und Tributsystemen sowie ihre administrative Verbesserung. Zum anderen waren aber mit imperialer Expansion auch die Verbreitung von Wirtschaftsprinzipien athenisch-römischer Prägung (etwa die Ausweitung von gesicherten Eigentumsrechten, Geld und Marktaustausch), aber auch von Wissen und technischen Fähigkeiten verbunden, die sich produktivitätssteigernd und kostensenkend auf die Verteilung auswirkten. In einzelnen Fällen lassen sich auch Veränderungen sozialer Organisationsformen als Ursache für wirtschaftliche Entwicklung aufzeigen. Manche Leser werden in diesen Erklärungsansätzen die Annahmen der Neuen Institutionenökonomik wiederfinden (s. II.1.3.3). In der Tat haben sie die althistorische Forschung der letzten 15 Jahre beeinflusst und sind auch in diesen Band eingeflossen. Sie werden hier jedoch keineswegs dogmatisch als Erklärungshorizonte angeboten, nicht zuletzt weil die quantitativen Nachweismöglichkeiten des von dieser Theorie postulierten Zusammenhangs von institutionellem Wandel und wirtschaftlichem Wachstum in der Antike fehlen.

1.3 Das Konzept dieses Buches

Enzyklopädischer Teil Der Versuch, einzelne Forschungsergebnisse in einen Erklärungsrahmen zu stellen, hat die Gliederung des enzyklopädischen Teils bestimmt. Im ersten Abschnitt werden die Bedingungen der antiken Wirtschaft vorgestellt: Ökologie und Wirtschaftsräume, Demographie, technisches Wissen, Institutionen und staatliche Organisation. Im zweiten Abschnitt werden dann zunächst die Bedürfnisse und Anforderungen öffentlicher Haushalte sowie Organisationsformen der Steuereinziehung diskutiert, weil sie den wichtigsten Hintergrund für die Entwicklung von Konsum-, Produktions- und Verteilungsformen, aber auch für die Geldentwicklung in der Antike bildeten. Der letzte Abschnitt ist antiken Sichtweisen auf die eigene Wirtschaft gewidmet, nicht nur weil sie die vormoderne Theorieentwicklung maßgeblich beeinflusst haben, sondern auch, weil sie wichtige Motivationshorizonte für Verhaltensweisen, die die antike Wirtschaft prägten, deutlich machen.

Der Forschungsteil unternimmt den Versuch, die Nachweise für die Thesen des Darstellungsteils vorzustellen. Diese beziehen sich gemäß den Vorgaben der Reihe weniger auf Primärquellen als vielmehr auf die Forschungen, die diese Quellen aufgearbeitet haben. Hier sollen Kontroversen und alternative Sichtweisen sowie Probleme, die in der knappen Darstellung des enzyklopädischen Teils nicht zur Sprache kommen können, näher beleuchtet werden. Für das Verständnis des enzyklopädischen Teils sind sie unabdingbar. Die Bibliographie stellt abschließend die wichtigsten einführenden Werke und Sammelbände zusammen, enthält aber auch manche Spezialliteratur, die im Forschungsteil diskutiert wird. Es empfiehlt sich, den Band „horizontal", also Abschnitt für Abschnitt über die Teile hinweg durchzuarbeiten, anstatt ihn „vertikal", entlang der Seitenzahlen zu lesen. *Forschungsteil*

Der zeitliche Rahmen der Darstellung umfasst die klassische Antike von der Mitte des 8. Jh.s v. Chr. bis zum Ende des 3. nachchristlichen Jh.s. Ein Blick auf die Jahrhunderte davor ebenso wie auf die Spätantike wäre wünschenswert und instruktiv gewesen, doch hätte beides den Umfang des Buches gesprengt. Insbesondere in Bezug auf die Spätantike waren die politischen Transformationsprozesse des 4. und 5. Jh.s, die sich auf Besteuerung, Geld, Arbeitsorganisation und damit auf die Wirtschaft auswirkten, in den verschieden Teilen des römischen Reichs so unterschiedlich und so komplex, dass sie, um adäquat dargestellt werden zu können, einer eigenen Monographie bedürften. Die traditionellen Modelle der spätantiken Entwicklung werden derzeit intensiv diskutiert, so dass auch der Forschungsteil erheblich ausgeweitet hätte werden müssen. *Zeitlicher Rahmen*

Auch mag die hier gewählte thematische gegenüber einer chronologischen Darstellung, die zwischen griechischer und römischer Wirtschaft unterscheidet, einer Erklärung bedürfen. Mit dieser Darstellung ist weder eine mangelnde Entwicklung noch eine Einheit der griechisch-römischen Wirtschaft in Abgrenzung zu den nordafrikanischen und asiatischen Wirtschaften, die Teil dieser Wirtschaft waren, impliziert. Vielmehr vernachlässigen chronologische Darstellungen die lokale zeitliche Unterschiedlichkeit von Entwicklungen, die Heterogenität des mediterranen Wirtschaftsraums sowie auch die untrennbare Überschneidung der ost- und westmediterranen Wirtschaften über den gesamten Zeitraum der Antike hinweg.

2. Die Bedingungen der Wirtschaft

2.1 Ökologie und Wirtschaftsräume

2.1.1 Das Mittelmeer als Wirtschaftsraum

Kleinräumige Wirtschaft

Produktion, Verbrauchs- und Handelsstrukturen waren in der Antike in der Regel kleinräumig. Bauern und Dorfbewohner produzierten für den Eigenbedarf, um soziale und religiöse Verpflichtungen zu erfüllen und – wenn erforderlich – um Steuern und Abgaben zu erwirtschaften. Sie tauschten, liehen oder kauften sich Güter, Geräte und Arbeitskräfte nachbarschaftlich oder über den lokalen Marktplatz. Die sogenannte Kabotage, Handelsfahrten von kurzer Reichweite entlang von Küsten, Flussläufen und Straßen, bildete die Mehrzahl aller Güterbewegungen.

Großräumige Vernetzung

Es gab jedoch auch eine Wirtschaft, die sehr dynamisch expandierte und auf Fernverbindungen ausgerichtet war. Hierfür schuf das Mittelmeer zunächst wichtige Voraussetzungen. Dabei berührt die Feststellung, dass es wirtschaftliche Vernetzung förderte, vorerst nicht die Frage, ob das Mittelmeer sich zu einem integrierten Wirtschaftsraum entwickelte. Vielmehr war es ein Interaktionsraum, der der griechisch-römischen Wirtschaft über mehrere Jahrhunderte gewisse Gemeinsamkeiten verlieh.

Geographie

Die mediterrane Geographie ist durch regionale Vielfalt und Zersplitterung gekennzeichnet. Einzelne (Mikro-)Regionen sind durch zahlreiche Gebirge und Meeresbuchten voneinander getrennt, die zwar schon in der Antike nicht unüberwindbar waren, aber doch die Kleinräumigkeit des antiken Siedlungsverhaltens erklären. Insbesondere der Ostmittelmeerraum weist nur wenige breitere Küstenstreifen und Fruchtebenen auf; mittlere und gute Böden sind nur in begrenzter Größe und begrenztem Umfang vorhanden. Bei ausreichender Wasserversorgung bot der Raum günstige Bedingungen für eine große Vielfalt von Flora und Fauna. Menschlich verursachte ökologische Verknappung gab es kaum.

Klima

Das mediterrane Klima ist durch saisonale Vielfalt gekennzeichnet und teilt das Jahr typischerweise in heiße, trockene Sommer und feuchte, mild-kühle Winter. Dazu kommen in manchen Gebieten und in manchen Jahren zwei außerordentlich regenreiche Monate im Frühling und Herbst. Der durchschnittlich hohe jährliche Niederschlag macht die sogenannte Trockenlandwirtschaft möglich, die ohne regelmäßige künstliche Bewässerung auskommt. Die Sommertrockenheit und der Jahreszeitenwechsel begrenzen jedoch die Zahl der jährlichen Ernten gegenüber manchen künstlich bewässerten Gebieten Asiens und Afrikas, wo mehrere Ernten pro Jahr möglich sind. Typisch für das mediterrane Klima ist auch eine extreme Wechselwetterlage. Jahre mit reichem oder zu hohem Niederschlag ungewöhnlichen Kälte- oder Hagelperioden wechseln sich mit regenarmen bis dürren Jahren ab. Das Mikroklima ist sehr variabel, so dass klimatische Einbrüche, schlechte Ernten oder gar Ernteausfälle zumeist lokal begrenzt sind.

Die kurzfristig wechselhafte und mittelfristig ausgeglichene Wetterlage des Mittelmeerraums kontrastiert mit einer Langzeitgeschichte der globalen Sonneneinstrahlung. Die natürliche Schwankung der durchschnittlichen Erdtemperatur während der 1600 Jahre der Antike wird auf bis zu 3° Celsius geschätzt. Während der ägäischen Eisenzeit (9. bis 7. Jh. v. Chr.) scheint es vergleichsweise kalt und feucht gewesen zu sein; im Zeitalter der persischen Vorherrschaft im Ostmittelmeer und Asien (7. und 6. Jh. v. Chr.) war es dagegen eher trocken und heiß. Zur Zeit des Hellenismus zwischen dem 4. und 1. Jh. v. Chr. war es wieder feuchter und kälter. Zur Zeit des römischen Kaiserreichs war es erneut trocken und heiß, während die Spätantike wiederum von kälterem und feuchterem Klima geprägt war. Möglicherweise gelang der römische Weinbau in Britannien nur unter den klimatisch wärmeren Bedingungen des 1. Jh.s. Ebenso lässt sich argumentieren, dass der Anbau griechischer Wein- und Olivensorten im ptolemäischen Ägypten nur aufgrund des feucht-kälteren Klimas im 3. Jh. v. Chr. erfolgreich war. Neuerdings werden Migrationsbewegungen sesshafter und weniger sesshafter antiker Bevölkerungen auch klimatisch erklärt. Ökonomische Krisen können möglicherweise ebenfalls auf klimatisch bedingte landwirtschaftliche und demographische Verschiebungen zurückgeführt werden. Umgekehrt waren Phasen wirtschaftlicher Prosperität nicht nur technisch und wirtschaftstechnisch, sondern auch klimatisch bedingt. Anbaumöglichkeiten und die Entwicklung der Landschaft müssen daher im Wechselverhältnis zwischen ökologischen und menschlichen Einflüssen betrachtet werden.

Klimawandel

2.1.2 Die Stadt als Wirtschaftsraum

Geographisch-klimatische Mikrozonen sind der ökologische Hintergrund für die Bildung kleiner, politisch autonomer Stadtstaaten (gr. Pl. *poleis*/Sg. *polis*), die sich in Griechenland ab dem späten 9. Jh. v. Chr. vermehrten und als Strukturmerkmal der griechischen Siedlungsgeschichte und politischen Organisation anzusehen sind. Poleis waren durch einen städtischen, zunehmend mit Mauern befestigten Siedlungskern und ein ländliches Hinterland geprägt und variierten in ihrer Größe von wenigen Quadratkilometern bis zu 2500 km². Städte mit ländlichem Umland waren auch in anderen mediterranen Landschaften, etwa in Kleinasien, der Levante und dem norditalischen Etrurien üblich und breiteten sich von dort über Migration, Expansion und kulturellen Austausch nach Mittel- und Süditalien, Sizilien, Nordafrika und in das Schwarzmeerge-

Polis

biet aus. Die bürgerlichen Zentren der Stadtstaaten, die sich gewöhnlich um einen Marktplatz (gr. *agora*; lat. *forum*) bildeten, boten einen politischen und religiösen Mittelpunkt für dörflich siedelnde ländliche Bevölkerungen, die die Landschaft privatwirtschaftlich nutzten und das kollektiv verwaltete städtische Zentrum wirtschaftlich unterhielten.

Stadtkultur   Die klassische Antike war eine Städtekultur. Griechen und Römer selbst sahen ihre Zivilisation in dieser Form der Stadtkultur begründet. Siedlungstätigkeit und Expansion gingen mit der Ausbreitung des Städtewesens einher. In der protogeometrischen Zeit, einer Zeit sehr geringer Bevölkerungsdichte, sind keine urbanen Zentren westlich von Kleinasien oder nördlich von Kreta in der Ägäis nachweisbar. Städtische Strukturen entstanden erst wieder gegen Ende des 9. Jh. v. Chr. auf Euboia, in Zentralgriechenland und der Peloponnes. Im Zuge der großen archaischen Migrationsbewegungen („große Kolonisation") breiteten sich griechische Städte sprunghaft an den Küsten des Schwarzen Meeres und der Krim, Nordafrikas, Süditaliens und Siziliens aus. Auch als die Griechen unter Alexander d. Gr. am Ende des 4. Jh.s in den afrikanischen und asiatischen Raum vordrangen, gründeten sie Poleis bis nach Zentralasien, Südägypten und Nordafrika. Einige Residenzstädte erreichten eine bisher unbekannte Größe von 100 000 bis 500 000 Einwohnern (s.u. 2.2). Administrative Zentren und Militärkolonien wurden strategisch günstig an Flüsse und Meere angebunden. Die Urbanisierung des westlichen Mittelmeers sowie Zentraleuropas und Nordafrikas breitete sich unter römischer Herrschaft über Italien hinaus nach Spanien, Gallien, Germanien, Britannien, in die Donauregion sowie Nordwestafrika aus. Phönizische Städte im Westmittelmeerraum hatten dagegen eher den Charakter von Handelsstützpunkten.

Städte als Verbrauchszentren   Die wirtschaftliche Bedeutung der meisten Städte lag hingegen nicht primär in Produktion und Handel, sondern in ihrer Funktion als politische Zentren, in denen ein erhöhter Bedarf an Gütern und Leistungen entstand. Sie werden als „Konsumentenstädte" bezeichnet. Ein hoher Anteil der Bevölkerung (ca. 20–50 %) lebte zwar in den politisch-städtischen Zentren, versorgte sich aber direkt aus eigenem Landbesitz im Umland. Idealtypisch betrachtet bildeten die städtischen Zentralorte und ihr ländliches Hinterland (gr. Sg. *chora*/lat. Sg. *ager*) gemeinsam eine autarke Einheit, innerhalb welcher der größere Teil der Produktion, einschließlich des Handwerks, auf dem Land stattfand. Landbesitz war in vielen Bürgerschaften die Voraussetzung für Bürgerrechte, und wo dies nicht der Fall war, blieb er eine wichtige Voraussetzung für sozialen Einfluss und Status.

Multizentrale Stadtstaaten   Die wirtschaftliche Realität antiker Stadtstaaten war jedoch sehr viel komplexer als das idealtypische Modell der „Konsumentenstadt": Zum einen konnten die Austauschverhältnisse innerhalb eines Stadtstaates durchaus multizentral und nicht nur eindimensional auf das städtische Konsumzentrum beschränkt sein. In der Polis Athen beispielsweise bildete der Bergwerksdistrikt von Laureion in Südattika ein wesentliches Produktions- aber auch Konsumzentrum; ebenso führten die Steinbrüche in Mons Claudianus in der östlichen Wüste Ägyptens dort zu verstärkter Urbanisierung. Die Reformen des Kleisthenes am Ende des 6. Jh.s v. Chr. legen nahe, dass in Athen einzelne stadtnahe Demen (dörfliche Bürgerverbände) gegenüber anderen Verbänden in Attika eine große wirtschaftliche, religiöse und politische Bedeutung hatten, die einer politischen Gemeinschaftsbildung mit unangefochtenem politischem Zentrum entgegenstanden. Die politische Neuordnung der Bürgerschaft wertete die Bedeutung Athens auf und schuf ein Gravitationszentrum, das lokale Machtzentren schwächte, jedoch nicht völlig auflöste. In Kyaneai in Zentrallykien haben archäologische Feldforschungen gezeigt, dass sich um den Zentralort der Polis neben einer Vielzahl kleinerer dörflicher Siedlungen auch einige größere ländliche Unterzentren bildeten. Die besondere Form der agrarisch dominierten Stadtkultur war also eng mit den wirtschaftlichen Grundlagen der antiken Gesellschaft verbunden.

Im Zeitverlauf führte die Bildung einiger übergroßer Metropolen wie Alexandria, Antiocheia und Rom allerdings zu einer tatsächlichen Verstädterung größerer sozialer Gruppen, die dann nicht mehr allein über das Hinterland versorgt werden konnten. Diese Entwicklung, die eng mit der griechisch-römischen Expansion zusammenhing, veränderte das Verhältnis von Stadt und Hinterland und machte neue Versorgungssysteme erforderlich, gleichzeitig aber auch möglich.

Verstädterung

2.1.3 Mobilität und Migration

Kleinräumige, autarke Bürgerverbände sind nur ein Muster, das den griechisch-römischen Wirtschaftsraum beschreibt. Ebenso typisch ist ein intensiver Austausch, der durch Mobilität und Migration zustande kam. Antike Bürgerschaften waren keineswegs introvertiert: Mit der Entwicklung griechischer Poleis in Griechenland und Kleinasien entstand ab dem 8. Jh. v. Chr. eine Vielzahl auswärtiger griechischer Siedlungen – sogenannte Apoikien (von gr. Sg. *apoikia*) oder auch Emporien (von gr. Sg. *emporion*: Hafenstadt) – im westlichen Mittelmeer, Ägypten, Libyen, Nordgriechenland sowie dem Schwarzen Meer, die mit Poleis im Kernland in Kontakt blieben. Ähnlich hatten auch phönizische Städte der Levante begonnen, dauerhafte Siedlungs- und Austauschplätze in Nordafrika, Sizilien, Sardinien und Spanien zu gründen. Die griechische Migration, die in der Forschung etwas missverständlich als „große griechische Kolonisation" bezeichnet wird, ist archäologisch betrachtet Teil einer ethnisch umfassenderen Migrationsphase, die den Mittelmeerraum zwischen ca. 900 und 550 v. Chr. prägte. Ob die zahlreichen Siedlungen tatsächlich von einzelnen griechischen Städten im Kernland gegründet wurden, ist hier unerheblich. Entscheidend ist, dass die weitgespannten

Siedlungstätigkeit/ „Kolonisation"

Kontakte quer durch das Mittelmeer bis in das Schwarzmeergebiet hinein für die wirtschaftliche Ausweitung der kleinräumigen Stadtkultur wesentlich waren und die Möglichkeit zu Vernetzung und Austausch über große Distanzen hinweg intensivierten. Trotz der landwirtschaftlichen Ausrichtung vieler Siedlungen ist die nachweislich steigende Bewegung von Gütern (Metalle, Mineralien, Holz, Öl, Getreide, Wein und Keramik) seit dem Beginn des 8. Jh. v. Chr. ein Korrelat der Bevölkerungsmobilität, an der neben den Griechen auch andere Bewohner des Mittelmeerraums teilhatten.

<small>Mobilität im Seebund</small>

Die athenische Seeherrschaft im 5. Jh. v. Chr., noch mehr aber die Eroberungsfeldzüge Alexanders d. Gr. setzten weitere Mobilitätsschübe in Gang: Söldner wurden rekrutiert, die nicht immer an ihren Heimatort zurückkehrten. Athener gründeten auf dem Gebiet einiger ihrer Bündner sogenannte Kleruchien (landwirtschaftliche Besitzungen), die vor Ort von Athenern bewirtschaftet wurden.

<small>Mobilität im Hellenismus</small>

Alexander und seine Nachfolger siedelten in den städtischen Neugründungen in Zentralasien, Ägypten und Nordafrika Griechen an und besiedelten ihr Umland. Die Herkunftsbezeichnungen militärischer und ziviler griechischer Einwanderer nach Ägypten während des 3. Jh.s v. Chr. zeigen einen Einzugsbereich aus Makedonien, Thrakien, Kleinasien, der Levante sowie Nordafrika.

<small>Italien</small>

Auch Italien war in den letzten drei Jahrhunderten der römischen Republik ein Migrationsraum, der durch militärisch bedingte Kolonisation und Landverteilung in den Gebieten der römischen Bundesgenossen in Gang gesetzt wurde. Ab der späten Republik scheint dies zu erheblichen politischen Problemen geführt zu haben, so dass Augustus Veteranen außerhalb Italiens, insbesondere in den westlichen Provinzen Nordafrika, Spanien und Gallien ansiedelte. Dies war eine wichtige Voraussetzung für die wirtschaftliche Entwicklung des römischen Herrschaftsraums. Zwar wird die Größenordnung der römischen Migration und Mobilität im globalen Vergleich als begrenzt angesehen, doch waren die militärischen, administrativen, infrastrukturellen und sozialen Veränderungen erheblich. Nicht nur politische und militärische Expansion, sondern auch geographische Mobilität führten zur Verbreitung der griechischen und lateinischen Sprache, des griechischen oder römischen Rechts und zur Ausbreitung griechischer und römischer Geldeinheiten und des Münzgeldes sowie vieler anderer kultureller Phänomene, die zu einer „Entgrenzung" des Mittelmeers als eines Wirtschafts- und identitätsbildenden Raums führte. Griechisch- und römisch-sprachige Siedlungen und Städte erstreckten sich im 1. Jh. bis nach Indien, Zentralasien, Äthiopien (Somalia), Ost- und das nördliche Kontinentaleuropa.

<small>Binnenwanderung</small>

Neben organisierter Mobilität in Form von kollektiver Auswanderung, systematischer Ansiedlung und Umsiedlung von Bürgerschaften und Veteranen gab es eine rege Binnenwanderung von Soldaten und Zivilisten.

2. Die Bedingungen der Wirtschaft   13

Typische Migranten waren Handwerker, Künstler und Sänger, die schon bei Homer als wandernde Werktätige (gr. Pl. *demiourgoi*) auftreten. Ärmere, landlose oder minderprivilegierte soziale Gruppen migrierten auf der Suche nach Arbeit und Existenz. Sklavenhandel gilt ab dem 2. Jh. v. Chr. im Römischen Reich als der wichtigste und zugleich häufig übersehene Faktor antiker Bevölkerungsverschiebung. Die Heterogenität der mediterranen Ökologie einerseits und die recht homogene Konsumkultur der griechisch-römischen Gesellschaft andererseits bilden den sozioökologischen Hintergrund für die wirtschaftlichen Konsequenzen der Bevölkerungswanderungen.

2.1.4 Regionen

Die Stadt als Mikroregion und der afrikanisch-eurasische Raum als Makroregion stellen zwei Extreme der antiken ökonomischen Raumkontrolle dar. Dazwischen liegt ein Aktionsraum, der recht unbestimmt als „regional" bezeichnet wird und auf grenzübergreifende Kontakte und Verbindungen mittlerer Reichweite abzielt. Sie bildeten den Rückhalt lokaler Versorgungssysteme ebenso wie die Infrastruktur für imperiale Ressourcenkonzentration und Fernhandel.

Regionen sind menschengemacht. Sie können auf der Basis regelmäßiger sozialer Kontakte oder des regelmäßigen Austauschs bestimmter Güter entstehen. Sie können über vertragliche Abmachungen, bilaterale Marktrechte, Zollerleichterungen oder Münz- und Maßangleichungen bewusst geschaffen werden. Regionale Tauschsysteme können politisch forciert werden, beispielsweise durch die Einrichtung einer steuerlichen Einheit oder die Errichtung von Provinz- oder Zollgrenzen. Sie können funktional begründet sein, wenn etwa ein gemeinsamer Vorteil in einer Kooperation oder dem Austausch bestimmter Güter gesehen wird. Regionale Allianzen können sich überlappen oder von unterschiedlichen Akteuren unterschiedlich wahrgenommen werden. Die meisten Regionen der Antike hatten eine hierarchische Struktur. Wichtig ist, dass Regionen nicht als eine geographische Größe oder ökologische Einheit, sondern als soziale, politische, wirtschaftliche und häufig institutionell verfestigte Interaktion zu verstehen sind.

Konzept der Region

Materiell zeigt sich regionaler Austausch an Verbreitungsmustern von Gütern oder stilistischen Gemeinsamkeiten materieller Kultur. In der Eisenzeit bildete die Achse von Anatolien über Zypern und die Levante nach Ägypten eine Tauschregion, die sich zum Beispiel von der Ost-Westverbindung der Levante in das Westmittelmeer unterschied. Der Ägäisraum, Sizilien, der Schwarzmeerraum, das südwestliche Kleinasien, Zypern und die Levante sowie viele andere Regionen sind als Tauschnetzwerke der klassischen Zeit ebenfalls unzweifelhaft archäologisch nachweisbar. Oft waren politische Veränderungen Ursache für den

Sichtbarkeit von Regionen

14 I. Enzyklopädischer Überblick

Wandel von Tauschbeziehungen und ihren Richtungen. So veränderten sich etwa in Sizilien Tauschbeziehungen je nach politischer Dominanz einzelner Stadtherrschaften und verdichtete die athenische Seeherrschaft die Tauschbeziehungen zwischen den Bündnispartnern. Auch Thasos in der Nordägäis dominierte die Hafenstädte auf dem thrakischen Festland, Olynthos seine Verbündete auf der Chalkidike, Kyrene die Küstenstädte Libyens, Korinth die Westküste Griechenlands bis nach Korkyra, und Massilia die umliegenden Städte in Südgallien. Letztere können als „kleine Imperien" bezeichnet werden, weil sie eine Region politisch auf ein Zentrum ausrichteten.

Regionale Versorgung Regionaler Tausch bediente Konsum und Bedarf auf verschiedenen Ebenen: Zum einen war es die Region, die die Versorgung bei Ernteknappheit oder sprunghaft erhöhtem Bedarf zum Zeitpunkt zentraler Feste ausglich. Dies gilt weniger für eine große Polis wie Athen, das im 5. Jh. v. Chr. ein eher imperiales Versorgungsnetzwerk kontrollierte, als für kleinere und mittlere Poleis. Ohne regionalen Tausch wären religiöse Großbauten und Stadtentwicklung nicht möglich gewesen. Der imperiale Ausbau Athens, Roms oder Alexandrias bilden Ausnahmen, da sie nur über imperiale Versorgung möglich waren. Aber die Neuerrichtung des Asklepios-Heiligtums von Epidauros im 4. Jh. v. Chr. war nachweislich nur über Material- und Arbeitskräftebeschaffung aus Argos, Korinth und Athen möglich (IG IV2 I 103 A und B). Die inschriftlichen Abrechnungen des Apollontempels von Delos aus dem 3. und 2. Jh. v. Chr. sind ein weiteres Beispiel, an dem sich das regionale Versorgungsnetzwerk eines großen Tempels zeigt. Die hellenistische Bündnisbildung mit allen steuerlichen, sozialen und marktrechtlichen Vorteilen, die sie schuf (vgl. 2.5), legt nahe, dass der Vorteil regionaler Kooperation erkannt und institutionell unterstützt wurde. Auch die Mobilisierung von Gütern unter römischer Herrschaft beruhte im Kern auf bestehenden regionalen Handelsverbindungen. Beispiele hierfür sind die Wirtschaftsräume Kleinasien, Syrien, Ägypten und das Erythräische Meer (die Meere, die die Arabische Halbinsel umgeben), die nicht nur als Umschlagplätze bzw. Seeverbindungen für den Handel mit Rom entwickelt wurden, sondern regionale und schon bestehende Tauschregionen waren. Städte wie Ephesus, Apamea, Palmyra, Petra oder Muziris in Westindien waren Zentralorte, die die regionalen Wirtschaften an den römischen Fernhandel anschlossen und davon gewaltig profitierten.

2.2 Bevölkerung

2.2.1 Historische Demographie

Die antike Bevölkerung gilt wie alle vormodernen Gesellschaften Europas als ein sich selbst regelndes („homöostatisches") System, das von seinem Nahrungsspielraum abhing. Ein solches System reagiert dynamisch auf Expansionsmöglichkeiten wie produktivere Anbaumethoden, Landgewinnung und bessere Verteilungsmöglichkeiten, umgekehrt auch auf Störungen in Form von Kriegen, Epidemien, Missernten oder Klimaschwankungen. Während antike Bevölkerungen entsprechend dieser Spielräume, Entwicklungen und Störungen kontrahierten und expandierten, vermochten sie es nicht, eine demographische Grenze zu überschreiten.

Homöostatisches Bevölkerungssystem

2.2.2 Fertilität und Mortalität

Ebenso wie in anderen homöostatischen Gesellschaften lag die antike Lebenserwartung bei der Geburt im Durchschnitt zwischen 20 und 30 Jahren. Zensusdaten aus dem römischen Ägypten der ersten drei nachchristlichen Jahrhunderte zeigen, dass die durchschnittliche Lebenserwartung für Männern und Frauen hier zwischen 22 und 25 Jahren lag. Ähnliche Daten sind aus römischen Grabsteinen in Nordafrika sowie Ulpians Sterbetafel (Dig. 35, 2, 68 pr.) abgeleitet worden, doch bergen diese Quellen Unwägbarkeiten und können nur zur weiteren Bestätigung des Modells der Sterbetafel herangezogen werden.

Lebenserwartung

Die Fertilitätsrate muss angesichts hoher Mortalitätsraten bei etwa 5 bis 6 Lebendgeburten von Frauen, die die Menopause erreichten, gelegen haben. Rechnet man Verwitwung, Scheidungen und krankheitsbedingte Sterilität als Störfaktoren hinzu, lag die Durchschnittsfertilität voraussichtlich bei 6 bis 9 Lebendgeburten. Angesichts hoher Krankheitsanfälligkeit und Schwangerschaftshäufigkeit war der Anteil der Arbeitsjahre, die in optimaler Leistungsfähigkeit verbracht wurden, ebenfalls geringer als in Gesellschaften mit geringerer Morbidität und Fertilität.

Fertilitätsrate

Schwankungen von Morbiditäts- und Mortalitätsraten waren temporär und lokal begrenzt. So ist eine Abnahme der athenischen Bevölkerung in Folge von Seuche und Krieg am Ende des 5. Jh. v. Chr. nahezu gesichert. Verbunden mit Versorgungsproblemen im 4. Jh. v. Chr. sank die athenische Bevölkerung vermutlich um 30 % bis zum Ende des 4. Jh. v. Chr. In sehr viel größerem Ausmaß dezimierte sich in mehreren bevölkerungsstarken Provinzen und Italien die römische Bevölkerung nach der sogenannten Antoninischen Seuchenperiode ab 165 n. Chr. und noch einmal nach der Cyprianischen Seuche 252 n. Chr. In der Stadt Rom, die insgesamt ein erhöhtes Krankheitsrisiko aufwies, soll ein Wiederaufflam-

Demographische Schwankungen

16   I. Enzyklopädischer Überblick

men der Epidemie im Jahr 189 n. Chr. 2000 Tote pro Tag gefordert haben (Cass. Dio 122,14,3).

Die tatsächliche Altersstruktur antiker Bevölkerungen liegt weitgehend im Dunkeln. Anzunehmen sind geschlechtsspezifische Unterschiede, altersspezifische Todesraten entsprechend unterschiedlicher Anfälligkeit für Infektionskrankheiten, ökologisch bedingte Unterschiede (Stadt-Landgefälle, Unterschiede zwischen Hochland und Ebenen), lokale Häufung bestimmter epidemischer Krankheiten (etwa Malaria in Italien) und saisonale Schwankungen. Eine Häufung von Malariaerkrankungen in Rom lässt sich unter Umständen in den Spätsommermonaten von August bis Oktober nachweisen. Soziale Unterschiede sind bisweilen überbetont worden, insbesondere in Bezug auf das Reproduktionsverhalten der römischen Elite. Literarische und rechtshistorische Hinweise deuten auf eine in der römischen Oberschicht verbreitete Verminderung der Kinderzahl und späte Eheschließung hin. Gegensteuerungen in Form von Privilegien, die von kaiserlicher Seite an Familien mit bestimmter Kinderzahl verliehen wurden (*ius trium liberorum*), waren wahrscheinlich wirkungslos, aber auch war die römische Oberschicht zu klein, als dass sich ihr Verhalten demographisch ausgewirkt hätte.

2.2.3 Bevölkerungszahlen in griechischen Poleis

Demographisches Wachstum   In der Langzeitperspektive zeigt sich ein demographisches Wachstum in wahrscheinlich allen Gebieten des griechisch-römischen Herrschaftsraums vom 9. Jh. v. Chr. bis zur Mitte des 2. Jh. n.Chr. Mit aller Vorsicht angesichts unsicherer Datengrundlage wird eine Vervierfachung der Bevölkerung in diesem Zeit- und Herrschaftsraum mit einer jährlichen Wachstumsrate von 0,1 % in ländlichen und 0,06 bis 0,07 % in dicht besiedelten Gebieten angenommen. In Italien mag sie in den 200 Jahren um die Zeitenwende sogar deutlich über 0,1 % gelegen haben.

Größenordnung   Das Wachstum der griechischsprachigen Bevölkerung zwischen ca. 1000 und 400 v. Chr. wird von. 1 Mill. auf 5 Mill. geschätzt. 3 bis 3,5 Mill. Menschen sollen davon im griechischen Kernland (einschließlich Thessalien, Epirus und Makedonien) gelebt haben. Weitere 2 Mill. verteilten sich auf die griechisch besiedelten Gebiete in Kleinasien, das Schwarzmeergebiet, Sizilien und Unteritalien. Um die Mitte des 2. Jh.s, der größten geographischen und demographischen Ausdehnung des römischen Reiches, schätzt die Forschung die Einwohnerzahl des 4 Mill. km² großen Herrschaftsgebiets auf 60 bis 70 Mill. Menschen. 60 bis 65 % davon sollen im lateinischen Westen gelebt haben.

Strukturelle Wachstumsfaktoren   Mehr als in absoluten Zahlen lässt sich demographisches Wachstum an strukturellen Überlegungen festmachen. Zum einen müssen Migration und Landnahme im Zuge militärischer Expansion und Kolonisation zu einer signifikanten Ausweitung des Nahrungsspielraums für griechische (und römische) Bevölkerungen geführt haben. Zum anderen zeigt der oben schon angesprochene Zusammenhang von Stadtentwicklung und Expansion steigende Möglichkeiten für die Versorgung von Orten mit erhöhter Bevölkerungsdichte. Weniger als die Hälfte griechischer Poleis zählte im 5. Jh. v. Chr. mehr als 2000 Einwohner, weniger als 15 % über 5000. Ausnahmen bildeten Athen, Korinth, Aigina und Syrakus mit städtischen Bevölkerungen von bis zu 40 000 oder, je nach Berechnungsgrundlage, auch darüber. Nimmt man eine Gesamtbevölkerung von 250 000 bis über 300 000 in Attika unter Perikles an (gegenüber 150 000 bis 200 000 um 320 v. Chr.; s. Athen. 6, 272c), bedeutete dies eine Bevölkerungsdichte zwischen 45 und 80 Personen/km². Sowohl eine Bevölkerungsdichte von 70 bis 80 Personen/km² als auch städtische Zentren einer Größenordnung wie Athen waren nur über einen gezielten Ausbau marginaler Kulturflächen und die Versorgung städtischer Märkte mit Grundnahrungsmitteln aus dem Fernhandel möglich. Die Mehrzahl griechischer Poleis in Zentralgriechenland und den Ägäischen Inseln, etwa auch Lakonien und Sparta mit geschätzten 25 000 Spartiaten und 100 000 abhängigen Landarbeitern, erreichten keine Bevölkerungsdichte über 25–45 Personen/km². Siedlungsgebiete auf den Hochebenen Griechenlands und Landschaften, in denen sich keine Poleis mit städtischen Zentren bildeten, lagen noch weit darunter.

Ein Phänomen des Hellenismus und Resultat der Expansion in agrarisch produktivere Regionen in Afrika und Asien ist die Entwicklung von Städten mit über 100 000 Einwohnern. Alexandria, Antiocheia und Pergamon erreichten diese Größenordnung im 3. Jh. v. Chr. Bis zur römischen Eroberung mag die Einwohnerzahl von Alexandria auf 500 000 angestiegen sein. Rom erreichte diese Größenordnung im 1. Jh. v. Chr., während Karthago bis zu seiner Zerstörung ebenso wie Pergamon und Ephesos etwa 200 000 Einwohner im 1. Jh. v. Chr. gezählt haben sollen. Die Entstehung von Großstädten kann nicht lediglich mit einer Abwanderung ländlicher Bevölkerungen in städtische Zentren erklärt werden. Vielmehr ist die Möglichkeit städtischen Wachstums mit einer Verbesserung von Ernährungssituation, Wasserreinheit und Hygiene verbunden, die für eine bessere Einkommenslage und verbesserte Versorgungsmöglichkeiten der gesamten städtischen Bevölkerung spricht.

Phänomen Großstadt

2.2.4 Die Bevölkerung Italiens

Schätzungen zur Bevölkerung Italiens und der römischen Bürgerschaft sind dominiert von überlieferten Zensuszahlen, die bis in das Jahr 508 v. Chr. zurückreichen, allerdings erst ab dem 3. Jh. v. Chr. als zuverlässig gelten. Der Zensus 189/8 v. Chr. ergab 258 318 männliche römische Bürger, die weitgehend in Italien gelebt haben werden (Liv. 38, 36). Bis 115/4 v. Chr. stieg diese Zahl auf 394 336 (Per. Liv. 63). Für das Jahr 70/69 v. Chr.

Zensuszahlen

ergibt sich ein plötzlicher Sprung auf 900 000/910 000 männliche Bürger (Per. Liv. 98/FGrH 257 F. 12,6 (Phlegon)), und Augustus notierte in den Res Gestae eine Bürgerschaft von 4,063 Mill. zu Beginn bzw. 4,937 Mill. zum Ende seiner Regierungszeit (Res Gest. div. Aug. 8, 2–4). Wenn alle überlieferten Zahlen auf gleichen Grundlagen beruhen sollten, was zweifelhaft ist, impliziert der Zensus unter Augustus eine Bevölkerung Italiens von über 10 Mill. einschließlich Frauen und Kindern zuzüglich Freigelassener, Sklaven und Fremder. Dies entspräche einer Bevölkerungsdichte von 100 Personen/km^2, die für Gebiete außerhalb Ägyptens und Vorderasiens äußerst ungewöhnlich wäre. Ein massiver Bevölkerungsdruck auf Italien deckt sich zwar mit Klagen über die Landverteilung und städtische Getreideversorgung, die in den politischen Konflikten der späten Republik laut wurden, entspricht aber nicht Befunden aus anderen Teilen des Reiches. Dass die letzte Phase der Republik von ununterbrochenen Kriegen und daher erhöhter Mortalität der italischen Bevölkerung geprägt war, spricht auch gegen einen überproportionalen Anstieg der Bürgerschaft Italiens. Alternativ ist eine freie italische Landbevölkerung zur Zeit des Augustus von ca. 4 Mill. vorgeschlagen worden, was bedeuten würde, dass die Angaben der Res Gestae auf anderen Bemessungsgrundlagen als der republikanische Zensus beruhten. Vermittelnde Positionen, die sich auf vor allem archäologische Daten der italischen Siedlungsentwicklung stützen, scheinen den Tatsachen am nächsten zu kommen.

2.2.5 Bevölkerung und wirtschaftliche Entwicklung

Technische Innovation
Sowohl theoretisch als auch empirisch gilt für homöostatische Bevölkerungssysteme, dass sich technische Innovationen angesichts hoher Kosten erst unter demographischem Druck durchsetzen. Technische Innovation und bessere Bedingungen der Wissensverbreitung führen zu verbesserten Produktionsbedingungen und Verteilungssystemen. Die demographische Auslastung der Anbaufläche war in Attika wahrscheinlich ab dem 5. Jh. v. Chr. und in Italien ab dem 1. Jh. v. Chr. erreicht. Bevölkerungswachstum war danach nur noch über agrarische Intensivierung und Extensivierung sowie die Ausweitung von Handel und Märkten möglich. Die demographischen Wachstumsmöglichkeiten homöostatischer Bevölkerungssysteme zeugen von der Elastizität von Agrarbedingungen und Verteilungssystemen trotz begrenzter technischer Möglichkeiten.

Wechselwirkungen
Das griechisch-römische Ägypten erlaubt vergleichsweise gute Untersuchungsmöglichkeiten für die Wechselwirkung demographischer und wirtschaftlicher Entwicklung. Über papyrologische Dokumente liegen recht gesicherte Zensuszahlen und Ernteerträge für einzelne Gebiete Ägyptens vor. Charakteristisch für die ökologische Situation des Niltals war die große Wechsellage der Nutzfläche, die sich aus dem jährlich unterschiedlichen Umfang der Nilüberschwemmung ergab. Allerdings

war angesichts der unregelmäßigen Ackergröße die Vernachlässigung von prinzipiell nutzbarer Anbaufläche ein vielfach artikuliertes Problem. Eine effiziente Verwaltung hatte auf die Auslastung der Nutzfläche großes Augenmerk, da von ihr das Steueraufkommen abhing. Auf der Basis einer anzunehmenden Tragfähigkeit der durchschnittlichen Gesamtanbaufläche ist für die ptolemäische Zeit eine Gesamtbevölkerung von ungefähr 2,5 Mill. errechnet worden. Einiges spricht dafür, dass die Bevölkerung gegenüber der vorptolemäischen Zeit angewachsen war. In der von den Ptolemäern ausgebauten Fayum-Oase südwestlich von Memphis ist eine Zunahme der Bevölkerungsdichte auf 67 Personen/km² kultivierbaren Lands im 3. Jh. v. Chr. relativ gesichert nachgewiesen worden. Dem Wachstum Alexandrias und den punktuell nachweisbaren Ertragssituationen des oberen Niltals und nördlichen Deltas nach zu urteilen, erzielten diese Gebiete sogar eine noch höhere Bevölkerungsdichte. Unter römischer Herrschaft, insbesondere während des demographischen und wirtschaftlichen Höhepunkts in der ersten Hälfte des 2. Jh.s, ist im Fayum eine Bevölkerungsdichte von 125 Personen/km² einigermaßen gesichert nachweisbar. Die Gesamtbevölkerung des römischen Ägyptens wird in dieser Zeit auf 4,5 bis 5 Mill. geschätzt. Dies wird auf eine bessere Nutzung marginaler Anbauflächen zurückgeführt; möglicherweise schufen aber auch Veränderungen des Steuersystems und der Eigentumsverhältnisse einen entscheidenden Anschub für Produktivitätssteigerung, Marktentwicklung und damit eine bessere Versorgungsgrundlage der Bevölkerung. Private Eigentums- und Verfügungsrechte über Agrarland wurden unter Augustus ausgeweitet und steuerlich begünstigt, was zusammengenommen Anreize und Möglichkeiten für agrarische Intensivierung auf privatem Grundbesitz, bessere Bewässerung und eine steigende Überschussproduktion geboten haben mag.

2.3 Technik und Infrastruktur

2.3.1 Technische Entwicklung

Die Antike war wie alle vormodernen Gesellschaften auf organische Energiequellen angewiesen. Zur Wärmeerzeugung dienten Holz, Dung, landwirtschaftliche Abfallprodukte sowie Holzkohle. In Britannien, Gallien und Germanien ist auch die Nutzung von Sedimentkohle nachgewiesen. Als Brennmittel für Lampen dienten verschiedene Öle und Tierfette. Wind wurde für den Schiffsantrieb, aber auch zum Dreschen genutzt, während das windgetriebene (Mühl)Rad zwar erfunden, aber nicht zur Energiegewinnung eingesetzt wurde. Darüber hinaus ist eine Entwicklung der Nutzung menschlicher Muskel- über Tier- bis zur Wasserkraft zum Mahlen von Getreide erkennbar.

20 I. Enzyklopädischer Überblick

Herkunft technischer Kenntnisse

Viele technische Kenntnisse gelangten in der frühen Eisenzeit (1000–800 v. Chr.) aus Asien und Ägypten in den Ostmittelmeerraum. Metallurgie und Metallverarbeitung, Brennofen und Töpferscheibe erreichten den Ägäisraum schon in mykenischer Zeit (1400–1200 v. Chr.). Die für schwere Ladungen und starke Winde tauglichen griechischen Handelsschiffe sind aus ägyptischen Grabmalereien des Neuen Reiches (1400 v. Chr.) bekannt und bestimmten den griechischen und römischen Schiffbau bis in die Spätantike. Auch die Handmühle, die im archaischen Griechenland benutzt wurde, erscheint zuerst auf altägyptischen Abbildungen. Der zunächst vollständig aus Holz gefertigte, von Menschen oder Ochsen gezogene Pflug, der von Hesiod im frühen 7. Jh. v. Chr. beschrieben wird (Hes. erg. 427 ff.) hat seine Ursprünge möglicherweise in Mesopotamien. Die Glasproduktion spielte in Ägypten schon ab dem Mittleren Reich eine Rolle, ihre Technologie erreichte die Griechen aber möglicherweise ebenfalls über Mesopotamien und Syrien im 10 Jh. v. Chr. Techniken der Textilverarbeitung (Flachs und Wolle) und so auch der Webstuhl stammen ebenfalls aus dem prähistorischen nordafrikanischen und asiatischen Raum. Das griechische Alphabet, das semitische Ursprünge hat, gelangte über die Levante im frühen 8. Jh. v. Chr. in die griechischsprachige Welt.

Interesse an Technik

Die außerordentliche Beachtung, die Technologie in den Epen Homers findet, deutet darauf hin, dass neue Technologien in der archaischen Gesellschaft hohes Prestige genossen und dass der nach Osten orientierte Adel den Wissenstransfer stützte. Die Beschreibungen prächtig gefertigter Geschenke ebenso wie nützlicher Gerätschaften, Rüstung und Schiffe zeigen die Bedeutung technischen Wissens in der aristokratischen Selbstbeschreibung. Allerdings war es nicht allein der Nutzen, sondern auch die Ästhetik des Objekts und das Prestige seiner Erfindung, die der Technik ihren Wert verliehen. In diesem Sinne waren der Hymnos auf die technischen Fähigkeiten der Athener in Sophokles' *Antigone* (Soph. Ant. 332–375) und die Bedeutung technischen Wissens im imperialen Athen an den Wert menschlicher Naturbeherrschung im politischen Wettbewerb gebunden. Auch die monarchische Förderung der Künste und Wissenschaften im hellenistischen Alexandria ist als Ausdruck monarchischer Konkurrenz und von Herrschaftsansprüchen über die griechische Welt zu verstehen. Das natur- und technikgeschichtliche Wissen, das Plinius d. Ä. in 36 Büchern vereinigte, war ebenso mit einem römischen Herrschaftsanspruch über den gesamten Erdkreis verbunden. Verbreitung und Förderung technischen Wissens ist daher nicht allein in einem ökonomischen Nutzenkalkül zu suchen, sondern in einem politischen und sozialen Konkurrenzdenken.

2.3.2 Technische Innovation

In der archaischen Zeit entwickelten sich vor allem der Schiffbau, handwerkliche und agrarische Verarbeitungstechnik, der monumentale Tempelbau sowie Straßen und Hafenanlagen. Im Hellenismus gab es einen Innovationsschub in Mechanik, Stadtplanung, Wassertechnologie und Militärtechnik sowie eine damit verbundene Ausweitung des Ingenieurwesens. Wichtig war auch die Entwicklung verbesserten Zaumzeugs, das die Nutzung von tierischer Muskelkraft verbesserte. Von Alexandria, aber auch anderen kleineren wissenschaftlichen Zentren wie Pergamon und Athen ging eine intellektuelle Verbreitungsdynamik aus, die technisches Wissen, Ingenieurwesen und Fachliteratur in das römische Reich hineintrug. In der späten Republik, vermehrt aber in der frühen Kaiserzeit, wurden Wasserkraft, Be- und Entwässerungstechniken der hellenistischen Schulen erstmalig umfangreich eingesetzt und neue handwerkliche Fähigkeiten erworben, etwa die Herstellung des *opus caementicium* (einer Form von Zement) und von Fensterglas. Dramatische Fortschritte wurden in der Bautechnik mit dem Rundbogenbau, aber auch beim Straßenbau, der Wasserleitung und dem Ausbau von Stadtanlagen erzielt. Ab dem 1. Jh. zeigt sich eine Zunahme kombinierter Mühl-, Press- und Bewässerungsanlagen sowie groß angelegter Wasserhebeanlagen.

Eine einfache, durch Hin- und Her-Bewegung betriebene Getreidemühle, die die Griechen aus Vorderasien übernahmen, wurde im 5. Jh. v. Chr. durch ein Gerät ersetzt, das die Hebelkraft ausnutzte und den oberen Mühlstein leichter seitlich bewegen ließ. Durch die Trichtermündung des oberen Mühlsteins konnte das Getreide außerdem kontinuierlich und zielsicher zwischen die Steine geleitet werden. Eine Weiterentwicklung dieser Mühle stellte die Rotationsmühle dar, die aus Pompeji bekannt ist und möglicherweise im Hellenismus entwickelt wurde. Der Einlauftrichter war hier durch einen umgekehrten Hohlkegel erweitert und die Mühle konnte durch einen Esel in Kreisbewegung angetrieben werden. Die Erfindung des Wasserschöpfrades, das seit dem 1. Jh. v. Chr. in der römischen Literatur erwähnt ist (Lucr. 5, 516), führte zur Entwicklung der Wassermühle, die von Vitruv ausführlich beschrieben wird (Vitr. 10, 5, 2). Ab dem 2. Jh. wurde sie zunehmend für das Mahlen von Getreide genutzt und ist archäologisch in den nordwestlichen Provinzen, Italien, Griechenland, Kleinasien, Nordafrika sowie mehrfach im Preisedikt des Diokletian nachgewiesen.

Angesichts des massiven Konsums von Öl und Wein (s.u. 3.2) ist es nicht überraschend, dass mechanische Wein- und Ölpressen zu den genuinen Erfindungen der Griechen und Römer zählen. Auch hier fand eine Entwicklung von der Hebel- zur Drehbewegung statt. Zunächst benutzte man Balkenpressen, bei denen der lange Hebel mit schweren Gewichten nach unten gedrückt wurde. Zur Zeit Catos (2. Jh. v. Chr.) bestand die Möglichkeit, den Druck nach unten durch eine Winde zu erleichtern bzw. den Druck der Presse zu verstärken. Vitruv beschreibt eine weitere Verbesserung durch die Erfindung der Schraube. Diese Presse nahm weniger Raum ein, da der lange Hebel der Seilwinde unnötig wurde. Eine Schraubenpresse im eigentlichen Sinne wird erstmals im 1. Jh. bei Plinius d. Ä. (Plin. nat. 18,317) und in der Mechanik des Heron (Heron 3, 13–20) beschrieben. Ihr Einsatz in Großanlagen, etwa auf Gütern in Afrika und Tripolitana, steht in unmittelbarer Verbindung mit der steigenden Bedeutung Nordafrikas für den Handel mit Olivenöl im römischen Reich.

Töpferei   Auch der Ausbau der Töpferei war ein Resultat des steigenden Konsums und Transports von Öl und Wein. Dies gilt nicht nur für Transport- und Lagergefäße, sondern auch für die Qualitätskeramik, die in der Trink-, Fest-, Wettkampf- und Begräbniskultur genutzt wurde. Die römische Produktion von sogen. *terra sigilata*-Ware (feine Tischkeramik) beruhte auf einer völlig neuen Technologie, bei der Gefäß und Dekoration in Schüsseln vorgefertigt und anschließend gebrannt wurden. Dieses Verfahren, das sich schon während des Hellenismus im Ostmittelmeerraum entwickelt hatte und eine serienmäßige Produktion von Qualitätsgeschirr zuließ, breitete sich unter Augustus in Italien aus und kulminierte in der Massenproduktion dieser Ware in Südgallien (La Graufesenque), Mittelgallien (Lezoux) und Obergermanien (Rheinzabern). Diese Innovation war ebenfalls unmittelbar mit dem Anstieg provinzialen Bedarfs verbunden. In La Gaufesenque befanden sich Öfen von 4 m Breite und 3 m Höhe, in denen 30 000 Gefäße gleichzeitig gebrannt werden konnten.

Wassertechnik   Neben der Nahrungsmittelproduktion und ihrem Transport war die Wassertechnik ein wesentlicher Bereich technischer Entwicklung. Das Anheben und gezielte Absenken von Wasser spielte nicht nur für künstliche Bewässerungsanlagen, sondern auch im Bergbau und der Hygiene der Städte eine bedeutende Rolle. Verschiedene Formen von Eimerketten, Pumpen und die Aneinanderreihung von mehreren Wasserrädern vergrößerten die Kapazität und ermöglichten die Überwindung von Höhenunterschieden sowie das Gleichmaß der Wasserbeförderung. Die große Anlage, die im Bergwerk von Rio Tinto in der Provinz Baetica gefunden wurde, bestand aus 16 Rädern und erreichte eine Grundwasserhebung von 120hl pro Stunde auf eine Höhe von bis zu 28 m.

Straßenbau und Architektur   Auch Straßenbau und Architektur entwickelten sich weiter. Die Bogenkonstruktion ließ nicht nur eine komplexere Gestaltung von monumentalen Fassaden zu, sondern ermöglichte den Bau von größeren Brücken und Aquädukten. Die Wasserversorgung Roms oder Südgalliens, die über die erhaltenen Aquädukte noch heute sichtbar ist, sowie das ausgedehnte römische Straßennetz wären anders nicht möglich gewesen.

Zahlreiche archäologische Funde weisen darauf hin, dass sich technologisches Wissen und seine Umsetzung – zeitlich verschoben und in unterschiedlicher Intensität – im gesamten römischen Reich ausbreiteten. Die römische Armee galt lange als Ursache sowohl für Infrastrukturentwicklung als auch den Transfer von Wissen. Doch zeigen innovative Stadtbauten und Wasserbauanlagen im Verbund mit literarischen Quellen, dass technisches Können Teil der lokalen zivilen Selbstdarstellung, aber auch Symbol des Erfolgs römischer Herrschaft war und damit eine Eigendynamik entfaltete.

Verbreitung von Wissen

Im späten 4. Jh. v. Chr. entstand ein reiches Fachschrifttum zu Landwirtschaft, Mechanik und Hydraulik, das von den hellenistischen Königen gefördert wurde. Der römische Agronom Varro zählt in seiner Schrift *De re rustica* (37 v. Chr.) 50 Titel auf, die entweder im griechischsprachigen Raum verfasst oder ins Griechische übersetzt worden waren. Handbücher beeinflussten allerdings weniger Kleinbauern als den Großgrundbesitz, Verwaltungen oder königliche Ingenieure, die an der Urbarmachung neuen Landes und dem Anbau neuer Früchte im Auftrag des Königs beteiligt waren. Während die ptolemäischen Ingenieure zwar die Beckenbewässerung und Entwässerung beherrschten, waren sie (im Gegensatz zu den römischen Besetzern) am Einsatz von Schöpfgeräten wie der mit Tierkraft betriebenen Eimerkette oder der archimedischen Schraube nicht interessiert – möglicherweise, da diese Entwicklung Bereiche betraf, die nicht dem königlichen Ansehen und staatlichen Landausbau dienten.

Fachschriften

2.3.3 Wirtschaftliche und technische Entwicklung

Stadtentwicklung, Militärinteressen, städtische und militärische Versorgung sowie ein kulturell bedingtes Konkurrenz- und Vorrangdenken führten zu bestimmten Eigenarten der griechisch-römischen Technikentwicklung. Hierzu gehörte zum einen eine geographisch und sozial sehr heterogene Verbreitung der Anwendung technischen Wissens. Signifikante Entwicklungen im öffentlichen Bauwesen (zu Repräsentationszwecken) oder der Edelmetallförderung (zur Herstellung von Geld) standen einer recht geringen technischen Entwicklung in der kleinbäuerlichen und kleinhandwerklichen Produktion gegenüber. So entwickelten sich signifikante technische Erweiterungen, wie die Einführung neuer und kombinierter Öl- und Weinpressen im großagrarischen Bereich. Auch fanden technische Kenntnisse in unterschiedlichen Gebieten und sozialen Kontexten mit unterschiedlichem Zeitverzug Niederschlag: Dies gilt für metallurgische Kenntnisse zur Herstellung von Schiffen, Geräten und Waffen in der archaischen Zeit ebenso wie für die Nutzung effizienterer und platzsparender Schraubenpressen oder Kombinationsanlagen zur Öl- und Weinverarbeitung auf großen Gütern in Italien, Gallien,

Eigenheiten der antiken Technikentwicklung

Nordafrika oder Ägypten. Technisches Wissen wurde vor allem dort in effizienten Großprojekten umgesetzt, wo es politisch sichtbar war.

Exogene Gründe Typisch sind auch komplexe und nicht rein wirtschaftliche Zielsetzungen technischer Neuerungen oder logistischer Errungenschaften. Dies gilt für die landwirtschaftliche Technik wie für infrastrukturelle Maßnahmen. Die Ausweitung des römischen Straßennetzes war sowohl militärisch als auch herrschaftspolitisch, administrativ und handelstechnisch motiviert. Der Ausbau des Pithomkanals, der das Rote Meer mit dem Nildelta verband, unter Ptolemaios II. mag dem Transport von Militärelefanten aus Äthiopien gedient haben, sollte aber auch das technische Können des Königs zeigen. Ihm sei es erstmalig gelungen, betont der Historiker Diodor, den Ablauf des Salzwassers aus dem Roten Meer in das Süßwasser des Nils zu verhindern (Diod. 1, 33, 11). Alexander d. Gr. legte einen neuen Arm des Pallakotas-Kanals am Euphrat an, der nördlich von Babylon Wasser aus dem Euphrat ableitete. So war das mesopotamische Binnenland vom Erythräischen Meer für das makedonische Heer besser erreichbar, und das Bewässerungssystem von Babylon wurde verbesserte, wie selbst antike Autoren befanden (Arr. an. 7, 21, 6). Auch die Investitionen in Wasserleitungen und Nutzbauten im römischen Reich stellten eine Verbindung von ökonomisch wirksamer Stadtentwicklung und römischer Machtdemonstration dar.

2.4 Institutionen

2.4.1 Begriff

Unter Institutionen werden soziale Regeln und Normen, aber auch rechtliche Einrichtungen wie Verfassungen, Vertragsformen oder Verfügungsrechte verstanden. Sie schaffen Sicherheiten und Anreize und werden als Leitsysteme wirtschaftlichen Verhaltens verstanden. Institutionen verleihen individuellem und kollektivem Verhalten eine Entwicklungsrichtung („Pfadabhängigkeit") durch Rückbindung an Tradition, soziale Zielperspektiven und staatliche Autorität.

2.4.2 Eigentums-,Verfügungsrechte und Hauswirtschaft

Oikos und domus Eigentumsrechte standen in enger Verbindung mit Haushalt und einer Familie. Sowohl normativ als auch rechtlich bildeten privates bzw. familiäres Eigentum und uneingeschränkte Bodenrechte eine institutionelle Bedingung in den Kerngebieten der griechisch-römischen Welt. Seit dem Entstehen der Polis und ihres römischen Äquivalents entwickelte sich gesichertes familiäres Eigentum an Grund und Boden, auf dem keine anderen Verpflichtungen als die Versorgung der Familie lasteten. Einem *oikos* oder einer *domus* (Haushalt) und der *familia* (Familie) stand ein *kyrios* bzw. *pater familias* vor, dessen Eigentum in männlicher Linie vererbt wurde. Unverheiratete Töchter, aber auch Verwandte und Eltern, Sklaven und Abhängige gehörten zu einem Haushalt und bildeten eine ökonomische Einheit. Grund und Boden waren veräußerbar, wenn auch dem Verkauf von Land angesichts der Bedeutung von Land für Bürgerrecht und sozialen Status zumindest in griechischen Poleis deutliche ideologische Grenzen gesetzt waren.

Die Mitgift von Töchtern ging im griechischen Recht in den Haushalt des Mannes über, blieb aber bei Scheidung oder Tod des Ehemanns rechtlich an die Frau gebunden, die jedoch als sogenannte *epikleros* (gr. Sg. Erbtochter) an einen männlichen Verwandten des Verstorbenen wiederverheiratet werden musste. Den Haushalt zu erhalten, Hunger und Verschuldung zu vermeiden sowie in den Grenzen kalkulierbaren Risikos zu vergrößern, war oberstes Ziel eines Grundeigentümers. Haushalte verschiedener Größe, vom bäuerlichen Betrieb bis zum Gutshof bildeten eine rechtlich-ökonomische Gemeinschaft nicht nur für Produktion und Verbrauch, sondern auch die Verteilung von Erträgen. Viele Güter wurden verteilt und getauscht, ohne je dem Markt zugeführt zu werden. Dies gilt in gleichem Maß für Lebensmittel und Fertigprodukte wie für Geräte und Arbeitskräfte.

In der römischen Republik bestand zunächst wie in der griechischen Polis das Prinzip des familiären Eigentums unter dem Vorrecht des *pater familias*. Dies wandelte sich aber schon ab dem 2. Jh. v. Chr. und dann noch einmal unter Augustus, als zunehmend individuellere Eigentumsrechte die Rechtsentwicklung bestimmten. Hintergrund scheint die Gewährung zunehmender Verfügungsrechte von Frauen über ihre Mitgift gewesen zu sein. Die übliche Form der Eheschließung erfolgte zunächst ohne Übertragung einer Mitgift in den Haushalt des Mannes (*sine manu*). Die Mitgift blieb unter der *patria potestas* (Herrschaft) des Vaters der Ehefrau, bis sie nach dessen Tod in das Eigentum (*sui iuris*) der Tochter überging. Jede Ehefrau wurde einem *tutor mulieris* unterstellt, der den rechtlichen Geschäften einer Frau ab einer gewissen Größenordnung zustimmen musste. Unter Augustus wurden Frauen mit mehr als drei Kindern vom *tutor mulieris* befreit. Dadurch erlangten einige Frauen beträchtliche Möglichkeiten, eigenverantwortlich ökonomisch zu handeln.

Entwicklung von Eigentum

Im Vergleich zum modernen Recht war Landeigentum jedoch selbst noch in römischer Zeit ungesichert. Unzureichende Vollstreckungsmöglichkeiten von nachbarschaftlichen und grenzüberschreitenden Streitigkeiten oder auch die fehlende notarielle Beurkundung und Registrierung von Landbesitz waren Ursache einer Vielzahl von Grenzkonflikten und besitzrechtlicher Unklarheiten. Möglichkeiten, Landbesitz zu kapitalisieren, bestanden daher eher in seiner Nutzung als materieller Sicherung von

Bleibende Unsicherheiten

26 I. Enzyklopädischer Überblick

Geldanleihen als in seiner Veräußerung. Privateigentum war zudem nur eine Form des Bodenrechts in den Gebieten griechisch-römischer Herrschaft. Jenseits Griechenlands und Italiens, aber auch in Sparta, Sizilien, Kreta, Thessalien, Gallien, Ägypten, Nordafrika und Teilen Asiens sowie im archaischen Athen und Rom vor dem 6. bzw. 5. Jh. v. Chr. begegnen in den Quellen begrenzte Eigentumsrechte und ein halbfreies Bauerntum (s. nächster Abschnitt).

2.4.3 Hierarchien und Arbeitsverhältnisse

Sozialbezeichnungen Die antike Wirtschaft beruhte auf hierarchischen sozialen Verhältnissen, die wesentliche Voraussetzungen für die Arbeitsorganisation bildeten. Arbeit war an die Person der Arbeitskraft gebunden, d. h. es wurde die Person, nicht seine Arbeitsleistung, gemietet (Lohnarbeit) oder gekauft (Sklavenarbeit). Obwohl rechtlich und ideologisch deutlich unterschieden, konnten in der Praxis Freie und Sklaven austauschbar eingesetzt und Sklaven als Lohnarbeiter weitervermietet werden. Arbeitsverhältnisse, ob gegenüber Sklaven oder Freien, konnten in ein breites Feld von sozialen, finanziellen und Treueverpflichtungen eingebunden sein, die als gegenseitig angesehen wurden und über das eigentliche Arbeitsverhältnis hinausgingen. Dies schuf die Voraussetzung für die ab dem Hellenismus umfangreich bezeugte Auftragsarbeit. Hinter einer Vielzahl von Pächtern, Händlern, Schiffskapitänen und Bankiers, die häufig Sklaven oder Freigelassene waren, standen oft reiche Financiers mit Bürgerstatus oder Grundeigentümer, in deren Auftrag bzw. Interesse sie handelten.

Kaufsklaverei Die völlig rechtlose Kaufsklaverei findet sich vornehmlich in den Stadtstaaten der griechisch-römischen Kernländer. Ideologisch wie auch rechtlich konnten Sklaven als belebte Werkzeuge oder Zubehör eines Grundbesitzes betrachtet werden. Aristoteles nahm das Verhältnis von Herren und Sklaven als einen der Grundbausteine des *oikos*, wobei er Sklaven als belebten Besitz bezeichnete (Aristot. pol. 1253b24–1254b5; eth. Nic. 1162b4). Einen ähnlich instrumentalen Sklavenbegriff vertritt der Agronom Varro im 1. Jh. v. Chr. (rust. 1,17), und auch der Jurist Gaius kategorisiert im 2. Jh. Sklaven als gegenständlichen Besitz zusammen mit Land, Edelmetall, Kleidung und Tieren (Gai. inst. 1, 12–14).

Besonderheit der Sklaverei Sklaven wurden nicht nur in schwersten und häufig körperlich zugrunde richtenden Arbeiten eingesetzt, sondern verwalteten in Auftragsarbeit Landgüter, Handwerkstätten und Handelsschifffahrten. Sie traten als Mittelsmänner und Bankiers mit Kapital auf, mit dem sie unabhängig, wenn auch rechenschaftspflichtig wirtschafteten. Das unfreie Arbeitsverhältnis bot ein kostengünstiges Instrumentarium der Auftragsarbeit, insofern über eine Ideologie der Loyalität und der Treue Vermögensverwaltung und Transaktionen besser als in vertraglichen Arbeitsverhältnissen kontrollierbar schienen. Das Mandat (Auftrag) war sowohl im römischen

Recht als auch im römischen Sozialsystem sehr komplex geregelt. Über formalrechtliche und informelle Regeln entwickelten sich mithilfe der Auftragsarbeit Verwaltungsformen, die optimal auf die sozialen, politischen und ökonomischen Bedingungen von Gutsverwaltung, Handel und Kredit reagierten. Neben Angehörigen der griechischen und römischen Oberschicht unterhielten auch die römischen Kaiser einen Kreis wirtschaftlich aktiver Sklaven oder Freigelassener.

Abhängige Arbeitsverhältnisse regelten auch Pachtverhältnisse. Pacht war nicht allein eine vertragliche Beziehung, sondern verband sich eng mit gegenseitigen Verpflichtungen zwischen Verpächtern und Pächtern. Pächter waren in der römischen Gesellschaft oftmals in die Klientel sowie in rechtliche und moralische Schutzverpflichtungen eines Verpächters eingebunden, während vermögendere Pächter selbst unterverpachten und so ihrerseits soziale Macht und Patronage ausüben konnten. In Makedonien, Thessalien, Lakonien und Kreta, dem Schwarzmeergebiet sowie Kleinasien, Ägypten, Nordafrika, Teilen Süditaliens und Kontinentaleuropa existierten darüber hinaus Agrarsysteme, in denen Pachtverhältnisse mit eingeschränkter Freizügigkeit einhergingen. Darin waren Pachtdauer und -abgaben nicht als fixe Zeiten bzw. Beträge vertraglich festgelegt, sondern Bauern bearbeiteten auf möglicherweise unbestimmte Dauer den Boden mit der Verpflichtung, einen festgelegten Teil des Ertrags an den Landherrn abzugeben („Teilpacht"). Besonders bekannt sind die *penestai* und *helotai* (beides gr. Pl.) aus dem Umland von Sparta, aber auch die *ambacti*, *obaerati* oder *coloni* (alles lat. Pl.) aus den römischen Provinzen Nordafrika und Gallien. Auch im archaischen Attika gab es Teilpächter (gr. Pl. *hektemoroi* = „Sechsteiler", deren Pacht sich möglicherweise auf ein Sechstel der Ernte belief), die in den Krisenjahren vor den solonischen Reformen durch Zahlungsverzug in persönliche Unfreiheit geraten waren („Schuldsklaven"). Ihre Befreiung durch die Reformen Solons zu Beginn des 6. Jh. v. Chr. schuf ein freies Kleinbauerntum und möglicherweise die Voraussetzung für einen beträchtlichen agrarischen Aufschwung in der Polis Athen. Einen ganz anderen Status hatten die aus Ägypten bekannten Königsbauern (*basilikoi georgoi*, gr. Pl.), *laoi* (gr. Pl. „Leute") oder *hierodouloi* (gr. Pl. „Tempelsklaven"), die unter bestimmten, auch privilegierten und häufig vertraglich festgelegten Bedingungen Pachtland bebauten bzw. Tempeldienste leisteten.

Arbeitsorganisation und Pacht waren nicht allein von Agrartraditionen geprägt, sondern konnten Grundlage für strategische wirtschaftliche Entscheidungen bilden. So setzten Grundbesitzer – etwa in Italien, Ägypten oder Nordafrika, von wo detaillierte Arbeitsverträge und Verwaltungsstrategien bekannt sind – Sklaven, Lohnarbeiter, kleinbäuerliche Pächter und unternehmerische Zwischenverpächter kombiniert ein, je nachdem, welche Interessen sie mit einzelnen Parzellen verfolgten und welche Arbeitsorganisation dafür am geeignetsten schien. Direk-

Pachtverhältnisse

Arbeitsorganisation

te Bewirtschaftung durch Sklaven und Lohnarbeiter bot Vorteile für den arbeitsintensiven Wein-und Olivenanbau, während Verpachtung mit jährlichen Pachtabgaben etwa auf weniger kommerziell genutztem Getreideland ein begrenztes, aber gesichertes Einkommen garantierte. Umgekehrt verbanden Kleinbauern ihren Privatbesitz mit zusätzlichem Pachtland, um ihr Einkommen zu erhöhen. Dennoch spielten Statusfragen, die an Land gebunden waren, neben ökonomischen Effizienzerwägungen bei der Bewirtschaftung von Land eine wesentliche Rolle (s.u. 4).

2.4.4 Reziprozität, Freundschaft und soziale Netzwerke

Begriff Reziprozität, d. h. die moralische Verpflichtung zur Gegenseitigkeit von Zuwendungen und Leistungen (aber auch von Unrecht und Schaden), bildete ein verbindliches Normsystem während der gesamten Antike und erklärt die Bedeutung von sozialen Beziehungen und Netzwerken in der Wirtschaft. Die Regel der Reziprozität war eingebettet in die Ideologie der Freundschaft (gr. Sg. *philia*/lat. Sg. *amicitia*), weswegen soziale Beziehungen als Tauschverhältnisse verstanden wurden und kein Tauschverhältnis jenseits seiner sozialen Dimension gedacht werden konnte. Verwandte, Nachbarn, Angehörige von Kultgemeinschaften, Militäreinheiten, Berufs- oder Bürgerverbänden stilisierten ihre Beziehung als Freundschaften, die zu Hilfestellungen und ökonomischen Leistungen verpflichteten. Dabei konnten Freundschaftsverhältnisse je nach sozialer Grundlage gleich (symmetrisch) oder hierarchisch (asymmetrisch) sein. Besonders in der römischen Gesellschaft waren Patronage und Klientel (ausgedrückt als Freundschaftsverhältnis) ein soziales Strukturmerkmal, bei dem die Gegenseitigkeit von der Ungleichheit der Beteiligten geprägt war. Anders verhielt es sich im klassischen Athen, wo offene Patronage und Klientelbildung aus demokratischen Gründen abgelehnt wurden, aber dennoch in subtilerer Weise fortbestanden.

Reziprozität und Güterbewegungen In der homerischen Gesellschaft bestand die Norm der Gegenseitigkeit in der gemeinsamen Ausstattung von Opfermahlen, der Unterstützung von Gastfreunden und dem Austausch von Geschenken als friedenstiftendem Ritual. *Philia* war nicht nur die Grundlage für den Geschenkaustausch unter Aristokraten der archaischen Zeit, sondern bezeichnete in folgenden Jahrhunderten auch diplomatische Beziehungen und Bündnisse, aus denen auch gegenseitige materielle Vorteile erwuchsen. Formale Gastfreundschaftsbeziehungen (gr. Sg. *xenia*) auf zumeist höchster sozialer Ebene blieben Basis zwischenstaatlicher Leistungen. So lieferte Makedonien Holz für den athenischen Flottenbau, die Könige des Bosporus und die Stadt Kyrene Getreide im Zuge von Kriegsvorbereitung oder Dürren und eine Vielzahl von Wohltätern und Königen Geld nach Rhodos nach einem Erdbeben im Jahr 227 v. Chr.

Im interpersonellen Bereich waren Freundschaft und soziale Netz- Kreditwesen
werke Grundlage für Kredit- und Handelsbeziehungen, Marktaustausch,
Schenkungen, Vertragsbeziehungen und rechtliche Hilfestellung. Sowohl
kleinere Kredite als auch beträchtliche Summen zirkulierten primär in
Freundschafts- und Patronagenetzwerken. Bankkredite und Pfandleihe
entwickelten sich zum Teil neben, aber auch verbunden mit der Ausweitung persönlicher Kreditvergabe. Der weit verzweigte Kredit- und
bargeldlose Geldtransfer, der eine Grundlage der wirtschaftlichen Macht
der römischen Oberschicht bildete, war eng mit der persönlichen Vernetzung der römischen Nobilität und Provinzverwaltungen verbunden.

Freundschaftsbeziehungen und soziale Netzwerke charakterisierten Handel
auch Gewerbe, Markt und Handel. Dies beginnt mit den Güterbewegungen (von Holz, Metallen, Sklaven und verarbeiteten Produkten) der
prähistorischen und archaischen Zeit, deren archäologische Nachweise
heute weniger als Handel denn als inneraristokratischer sozialer Austausch (*peer polity interaction*) angesehen werden. Auch professioneller
Handel und Gewerbe beruhten auf sozialen Netzwerken, die sich in
Städten und Hafenstädten bildeten. Kultgemeinschaften im athenischen
Hafen von Piräus und die Säulenhallen der *collegia* auf der Piazzale delle
Corporazioni in Ostia liefern Zeugnisse für die Bedeutung sozialer und
religiöser Vereinigungen. Aus Lugdunum sind *collegia* von Angehörigen
des gleichen Gewerbes bekannt, die Händler unterschiedlicher Herkunft
aufnahmen. Märkte waren räumlich in Gewerbeeinheiten (gr. Pl. *kukloi*)
gegliedert, die von jeweils einem Gewerbe dominiert waren. Schließlich bildeten Händlerkonsortien und *societates* (lat. Pl. Gesellschaften)
Grundlage für Kredite und Preisabsprachen (Plut. Cato 21, 60; Diod. 20,
81, 4).

Freundschaft verpflichtete zu Vertrauen und Treue (gr. Sg. *pistis*/lat. Sg. Pistis und fides
fides). *Fides* und *pistis* kamen der Verbindlichkeit vertraglicher Verpflichtungen gleich, waren aber zunächst ihre soziale und informelle Variante. Platon argumentierte, *pistis* würde durch kommerzielle Beziehungen
im Hafen zerstört (Plat. leg. 705a-b). Tatsächlich wurde die *bona fides*,
der gute Glaube (oder *ex bona fide*, die Handlung in gutem Glauben)
ein Rechtsbegriff im römischen Kauf-, Pacht-, Darlehns-, Erbschafts- und
Vormundrecht.

2.4.5 Großzügigkeit und Euergetismus

Aus Freundschaft, Patronage und Reziprozität, aber aus einem intensiven Euergesie
politischen Wettbewerbsdenken leitete sich eine weitere Norm ab, die als
Freigiebigkeit oder Euergesie (von gr. Sg. *euergesia*, Wohltat) bezeich-
net wird. Sie richtete sich an besitzende Oberschichten und stellte die
Erwartung dar, dass Reichtum in aufwendige und sichtbare öffentliche
Projekte (Tempelbauten, öffentliche Gebäude, Weihgaben, Versorgungs-

güter für die Gemeinschaft und ähnliches) zu fließen habe. Schon in den homerischen Epen waren wertvolle Geschenke und Gaben Zeichen von Macht und Ehre in einer wettbewerbsorientierten Kriegergesellschaft. Doch während bei Homer materieller Reichtum noch unhinterfragt Herrschaftsanspruch signalisierte, bedurfte es in politischen Gemeinschaften eines Verhaltens, das Reichtum in legitime Formen politischer Anerkennung überführte. Aristoteles zählt zu den politisch notwendigen Gaben Weihgeschenke, Opfer, Ausstattung von Kulten sowie die Finanzierung von Theater, Kriegsschiffen und Festbewirtung (Aristot. eth. Nic. 1222b19–23). Freigiebigkeit musste sich an die Bürgerschaft insgesamt richten und der Gemeinschaftsbildung und Sicherheit dienen.

Institutionelle Verfestigung Im demokratischen Athen finden sich institutionell verdichtete Formen der Euergesie, die im 5. und 4. Jh. rechtlich einklagbar waren und einer Vermögenssteuer gleichkamen. Dies waren zum einen sogenannte Liturgien (von gr. Pl. *leithourgiai*, Werke für das Volk), die für die Finanzierung von Kriegsschiffen, Theater- und Festveranstaltungen herangezogen wurden. Etwa 10 % der vermögendsten Athener waren dazu verpflichtet und mögen so eine sichtbare Statusgruppe gebildet haben. Zum anderen gab es Steuerzahlungen (gr. Pl. *eisphorai*), die ebenfalls nur von den oberen Zensusklassen eingefordert wurden, allerdings erst ab dem 4. Jh. v. Chr. rechtlich einklagbar waren. Liturgien und *eisphorai* waren keine fixen Summen, sondern der jeweilige Aufwand war dem politischen Ehrgeiz und der Leistungsbereitschaft des Liturgen anheimgestellt. Darüber hinaus gab es freiwillige Leistungen für die Gemeinschaft, wie etwa die Beschaffung von Schiffbaumaterialien oder Getreide, die die Vermögenden der Polis mithilfe ihrer überstaatlichen Freundschaftsbeziehungen (s.o.) zuführten.

Euergetismus Kompetitive Finanzleistungen und Stiftungen steigerten sich ab dem späten 4. Jh. v. Chr. zu einem Verhalten, das in der modernen Forschung als Euergetismus bezeichnet wird. Hierüber verschafften sich hellenistische Könige, aber auch Honoratioren einer Stadt mit gewaltigen Ausgaben soziale Anerkennung, Macht und politische Legitimation. Weiterhin betraf der Euergetismus vor allem militärische Ausgaben, Feste, Kulte und öffentliche Speisungen. Doch scheinen fortan die Getreideversorgung und Baufinanzierungen einen neuen Stellenwert eingenommen zu haben. Der finanzielle Anteil euergetischer Leistungen an der Stadtfinanzierung variierte und mag im Einzelfall moderat gewesen sein; vielmehr schuf der Euergetismus eine normative Grundlage für die Akzeptanz finanzieller Belastungen, die sich an städtische Oberschichten richteten, die daraus gleichzeitig politisches Ansehen und lokale soziale Macht bezogen. Bei der imperialen Besteuerung der griechischen Städte waren die monarchischen Zentralen auf die Kooperation der lokalen Eliten und städtischen Magistrate angewiesen. Gleichzeitig waren es diese

Eliten, die über Sondersteuern und Extraleistungen für die monarchische Repräsentation von dem Abgabensystem besonders belastet waren.

Ab dem Hellenismus finden wir auch in römischen Städten Großzügig- *liberalitas* keit (lat. Sg. *liberalitas*) und politische Wohltätigkeit (lat. Pl. *beneficia*) als normative Grundlage politischen Wettbewerbs. Wasserleitungen, Straßen und Bauten des republikanischen Roms wurden nach ihren Stiftern benannt (das berühmteste Beispiel ist die Via Appia des Appius Claudius Caecus) und mit inschriftlichen Monumenten versehen, die die Stiftung sichtbar machten. In den griechischen Städten eigneten sich Senatoren und Statthalter mit Spenden und Stiftungen die Tradition des Euergetismus städtischer Magistrate und hellenistischer Könige an, auch wenn die Praxis etwa von Cicero oder Plinius heftig kritisiert wurde.

Augustus verbot dann allerdings Baustiftungen in der Stadt Rom, wohl aus Angst vor konkurrierender Macht. Die Bedeutung öffentlicher Wohltätigkeit für die Legitimation von Herrschaft zeigt sich aber deutlich in seinem eigenen Tatenbericht, der im ganzen Reich inschriftlich veröffentlicht wurde. In mehreren Abschnitten werden hier die Geldspenden an die Bevölkerung, Spiele und die verbilligten Getreidelieferungen an das Volk als Form der Selbstlegitimation des Kaisers zum Ausdruck gebracht (R. Gest. div. Aug. 18–20). Das kaiserliche Vorbild, die hellenistische Bürgerkultur sowie römische Traditionen politischen Wettbewerbs schufen Anreize, dass provinziale Eliten sich weiterhin in ihren Heimatstädten finanziell betätigten. Sie waren Hintergrund für Landschenkungen, Stiftungen und außerordentliche Steuerleistungen sowie die ideologische Untermauerung eines kollektivistischen Fiskalregimes (s.u. 3.1.1).

2.4.6 Marktplätze und Marktregeln

Märkte (gr. Sg. *agora*/lat. Sg. *forum*) gehören zu den frühesten urbanen Kennzeichen griechischer Städte und breiteten sich mit der griechisch-römischen Form der Stadtgemeinde in ihren Einflussgebieten aus. Sie gehörten unmittelbar zur antiken Stadtkultur und ihren sozialen und politischen Interaktionsformen. Märkte gab es auch im ländlichen Umfeld von Poleis und römischen Städten.

Agora und Forum stellten eine räumliche Verdichtung institutioneller Tauschregeln dar. Märkte waren durch Grenzsteine markiert, deren Über- Verdichtung von schreiten den Eintritt in den besonderen Raum signalisierte. In diesem Tauschregeln Raum galten formale Regeln, die von Magistraten (gr. Pl. *agoranomoi*, lat. Pl. *aediles*) überprüft und von der Bürgerschaft vollstreckt wurden. Der Markt als Raum bot vertragliche Transaktionssicherheiten, die sonst nur in religiösen oder sozialen Räumen gewährleistet waren. Die rechtmäßige Einhaltung von Maßen und Gewichten, die Überprüfung von Zahlungsmitteln und ihr kontrollierter Wechsel, Preiskontrollen und Schutz vor Betrug waren nur auf Märkten möglich. In der rechtlichen Regelung von Transaktionen, Schutzbestimmungen und Rechtshilfegewährleistung fremder Marktteilnehmer zeigt sich das hohe staatliche Interesse an Gerechtigkeit und sozialem Frieden am Markt.

Marktideologie Antike Märkte reflektierten aber auch ein informelles Regelsystem. Sie waren Orte freier Aushandlung, und der freie Zugang von Bürgern zu Märkten war ideologisch zentral. Verkäufer ohne Bürgerrecht entrichteten Marktgebühren, und Feinde konnten ausgeschlossen werden. Welche politische Symbolik ein Marktverbot hatte, zeigt der Ausschluss der Megarer vom athenischen Markt 432 v. Chr.. In der zeitkritischen Komödie wurde er als Ursache für den Ausbruch des Peloponnesischen Krieges dargestellt (Aristoph. Ach. 530–537).

Rolle von Preiskontrolle Preiskontrollen waren nicht die Regel und wären mit der Wahrnehmung des Marktes als Ort freier Verhandlung nicht vereinbar gewesen. Auf einer zweiten institutionellen Ebene wurden Preise aber dennoch kontrolliert, wenn nämlich knappheitsbedingte Preissteigerungen ärmere Schichten vom Markt auszuschließen drohten. Persönliche finanzielle Hilfeleistung und damit soziale Abhängigkeit am Markt wurden so versucht zu verhindern.

Spezialisierung Größere Poleis hatten mehr als einen Markt. In Athen gab es neben der Agora im Zentrum Märkte in größeren Demen und im Hafen Piräus. Im republikanischen Rom gab es spezialisierte Märkte an verschiedenen Orten der Stadt; so etwa das Forum Boarium für Fleisch, das Forum Holitorum für Gemüse oder das Forum Suarium für Schweine. Die römischen Kaiser versuchten eine Einheit des kommerziellen, herrschaftsrepräsentativen und politischen Austauschs herzustellen, indem sie monumentale Markthallen an die repräsentativen Kaiserforen angliederten. In kleineren Orten wurden Märkte nicht täglich mit Waren bedient, sondern in einen Zyklus von Wochenmärkten eingereiht, der sich über mehrere Orte erstreckte. Auch wurden Märkte auf Heereszügen oder anlässlich von Festen spontan eingerichtet, um Soldaten, Festgemeinden und Opfergelage zu versorgen. Sie unterlagen wie dauerhafte Märkte Regeln und Vorschriften und brachten bisweilen erhebliche steuerliche Einkünfte.

Emporia Eine weitere Form des antiken Marktes war das *emporion* (gr. Sg. Handelshafen). Es war zunächst ein Handelsplatz an Küsten und Flussläufen, wo sichere Landung möglich war. Als rechtlich geschützter Raum bot es besondere Bedingungen für Transaktionen mit Fremden. Marktaufseher wurden sowohl für Emporia als auch für städtische Märkte bestellt. See- und Handelsdelikte, in welche Fremde verwickelt waren, wurden in Athen direkt im Piräus gerichtlich verhandelt. Auch bot das Emporion einen Ort, in dem Einfuhr- und Durchgangszölle eingetrieben und spezielle Regeln für den Großhandel geltend gemacht werden konnten. Es war somit die wichtigste institutionelle Voraussetzung für die Entwicklung von kommerziellen Beziehungen über politische Grenzen hinweg.

2.5 Staatliche Organisation

2.5.1 Staatliche Organisation und wirtschaftliche Entwicklung

Staatliche Organisation hat unmittelbaren Einfluss auf die Entwicklung von Wirtschaften. Staaten können Eigentumsrechte an Land, territoriale Grenzen und Transportwege sichern, stellen vertragsrechtliche, administrative und materielle Infrastrukturen zur Verfügung, vereinheitlichen Münz- und Gewichtssysteme, ordnen das Marktgeschehen und einiges mehr. Antike Staaten waren zunächst lediglich Kollektive, die sich als Bürger- und Sozialverbände und weniger als Gewalten über Territorien und Grenzen, Bürokratien und abstrakte Staatsgewalten definierten. Dennoch stellen die Entwicklung von exklusiven Bürgerrechten, die Institutionalisierung politischer und rechtlicher Verfahren, die Verschriftlichung von Gesetzen, die Verstetigung militärischer Rekrutierungsverfahren, Kontrolle von Maßen, Gewichten und Münzen oder die Einführung von Steuern und Zöllen wichtige staatliche Reaktionen auf neue auch wirtschaftliche Anforderungen dar. Angesichts der Ausweitung von Macht und administrativen Verfahren im Zuge militärischer Expansion war die Entwicklung staatlicher Strukturen mit wirtschaftlichen Konsequenzen während der gesamten Antike ein Prozess, der sich je nach den machtpolitischen Möglichkeiten der zentralen Regierungen stärker oder weniger stark auf periphere Gebiete auswirkte.

Wirtschaft und Staat

2.5.2 Poleis

In griechischen Bürgerverbänden herrschte eine weitgehende Identität von Regierenden und Regierten. Die politischen Gremien der Stadt, in denen Vollbürger rotierend partizipierten, standen in Gesetzgebung und Steueradministration nicht der Bürgerschaft gegenüber, sondern verstanden sich als Kooperativ, in dem sich Regierende und Regierte in ihrer Rolle abwechselnd rechenschaftspflichtig waren. Über staatliches Einkommen und Ausgaben verhandelten Bürger gemeinsam in Volksversammlungen und Bürgerräten. Die Verteilung der Gelder selbst übernahmen rechenschaftspflichtige Magistrate. Kollektives Eigentum an Silberbergwerken, Steinbrüchen, Wäldern und öffentlichem Land wurde über Verpachtung wirtschaftlich genutzt und die Verwendung der Einkünfte in den politischen Gremien entschieden.

Kollektivistischer Staat

Angesichts der personalen Struktur antiker Poleis traten zentrale Magistrate als Vertreter des Volkes neben Verwalter politischer Unterverbände (Dorfgemeinden, Kultgemeinschaften, Bruderschaften u. ä.) und private Akteure. Sie handelten miteinander in Ein- und Ausfuhr, und auch im Kreditwesen gab es Überschneidungen, insofern neben privaten Kreditgebern, Banken und Pfandleihern auch subpolitische Gruppen wie Priesterschaften und Kultverbände als Kreditvereine auftraten. Dar-

Magistrate

über hinaus waren sowohl die zentrale Polis als auch Dorfgemeinden, Kultgemeinschaften, Tempel und einzelne Bürger Eigner von Land und vertraten gemeinsame und konkurrierende Interessen.

Gleichheit   Antike Bürgerverbände waren geprägt von einem hohen Grad an normativer, rechtlicher und politischer Gleichheit und Gleichberechtigung. Indem Macht rotierend verteilt und Identität sowie Gemeinschaftsbildung über gemeinsame Feste und Rituale forciert wurde, reduzierte sich das potentiell hohe Risiko von bürgerinternem Konflikt. Um das in vielen Poleis vorhandene Potenzial für politischen Umsturz zu verringern, war es schon in der archaischen Zeit zu einer vielerorts rechtlich festgeschriebenen aristokratischen Selbstbeschränkung in Form von gesetzlicher Aufwandbeschränkung und einem Verzicht auf die Versklavung verschuldeter Bauern gekommen. Ab dem Ende des 7. Jh. v. Chr. begannen Poleis formale Rechtssysteme, die auch größere Sicherheit in Tausch-, Handels- und Kreditbeziehungen boten, zu entwickeln. Hierzu gehörten schriftliche Gesetze und Rechtsverfahren, Magistraturen zur Kontrolle von Marktrechten und ein kontrolliertes Münzsystem (s.o. 2.4). Über spezielle Gerichtsverfahren und Zollvergünstigungen, die sie mit verbündeten Städten vereinbarten, griffen Städte in die Praxis wirtschaftlicher Beziehungen auch über ihre politischen Grenzen hinweg ein. Mit einigem Recht lässt sich daher von einer Entwicklung hin zu staatlicher Organisation in griechischen Poleis sprechen.

Wettbewerb   Trotz oder gerade auch wegen der ideologischen Gleichberechtigung der Bürger, die die Entwicklung autoritärer staatlicher Behörden (etwa zum Zweck der Steuereinziehung) verhinderte, herrschte in antiken Städten ein intensiver sozialer und politischer Wettbewerb. Er hielt besondere Formen der Besteuerung aufrecht, die sich an vermögende Bürger richtete und eine direkte Besteuerung aller Bürger erübrigte (s.o. 2.4.5 und u. 3.1). Wettbewerb herrschte sowohl zwischen Bürgern derselben Polis als auch zwischen Poleis. Die repräsentative Ausstattung von öffentlichen Gebäuden, Heiligtümern, Marktanlagen, Flotten und Militäranlagen waren Resultat inner- und zwischenstaatlicher Konkurrenz und zeigen das enge Zusammenspiel von persönlichen Machtinteressen und staatlicher Organisation, die griechische Poleis kennzeichnet.

2.5.3 Bündnisse

Verbreitung   Politische Bündnissysteme weiteten die institutionellen Vorteile, die staatliche Organisation bedeutete, über einzelne Poleis hinaus aus. Föderale Zusammenschlüsse zeigen sich ab dem 5. Jh. v. Chr. in der athenischen Symmachie und dem Peloponnesischen Bund, waren aber auch Kennzeichen von anderen stadtübergreifenden Gemeinschaften (gr. Pl. *koina*, Sg. *koinon*). So bemühten sich Gemeinden und Siedlungen in Regionen, in denen sich keine Poleis bildeten (z. B. in Westgriechenland, im Zentrum der Peloponnes, in Makedonien und Thessalien), um wechselseitige Abmachungen, gemeinsame Münz- und Gewichtssysteme oder gewährten sich gegenseitige Rechte. Weitere bedeutende Bündnisse waren ab dem 4. Jh. v. Chr. der Achäische und der Aitolische Bund. Gegen Ende des 4. Jh. hatte sich fast die Hälfte aller griechischen Poleis föderal zusammengeschlossen. Bündnisse konnten hierarchisch auf ein Zentrum gerichtet sein, wie die athenische Symmachie ab der Mitte des 5. Jh.s v. Chr. und die oben genannten „kleinen Imperien", oder aber demokratisch auf Gleichheit ausgerichtet sein, wie es der Achäische Bund oder der zweite attische Seebund zumindest im Ideal vertraglich vereinbarten.

Die Aufgaben eines Bundes lagen in gemeinsamer Kriegführung, Außenpolitik, Finanzpolitik, Steuerpolitik und Rechtsprechung. Zunehmend übernahmen Bündnisse Elemente einer gemeinsamen staatlichen Organisation, die neben die staatliche Struktur der einzelnen Mitgliedstaaten trat. Viele Bünde hatten eine gemeinsame Währung, die neben Transaktionsvorteilen Identität und Autonomie schuf. Regelmäßige Zusammenkünfte (gr. Pl. *synodoi*), bündniseigene Magistraturen und Gremien, ein bündniseigenes Steuersystem sowie gegenseitige Bürgerrechte (gr. Sg. *isopoliteia*) waren Kennzeichen einer übergeordneten Staatlichkeit föderaler Zusammenschlüsse. Dazu konnten auch gegenseitige Heiratsrechte (gr. Sg. *epigamia*) und in manchen Fällen das Recht, Haus und Grundstück in den Mitgliedspoleis zu erwerben (gr. Sg. *enktesis*), treten. Das Maß an politischer Strukturbildung innerhalb von Bündnissen zeigt sich an einer Bemerkung des Historikers Polybios, der den Achäischen Bund als eine Demokratie lobte (Pol. 2,37,37 ff.).

Zusammenhalt und Identität wurden auch durch gemeinschaftliche Kulte und Feste gestärkt. Gleichzeitig verfestigten Rechte wie die *epigamia* und *enktesis* Kooperation und Mobilität zwischen den Bündnern. Bündnisse erweiterten die Möglichkeiten der Ressourcenextraktion, nahmen einen *cooperative advantage* wahr und senkten Transaktionskosten. Schließlich noch reagierte das föderale Steuersystem, zu dem Bündner entsprechend ihren Einkünften anteilig beitrugen, auf die steigenden, einzelne Bürgerschaften erdrückenden Kosten hellenistischer Kriegführung. Nicht nur aus expansionistischen, sondern auch aus wirtschaftlichen Gründen waren Bündnispartner daher auf Anwerbung und Integration neuer Mitglieder ausgerichtet.

Das römische Bündnissystem in Italien, das mit dem Latinerbund seinen Anfang nahm und mit der Bürgerrechtsverleihung an alle Italiker im Jahr 93 v. Chr. endete, ist ein etwas anders gelagertes Phänomen. Es war Resultat gewaltsamer Eroberung, hatte eine unhinterfragte hierarchische Struktur, und die Rekrutierung von wehrfähigen Soldaten stand im Mittelpunkt. Dennoch deuten die Verleihung von (lat. Sg.) *commercium* (Marktrecht) und (lat. Sg.) *connubium* (Recht der gegenseitigen Eheschließung) an die Latiner auf eine Verbindung von militärischen,

Aufgaben

Römisches Bündnissystem

staatsbildenden und wirtschaftlichen Aspekten. Die wirtschaftlichen Konsequenzen, die sich aus römischen *foedera* (lat. Pl. Bündnissen) ergaben, waren denen griechischer Bündnisse vergleichbar. Ebenso zeigt das römische Bundesgenossensystem wie auch die athenische Symmachie den fließenden Übergang von Bündnis-, Staats- und Reichsbildung.

2.5.4 Imperien und Reichsbildung

Imperien gleich Staaten? Schon die athenische Symmachie oder das Bundesgenossensystem in Italien hatten imperiale Züge. Doch stellen die Königreiche des Hellenismus und das Römische Reich ab dem 2. Jh. v. Chr. neue Dimensionen von imperialer und genau genommen auch staatlicher Entwicklung dar, auch wenn beide noch nicht unumstritten als Staaten bezeichnet werden. Ihre Administrationen waren personell geprägt und entwickelten staatliche Strukturen erst graduell in der sozialen, fiskalischen und rechtlichen Praxis aus. Das Verhältnis der Zentren zur Peripherie war und blieb wandlungsfähig und umfasste politische Organisationen mit sehr unterschiedlichen Traditionen. Da waren zunächst die griechischen Poleis und Bündnisse, die erst von den Makedonen, dann von den Römern unterworfen bzw. erobert worden waren. Hinzu kamen vorder- und zentralasiatische Gebiete, Ägypten, Nordafrika und Teile Europas, die eigene Stadt- und Regionalstrukturen ausgebildet hatten. In allen alten und neuen Einflussgebieten trafen die Eroberer auf bestehende politische Systeme, soziale Hierarchien, Steuer- und Agrarsysteme, die sich nicht einfach zerstören ließen, sondern auf die sie graduell einwirkten.

Bedeutung der Eliten Den lokalen Eliten kam in diesem Prozess eine wesentliche Bedeutung zu. Denn allein über ihre Kooperation gelang es, auf Ressourcen, Steuern, Pachten und Menschen zuzugreifen. Über ökonomische Zugeständnisse, symbolische und materielle Anreize sowie die Integration in die kulturelle und politische Herrschaftspraxis konnten Angehörige der lokalen Eliten als regimetreue Kooperationspartner gewonnen werden. Neben ihrer personellen Unterstützung von Steuer- und Verwaltungseinheiten vermittelten lokale Eliten ein Akzeptanzpotential in der Bevölkerung trotz militärischer Präsenz und fiskalischer Ausbeutung. Die vieldiskutierte Selbstromanisierung römischer Provinziale bedeutete auf ökonomischer und staatlicher Ebene die Entwicklung von Konsumgewohnheiten, die integrationsfördernd war. Andererseits entwickelte sich im Laufe der römischen Kaiserzeit eine imperiale Struktur, die neben lokale Hierarchien trat. Insbesondere über die römische Rechtsprechung scheint nicht nur Macht ausgeübt, sondern ein Gegengewicht gegen lokale Agrar- und Vertragsverhältnisse geschaffen worden zu sein.

Heterogenität Angesichts der Bedeutung lokaler Machtstrukturen war die Heterogenität imperialer Herrschaftsräume zunächst das größte Strukturproblem antiker imperialer Herrschaft. Provinzen bzw. hellenistische Verwaltungsbezirke wurden von einem Obermagistrat mit militärischem Kommando und ziviler Machtbefugnis betreut, dem weiteres Personal zur Steuereinziehung sowie für die Rechtsprechung zur Seite stand. Innerhalb der hellenistischen Königreiche zeigt sich im Vergleich zur frühen römischen Provinzverwaltung eine deutlich schwächere Verwaltungsstruktur, die höchst pragmatisch vorging und jenseits von persönlichen Gewinnchancen und infrastrukturellen Verbesserungen wenige organisatorische Vorteile für die unterworfenen Gebiete brachte. Zumeist beschränkte sich die Fremdherrschaft auf militärische Präsenz, Tributpflicht, Befehlsgewalt der Magistrate, die sich teils aus lokalem und teils aus staatlichem Personal zusammensetzten, sowie verschiedene sozialintegrative Strategien wie Freundschaftsbekundungen, Euergesie und Kulte für Könige und Wohltäter. Griechische Poleis behielten Teile ihrer Selbstverwaltung, Kontrolle über Finanzen und bisweilen lokales Münzprägerecht. Doch war das Maß staatlicher Integration geographisch unterschiedlich. So lag das für Tribut und Ressourcensicherung wichtigste und stabilste Kerngebiet der Seleukiden in Nordsyrien und dem vorderasiatischen Binnenraum und reichte bis in das fruchtbare Südmesopotamien. Die Ptolemäer konzentrierten sich auf Ägypten, Zypern, Südsyrien und die Kyrenaia, die über eine gemeinsame Münzprägung eine monetäre und symbolische Einheit bildeten, was sowohl im fiskalischen als auch interregionalen Zahlungsverkehr Vorteile bot. Im 2. Jh. v. Chr. nahm die staatliche Integration des ptolemäischen und seleukidischen Herrschaftsraums möglicherweise wieder ab.

Die Integration eroberter Gebiete in die römische Republik war noch deutlicher abgestuft, was erhebliche Folgen für die Integration des römischen Herrschaftsgebiets als Wirtschaftsraum hatte. Rom bildete das Zentrum, an das sich Italien als regionales Hinterland anschloss. Die west- und ostmediterranen Provinzen einerseits sowie die ferneren Klientel- und abhängigen Staaten andererseits bildeten zwei weitere Integrationskreise. Diese Abstufung der Integration, die sich wahrscheinlich zwangsläufig aus den begrenzten Möglichkeiten der römischen Zentralregierung ergab, gilt als wesentlicher Stabilisierungsfaktor des römischen imperialen Systems und wirkte sich langfristig auf das wirtschaftliche Zusammenspiel verschiedener Regionen des Imperium Romanum aus. *Formen der Integration*

Während des Zeitalters der römischen Republik war die senatorische Provinzverwaltung jedoch noch ein vielköpfiges dezentrales Personalsystem mit einer sehr dezentralisierten Steuer- und Ressourcenkonzentration (s.u. 3.1). Mit dem Übergang von der Republik zur Kaiserzeit wurde die Verwaltung der Provinzen durch die Kontrolle der Statthalter über ein vom Kaiser überwachtes System sowie durch eine transparentere Besteuerung und Bürgerrechtspolitik noch einmal deutlich stabilisiert. Zentralisierung, die vor allem ideologisch und symbolisch vermittelt wurde, bei Beibehaltung möglichst weitgehender *Staatliche Entwicklung der Kaiserzeit*

38   I. Enzyklopädischer Überblick

lokaler, auch finanzieller Selbstverwaltung wirkte sich im Allgemeinen positiv auf die politische Integration des Imperiums aus. Wirtschaftliche Folgen waren neben der römischen Friedenssicherung die nahezu vollständige Übernahme des römischen Münzsystems in den Provinzen, die Verbesserung lokaler Infrastrukturen durch Straßenbau und Wasserversorgung und die Ausweitung römischen Rechts und römischer Gerichtspraxis in den Provinzen.

Provinzverwaltung   Die Organisation kaiserzeitlicher Provinzverwaltung wirkte sich zudem positiv auf die kaiserliche Einkommensverwaltung aus. Sie funktionierte weniger obrigkeitsstaatlich als entsprechend den persönlichen Treue- und Verpflichtungsverhältnissen der römischen Sozialstruktur. Procuratoren waren für die Steuereinziehung in kaiserlichen Provinzen und die Verwaltung der kaiserlichen Domänen zuständig. Als Mandatsträger (s.o. 2.4.2) handelten sie flexibel im Auftrag des Kaisers, waren aber nicht strikt von seinen Weisungen abhängig. Auch den Statthaltern waren sie nicht administrativ, sondern lediglich sozial untergeordnet, da sie aus dem Ritterstand stammten. Beides führte zu einem System des langen Zügels, das wirtschaftliche Eigeninitiative der Procuratoren in der kaiserlichen Finanz- und Gutsverwaltung förderte. Zudem profitierte das römische Verwaltungssystem von den Informationsvorteilen, die Procuratoren vor Ort sammelten und die eine effiziente Guts- und Steuerverwaltung bei möglicher Bewahrung des sozialen Friedens begünstigten.

Selbstintegration   Die ganz spezifische staatliche Entwicklung, die das Imperium Romanum bis zum 3. Jh. durchmachte, basierte nicht unwesentlich auf der kulturellen Selbstintegration der römischen Provinzbevölkerungen. Provinziale Oberschichten eigneten sich römisches Konsumverhalten, römische Repräsentationsformen und römisches politisches Konkurrenzverhalten an, was den politischen und sozialen Austausch zwischen Rom und den Provinzen förderte. Verändertes Konsumverhalten sowie die Mobilität von Menschen und Humankapital hatten wichtige Konsequenzen für Produktionsentscheidungen, Marktentwicklung und die Verbreitung von technischem Wissen im römischen Reich.

3. Wirtschaftliche Praxis

3.1 Steuern, Abgaben und Redistribution

3.1.1 Ausgaben und Einnahmen

Rolle von Steuersystemen   Antike Staaten und ihre Steuersysteme waren die treibenden Kräfte antiker Wirtschaften. Während Regierungen nur in begrenztem Maß regelnd

3. Wirtschaftliche Praxis   39

in Tausch, Kreditgeschäfte und Handel eingriffen, stimulierten sie über Heeres- und Flottenbesoldung sowie als Konsumenten und Marktteilnehmer die Geld- und Warenzirkulation, Handel und Märkte. Steuersysteme und entsprechende administrative Strukturen entstanden spätestens ab der Mitte des 6. Jh.s v. Chr. in Griechenland und ein Jahrhundert später in Rom durch die Notwendigkeit der Flotten- und Heeresbesoldung sowie den Bau von Hafenanlagen und Infrastrukturen aus öffentlichen Geldern. Militärausgaben blieben die Hauptausgabe öffentlicher Kassen, vor Ausgaben für zivile und religiöse Bauten, Infrastrukturen wie Wasserleitungen, Bewässerungssysteme, Handelshäfen und Straßen. Feste, Spiele, Kultabgaben und Votive an eigene und befreundete Heiligtümer erforderten in unregelmäßigen Abständen große Summen und bedurften besonderer Versorgungs- und Finanzkonzepte. Hinzu kam die Besoldung von Amtsträgern, Gesandtschaften, Steuerfunktionären und verschiedenen Dienstleistern (Schreibern, Wahrsagern, Dichtern, Ritualpersonal) sowie in manchen politischen Gemeinschaften die Versorgung von Kriegswaisen, Alimentationen, öffentliche Stiftungen, Geschenke und städtische Getreideversorgungsmaßnahmen.

Neben monetären Ausgaben standen Verpflichtungen in *natura:* die Ausstattung stehender Heere, so sie keine Bürgermilizen waren, und vor allem im kaiserzeitlichen Rom die städtische Getreideversorgung (*annona publica*), die ab den Severern auf weitere Lebensmittel ausgeweitet wurde. Diese werden als Formen der Redistribution bezeichnet, da sie eigene Anforderungen an Organisation, Transport und Verteilung stellten. *Nicht-monetäre Steuern*

ffentliche Einnahmen beruhten auf vier Säulen. Die erste und zunächst wichtigste war das Eigentum an öffentlichen, königlichen oder kaiserlichen Ländereien und Bodenschätzen. Königliche und kaiserliche Ländereien waren ausgedehnt und stellten in den hellenistischen Monarchien die mit Abstand größte Einnahmequelle dar. Auch während der Kaiserzeit kann das Einkommen der Principes aus kaiserlichen Domänen, die durch Konfiskationen noch beträchtlich anwuchsen, im Vergleich zu Steuern und Tributen nicht überschätzt werden. Die zweite Säule waren Steuern und Tribute, die sich in Boden- und Erntesteuern einerseits und Kopfsteuern andererseits unterscheiden lassen. Die dritte Einnahmequelle waren Zölle und indirekte Steuern, die auf Transaktionen und gewerbliche Produktion erhoben wurden. Die vierte Säule bildeten persönliche Dienstleistungen: Militärpflicht, Arbeitsleistungen und Zwangsarbeit in Bergwerken, an Bewässerungskanälen und Steinbrüchen, die häufig, aber nicht nur von Gefangenen und Sklaven verrichtet wurden. *4 Säulen der Steuereinnahmen*

Antike öffentliche Finanzen können nicht verstanden werden, wenn nicht normativ verpflichtende Leistungen, die an reiche Angehörige der Oberschichten gestellt wurden, eingerechnet werden (s.o. 2.4.5). Ihre finanzielle Bedeutung für die öffentlichen Haushalte wird in der Forschung *Euergesie* unterschiedlich bewertet und variierte wohl auch von Ort zu Ort und im Zeitverlauf. In Athen zählten hierzu freiwillige Beiträge (gr. Pl. *epidoseis*), Stiftungen, Getreidespenden und außerordentliche Steuern (gr. Pl. *eisphorai*, s.o.). Seit dem Hellenismus mehrten sich Stiftungen an Städte einerseits und Geschenke sowie außerordentliche Steuerleistungen (gr. Pl. *stephanoi*) von Städten an die Könige andererseits. Auch römische Kaiser ließen sich zu Regierungsantritten, Triumphen und Geburtstagen mit Gaben und Sondersteuern zur Ausrichtung der Festlichkeiten von der Bevölkerung reichlich beschenken.

Liturgien   Hinzu kamen Liturgien: In Athen entstand das Liturgiewesen wahrscheinlich gegen Ende des 6. Jh.s v. Chr. und bezog sich auf die Ausstattung und Finanzierung von Kriegsschiffen, Chören, Wettkämpfen und Gastmählern (s.o. 2.3). Unter römischer Herrschaft verlagerte sich die Liturgie (lat. Sg. *munus*) auf die verpflichtende, aber weiterhin prestigeträchtige Amtsübernahme auf eigene Kosten. Zunächst trat die liturgische Amtsübernahme neben die regulären besoldeten Magistraturen (gr. Pl. *archai*/lat. Pl. *honores*), erhielt aber ab dem 1. Jh. n. Chr. zunehmende Bedeutung in der lokalen Selbstverwaltung, bis sie in der Spätantike zu einem Strukturmerkmal öffentlicher Stadtverwaltung wurde und auch weniger vermögende Bürger zur selbstfinanzierten Amtsübernahme verpflichtete. Geld- und Getreidespenden, Stiftungen und Liturgien bildeten einen „dritten Sektor" städtischer Wirtschaften, der sowohl die Verwaltung als auch die Besteuerung entlastete.

Quantifizierung   Die Größenordnung der Ausgaben und Einnahmen zu beziffern, ist mit großen Unwägbarkeiten behaftet und wird im Forschungsteil für ausgewählte Fälle diskutiert. Insgesamt wird von einer relativ moderaten, regelmäßigen offiziellen Steuerlast ausgegangen, die jedoch in Kriegs- und Krisenzeiten ansteigen und durch betrügerische Praktiken der Steuereinzieher oder ganzer lokaler Steuerverwaltungen belastend auf die Bevölkerung wirken konnte. Es wird davon ausgegangen, dass sich insbesondere in der frühen Kaiserzeit bis zum 3. Jh. v. Chr. eine vergleichsweise geringe regelmäßige Abgabenpflicht positiv auf Produktion, Investitionsverhalten und Handel auswirkte, während gesteigerte Produktion und Handel das Volumen der Verkehrs- und Mobilitätssteuern deutlich erhöhte. Moderate Steuerraten im Regelfall ergaben sich allerdings weniger aus Wohlwollen von Kaisern und Königen als vielmehr aus der Notwendigkeit, die politische und fiskalische Kooperationsbereitschaft von Provinzbevölkerungen aufrecht zu erhalten. Gleichzeitig wurde innerhalb von Stadtgemeinden auf die Zahlungs- und Leistungsbereitschaft politischer Eliten gesetzt, die bei wechselnder Besteuerung zuerst belastet wurden.

3.1.2 Organisation

Zu den Gemeinsamkeiten antiker Steuer- und Finanzsysteme gehört (1) ein Zusammenspiel verschiedener zentraler und kommunaler Kassen, die von unterschiedlichen Gremien beaufsichtigt wurden. Ein Bruttosteuer- und Abgabevolumen verteilte sich normalerweise auf verschiedene lokale und zentrale Kassen und Verwendungszwecke, über die in vielen Fällen dezentral oder gar von einzelnen Schatzmeistern verfügt wurde. Eine Übersicht über ein staatliches Budget war schon aus diesen Gründen unmöglich. (2) Es kann von Steuer- und Finanzsystemen ausgegangen werden, die auf die Stabilität des jeweiligen politischen Systems und nicht auf Einnahmemaximierung ausgerichtet waren. Hierauf deutet die Abwälzung von Sonderausgaben auf vermögende Bevölkerungsteile, ohne die der Bedarf für unvorhersehbare große Ausgaben bei gleichzeitig niedriger oder gar keiner regelmäßigen Besteuerung nicht hätte gedeckt werden können. (3) Es gehörte zur Steuerkultur antiker Imperien/Staaten, privilegierte Einzelpersonen und soziale Gruppen, aber vor allem Personen mit Vollbürgerrecht steuerlich zu begünstigen und von Bodensteuern zu befreien. (4) Alle antiken Steuersysteme waren eine Kombination aus monetärer Besteuerung, Naturalabgaben und persönlichen Leistungen, die nach praktischen Erwägungen erfolgte und keinen ideologischen Richtlinien gefolgt zu sein scheint.

Gemeinsame Grundlagen

1. Athen und andere Poleis. Aus Athen sind keine regelmäßigen Boden- und Kopfsteuern auf Bürger bekannt, in Sparta hatten die Vollbürger (gr. Pl. *homoioi*) sich an den gemeinsamen Mahlzeiten (gr. Pl. *syssitiai*) mit Naturalbeiträgen zu beteiligen, während steuerartige Abgaben nur von abhängigen *perioikoi* (gr. Pl., Umwohnern) eingenommen wurden. Darüber hinaus wurden kollektive Ausgaben mit den Einkünften aus Verkehrssteuern, Pachten aus öffentlichem Besitz, Konfiskationen und Strafzahlungen sowie unregelmäßigen Steuern, die von den grundbesitzenden Zensusklassen *ad hoc* aufgebracht wurden, finanziert. Militärdienst war innerhalb einer Bürgermiliz nach Zensusklassen selbstfinanziert, doch gab es schon in der archaischen Zeit vielerorts zusätzlich bezahlten Söldnerdienst in der leichten Infanterie und den Flotten.

Boden- und Kopfsteuern

Die ersten öffentlichen Kassen gehörten neben Tempelschätzen politischen Unterverbänden. So waren in Athen sogenannte *naukrariai* (Schiffsbesorgschaften; Übersetzung umstritten) laut Aristoteles (Aristot. Ath. pol. 8,3 und 21,5) den athenischen Phylen (Stämmen) untergeordnet und von einem Gremium von „Kapitänen" (gr. Pl. *naukraroi*) verwaltet. Welche Finanzfunktionen sie hatten, bleibt aber unklar. Auch nach den Reformen des Kleisthenes behielten die Kassen und Besorgschaften politischer Unterverbände (Demen und Kultgemeinschaften) Bedeutung in der Kult- und Festfinanzierung, während lokale Magistrate (gr. Pl.

Naukrarien

demarchoi; Vorsteher eines Demos) für die Steuereinziehung und die Einteilung der Bürger in Zensusklassen verantwortlich blieben. Die erst langsam wichtiger werdende zentrale Kasse einer Polis war das *demosion* (öffentliches Geld), dem die Demarchen zuarbeiteten. In das *demosion* flossen Einnahmen aus Bußgeldern, Zöllen, Verkehrssteuern, Pachten, Erträge aus Konfiskationen, öffentlichen Auktionen und unregelmäßige *eisphorai* ein. In Athen gab es im 5. Jh. v. Chr. getrennte Magistrate, die für die Auszahlungen und die Verwendung von Geldern einerseits und ihre Ein- und Annahme andererseits verantwortlich waren. Daneben wurden für kollektive Ausgaben Polistempel beliehen, die über wertvolle Edelmetallvotive von Privatpersonen, befreundeten Poleis oder Königen verfügten. Auch die öffentlichen Kassen wurden in Zentraltempeln auf der Akropolis verwahrt und von Schatzmeistern (gr. Pl. *tamiai*) beaufsichtigt. In Athen gab es ab der archaischen Zeit einen umfangreichen Stab öffentlicher Finanzverwalter, die den Zufluss und die Weiterleitung der Gelder organisierten. Sowohl für die Finanzverwaltung von Tempeln als auch der öffentlichen Kassen waren geloste Magistrate verantwortlich, die nach Abschluss ihrer befristeten Amtsperiode der Volksversammlung oder dem Rat rechenschaftspflichtig waren.

Besteuerung der Fremden und Metöken

Fremde und Ansässige ohne Bürgerrecht wurden mit direkten Kopfsteuern und Marktgebühren belastet (gr. Pl. *tele;*/Sg. *telos*). Indirekte Verkehrs- und Durchgangssteuern wurden an unternehmerische Steuerpächter verpachtet, die sich zur Zahlung eines geschätzten Steuervolumens verpflichteten, Überschüsse und Defizite dagegen einbehielten bzw. auszugleichen hatten. Hafen- und Durchgangszölle (in Athen 2 % des Warenwertes), und damit auch Handel und Marktaustausch, bildeten die wichtigsten Einnahmequellen antiker Städte und generierten schon in der archaischen Zeit beträchtliche Einkommen. Maritime Staaten wie Aigina, Samos und Korinth, die an wichtigen Handelsknotenpunkten lagen, gehörten zu den reichsten Städten der Ägäis, bis sie von der Seemacht Athen abgelöst wurden. Die Summe der Hafenzölle, die Athen in der letzten Phase des Peloponnesischen Kriegs anstelle der Tributzahlungen von seinen Bündnern abschöpfte, war den bis dahin geforderten Tributen der Bündnispartner vergleichbar (oder gar höher), was eine Vorstellung von der Bedeutung des Zollvolumens in ägäischen Handelshäfen gibt.

Tribute

Ab dem Beginn des Delisch-Attischen Seebundes trat neben die Steuerverwaltung der Athener die Tributverwaltung der Bündnispartner. Die Beiträge (gr. Pl. *phoroi*) der athenischen Seebündner wurden zunächst in eine Tempelkasse des zentral gelegenen Delos eingezahlt, 454/3 v. Chr. aber in den Tempel der Athena auf der athenischen Akropolis überführt. *Phoroi* waren fortan nicht mehr Beiträge, sondern Tribute, die in Athen verwaltet wurden und nicht mehr allein dem Flottenbau und der Flottenbesoldung dienten. Sie finanzierten maßgeblich den monumentalen Ausbau Athens zur Metropole des Bundes, überregionale Feste und Spiele sowie die Diäten der Ratsmitglieder (gr. Pl. *buleutika*) und Richter (gr. Pl. *dikastika*). Die finanzielle Zahlungsmacht und das Prägevolumen Athens hatten nachhaltige Auswirkungen auf die Monetarisierung griechischer Poleis. Die athenische Währung wurde die Hegemonialwährung bis nach Ägypten, Arabien und Zentralasien. Söldner, Händler, Städte und Reiche zogen athenische Münzen allen anderen vor, und es zirkulierte eine Vielzahl legaler Imitate. Im 4. Jh. v. Chr. übernahm die neue Macht Makedonien den athenischen Münzfuß und vereinfachte den Übergang von athenischen zu makedonischen Währungen im vormaligen Perserreich.

Gleichzeitig stiegen im 4. Jh. v. Chr. Militär- und Zivilkosten in Athen wegen aufwendigerer Kriegführung und der Ausweitung des Diätensystems auf Volksversammlung, Theaterfeste und neu geschaffene Magistraturen. Der Finanzdruck nach Verlust der Seeherrschaft führte zur administrativen Erweiterung des Finanzressorts mit dem Ziel größerer Überschaubarkeit, Kontrollierbarkeit und Planbarkeit. Zum einen wurden die bisher unregelmäßigen *eisphorai* verstetigt und alle steuerpflichtigen Bürger in neue Steuerklassen (gr. Pl. *symmoriai*) eingeteilt. Die reichsten Bürger wurden verpflichtet, die *eisphorai* vorzufinanzieren, damit die Beträge termingerecht zur Verfügung standen. Zum anderen wurden zahlreiche neue Kassen für bestimmte Verwendungszwecke eingerichtet und mit einem Verwaltungsgremium ausgestattet. Das Theorikon für die Theatergelder (gr. Pl. *theorika*) und das Stratiotikon für Militärausgaben (gr. Pl. *stratiotika*) erhielten die größte Bedeutung. An sie fielen die Einnahmeüberschüsse aller anderen Kassen und ihre Leiter entwickelten erhebliche Finanzexpertise. Xenophons „Über die Einkünfte" (Xen. vect., s.u. 4.4.2) fällt in diesen Zeitabschnitt.

Steigende Militär- und Zivilkosten

2. Hellenistische Poleis und Königreiche. Alexander und die hellenistischen Könige gingen in der Besteuerung unterworfener Poleis strategisch vor: Bodensteuern, Kopfsteuern und die Ablösung von Hafenzöllen wurden als *syntaxeis* (Beiträge) an den König bezeichnet, nachdem der Begriff *phoros* anrüchig geworden war. Bestehende Abgabenordnungen wurden beibehalten, wie in einigen Poleis Kleinasiens zu erkennen ist, aber es gehörte zur Verhandlung zwischen Königen und Städten, wie viel Finanzautonomie aufrecht erhalten wurde. Steuerbefreiung als Zeichen von Anerkennung durch den König oder monarchische Euergesie waren wesentliche Mittel, politische Akzeptanz auf friedlichem Weg zu erreichen. Es ergab sich ein zweigliedriges Steuerwesen, bei dem ein Teil der Einnahmen von den Städten verwaltet, ein anderer vom König abgeschöpft wurde.

Kopf- und Bodensteuern

Die Einkünfte hellenistischer Königreiche, die gegenüber Poleis und Bündnissen völlig neue Größenordnungen annahmen, stammten allerdings aus den Bodenpachten (meist gr. Pl. *ekphoria*) und Steuern (meist gr. Pl. *phoroi*) der ertragreichen Kernländer des Perserreiches.

Größenordnung der Einkünfte

44   I. Enzyklopädischer Überblick

Agrarordnungen und Abgabensysteme waren in den Satrapien des Perserreiches sehr unterschiedlich, entsprechend den unterschiedlichen sozialen und ökologischen Bedingungen. Grundsätzlich wurde in diesen Agrarordnungen zwischen Privatland, Tempelland, Königsland sowie Geschenkgütern, die an königsnahe Funktionäre vergeben wurden, unterschieden. Je nach diesen Eigentumsrechten gingen Pachten bzw. Steuern entweder an Tempel, ihre Erbpächter, Könige oder Funktionäre. Über die graduelle Umgestaltung dieser Pachtordnungen durch Ablösezahlungen an Tempel, Urbarmachung neuer Ländereien und Grenzsicherung, aber auch über eine effizientere Kontrolle des Anbaus und der Steuereinziehung konnten die königlichen Einkünfte im Hellenismus deutlich gesteigert werden. Darüber hinaus wurden neue Gewerbe, Handels- und Transportbereiche besteuert und ihre Besteuerung durch die Ausweitung des Münzwesens effizienter gestaltet. Ferner gab es in Ägypten eine Vielzahl königlich monopolisierter Gewerbe insbesondere in der Öl- und Textilproduktion, die von den Tempeln finanziell abgelöst und unter königliche Verwaltung gestellt wurden. Die Einkünfte aus Verkehrssteuern und Gewerbemonopolen potenzierten sich infolge deutlich ansteigender Handelstätigkeit.

Finanzen der Städte   Während sich das Einkommen der griechisch-makedonischen Königshöfe vervielfachte, wurden die Finanzen griechischer Städte knapp. Ab dem Ende des 4. Jh.s v. Chr. sind neue Agrar-, Vieh- und Weidesteuern bezeugt, was allerdings auf einer besseren Quellenlage beruhen mag. Abgesehen von direkter Besteuerung profitierten griechische Bürgerschaften weiterhin von indirekten Verkehrs- und Mobilitätssteuern, die angesichts steigender Wirtschaftsaktivität noch einträglicher wurden. Hinzu kamen unregelmäßige Beiträge und Stiftungen reicher Bürger und der Könige selbst. Der kollektivistische Charakter griechischer Steuerordnungen erhielt sich in der Praxis, außerordentliche Steuern für bestimmte Projekte (etwa Flotten und Mauerbau) zu budgetieren und zum Ende des Projekts zu remittieren.

Unregelmäßige Einnahmen   **3. Die Römische Republik.** Die Einnahmestruktur Roms liegt bis zum 3. Jh. v. Chr. im Dunkeln. Aber der unmittelbare Zusammenhang von Stadtausbau und militärischer Expansion im 5. und 4. Jh. v. Chr. deutet darauf hin, dass militärische Plünderungen eine der wichtigsten Einnahmequellen der Frühen und Mittleren Republik waren. Zusätzlich bildeten Pachtabgaben (lat. Pl. *vectigalia*) auf öffentliches Weide- und Agrarland (*ager publicus*), Obstgärten, Wälder, Bergwerke, Salinen und andere öffentliche Besitzungen öffentliche Einnahmen allerdings unbekannter Größenordnung.

Neue Einnahmequellen   Bis zur Mitte des 3. Jh.s v. Chr. hatten die Römer Zentral- und Süditalien erobert, Land konfisziert und als *ager publicus* verpachtet. Hohe Kriegskostenentschädigungen, etwa nach der Eroberung Tarents 272

v. Chr., Beutezüge, Konfiskationen und Versklavung ermöglichten beim Eintritt in den 1. Punischen Krieg (264–249 v. Chr.) den Unterhalt einer umfangreichen Flotte. Heeresfolge, tributpflichtiges Land, mobile Beute und langfristige Reparationszahlungen verbanden Expansion und wirtschaftliche Prosperität. Mit Einnahme der spanischen Bergwerke nach dem 2. Punischen Krieg (218–201 v. Chr.) kam eine dynamische Münzprägung als weiteres Element hinzu. Nach der Eroberung Nordafrikas, Makedoniens und Achaias im 2. Jh. v. Chr. und der Selbstübergabe des Königreichs Pergamon 133 v. Chr. kann Rom am Ende der Mittleren Republik als Imperium bezeichnet werden, dessen Reichtum auf den Tributen der Unterworfenen basierte.

Grundsätzlich scheinen unter römischer Herrschaft bestehende Abgabenordnungen übernommen worden zu sein. Dies geht insbesondere aus der Rede des Cicero gegen den sizilischen Statthalter Verres hervor (70 v. Chr.), dessen Steuereinziehung auf der *lex Hieronica* des hellenistischen Tyrannen Hieron II. aus dem 3. Jh. v. Chr. beruhte. Basis für die Besteuerung war in wohl allen Provinzen eine zensorische Erfassung der Haushalte, ihres Vermögens sowie der Anbaufläche entsprechend bestehender Verfahren. Boden- und Besitzsteuern (lat. Sg. *tributa* (*soli*)) wurden entweder als fixe Beträge (lat. Pl. *stipendia*) oder als Ertragsquoten (lat. Pl. *decumanae*) *in natura* oder in Geld erhoben. Kopfsteuern (*tributa capitis*) wurden während der Republik nur in Provinzen übernommen, wo sie schon bestanden, so etwa in Afrika (146 v. Chr.) und Syria (seit 64 v. Chr. römische Provinz). Personen mit vollem römischem Bürgerrecht sowie Eigentum an Privatland (*ager privatus ex iure Quiritium*) in privilegierten Bürgerkolonien wurden wie die Bürger Roms von der Tributpflicht befreit. Nach Beendigung des italischen Bundesgenossenkrieges (93–88 v. Chr.) erhielten alle Italiker volles römisches Bürgerrecht und damit Steuerbefreiung.

Übernahme der Abgabenordnungen

Neben den direkten Steuern standen indirekte Verkehrs- und Mobilitätssteuern. Hier bestand eine gewisse Flexibilität, die es einzelnen Provinzstatthaltern ermöglichte, ihr Einkommen drastisch zu erhöhen und in die eigene Tasche zu wirtschaften. Die regelmäßigen Hafenzölle (lat. Pl. *portoria*) spielten aber weiterhin die größte Rolle. Zum Ende der pompeianischen Eroberungen in Asien (60 v. Chr.) waren die Einnahmen der Kasse des römischen Gemeinwesens (lat. Sg. *aerarium*) so gestiegen, dass alle Einfuhren in italische Häfen von *portoria* befreit wurden und damit einen handelspolitischen Sonderstatus erlangten.

Indirekte Steuern

Auch die Formen der Steuereinziehung folgten lokalen Traditionen. Steuerpächter oder Steuerpachtgemeinschaften übernahmen in der Regel die Steuereinziehung der besteuerten Städte, aber ihre Rolle vor Ort und ihr Verhältnis zum Senat gestalteten sich durchaus unterschiedlich. Aus der Provinz Asia wissen wir, dass Steuern über in Rom ausgehandelte Steuerpachtverträge eingezogen wurden, was zu unredlichen Praktiken

46　I. Enzyklopädischer Überblick

führte und die wirtschaftlichen Möglichkeiten der Städte völlig überforderte. In Sizilien wurde dagegen ein lang etabliertes Steuerpachtsystem übernommen, in dem Steuerpachten vor Ort ausgehandelt wurden und auf kleine Gruppen von Steuerpächtern in Zusammenarbeit mit den Promagistraten verteilt waren. Eine dritte Möglichkeit, die sich aus dem Widerstand gegen das Einzugsverfahren in Asia ergab, war es, den Städten selbst die Steuereinziehung zu überlassen, die dann – auch unter Zuhilfenahme von Steuerpächtern – eine ausgehandelte Pauschalsumme an den Statthalter übergaben.

Offizielle und inoffizielle Tribute

Die offizielle Tributlast war in republikanischer Zeit moderat. In Sizilien und Asia lag die Bodenertragsteuer bei 10 %, was eine im globalen historischen Vergleich übliche Rate darstellt. Die tatsächliche Belastung der Provinzen war jedoch angesichts der auseinanderfallenden Machtstruktur der spätrepublikanischen Senatsaristokratie, die Promagistraten und Steuerpächtern Willkür in der Steuerpraxis ermöglichte, viel höher und wurde noch darüber hinaus über die aggressiven Kreditinteressen der römischen Oberschicht in die Höhe getrieben. Besonders nach erfolgreicher Eroberung forderten Feldherren wie Sulla in Asia oder Pompeius in Armenia ohne Senatsauftrag unermessliche Summen, die Stadtgemeinden und Könige nur über hochverzinste Darlehen aufbringen konnten. Während der Bürgerkriege wurden Provinzen mit langfristigen Vorauszahlungen und Sondersteuern belastet, die wiederum nur über Kredite finanziert werden konnten.

Konsolidierung des Steuersystems

4. Das römische Kaiserreich. Die Einrichtung des Prinzipats beendete die dezentrale Machtstruktur, gab dem Steuersystem eine neue Spitze und führte im Laufe der ersten zwei Jahrhunderte zu einer stärkeren Vereinheitlichung und Transparenz der Steuerverwaltung. Auch die Verstetigung der römischen Herrschaft und ihr Interesse an Stabilität wirkten sich konsolidierend auf die Abgabensysteme aus. Gleichzeitig führte der frühe Prinzipat zu einer neuen Phase der Expansion und Reichsbildung, die mit neuen Ausgaben für ein stehendes Heer, dem Ausbau der Stadt Rom, der Ausgestaltung kaiserlicher Paläste, Festen und öffentlichen Ritualen, der Zunahme besoldeter Ämter und vor allem dem dramatischen Ausbau urbaner Infrastrukturen in den Provinzen einherging. Das *aerarium* (seit Kaiser Claudius (41–54) mit dem Zusatz *Saturni* versehen) blieb

Aerarium, fisci, patrimonium

als formal dem Senat unterstellter öffentlicher Staatsschatz bestehen. Die Summe der *fisci* (Provinzialkassen und kaiserliche Kassen in Rom) bildete das Vermögen des kaiserlichen Systems. Hinzu trat das *patrimonium* (Eigentum des Kaisers an Gütern, Sklaven, Geld, und familiärem Besitz), das sich jedoch insofern mit den *fisci* und dem *aerarium Saturni* überschnitt, als es nicht privatrechtlich vererbt wurde, sondern an den nachfolgenden Kaiser überging. In der Praxis wurde bald nach Augustus keine klare

Trennung der drei Reserven eingehalten, und *de facto* hatte ein Kaiser die Entscheidungsmacht über alle Kassen.

Die Steuereinziehung in den Provinzen basierte grundsätzlich auf lokaler Selbstverwaltung unter Zuhilfenahme von Steuerpächtern, die aber nicht mehr völlig unkontrolliert vorgehen konnten. Stadträte und lokale Aristokratien waren zur Zahlung von festgelegten monetären Gesamtabgaben – mit allen Folgen für die Monetarisierung weniger monetarisierter Provinzen – von (gegebenenfalls) Kopf- und Bodensteuern verpflichtet. Neben einem lokal sehr vielfältigen Bündel von indirekten Steuern, die zumeist in lokale Ausgaben zurückflossen, speisten drei reichsweit auf alle römische Bürger erhobene Steuern das unter Augustus neu eingerichtete *aerarium militare*, das der Abfindung der Veteranen diente. Darüber hinaus behielten Hafen- und Grenzzölle ihre herausragende Bedeutung, zumal ihr Gesamtvolumen mit Zunahme von Handel signifikant angestiegen sein muss.

Quästoren in den senatorischen und Procuratoren in den kaiserlichen Provinzen überwachten die Einziehung sowohl der direkten und indirekten Steuern und regelten die Vergabe von Steuerpachtverträgen und die Verteilung der Einnahmen auf verschiedene Kassen und Verwendungszwecke. In Rom war das *aerarium Saturni* wie zu Zeiten der Republik senatorischen Magistraten unterstellt, die aber nunmehr vom Princeps ernannt wurden. Das Vermögen des Kaisers stand dagegen unter der Aufsicht eines Rechnungsführers (*a rationibus*), der zunächst ein Freigelassener aus der *familia* des Princeps und damit ein Vertreter der kaiserlichen Hausverwaltung war, bevor die Funktion unter Kaiser Claudius einer Person aus dem Ritterstand übertragen wurde, die rechtlich nicht mehr zur Familie des Kaisers gehörte.

Steuereinziehung

3.1.3 Getreideversorgung und Redistribution

Obwohl die römische Besteuerung prinzipiell monetär war, wurden Bodensteuern und Pachten häufig als Naturalabgabe eingezogen. Naturalabgaben versorgten Rom und das Militär mit Getreide, Textilien, Leder und anderen Produkten. Offizielle Umrechnungsverhältnisse für die Wandlung von Natural- in Geldsteuern (lat. Sg. *adaeratio*) und umgekehrt erleichterten das Verfahren. Doch zeigen staatliche Getreideankäufe, dass die tributpflichtigen Städte in stärkerem Maße an monetärer Steuerleistung interessiert waren, als es dem staatlichen Bedarf an Naturalien entsprach, jedenfalls eine genaue Passung von Naturalbesteuerung und Naturalbedarf nicht immer gelang. Requisitionen von Lebensmitteln glichen im frühen Kaiserreich Planungsdefizite aus, nahmen aber ab der zweiten Hälfte des 2. Jh.s deutlich zu. Zusammen mit Edelmetallrequisitionen, die später in Ägypten bezeugt sind, waren sie möglicherweise

Naturalabgaben

eine Reaktion auf den schleichenden Verfall funktionierender Geld- und Güterzirkulation, Getreideversorgung und Redistribution.

Öffentliche Verantwortung

Die öffentliche Unterstützung der städtischen Versorgung mit kollektiv notwendigen Gütern wie Holz und Getreide war ein Aspekt der Selbstverpflichtung antiker Eliten zur Unterstützung der politischen Gemeinschaft (s. o. 2.4.5). Während der Zeit des Delisch-Attischen Seebundes im 5. Jh. v. Chr. sind Beispiele selten, da sich Athen auf den imperialen Zugriff auf die Ressourcen der Bündner verlassen konnte, wie es Perikles bei Thukydides betont (Thuk. 2, 38,2). Im 4. Jh. v. Chr. mehren sich dagegen Hinweise auf die Vermittlung von lebensnotwendigen Gütern durch Mitglieder vermögender Familien, die auf ihre Gastfreundschaftsbeziehungen in anderen Poleis und Königreichen zurückgreifen konnten.

Staatliche Maßnahmen

Gleichzeitig wurde versucht, Versorgungsproblemen durch staatliche Maßnahmen, wie Interventionen in den Getreidemarkt, gesetzliche Einfuhrregelungen, öffentliche Inzentive an Kreditgeber und Importeure, Zollvergünstigungen oder zwischenstaatliche Abmachungen, zu begegnen. Die Getreideversorgung Athens im 4. Jh. wurde Gegenstand permanenter öffentlicher Aufsicht. Verschiedene Getreidegesetze wurden erlassen, die sogar unter Androhung der Todesstrafe Getreideimporte nach Athen lenkten, spezielle Magistrate wurden für die Getreidemarktaufsicht geschaffen, und die Getreideversorgung wurde turnusmäßig in der ersten Volksversammlung einer jeden Amtsperiode („Prytanie" = 36 Tage) diskutiert. Nach der verlorenen Schlacht von Chaironeia gegen Makedonien (338 v. Chr.) wurde eine weitere Magistratur der „Getreideankäufer" (gr. Pl. *sitonai*) geschaffen, die Importe, Getreidemärkte, Spenden von Wohltätern und Finanzierungsmöglichkeiten erschlossen. Ab dem Hellenismus verfügten *sitonai* über ein städtisches Budget und kauften Getreide in öffentlichem Auftrag.

Frumentationes und annona

Auch in der Stadt Rom war die Getreideversorgung ein öffentliches Problem. Die Bevölkerung der Stadt war am Ende des 2. Jh.s v. Chr. auf rund 500 000 Einwohner angestiegen, was die Produktionskapazität des direkten Hinterlandes bei weitem überstieg. Entlegenere Gebiete Italiens sowie Importe aus Sizilien und Sardinien mussten die Versorgung der Stadt aufrechterhalten. Doch legen die politischen Diskussionen der späten Republik, in denen die Getreideversorgung eine prominente Rolle spielte, nahe, dass die Versorgung prekär geworden war. Die traditionelle Erwartung an reiche Eliten, Lebensmittelengpässe auszugleichen, machte die Getreideversorgung Roms zu einem der wesentlichen Druckmittel der stadtrömischen Bevölkerung und ihrer Wortführer auf die Politik im Bürgerkrieg. Nach Experimenten mit verbilligtem und – seit dem Volkstribunat des popularen Politikers Clodius (58 v. Chr.) – freiem Getreide, führte Augustus 2 v. Chr. eine regelmäßige, kostenlose Getreideverteilung an stadtrömische Bürger (*plebs frumentaria*) ein und stellte sie unter die Aufsicht der kaiserlichen Verwaltung. Die öffentliche

Getreideverteilung (*annona publica*) betraf ca. 200 000 Empfangsberechtigte, die eine monatliche Ration von je ca. 40 Litern erhielten. Die hierfür erforderlichen ca. 80 000 bis 100 000 t Getreide stammten aus den getreidereichen Provinzen Sizilien, Nordafrika und Ägypten. Ein kaiserlich ernannter *praefectus annonae* beaufsichtigte die Einfuhr, bediente sich aber kommerzieller Transportmittel und Verteilungspersonal. Die städtische *annona* bildete aber nur einen Bruchteil des kaiserlichen Getreidebedarfs. Für die Militärversorgung wurden weitere 300 000 bis 450 000 t benötigt, während weiteres Getreide in Provinzmetropolen an kaiserliches Personal zu vergünstigtem Preis verkauft wurde. Unter Septimius Severus (193–211) wurde die *annona* auf Olivenöl, unter Aurelian (270–275) auf Schweinefleisch und Wein ausgeweitet. Die *annona* ersetzte weder die städtischen Lebensmittelmärkte, noch war sie eine Armenfürsorge. Dennoch übte sie einen erheblichen Einfluss auf die römische Wirtschaft aus und muss bei Diskussionen um die römische Marktentwicklung unbedingt berücksichtigt werden (s. Forschungsteil).

3.2 Konsum und Lebensstandard

3.2.1 Konsum zwischen Luxus und Bedarf

Bedarf ist wirtschaftlich relevanter Verbrauch, der in unterschiedlicher Weise gedeckt werden kann. Konsum bezieht sich dagegen auf einen Verbrauch, der in der Regel über Märkte oder andere Verteilungssysteme befriedigt wird. Er setzt verfügbare Überschüsse und Zahlungsmöglichkeiten voraus. Unterschiedliche Verbrauchergruppen haben daher nicht nur ein unterschiedliches Bedarfsniveau, sondern verfügen auch über unterschiedliche Konsumkapazitäten. Sowohl Konsum als auch Bedarf sind kulturell bestimmt. Soziale Regeln entscheiden nicht nur über Verbrauchs- und Konsummuster, sondern auch über die Frage, was als Bedarfsminimum oder Luxus zu gelten hat. [Definitionen]

In der Antike lassen sich entlang unterschiedlicher Versorgungs- und Konsummuster fünf Verbrauchergruppen unterscheiden: (1) wirtschaftliche und politische Eliten, die niemals mehr als 1 % der Bevölkerung ausmachten, aber über beträchtliche Konsumkapazitäten verfügten; (2) kleinbäuerliche Haushalte („Subsistenzbauern"), die über geringe Überschüsse verfügten und sich weitgehend über haushaltseigene Produktion und im Notfall über soziale Netzwerke versorgten; (3) Regierungen, die sowohl selbst Konsumenten waren, als auch Bedarfs- und Konsumverhalten beeinflussten; (4) das Militär, das den größten Anteil am staatlichen Bedarf hatte und ein besonderes Versorgungssystem erforderte; (5) Tempel und Heiligtümer, deren Finanzen zwar unter öffentlicher Aufsicht standen, aber ganz eigene Konsum- und Verbrauchsmuster hatten. [Verbrauchergruppen]

3.2.2 Verbrauch, Konsum und Getreidebedarf

Sichtbare Konsum- und Verbrauchsgüter
Aus der grenzenlosen Zahl antiker Güter geben jene, die historisch greifbar sind, Auskünfte über Verbrauchs- und Konsumstrukturen. Dazu zählen öffentliche Bauten, Privathäuser und Grundstücke, Infrastrukturen, Gebrauchsgüter aus Metall, Keramik oder Stein, Grabbeigaben aus Metall und Stein, Textilien und Nahrungsmittel, die in Keramik aufbewahrt oder transportiert wurden, sowie Importwaren, die in Schiffen transportiert wurden. Neuerdings geben archäobotanische, archäozoologische Daten und Knochenmaterial zusätzliche Auskünfte über die Ernährungsgewohnheiten und körperliche Verfassung antiker Menschen.

Grundnahrungsmittel der griechisch-römischen Gesellschaft waren Getreide, Olivenöl und Wein. Getreide wurde in Brot oder Breispeisen verzehrt und unterschied sich in Qualität und sozialer Bedeutung entsprechend der verwendeten Getreidesorten und ihrer Verarbeitung. Verbreitet war der Verzehr von geschältem und gesäuertem Hartweizen. Brotweizen dagegen war außerhalb von Regionen, wo er gedieh (etwa an der Schwarzmeerküste), ein gehobenes Importgut. Die weniger klima- und schädlingsanfällige Gerste, obwohl in Attika verbreitet, galt als zweitklassig. Emmerweizen (*far* in Italien oder *olyra* in Ägypten) hatte lediglich lokale Bedeutung. Olivenöl und vor allem Wein waren Kulturmerkmale der griechisch-römischen Gesellschaft und verbreiteten

Wein
sich entlang militärischer Expansion. Wein wurde in sehr unterschiedlicher Qualität produziert, sodass er ein äußerst schwankender Indikator für sozialen Status, Konsumverhalten und Preisgestaltung ist. Einfache Haushalte und Soldaten bedienten sich einer wohl recht sauren Variante zur Desinfektion von Trinkwasser. Die Bedeutung von Wein für Symposien, Bankette und religiöse Feste schuf ein kulturelles Leitmuster, das zu einer ungewöhnlichen Verbreitung von Weinkonsum im griechisch-römischen Einflussraum führte.

Regionale Produkte
Zusätzlich stellten Milchprodukte, Fisch, Fleisch, Geflügel, Obst, Gemüse, Hülsenfrüchte u.v.m. unter unterschiedlichen ökologischen und sozialen Voraussetzungen einen mehr oder weniger hohen Anteil an der Ernährung. Rom und Italien zeigen einen vergleichsweise hohen Schweinefleischverbrauch. In Griechenland war der Fleischanteil an der Ernährung geringer und konzentrierte sich vor allem auf Ziege und Schaf, die aber selten eigens für den Verzehr gezüchtet wurden. Rindfleisch wurde anlässlich öffentlicher Opfer verzehrt, Wild war eine sozial spezifische Speise, die mit der aristokratischen Jagdkultur einherging.

Getreideverbrauch
Der Anteil von Getreide an der Ernährung lag, wiederum entsprechend sozialer und ökologisch-regionaler Unterschiede, zwischen 50 und 80 %. Staatliche Arbeitskräfte, Soldaten und die *plebs urbana* in Rom waren Empfänger von Getreiderationen, die für mehr als eine Person aus-

gereicht zu haben scheinen und von einem hohen Ernährungsstandard zumindest in diesen Empfängergruppen zeugen. Getreideknappheit ereignete sich in regelmäßigen Abständen von durchschnittlich fünf Jahren und erforderte eine permanente Risikokontrolle. In Städten kamen die erwähnten öffentlichen Getreideversorgungsmaßnahmen, auf dem Land eine kontrollierte Lagerhaltung sowie beider Orts Schutzbeziehungen und soziale Netzwerke (*social storage*) zum Tragen. Regelrechte Hungerkatastrophen blieben, obwohl nicht völlig unbekannt, eine Ausnahme.

3.2.3 Lebensstandard

Knochen- und Zahnmaterial können Auskünfte über die körperliche Verfassung (den biologischen Lebensstandard) antiker Bevölkerungen geben, sind aber auch von einer Vielzahl anderer Variablen beeinflusst und daher kein einfacher Indikator für Lebensstandard und Wirtschaftsleistung. Antike Knochenbefunde weisen zunächst eine große Häufigkeit durch Eisenmangel bedingter Leiden wie Thalassämie (fehlerhafte Blutbildung), Knochenpathologien (*cribra orbitalia* (Knochenabbau im Augenhöhlenbereich), *cribra cranii* (Knochenabbau am Schädel)) und Zahnschmelzaplasien (Fehlbildungen des Zahnschmelzes) auf. Letztere sind ein deutliches Zeichen für Mangelernährung im Wachstumsalter, während durch Eisenmangel bedingte Knochenveränderungen nicht allein auf Mangelernährung, sondern auch auf eine kritische Häufung von Infektionskrankheiten (insbesondere Malaria) hindeuten können. Eine Häufung von *cribra cranii* ist im Umkreis von Rom festgestellt worden und wird auf das hohe Malariarisiko in der feucht-sumpfigen Umgebung Latiums zurückgeführt. Häufig unzureichend scheint die antike Ernährung aber über soziale Schichten hinweg vor allem während der Wachstumsphase, während der Schwangerschaft und für die Ausheilung von Infektionskrankheiten gewesen zu sein. Sozialspezifisch mögen Mangelernährung und Wachstumsdefizite durch harte Arbeit im Kindesalter verursacht gewesen sein. Methoden, sozialspezifische Knochenkrankheiten in der Antike zu ermitteln, sind allerdings bisher noch nicht hinreichend entwickelt worden.

Ernährungsstandard

Urbanisierung, Wohnbedingungen, Metallverarbeitung und Fleischkonsum geben bessere Auskünfte über sich wandelnde Lebensstandards. Der Ausbau urbaner Zentren, monumentaler Tempel, von Straßensystemen, aber auch Ausgaben für Grabgüter und Grabanlagen sind Kennzeichen für erfolgreiche Ressourcenkonzentration. So zeigen der urbane Ausbau Roms nach der Zerstörung Vejis (396 v. Chr.) sowie der Ausbau des italischen Straßennetzes am Ende desselben Jahrhunderts den wirtschaftlichen Aufstieg der Stadt. Monumentale Tempel in Kleinasien, auf den Ägäisinseln und dem griechischen Festland im 7. Jh. v. Chr., in Sizilien und Unteritalien im späten 6. und 5. Jh. v. Chr., aber auch der Ausbau

Entwicklungen

der athenischen Akropolis manifestieren einen sprunghaften Anstieg von staatlicher und damit auch aristokratischer Konsumkapazität. Allerdings stehen hinter der Mehrzahl dieser Ereignisse Eroberung und imperiale Ausbeutung, sodass sie nicht unmittelbar mit steigender Wirtschaftsleistung in Verbindung gebracht werden können.

Große Unterschiede im Lebensstandard

Charakteristisch für die Antike insgesamt ist die gewaltige Diskrepanz des Wohlstands von Eliten, der sich an den bleibenden Überresten prächtiger Gehöfte, Häuser, Gräber und öffentlicher Repräsentationsbauten zeigt, und dem Lebensstandard bäuerlicher und gewerbetreibender Personen, die im schlimmsten Fall nicht die geringsten Spuren hinterlassen haben. Auch staatliche Ausgaben für Kriege, Infrastrukturen und Feste verbunden mit monarchischer Selbstdarstellung über Paläste, Höfe und soziales Leben zeugen von einer eklatanten Konzentration von Reichtum, die nicht zwingend Rückschlüsse auf die gesamtgesellschaftliche Wirtschaftsleistung zulässt.

Anstieg allgemeinen Lebensstandards

Demographisches Wachstum lässt aber auf verbesserte Lebensbedingungen der gesamten Bevölkerung schließen. Mit dem Anstieg höherwertiger Grabbeigaben in Attika im späten 8. und 7. Jh. v. Chr. gehen eine Zunahme und Ausbreitung von Gräberfeldern einher, die nicht nur Konzentration von Reichtum, sondern auch einen Anstieg der Bevölkerung, die sich ein sichtbares Begräbnis leisten konnte, nahe legen. Die hohe Bevölkerungsdichte von Athen, Korinth und einigen anderen griechischen Poleis im 5. Jh. v Chr. weist zusammen mit der gleichzeitig ansteigenden städtischen Lebensweise ebenfalls auf einen Anstieg des allgemeinen Lebensstandards hin. Die ganz neue Größenordnung der hellenistischen Hauptstädte Alexandria, Antiocheia oder Rom im 3. Jh. v. Chr. (s.o. 2.2) war auch nur bei besserer städtischer Versorgung möglich. Das Bevölkerungswachstum in Italien bei gleichzeitigem städtischen Ausbau, der nachweislichen Vergrößerung von Hausgrößen und einem knochenpathologisch nachweisbaren Anstieg des Fleischkonsums (schon ab dem 3. Jh. v. Chr.) legt hier wiederum eine Verbesserung der Einkommenslage der gesamten Bevölkerung nahe.

Im Detail zeigen Hausgrößen und Grabgüter im Athen des 5. Jh.s v. Chr. eine Tendenz hin zu steigender Konsumkapazität und gleichzeitig abnehmender Konsumunterschiede während der Zeit der athenischen Seeherrschaft. Während in der archaischen Zeit Häuser mit kleineren Grundrissen und weniger räumlicher Vielfalt vorherrschen, nahm die mittlere Hausgröße zu und führte möglicherweise auch demokratiebedingt zu einer Vereinheitlichung der Bautypen und ihrer Größenordnung. Nach der Mitte des 4. Jh.s v. Chr. mit dem Aufkommen palastartiger Turmgehöfte in Attika diversifizierte sich das Privatbauverhalten wieder. Auch Grabbeigaben wurden im 5. Jh. v. Chr. gegenüber der archaischen Zeit zunächst ausgeglichener und dann in der zweiten Hälfte des 4. Jh.s wieder heterogener. Der demographische Wandel Italiens ab dem 2. Jh.

3. Wirtschaftliche Praxis   53

v. Chr. sowie die Zunahme größerer Gehöfte, die in der Forschung nicht mehr lediglich als Form von Landkonzentration angesehen wird, legen auch hier einen Anstieg des allgemeinen Lebensstandards nahe.

Große Diskrepanzen in Verbrauchsverhalten und Konsumkapazität sind ein Strukturmerkmal vorindustrieller Gesellschaften, dass auch in der Antike nicht durchbrochen wurde. Allerdings zeigt der Umfang staatlicher Getreiderationen einen im historischen Vergleich hohen kulturellen Anspruch an Ernährungsstandards im öffentlichen, militärischen und privaten Bereich. Die Versorgung von Privathaushalten mit Metallgeräten, der Fleischkonsum und ein im Allgemeinen ausgeglichenes Größenwachstum legen ebenfalls einen hohen allgemeinen Lebensstandard nahe, Letzteres allerdings nachweisbar nur in zentralen Regionen, die bioanthropologisch untersucht worden sind. An den Erträgen imperialer Expansion nahm in den Zentren der Macht offenbar nicht nur eine schmale Elite Anteil. Möglicherweise stellte die normative Großzügigkeit trotz ihrer machtpolitischen Ausrichtung ein Korrektiv für eklatante Ungleichheiten bereit. Auch die Abhängigkeit politischer Legitimation von Leistungen in sichtbare Infrastrukturen, sowie die in griechischen Städten bezeugte Absenkung von monetären Zugangsschranken zu Märkten durch verbilligtes Getreide mögen als Erklärungen angeführt werden. Eine andere Ursache mag das hohe Ausmaß von Versorgungsmöglichkeiten sein, die private Patronage- und Freundschaftsbeziehungen, Klientelwesen und soziale Netzwerke bereitstellten und ärmere Schichten nicht nur politisch, sondern auch sozial und ökonomisch einbanden.

Indizien für vergleichsweise hohen Lebensstandard

Das optimistische Bild eines vergleichsweise hohen gesamtgesellschaftlichen Lebensstandards in den wirtschaftlichen Blütezeiten Athens und Roms darf allerdings nicht die nicht nachweisbaren Bevölkerungsgruppen aus dem Auge verlieren. Bedenklich stimmt auch, dass in Phasen wirtschaftlicher Anspannung Konsumdifferenzen deutlich zunahmen. Beispiele mögen das 4. Jh. v. Chr. in Athen und das 4. nachchristliche Jh. bieten, in dem die soziale Schere in allen Teilen des römischen Reiches sich deutlich öffnete. Auch legen noch nicht publizierte Knochenuntersuchungen außerhalb Italiens nahe, dass der biologische Lebensstandard von Bevölkerungen peripherer Provinzen keineswegs insgesamt von der römischen Herrschaft profitierte. Dies mag bestätigen, dass die Kontrolle über die Verteilung langfristig bei den politischen Eliten verblieb.

Unsichtbare Teile der Bevölkerung

54   I. Enzyklopädischer Überblick

3.3 Landwirtschaft und Produktion

3.3.1 Agrarorganisation

Agrargesellschaft Vormoderne Gesellschaften waren Agrargesellschaften, was mit ca. 80 % in der Landwirtschaft tätiger Bevölkerung beziffert wird. Reichtum wurde aus agrarischem Eigentum geschöpft und der größte Teil von staatlichen Abgaben basierte folglich auf agrarischer Produktion. In griechisch-römischen Stadtstaaten wurde aus eigentumsrechtlichen Gründen zwischen privatem, heiligem und öffentlichem Land unterschieden. Sparta bildete einen Sonderfall, insofern sich die Kategorie des privaten und öffentlichen Landes überschnitt. Im Laufe der griechischen und römischen Expansion fielen Agrarsysteme unter griechisch-römische Herrschaft, in denen andere Eigentumsverhältnisse herrschten. So gehörte in den Nachfolgestaaten des Perserreiches Land prinzipiell dem König, doch ein Teil stand *de facto* unter der Kontrolle von Tempeln oder war als Domäne an begünstigte Magistrate und Militärpersonal vergeben. Aus der Übernahme königlichen Besitzes, aber auch aus umfangreichen Konfiskationen setzte sich in der Kaiserzeit das Grundeigentum der Kaiser zusammen, das in Ägypten und Nordafrika neben Privatland stand.

Formen der Bebauung Land wurde entweder von freien Bauern oder Sklaven direkt bebaut oder verpachtet und unterverpachtet. Angesichts der Vielfalt der Agrarsysteme, die die griechisch-römische Welt umfasste, verbirgt sich hinter der Landpacht eine Vielzahl unterschiedlicher sozialer, juristischer und ökonomischer Verhältnisse, die im regionalen Kontext betrachtet werden müssen. Umgekehrt zeigen sich zwischen staatlicher Landwirtschaft auf königlichen bzw. kaiserlichen Domänen einerseits und der Landwirtschaft auf privatem Großgrundbesitz andererseits keine wesentlichen Unterschiede in der Verwaltungs- und Bewirtschaftungspraxis. Am anderen Ende der sozialen Skala waren auch die Produktionsbedingungen von freien Kleinbauern, Kleinpächtern und unfreien Bauern zwar rechtlich, nicht aber praktisch sehr verschieden.

3.3.2 Haushaltsproduktion als ökologisches System

Polikultur Feldfrüchte wie Getreide, Wein, Öl und Flachs dominierten die Landwirtschaft, wobei angesichts der ökologischen Vielfalt des Mittelmeerraums Weidewirtschaft, Fischerei, Hortikultur und Forst einen gebietsweise sehr unterschiedlich großen Anteil an der landwirtschaftlichen Produktion einnahmen. Typisch für die bäuerliche Agrarwirtschaft in Griechenland war die Mischbebauung (Polikultur), bei der Pflanzen, die unterschiedliche Mineralien aus dem Boden ziehen, zusammen angebaut wurden (typischerweise Getreide und Olivenbäume). Wein, der in sehr unterschiedlichen Habitaten gedeiht, Olivenanbau, Hortikultur (Obst und Leguminosen) sowie eine integrierte Tierhaltung gehörten ebenfalls zur

3. Wirtschaftliche Praxis 55

bäuerlichen Polikultur. Ziegen, Schafe und Schweine wurden primär für Milchprodukte, Wolle, Horn und Dung gezogen und erst in höherem Alter zum Verzehr geschlachtet. Im klimatisch recht wechselhaften Griechenland entwickelte sich die widerstandsfähige Gerste besser als Weizen, auch wenn sie als minderwertiges Getreide angesehen wurde (s. o. 3.2). Italien und Sizilien boten günstige Bedingungen für Hartweizen, während der beliebte nackte Saatweizen bis zur römischen Herrschaft nur im nördlichen Schwarzmeergebiet angebaut werden konnte. Durch Melioration konnten fremde Produkte angebaut, Produktion intensiviert und marginale Flächen ausgebaut werden, was nicht allein der Produktivitätssteigerung diente, sondern auch Konsumverhalten veränderte und neue Bedarfsstrukturen schuf.

Tiere waren ein regional besonders unterschiedlicher Produktionsbereich. Die arbeitsintensive Pferde- und Rinderzucht spielte in Gebieten mit großen Weideflächen, die sich in einem Gürtel von Thessalien und Zentralgriechenland nach Arkadien und Lakonien ziehen und auch in Italien in Kontinentaleuropa anzutreffen sind, eine große Rolle. Bei vorherrschend agrarischer Kultur wurden marginale Flächen und Hochebenen für die Tierhaltung genutzt. In Küstenregionen florierte Fischfang, der sich häufig an städtische Konsumenten richtete. Waldflächen dienten der Holz- und Holzkohlegewinnung, gingen aber auch eine günstige biologische Symbiose mit Tieren (besonders Schweinen und Jagdwild) ein. Stroh, Dung, Gestrüpp und die Abfallprodukte von Öl- und Weinpressung konnten ebenfalls zur Energiegewinnung genutzt werden. Die Haushaltswirtschaft war ein ökologisch und sozial adaptionsfähiges Wirtschaftskonzept, in dem sich das geschlechts- und altersbedingt heterogene familiäre Arbeitskräftepotenzial, die Nutzung von Maschinen bei der Herstellung und Verarbeitung von Bedarfsgütern, aber auch Überschussproduktion für Lagerhaltung und *social storage* (s. o. 3.2.2) positiv ergänzten.

Tierhaltung

3.3.3 Marktorientierte Überschussproduktion

Auf Gütern mit deutlich marktorientierter Überschussproduktion lassen sich Spezialisierung, produktivitätssteigernde Anbaumethoden (Verminderung von Brache, vermehrter Fruchtwechsel, Anbau von Futterpflanzen für die Tierhaltung), Extensivierung der Anbaufläche sowie Investitionen in externe Arbeitskräfte, Melioration und technische Verbesserungen deutlich erkennen. Bis zum Hellenismus ist aber großangelegte Marktproduktion nur in begrenztem Umfang sichtbar. Das Landgut des Phainippos in Attika im 4. Jh. v. Chr., dessen verstreute Anbauflächen nach den etwas unklaren Auskünften einer Gerichtsrede (Dem. or. 42) die für Attika beträchtliche Größe von insgesamt ca. 27 ha betrugen, war auf die Produktion von Holz und Wein, aber auch

Spezialisierung

Gerste konzentriert und erwirtschaftete ein beträchtliches Kapitaleinkommen. Ein athenisches Gut auf Thasos verfügte im 5. Jh. v. Chr. über eine Lagerkapazität für knapp 6000 l Wein (IG I³ 426.44–56). Auch auf anderen griechischen Inseln, aus denen Qualitätswein exportiert wurde und die handelsgünstig gelegen waren – Chios, Kos, Lesbos oder Rhodos – fand eine spezialisierte Weinproduktion statt. Die ökonomische Theorie empfahl die Terrassierung marginalen Landes (s.u. 4.3) sowie die Anpflanzung von Ölbäumen und Weinreben, um ein Gut profitabler zu machen. Monokulturen waren allerdings aus Sicherheitsgründen unüblich, und der weitverbreitete Streubesitz von Landparzellen förderte auch im Großgrundbesitz eine dauerhaft diversifizierte Agrarproduktion.

Entwicklung der Überschussproduktion   Grundlage für die bei weitem dynamischere Überschussproduktion in Italien und den römischen Provinzen ab dem 2. Jh. v. Chr. war die Bewirtschaftung von sogenannten *villae*. *Villae* wurden typischerweise von einem Verwalter (*vilicus*) bewirtschaftet und lassen eine hohe Spezialisierung auf Wein- und Olivenproduktion erkennen, deren Nachfrage prestigebedingt gewaltig war. Sie repräsentierten die sozialen und wirtschaftlichen Ambitionen der römischen Oberschicht und führten zu einem agrarischen Fachschrifttum, dessen bekannteste Vertreter der Zensor Cato (2. Jh. v. Chr.), Varro (1. Jh. v. Chr.) und Columella (1. Jh. n. Chr.) waren. Kennzeichnend war eine sozial und ökonomisch kalkulierte Abwägung von Verpachtung, Unterverpachtung oder Teilpacht an Groß- oder Kleinpächter einerseits und direkte Bebauung durch große Sklaventrupps unterstützt von saisonaler Lohnarbeit andererseits. Plinius d. J. (1. Jh.) zeigt in mehreren seiner Briefe deutliche Sorge um das richtige *Ausbreitung der Villenwirtschaft*   Bearbeitungs- und Pachtverhältnis (Plin. epist. 3, 19; 10, 8; 9, 37). *Villae* in Italien, Gallien und Spanien bewegten sich in Größenordnungen von 50 bis zu mehreren 100 ha und waren in vielen Fällen verkehrsgünstig an Küsten oder Wasserläufe angebunden. Archäologisch häufen sie sich aber auch im Hinterland größerer Städte und in Bergwerksdistrikten. Sie lassen sich ab dem 2. Jh. v. Chr. in den Küstenregionen Kampaniens, Zentralitaliens und Etruriens nachweisen und weiteten sich im Zuge der römischen Expansion auf Provinzen wie Nordafrika, Spanien, Gallien, Germanien und Britannien aus. Im 1. und 2. Jh. wurden mehrere Landgüter häufig von einem Eigentümer zusammengefügt und erreichten Größenordnungen von über 1000 ha (bisweilen als lat. Pl. *latifundia* bezeichnet). In den Ostprovinzen war Grundbesitz auch über Provinzgrenzen hinweg so verstreut, dass archäologische Nachweise für Akkumulationsprozesse und Größenordnungen allerdings nahezu unmöglich sind.

Kennzeichen der Entwicklung   Auf Gütern in Nordafrika finden sich bemerkenswerte Verarbeitungsanlagen, die bis zu 17 Ölpressen und 13 Weinpressböden kombinierten. Spezialisierte Formen der Großproduktion entwickelten sich jedoch nicht in allen Teilen des Reiches zum gleichen Zeitpunkt. Während in Gallien und im Pontosgebiet die spezialisierte Weinproduktion in der zweiten Hälfte des 1. Jh.s ihren Höchststand erreichte und am Anfang des 3. Jh.s zurückging, weist Spanien von der augusteischen Zeit bis zum 4. Jh. kaum Veränderungen auf. In Italien scheint die Konzentration des Weinanbaus, die im 2. Jh. v. Chr. eingesetzt hatte, gegen Ende des 2. Jh.s einer größeren Mischbebauung wieder mehr Platz gemacht zu haben. Anbau und Verarbeitung von Oliven breiteten sich in Südspanien, Gallien, Tunesien und der Tripolitana im 1. und 2. Jh., in Britannien, einzelnen Donauprovinzen sowie Asia dagegen erst im 4. Jh. aus. Insgesamt überwiegen die regionalen Sonderentwicklungen im Agrarbereich gegenüber reichsübergreifenden Strukturen und Konjunkturen. Auch Landkonzentration auf Kosten von Kleinbauerntum, die häufig als Strukturveränderung Italiens in der späten Republik und dann wieder als reichsweiter Veränderungsprozess des 4. Jh.s angesehen worden sind, zeigt sich gebietsweise sehr unterschiedlich und kann keineswegs als ein typischer Entwicklungstrend der römischen Agrarwirtschaft generalisiert werden.

Produktivität und Umfang der Anbaufläche variierten in den griechisch-römischen Kern- und ihren imperialen Herrschaftsgebieten erheblich. Im klassischen Attika waren nur etwa 45 % des Bodens agrarisch nutzbar. In Sizilien dagegen ist eine Nutzfläche im Umland griechischer Poleis von über 75 % nachweisbar. Anbauflächen fluktuierten aber auch entsprechend unterschiedlichen demographischen Drucks (s.o. 2.2). In Attika war die Binnenkolonisation im 4. Jh. v. Chr. weitgehend abgeschlossen. In Italien scheint die maximale Tragfähigkeit im 1. Jh. v. Chr. erreicht worden zu sein.

Unterschiede der Produktivität

Auch die Produktivität pro Flächeneinheit war äußerst variabel. In den Kerngebieten Griechenlands, Italiens, aber auch Teilen Kontinentaleuropas kann von einer durchschnittlichen Ertragsrate (Aussaat:Ertrag) zwischen 1:4 und 1:6 ausgegangen werden. In den fruchtbaren Flussebenen von Mesopotamien und Ägypten erreichten Ernten bei sorgfältiger Betreuung Ertragsraten von 1:20. Durchschnittlich lag die Ertragsrate in Ägypten bei 1:10, wobei offenbar höhere Erträge auf Privat- als auf öffentlichem Land erzielt wurden.

Anbaufläche und Ertragsraten konnten durch Melioration und Extensivierung vergrößert werden, verringerten sich aber auch in Zeiten unsicherer politischer Verhältnisse durch Vernachlässigung und Verarmung. Die Versorgung des Militärpersonals mit Land im Hellenismus, besonders aber die Veteranenansiedlung in römischer Zeit forcierten Landgewinnung und Melioration in großem Stil. Allein im ägyptischen Fayum weiteten die Ptolemäer die Anbaufläche von 450 km^2 auf über 1200 km^2 aus, um Kleruchen (Militäransiedler) anzusiedeln. Von umfassenderer Bedeutung war die Ansiedlung von Veteranen auf dem *ager Romanus* und die damit verbundene Erschließung von Neuland in Italien und den römischen Provinzen. Be- und Entwässerung konnte besonders

Melioration und Landgewinnung

bedeutend in potentiell fruchtbaren Flussebenen oder Marschen sein, die ohne Wasserkontrolle nicht landwirtschaftlich nutzbar waren. So wurde die Pontinische Ebene, die Ebene um den Lacus Fucinus sowie die Poebene in Oberitalien auf senatorische bzw. kaiserliche Initiative hin entwässert und zu ertragreichen Gebieten entwickelt. In Gallien, Spanien und Nordafrika wurden in der frühen Kaiserzeit ganze Landschaften durch Landvermessung und Bewässerung umgestaltet, was zu einer völlig neuen Ertragsleistung dieser Provinzen führte. Ab dem 1. Jh. war das agrarische Steueraufkommen in Gallien mit dem Ägyptens vergleichbar.

Unterschiede in West- und Ostprovinzen   Ent- und Bewässerungsmaßnahmen sowie ihre Auswirkungen auf die Agrarwirtschaft waren in den vor der römischen Eroberung weniger entwickelten westlichen Provinzen einflussreicher als in den wirtschaftlich weiter entwickelten Ostprovinzen. Doch auch hier nahm die Siedlungs- und Hofdichte und damit die Landnutzung während des 1. bis zum 3. Jh. v. Chr. noch einmal zu. Dies zeigt sich archäologisch auf den Ägäisinseln, Zypern und Rhodos sowie in Kilikien, Lykien, Syrien und Pontos. Allerdings ist in Achaia eine Abnahme der Siedlungsdichte unstreitbar nachgewiesen worden, während Judäa erst in der Spätantike signifikante agrarische Entwicklung erkennen lässt. Landgewinnung und Landvermessung, aber auch neue Möglichkeiten für Absatz und Transport (s.u. 5.5) legen einen hohen staatlichen Anteil an der Extensivierung der Landwirtschaft nahe. Bessere Produktionsbedingungen gingen dagegen häufig auf private Initiative zurück.

3.3.4 Gewerbliche Produktion

Verbindung von Landwirtschaft und Gewerbe   Agrarische und verarbeitende Produktion waren in der Antike traditionsbedingt eng miteinander verbunden und können nicht als getrennte wirtschaftliche Sektoren betrachtet werden. So gehörte die Verarbeitung von Getreide zu Mehl und Brot, Oliven und Trauben zu Öl und Wein, oder die Verarbeitung von Wolle, Flachs und Tierhäuten zu Garn, Textilien und Leder unmittelbar zur Haushaltsproduktion. Auch die umfangreiche Herstellung von Gebrauchskeramik, die in Nordafrika mit der Ausweitung der kommerziellen Produktion von Olivenöl für den Handel einherging, fand auf dem Land in Anbindung an die exportierenden Landgüter selbst statt. Lediglich Metallgegenstände mussten grundsätzlich außerhalb eines Haushalts produziert werden.

Städtisches Gewerbe   Dennoch führten das Wachstum von Städten, steigende Konsummöglichkeiten der Oberschichten, zunehmender Militärbedarf und der Ausbau von Häfen und Straßennetzen schon in der archaischen Zeit zu einer gewissen Konzentration von Handwerk in urbanen Zentren. In griechischen Poleis war das städtische Handwerk von fremden Ansiedlern (Metöken) dominiert. Dies erklärt sich aus der traditionell hohen Mobilität spezialisierter handwerklicher Arbeitskräfte und der Tatsache, dass es Fremden ohne Bürgerrecht nicht erlaubt war, Land und Häuser zu erwerben. Arbeitsorganisatorisch waren Werkstätten mit landwirtschaftlichen Betrieben vergleichbar. Es zeigen sich familiärer Kleinbesitz in der Hand von Bürgern oder freigelassenen Sklaven, Großunternehmen mit Verpachtung und Unterverpachtung von Werkstätten und Instrumenten. Auch wurden in Werkstätten in mehr oder weniger großem Umfang unfreie Arbeitskräfte eingesetzt, die sowohl eigenverantwortlich in leitenden als auch gruppenweise in untergeordneten Arbeiten tätig waren. Begriffe für handwerkliches Personal in römischen Rechtsquellen (*procurator, institutor, actor, vilicus/suvilicus*) legen ebenfalls vergleichbare Arbeitsverhältnisse wie im landwirtschaftlichen Bereich nahe.

Bedarfsbedingt spielten die Metallverarbeitung, Textil-, Keramik- und Lederproduktion, sowie Bäckerei und Baugewerbe im städtischen Handwerk die größte Rolle. Dabei ist auffällig, dass es zwar zu einer hohen Spezialisierung, aber, von Ausnahmen abgesehen, nicht zur Bildung von Großwerkstätten kam. Zu den Ausnahmen gehören eine mehrere Wasserräder kombinierende, allerdings ländliche Mühlanlage in Barbegal (Südfrankreich) und vor allem die hochwertige Terra Sigilata Produktion in Arezzo (Toskana), die im 1. Jh. v. Chr. entstand und deren Eigentümer Zweigproduktionsstätten zunächst in Pisa und unter Augustus in Lyon und La Graufesenque (Südfrankreich) gründeten. Die Verteilung dieser Branchen ist typisch für die Verbreitung römischer Produkte unter römischem Einfluss. Im Bereich der Keramikproduktion (Töpferei und Lampen) lösten lokale Produktionsstätten, die entweder Branchen italischer Werkstätten waren oder aber italische Produkte imitierten, die italische Herstellung römischer Waren ab.

Branchen des städtischen Gewerbes

Das Ausmaß vereinzelter Großproduktionsstätten spricht jedoch nicht gegen die Tatsache, dass großunternehmerische Tätigkeit zumeist in kleineren Werkstätten stattfand. Gerade in der Leder-, Metall- und Textilverarbeitung, letzere in Pompeji gut belegt, waren kleine Betriebe die Regel. Für die Massenproduktion von Gegenständen für städtische Haushalte und das Militär ebenso wie für Spezialanfertigungen von wertvollen Waren taten sich kleine Werkstätten zusammen und unterbeauftragten einzelne Arbeitsschritte, die von wiederum speziellen Kleinhandwerkern oder Werkstätten ausgeführt wurden. Die große Zahl äußerst differenzierter Berufsbezeichnungen, die sich auf römischen Grabsteinen finden, aber auch Xenophons vielzitierter Kommentar zur Bedeutung von Spezialisierung in Städten (Xen. Kyr. 8,2,5–6) erklärt sich aus dieser Struktur. Zusammenschlüsse von Handwerkern in Berufs- und Kultgemeinschaften (*collegia*) begünstigten das Untervertragswesen und seine langfristige Fortdauer. Sowohl die sogenannten Suchkosten für geeignete Arbeitskräfte als auch die Kosten, die sich im Laufe des Vertragsvollzugs ergeben, waren in dieser sozialen Organisationsform erheblich geringer als über den freien Arbeitsmarkt.

Strukturen des Gewerbes

60   I. Enzyklopädischer Überblick

Darüber hinaus machte die Saisonalität der Auftragslage, des Handels und des städtischen Arbeitskräfteangebots die Organisation von kooperativen Kleinunternehmen oder deren unternehmerische Koordination sinnvoller als den industriellen Großbetrieb.

3.4 Geld, Kredit und Banken

3.4.1 Geld und Münzentstehung

Geld vor Münzgeld   Monetärer Austausch entwickelte sich in der Antike bevor es Münzgeld gab. Geld wird über seine vier Funktionen als Zahlungsmittel, Tauschmedium, Wertmesser und Wertaufbewahrung definiert, die von einer Vielzahl von Materialien und Gegenständen erfüllt werden können. Typisch für prämonetäre Geldformen ist, dass sie nicht alle vier Funktionen zusammen erfüllten. So treten in den homerischen Epen prämonetäre Geldformen auf, die Geldfunktionen teilweise erfüllten. Edelmetallgefäße dienen als Zahlungsmittel für Ablösesummen und Mitgiften, Ochsen sind Wertmesser für reiche Geschenke und Frauen, kleinere Wertgegenstände und Agrarprodukte sind Tauschmittel und Zahlungsmittel für Renten und Abgaben. Archäologisch zeigen sich regional begrenzt auch andere Geldmittel wie Sicheln, Pfeilspitzen, Bratspieße oder Perlen. Das erste Geld, das im griechischsprachigen Raum ab dem 7. Jh. alle vier Geldfunktionen vereinigte, waren gehackte Edelmetallbarren und -gefäße, die nach Gewicht bewertet und bisweilen auch nach Gewichtseinheiten gefertigt und zertifiziert wurden. Voraussetzung für die Entwicklung von Edelmetallgeld waren zweifellos der zunehmende Austausch zwischen Königen und Aristokraten Griechenlands, Vorderasiens und Ägyptens in Form von Geschenkaustausch und Handel, professioneller Handel und die gleichzeitige Bildung lokaler politischer Zentren, die Zahlungsformen, zum Beispiel von Ablösesummen, Strafen, Gebühren und Löhnen, verstetigten und Gewichtseinheiten festlegten. Die Angleichung von Edelmetalleinheiten an ein gängiges Gewichtssystem, welche als eine der ersten solonischen Maßnahmen in Athen gilt (Aristot. Ath. pol. 10,4), war ein wichtiger Schritt auf dem Weg zur Münzentstehung.

Die ersten Münzen   Die ersten Münzen wurden am Ende des 7. Jh.s v. Chr. in der ionischen Polis Ephesos in einem lokalen Edelmetall namens Elektron geprägt. Elektron ist eine natürliche Legierung aus Gold und Silber und konnte aus einem lokalen Fluss namens Paktolos gewaschen werden. Ursache und Zweck dieser zukunftsweisenden Neuerung sind nicht geklärt. In Form von Silberprägungen breitete sich Münzgeld in der Mitte des 6. Jh.s v. Chr. nach Aigina, Korinth und Athen aus und wurde rasch auch von anderen Poleis übernommen. In den Poleis der nordionischen Küste blieb Elektron als Münzmetall bis ins 4. Jh. v. Chr. üblich. Zu Beginn des 5. Jh.s v. Chr. sind über 150 Prägestätten von Sizilien bis zum Schwarzen Meer bekannt, während in weiteren Poleis, etwa auf Kreta, fremde Münzen benutzt wurden. Die Standardmünze (gr. Sg. *stater*) bildete eine bestimmte Anzahl von Drachmen, die in sechs Obolen (gr. Pl. *oboloi*/Sg. *obolos*) sowie Kleinstücke (gr. Pl. *chalkoi*/Sg. *chalkous*) unterteilt waren. Münzen blieben lange ein Phänomen griechischer Poleis, wie sich an der späten Einführung von Münzen in Rom oder dem Fortbestehens gehackten Silbers in Ägypten, Syrien oder Nordafrika zeigt.

Die Münzen der klassischen Antike waren Edelmetallwährungen, so dass ihr Metallwert dem Geldwert nahezu gleichkam. Auch blieb ihr gegenseitiges Wertverhältnis trotz unterschiedlicher Münzsysteme immer konstant. So konnten Münzen lokaler Prägung über politische Grenzen hinweg auf der Basis ihres Gewichtsverhältnisses zirkulieren. Dennoch tendierten Poleis dazu, sich über die Angleichung des Münzfußes an vorherrschende Münzsysteme und damit Tauschnetzwerke anzuschließen. So dominierten im griechischen Festland zunächst der äginetische und euböische Münzfuß, an den sich auch Athen anschloss, und ab der Mitte des 5. Jh.s das athenische Münzsystem insgesamt. Die monetären Tributzahlungen im ersten Attischen Seebund, der Flottenbau, die Flottenbesoldung und der urbane Ausbau Athens, unterstützt noch durch eine gewaltige Prägeaktivität der Stadt, beschleunigten die Monetarisierung des Ägäisraums und machten die athenische Währung im 5. Jh. v. Chr. zum vorherrschenden Zahlungsmittel weit über die Grenzen der Symmachie hinaus.

Münzmetall und Gewichtssysteme

Zu Beginn des Peloponnesischen Krieges (431 v. Chr.) war die Wirtschaft Athens und sicherlich auch vieler anderen Poleis mehr oder weniger vollständig monetarisiert. Der Monetarisierungsgrad bemisst sich dabei nicht an der Frage, wie viele Zahlungen in Münzgeld getätigt wurden, sondern daran, dass Steuern, Löhne und Pachten grundsätzlich in Geld erhoben und in Geldeinheiten berechnet wurden. Sparta bildete bis zum 3. Jh. v. Chr. mit einem äußerst geringen Münzaufkommen, das aus Fremdwährungen bestand und für auswärtige Zahlungen, Strafzahlungen, aber auch Beitragszahlungen für die gemeinsamen Speisungen genutzt wurde, eine Ausnahme und wurde als solche betrachtet und idealisiert.

Ausmaß der Monetarisierung

Makedonien übernahm im 4. Jh. v. Chr. das attische Münzsystem. Mit den Eroberungen Alexanders d. Gr. breitete sich der Münzgebrauch bis nach Baktrien und Ägypten aus. In die *chora* Ägyptens wurde Münzgeld allerdings erst unter Ptolemaios I. (323–283/2 v. Chr.) eingeführt. Die aufwendigen Mittel, mit denen Münzgeld in Ägypten verbreitet werden musste, zeigen, dass seine Akzeptanz keineswegs zwangsläufig war, sondern aktiv über staatliche monetäre Institutionen (Steuern, Löhne oder Pachten) durchgesetzt werden musste. In den seleukidischen Herrschafts-

Verbreitung im Hellenismus

62 I. Enzyklopädischer Überblick

gebieten in Asien zirkulierte die weitverbreitete Alexandermünze neben persischen Währungen, gehacktem und gewogenem Silber.

3.4.2 Monetarisierung und Münzentwicklung in Rom und unter römischer Herrschaft

Später Beginn der Münzprägung — Die ersten Münzen wurden in Rom lange nach der Entstehung der Republik geprägt. Bis in die Mittlere Republik diente ungemünztes Bronzegeld (*aes rude*) als Zahlungs- und Tauschmittel. Erst mit der Ausweitung römischer Herrschaft nach Etrurien und Kampanien begannen die Römer Silbermünzen für Neapolis (um 304 v. Chr.) und etwa gleichzeitig gewichtszertifizierte Bronzebarren (*aes signatum*) für Etrurien und Norditalien auszugeben, die eine etruskische Tradition von Bronzegeld aufgriffen. Ab der Mitte des 3. Jh.s v. Chr. prägte Rom Silbermünzen in Rom selbst und Bronzemünzen in mehreren italischen Prägestätten, die aber weiterhin in unterschiedlichen Umlaufradien zirkulierten. Erst eine Generation später konsolidierte Rom seine auch dann noch begrenzte Münzprägung in ein bi-metallisches System von Silberdoppeldrachmen nach griechischem Vorbild und Bronzeteilstücken. Erst am Ende des 2. Punischen Krieges wurde die Münzprägung ausgeweitet und auf das römische Gewichtssystem umgestellt. Dies war der Beginn der römischen Denarius-

Denarius — Währung, die bis ins 3. Jh. n. Chr. beibehalten wurde. Standardmünze war der Denarius, der zunächst in 10 und seit Caesar in 16 Asse sowie verschiedene Kleinstücke geteilt war. Recheneinheit war der Sestertius (abgekürzt HS), der allerdings nur selten ausgeprägt wurde. Mit der Eroberung Spaniens und seiner Bergwerke (197 v. Chr.), aber auch durch die Expansion in den monetarisierten griechischen Osten entwickelte Rom innerhalb eines halben Jahrhunderts eine komplexe Geldwirtschaft, die die Grundlage seines wirtschaftlichen Wachstums wurde. Zwischen 150 und 50 v. Chr. stieg das zirkulierende Münzvolumen nach modernen Berechnungen auf das 10-fache an.

Währungszone — Das römische Imperium wurde sukzessive zu einer einheitlichen monetären Zone. Nur in Ägypten mit einem überdurchschnittlich hohen Steueraufkommen und der Tradition eines geschlossenen Münzsystems seit Ptolemaios I. wurde die bestehende Drachmen-Währung mit einem festgelegten Wertverhältnis zum Denarius aufrechterhalten. In den Ostprovinzen blieben, wiederum von temporären Ausnahmen abgesehen, nur lokale Bronzewährungen mit begrenztem Zirkulationsradius bestehen. Jedoch bedurfte es auch hier zunächst einer forcierten Durchsetzung der imperialen Münzen über monetäre Besteuerung. Bestimmungen über die Zahlung von Zöllen in römischem Geld sind aus augusteischer Zeit aus Thessalien (IG IX.2 415, 52–60), Palmyra (OGIS II 629, 16 ff.) und Ephesos bekannt (AE (1989). 681; erneuert 62 n. Chr.), wurden aber zweifellos auch andernorts erlassen.

3.4.3 Geldpolitik im römischen Kaiserreich

Münzen wurden in Rom und Lugdunum für das Westreich, in Antiocheia und Caesarea in Kapadokien für das Ostreich und in Alexandria für das Münzsystem in Ägypten geprägt. Grundlage für die Kalkulation des Geldbedarfs waren Militär- und stadtrömische Verwaltungsbudgets, während die schwankenden Bedürfnisse provinzialer *fisci* wohl an die Zentrale kommuniziert, aber nicht in einem Budgetplan vorgelegt wurden. Abgesehen davon war die Versorgung der Provinzen mit Geld abhängig von Zirkulation. Sie schwankte erheblich entsprechend den Unwägbarkeiten von Handel, Militärausgaben, Bauaktivitäten und anderen Faktoren. Wegen Geldmangels in der Provinz Bithynien diskutierte Plinius mit dem Kaiser Trajan ein Darlehenssystem, das ungenutzte Staatsreserven der lokalen Wirtschaft zuführen und gleichzeitig dem Staat Gewinn bringen würde (Plin. epist. 10, 24). Geldunterversorgung war grundsätzlich ein größeres Problem als Geldüberschuss. Praktische Maßnahmen wie der Einsatz von Geldsubstituten oder Rückstellung von Zahlungsverpflichtungen waren nach papyrologischen Zeugnissen in der privaten Wirtschaft üblich. Doch gab es auch zentrale Maßnahmen, die fallbezogen und im Sinne monarchischer Euergesie betrieben wurden. So stellte Tiberius römischen Banken 100 Mill. HS für zinsgünstige Darlehen zur Verfügung, als angesichts einer Kreditkrise die Landpreise in Italien zu verfallen drohten (Tac. ann. 6.16 f.; Diod. 58.21. 1–5; Suet. Tib. 48.1). Geldgeschenke an die Reichsbevölkerung können ebenfalls als Mittel gegen lokale Geldmittelknappheit verstanden werden.

Grundlagen

Nächstliegend war dem römischen Staat allerdings Geldpolitik im eigenen Interesse. Bis ins 1. Jh. war Geldproduktion zum Ausgleich von Defiziten offenbar problemlos. Kaiser Nero manipulierte erstmalig angesichts von Geldmangel den Feingehalt des Denarius, was aber offenbar sehr versteckt über eine besondere Legierung vollzogen wurde. Die hohen Ansprüche an die Münzqualität, die antike Prägungen ausmachte, führten zu einer raschen Wiederherstellung des Feingehalts nach Neros Tod. Temporäre Münzverschlechterungen wiederholten sich aber ab dem 2. Jh. in immer rascherer Abfolge, bis die Severer den Edelmetallgehalt der römischen Silberwährung auf nicht mehr als einen Überzug reduzierten. Zunehmender äußerer Druck auf die Grenzen, die steigende Bedeutung der Heere für die Ausrufung wechselnder Kaiser und der Verlust von Bergwerken führten zu massiven Defiziten im staatlichen Budget. Die Kaiser reagierten mit vermehrter und feingehaltreduzierter Geldproduktion, die erhebliche Folgen hatte. Aber nicht allein die rapide ansteigende Münzmenge, sondern vor allem ihre mangelnde Qualität führten gegen Mitte des 3. Jh.s zu krisenhaften Erscheinungen in der Geldwirtschaft, die zu einer reichsweiten Preisinflation führten. Über ein Höchstpreisedikt versuchte Diokletian 301 ein breites Portfolio von Preisen im ganzen

Staatliches Eigeninteresse

Verschlechterung der Münzen

Reich zu stabilisieren, doch nur eine radikale Münzreform, die auf einer Goldmünze, dem *solidus*, basierte, verbunden mit der Umgestaltung des Steuersystems konnte unter Kaiser Konstantin die Funktionsfähigkeit des Geldsystems für die nächsten hundert Jahre wiederherstellen.

3.4.4 Kredit und Banken im klassischen und hellenistischen Griechenland

Kredit ohne Geld
Darlehen und Kredit entwickelte sich vor der Entwicklung von Münzgeld. Schon der boiotische Dichter Hesiod (7. Jh. v. Chr.) formulierte das Prinzip, Nachbarn in Not mit einem Darlehen (gr. Sg. *daneion*) zu unterstützen, um selbst in Notlagen sicher zu sein. In diesem System reziproker Hilfeleistung war die Idee des Zinses angelegt, insofern Rückzahlungen größer zu sein hatten als das Darlehen, um das gegenseitige Verpflichtungsverhältnis langfristig aufrechtzuerhalten (Hes. erg. 348–51). Wesentlich ist, dass wirtschaftliche Leistung und soziale Verpflichtung Hand in Hand gingen (s.o. 2.4.4).

Ausbreitung des Kreditwesens
Mit der Entwicklung von Münzgeld und einer komplexeren Geldwirtschaft weitete sich das Kreditsystem auf eine Vielzahl von Transaktionen aus. Darlehen für Immobilienkäufe, soziale Verpflichtungen (Mitgiften), Pachtrückstände und sonstige Defizite spielten dabei zahlenmäßig wohl eine größere Rolle als Handelskredite, die aber möglicherweise in ihrer Größenordnung überwogen. Neben Privatleuten verliehen auch Tempel Geldreserven gegen Zins. Die ersten Banken (gr. Pl. *trapezai*) sind in Athen in der zweiten Hälfte des 5. Jh.s v. Chr. bezeugt. Ihre Hauptfunktion war zunächst der Geldwechsel und die Echtheitsprüfung von Münzen. Als Einlegerbanken entwickelten sie sich bald auch zu Kreditinstituten, doch bleibt ungeklärt, ob Bankiers Einlagen eigenverantwortlich weiterverliehen oder Kredite nur vermitteln konnten. Daneben bestanden persönliche Kreditmöglichkeiten, die über Polisgrenzen hinweg die griechische Oberschicht und Handelswelt vernetzten und eine vielgenutzte Alternative zu Bankdarlehen darstellten. Banken boten allerdings den Vorteil, Darlehen für Anleiher ohne soziales Netzwerk oder Grundbesitz zu ermöglichen und für diese die schon oben genannten Suchkosten nach geeigneten Kreditgebern und Vertragskosten für die Einhaltung und Vollstreckung von Darlehensverträgen zu verringern. Unter Bürgern galten Banken als letzte Option nach persönlichen Kreditmöglichkeiten in Familie und sozialem Netzwerk. Allerdings brachte es der reiche Bankier Pasion, der die für damalige Verhältnisse beträchtliche Summe von 50 Talenten (= 300 000 dr.) in Darlehen gebunden gehabt haben soll, zu hohem gesellschaftlichen Ansehen.

Kredit und Seehandel
Angesichts der Bedeutung des Seehandels in Athen entwickelten sich gegen Ende des 5. Jh.s v. Chr. sogenannte Seedarlehen (gr. Pl. *nautika daneia*), für die besondere Rechtsbestimmungen galten. Seedarlehen wurden für eine Hin- und Rückreise aufgenommen und bei Rückkehr

zurückgezahlt. Als Sicherheit dienten nicht Hypotheken, sondern die Handelsware und gegebenenfalls das Schiff, auf dem die Ware transportiert wurde. Bei unverschuldetem Verlust von Ware oder Schiff entfiel die Rückzahlungspflicht. Angesichts des hohen Risikos für den Kreditgeber waren Seedarlehen ungleich höher verzinst als Darlehen, die hypothekarisch gesichert waren. Sie dienten dem Händler als Versicherung und zeugen von einem gewissen Interesse an professionellen Handelsreisen in Athen. Seedarlehen, die oft nicht unbeträchtlich waren, wurden primär von persönlichen Kreditgebern gewährt. Ob aus Überlieferungsgründen oder weil derartige Risikogeschäfte für Banken unrentabel waren, ist bisher kein Seedarlehen einer Bank bekannt. Gerade am Handelskredit, der im 15. und 16. Jh. zum Aufschwung des Bankwesens in Europa führte, waren athenische Bankiers offenbar gar nicht oder nur in geringem Maß beteiligt. Andererseits waren es Banken, und hier muss ihre große Bedeutung für die Handelsentwicklung gesehen werden, die für den Handel unerlässliche Zahlungsvorteile bereitstellte. So stellten Banken Zahlungsanweisungen (gr. Pl. *diagraphai*) zur Vorlage und Auszahlung von Geld bei Banken und Kunden im Zielhafen aus und ermöglichten andere bargeldlose Geldtransfers zwischen Heimat- und Zielhafen (Isoc. or 17, 34 f.; Lys. 19, 25; Demosth. or. 50, 28.)

Mit der Zunahme von Geldzirkulation und Handel im Hellenismus weiteten sich auch Kredit und Bankgeschäft aus. In der Seehandelsmetropole Rhodos war es die aristokratische Oberschicht, die Handelsgeschäfte finanzierte. In Delos, das der römische Senat im 2. Jh. v. Chr. zum Freihafen erklärte, um Rhodos zu schwächen, florierte stattdessen das Bankgeschäft, wie sich an aufwendigen Stiftungen wohlhabender Bankiers des 2. Jh.s v. Chr. zeigt. In dieser Zeit wurden römische Händler im Ostmittelmeer und Alexandria aktiv. Kredit in größerem Ausmaß und römische Kontakte mit der griechischen Handelswelt hatte es schon vorher gegeben, doch jetzt entwickelte sich die römische Finanzkraft dynamisch. Cato d. Ä. etwa soll massiv in Handelsgeschäfte investiert haben (Plut. Cato 21,6; s.u.).

Entwicklung im Hellenismus

3.4.5 Banken und Handel in der römischen Wirtschaft

Banken spielten auch in Italien zunächst nur eine untergeordnete Rolle. Bis zum Ende des 1. Jh.s v. Chr. sind kleinere Banken (*argentarii* = Bankiers) bekannt, die athenischen Banken gleichkamen. Am Ende der Republik treten dann spezialisierte Bankiers auf, die vor allem dem Geldwechsel in Provinzen (*nummularii*) und der Darlehensvergabe bei Auktionen dienten (*coactores argentarii*). Bankiers nahmen aber auch andere Aufgaben wahr, wie etwa die Aufbewahrung von Dokumenten, Kontoführung und die Stellung von Bürgen. Wirtschaftlich bedeutend blieben private Kreditgeber, die mit ihrem umfangreichen Vermögen

Banken und andere Kreditgeber

nicht nur Handel finanzierten, sondern auch in die monetäre Besteuerung der Provinzen eingriffen (s.o. 3.1.2 (3)).Die Kreditvolumen nahmen in der Kaiserzeit noch einmal zu. Seneca soll im 1. Jh. in lediglich einer Provinz 40 Mill. HS in Darlehen investiert gehabt haben (Cass. Dio 62, 2, 1; cf. 61, 10, 3). Ein ägyptischer Gutsbesitzer finanzierte im 2. Jh. mit über 9 Mill. ägyptischen Drachmen (= 9 Mill. HS) eine Handelsreise von Alexandria nach Muziris in Indien (SB XVIII 13167). Innerhalb Italiens war es Senatoren seit einem Gesetz des Caesar verboten, im Kreditgeschäft tätig zu sein (Tac. ann. 6, 17), weswegen sich viele senatorische Kreditgeber hinter professionellen Geldverleihern (lat. Pl. *faenatores, negotiatores*), meist Freigelassenen oder Sklaven, die in ihrem Auftrag handelten, verbargen.

Archive aus Pompeji und Herculaneum   Die Archive der Sulpicii aus Puteoli und des C. Caecilus Iucundus aus Pompeji, die durch die Verschüttung Pompejis und Herculaneums erhalten sind, erlauben einen Einblick in das Tagesgeschäft von Geldverleihern und Bankiers. Ihre Kundschaft bestand aus Freien, Freigelassenen, Sklaven und Fremden. Die Mehrzahl der Geschäfte des Iucundus bezog sich auf Darlehen zur Begleichung von Pachtschulden und Auktionskäufen kleinerer bis mittlerer Größenordnung (50 bis 38 000 HS). Umfangreicher waren die Geschäfte der Sulpicii in der Hafenstadt Puteoli. Ihr insgesamt gebundenes Vermögen belief sich zum Zeitpunkt ihres Todes auf 1,28 Mill. HS. Aber auch hier dominieren überraschenderweise nicht Handelskredite. Nur zwei Schriftstücke beziehen sich auf Darlehen an Getreidehändler (TPSulp = Tabulae Pompeianae Sulpiciorum 51 und 52).

Netzwerke waren wiederum entscheidend für die Abwicklung größerer Finanzgeschäfte. Sie machten schriftliche Geldanweisungen und Akkreditive möglich, die nicht bankenrechtlich, sondern nur über persönliche Bekanntschaft und Vertrauen gesichert werden konnten.

Societates und soziale Netzwerke   Darüber hinaus taten sich sowohl Bankiers als auch professionelle und private Kreditgeber in arbeitsteiligen, bisweilen hierarchischen Gemeinschaften (lat. Pl. *societates*) zusammen, um Geldreserven zusammenzuführen, bargeldlose Geldtransfers zu ermöglichen, Risiken zu verteilen und über beauftragte Agenten handlungsfähig zu sein. Ein privates Konsortium versammelte beispielsweise der ältere Cato um sich (Plut. Cato 21,6) und Ähnliches ist aus dem hellenistischen Ägypten bekannt (SB III 7169, frühes 2. Jh. v. Chr.). Auch bargeldlose Geldgeschäfte, die wiederum zunächst nicht rechtlich geschützt waren, wurden über *fides* und *amicitia*-Beziehungen ermöglicht. So konnte etwa ein Kontoeintrag (lat. Sg. *nomen*) als Darlehen (lat. Sg. *mutuum*) oder Schuld an einen Dritten schriftlich übertragen werden, wenn alle drei Parteien persönlich einwilligten. Statthalter konnten Geld in eine Provinz übertragen, indem sie sich Vorleistungen an den Staat in einem Ort in ihrer Provinz ausbezahlen ließen (lat. Sg *publica permutatio*, Cic. fam. 3,5,4). Über private Verbindungen konnten ferner Verpflichtungen auf dem Weg der *permutatio* in der Ferne „eingetauscht" werden (Cic. Att. 12,24,1). Gleichzeitig dienten diese Transaktionen dem Währungsumtausch, solange noch unterschiedliche Währungen im römischen Reich üblich waren (ibid.). Bankiers handelten in ähnlicher Weise über Agenten und Verwandte. Auch ein gemeinschaftliches Darlehen aus zwei Banken wurde juristisch denkbar (Dig. 2, 14, 9). In der Verstetigung der täglichen Banken- und Kreditpraxis entstanden rechtlich abgesicherte monetäre Instrumente wie Darlehen und Geldtransfer über Kontoverbuchung sowie kreditorische Bargeldauszahlung aus ungedecktem Konto an designierte Dritte.

3.5 Handel und Märkte

3.5.1 Voraussetzungen

Mit Handel ist hier professioneller, gewinnorientierter Austausch von Waren gemeint, der auf lokaler, regionaler und überregionaler Ebene stattfand. Andere Formen der Güterbewegung (staatliche Versorgung, zwischenstaatliche Leistungen und soziale Formen des Tauschs) überschnitten sich mit dem Handel und müssen als Möglichkeiten der Güterbewegung neben Handel und sozialem Austausch mit betrachtet werden.

Der antike Handel war zunächst in die ökologischen Gegebenheiten des Mittelmeerraums eingebettet, der vergleichsweise sicheren Seetransport mit Anschluss über schiffbare Flüsse an das Binnenland ermöglichte (s.o. 2.1). Ein weiterer ökologischer Faktor war die Verteilung von Mineralablagen, die nur in bestimmten Gebieten des griechisch-römischen Herrschaftsraumes konzentriert vorkamen, aber ubiquitär gebraucht wurden. Neben Ungleichheit der Ressourcenverteilung, die antike Autoren aus moralischen Gründen in den Mittelpunkt stellten, entwickelte sich Handel darüber hinaus aus menschengemachten Ursachen entlang Konsum-, Handels- und politischen Interessen. Voraussetzungen für die menschengemachten Bedingungen des Handels waren (1) die Ausbreitung urbaner Zentren mit konsumfähigen, extrem kompetitiven Eliten sowie deren Finanzinteressen und Überschussproduktion; (2) ein Anstieg des allgemeinen Lebensstandards, der auch breiteren Bevölkerungsschichten Konsum kulturell signifikanter Güter erlaubte; (3) ein auch fiskalisch bedingtes staatliches Interesse an der Förderung von Märkten und ihrer rechtlichen Sicherung; und (4) die Verbreitung von Geld, Kredit und monetären Netzwerken, die die Kosten der Abwicklung von Handelsgeschäften deutlich reduzierten. Nicht unwesentlich war ferner eine hohe, nicht allein wirtschaftlich motivierte geographische Mobilität antiker Bevölkerungen und ein hohes intellektuelles Interesse

Bedeutung des Mittelmeers

an der Erkundung neuer geographischer Räume. Staatliche Regulation konzentrierte sich auf die Sicherung städtischer Getreide- und Militärversorgung, Preiskontrollen in Notsituationen oder als Zeichen staatlicher Euergesie, fiskalisch motivierter Zoll- und Marktregulationen.

<small>Zwischenstaatliche Abmachungen</small>   Wesentlich für die Entwicklung von Handelsbeziehungen waren zwischenstaatliche Abmachungen, politische Bündnisse und imperiale Administrationen. Bündnisverträge konnten gegenseitige steuerliche Vergünstigungen, Marktrechte, Rechtshilfegewährung, Münzangleichung und einen Zusammenschluss von Verwaltungsaufgaben beinhalten und damit regionalen Austausch verfestigen und intensivieren. Imperien führten zu im Kern hierarchischen Handelsbeziehungen, die zwar nicht in Form von kolonialer Ausbeutung, wohl aber in ihrer Eigendynamik auf die Bedarfsdeckung der Zentren ausgerichtet waren. Hinzu kamen symbolisch-kulturelle Dynamiken, fiskalische Ausbeutung von Häfen, Grenzen und Märkten, Kontrolle über Münzsysteme sowie Ressourcenkonzentration zur Versorgung von Heeren und Flotten.

<small>Bedeutung imperialer Räume</small>   Die Ausgestaltung imperialer Räume war jedoch sehr unterschiedlich. Während in der athenischen Symmachie die Sicherung von Seewegen, die Entwicklung einer monetären Zone und der Ausbau des Zentrums Athens auf die Handelsentwicklung einwirkten, war es in den hellenistischen Königreichen vor allem die Anbindung an neue produktive Agrarregionen, die Ausbreitung der Münzgeldwirtschaft, administrative und soziale Beziehungen zwischen Zentren und Peripherien, die Gründung neuer Städte und damit verbunden eine erhöhte geographische Mobilität. Griechische Städte wurden an neue, grenzübergreifende Handelsrouten angebunden, so etwa Alexandria über das Delta in das Rote Meer, Südostafrika, die Südküste der arabischen Halbinsel und Indien, oder syrische Küstenstädte an die Routen nach Mesopotamien, Zentralasien und die arabischen Königreiche. Unter römischer Herrschaft entwickelten sich periphere Wirtschaften, ein verzweigtes Straßennetz und Häfen mit Ausrichtung auf Rom. Für manche Güter wie zum Beispiel Öl und Wein konnte sich ein integrierter Handelsraum mit verbundenen Märkten entwickeln. Sowohl kommerzieller Handel als auch staatliche Verteilungsaufgaben mobilisierten Güter und veränderten das Produktionsverhalten. Die Stationierung von 300 000 bis 400 000 Soldaten an dünnbesiedelten und strukturschwachen Grenzen des Reiches einerseits und die hohe Mobilität römischer und provinzialer Eliten andererseits schufen neue Distributionsherausforderungen. Der imperiale Einfluss Roms auf Handel und Verteilung kann einerseits als stimulierend und Markt fördernd andererseits als fiskalisch behindernd und ideologisch regulierend angesehen werden.

3.5.2 Handelsentwicklung im Ostmittelmeerraum

Der griechische Handel im Mittelmeerraum entwickelte sich über die Anknüpfung an bestehende Handelsnetzwerke, die von Anatolien über Ost- und Westzypern nach Ägypten und von der Levante nach Mesopotamien und an den persischen Golf reichten. Am Ende des 9. Jh.s v. Chr. entstand ausgehend von der phönizischen Stadt Tyros eine neue Handelsachse von der Levante über Nordafrika, Westsizilien und Sardinien bis nach Gades in Westspanien. Waren vom griechischen Festland wurden zunächst auf phönizischen Schiffen transportiert, bis griechischsprachige Händler selbst ab dem 8. Jh. die regionale Seefahrt auf Fernziele ausweiteten und Handelshäfen bevölkerten. Die Gründung eines Emporions in Pithekussae vor der westitalienischen Küste und in Al-Mina an der phönizischen Küste sind hierfür die bekanntesten Beispiele. Die wichtigsten Handelsgüter waren Metallerze sowie Edelmetallfertigwaren, die von der Levante und der Adriaküste gegen Rohmetalle besonders aus Spanien gehandelt wurden. [Griechischer Handel in der Eisenzeit]

Die Verbreitung griechischer Keramik aus Korinth und Athen in Etrurien und Süditalien nimmt ab dem 8. Jh. v. Chr. signifikant zu, was für regelmäßigen professionellen Handel auch anderer Güter spricht, da bemalte Keramik wegen ihres geringen Werts nie um ihrer selbst willen gehandelt wurde. Im 7. Jh. v. Chr. kamen neue Handelswaren hinzu: Gestein und andere Baustoffe, Holz, Oliven, Wein, Trockenfisch, Getreide und eine Vielzahl anderer Lebensmittel. Der überregionale Handel wurde von einigen maritim orientierten Poleis dominiert. Im 8. Jh. v. Chr. waren dies Samos, Phokaia, Chalkis und Eretria, später dann Aigina, Korinth, Athen, Milet und Syrakus. Die Mehrzahl der Handelsfahrten war küstenorientiert, aber der Fernhandel war schon in der frühen archaischen Zeit nicht nur sporadisch. [Zunahme in der archaischen Zeit]

Typisch waren Mischladungen auf Schiffen mit einer Ladekapazität schon in der archaischen Zeit von bis zu 80 t. Im 5. Jh. v. Chr. nahm die Größe von Handelsschiffen noch deutlich zu, obwohl Zeugnisse von Getreideschiffen, die hier am wichtigsten wären, fehlen. Im 4. Jh. v. Chr. war eine Ladekapazität von 150 t nicht unüblich. Doch darf dies nicht darüber hinwegtäuschen, dass kleinere Frachter von 50 t, die für Hochseeschifffahrt als untauglich galten, noch im Hellenismus die Mehrzahl der Wrackfunde bilden. Wrackfunde aus vereinzelten Küstengebieten können auch nur einige Eckdaten für Handelsintensität liefern. Zum Seehandel kamen Land- und Flusstransport, die durchaus üblich, wenn auch teurer waren. Je nach Territorium und Transportgut kostete Landtransport bis zu 50% des Warenwertes pro 100 km. Das Kostenverhältnis von See-, Fluss- und Landtransport wird auf durchschnittlich 1:2:25 geschätzt. [Mischladungen]

Während Athen ab dem zweiten Viertel des 5. Jh.s den Seehandel zu

Vernetzte Handelswelt dominieren begann und sich der Hafen von Piräus gegenüber Aiginas Häfen als Umschlagplatz durchsetzte, war der Mittelmeerhandel ein multizentrales Handelsgeflecht. Ohne eine intensive, das gesamte Mittelmeer durchmessende Handelsaktivität ist das bedeutende Konsumniveau griechischer Poleis, noch heute sichtbar an ihrer städtebaulichen und kulturellen Entwicklung, nicht erklärbar. Zu dieser Handelsentwicklung während der klassischen Zeit gehören mehrere Faktoren. Zum einen verschob sich das Verhältnis von griechischen Zentren und mediterranen „Peripherien" dahingehend, dass aus den Peripherien (Makedonien, Thessalien, dem Pontosgebiet, Zypern, Ägypten, Kyrene und Sizilien) Rohstoffe, Sklaven und Getreide importiert wurden, während Fertigprodukte innerhalb der Ägäis und an die Peripherien exportiert wurden. Eine Ausnahme bildete das athenische Silber, das als Rohstoff und Münze zu einem wichtigen Exportgut wurde und die massive Einfuhr von Wein aus der Nordägäis und Getreide aus dem Schwarzmeergebiet ermöglichte. Die Herstellung von Fertigwaren (bemalte Keramik oder Textilien) und die Errichtung von Repräsentationsbauten, Statuen und deren Ausstattung sowie gehobene Speisen bedurften darüber hinaus einer Vielzahl von Materialien und Zutaten, die an keinem Ort gemeinsam vorkamen und ein komplexes Netz von Handelsbeziehungen voraussetzen. Poleis hatten unterschiedliche Angebots- und Verteilungsfunktionen in diesem Netzwerk. Nur wenige Poleis blieben wie Sparta wirtschaftlich isoliert.

Getreide und Rohstoffe Die Einfuhr von Getreide und Rohstoffen (Edelmetallen, Holz und Gestein) übertraf zweifellos, wenn auch nicht nachweisbar, im Wert das komplexere System von Spezialimporten. Hier wirkten staatliche Intervention auf Handel und Preisbildung ein: diplomatische Vermittlung von Importen, Preisregulierung, Zollerlass für Städte oder Transporteure, soziale Anreize für Händler sowie, im Fall des Getreideimports nach Athen, Strafmaßnahmen in Zeiten auch politisch bedingter Knappheit (s.o. 2.2.3 und 3.1).

Veränderungen im Hellenismus Mit der Ausweitung der griechischen Herrschaft nach Asien und Ägypten im Hellenismus ergaben sich wesentliche strukturelle Veränderungen. Der Handelsmittelpunkt verlagerte sich von Athen nach Alexandria und Rhodos, das zu einem Freihafen und Drehkreuz des Handels wurde. Die erhöhte geographische Mobilität sowie die kulturelle und militärische Konkurrenz der Königshöfe führten zu einer gesteigerten Nachfrage griechischer Güter (besonders Wein), aber auch von griechischen Arbeitskräften und Soldaten. Die steigende Monetarisierung, die Konzentration von Geld und Getreide an den hellenistischen Königshöfen und die Handelsinteressen der königlichen Zentralen ließen die Kapitalversorgung des Fernhandels signifikant steigen.

Ausweitung des Indien- und zentralasiatischen Handels Die Orientierung des hellenistischen Handels wandte sich nicht nur ins Mittelmeer, sondern auch nach Zentralasien und Indien. Zahlreiche Städtegründungen an der Westküste des Roten Meeres waren zunächst militärisch motiviert und dienten der staatlichen Versorgung mit Militärelefanten und Elfenbein. Aber sie vereinfachten auch kommerzielle Seereisen und intensivierten den Import von Gewürzen, Perlen, Stoffen und dergleichen aus den südarabischen Königreichen und Westindien.

Die hellenistische Handelsgeographie wandelte sich unter römischem Einfluss noch einmal grundlegend. 160 v. Chr. wurde Delos vom römischen Senat zum Freihafen erklärt (s.o. 3.4.4). Seit der Vernichtung der Punier dominierten die Römer das Westmittelmeer, und die Provinzen in Nordafrika, Spanien und Gallien entwickelten sich unter römischer Herrschaft sowohl demographisch als auch wirtschaftlich am dynamischsten. Während des Hellenismus bzw. der späten Republik profitierte der römische Handel von den Handelsaktivitäten im Ostmittelmeerraum und beeinflusste ihre Ausrichtung nach Rom, ohne dabei die lokale Infrastruktur von Märkten und Produktion signifikant zu beeinflussen.

3.5.3 Handelsentwicklung unter römischer Herrschaft

Die Wirtschaftsentwicklung des römischen Reiches zwischen dem 2. Jh. v. Chr. und dem 2. Jh. n. Chr. unterschied sich von vorangegangenen durch die graduelle Umgestaltung lokaler Wirtschaften, die sowohl die lokale und regionale Handelsentwicklung als auch den Fernhandel beeinflussten. Neben die agrarische Entwicklung, die Entstehung von Villen und Großgütern und die damit verbundenen Veränderungen der Arbeitsorganisation in manchen Provinzen trat die Umgestaltung von Landschaften durch Straßen und Häfen. Während lokale und regionale Tausch- und Handelsnetzwerke bestehen blieben, wurden neue Verbindungen zum Mittelmeer geschaffen, die zwar keiner gezielten Wirtschaftspolitik entsprangen, aber Staat, Militär und Handel gleichermaßen zu Gute kamen. Auch profitierte der Transport kleinerer Mengen ausgefallener Waren als Beiladungen zu Großtransporten von Gold, Silber, Holz, Öl oder Wein, die die Hauptgüterströme im interregionalen Handel ausmachten. Die Ladekapazität der Schiffe der römischen Kaiserzeit stieg auf eine Tonnage von 500 t, und wahrscheinlich wurden Schiffe von bis zu 1000 t zum Transport von Getreide und Steinmonumenten eingesetzt.

Einfluss auf lokale Wirtschaften

Ein signifikanter Anstieg der Zahl von Schiffswracks, ihrer Größenordnung und der Menge der geladenen Transportamphoren zeugen (trotz einiger Unwägbarkeiten dieser Materialfunde) ab dem 2. Jh. v. Chr. von einem deutlichen Anstieg des Handels besonders im Westmittelmeerraum. Sogenannte Lamboglia 2-Amphoren aus Apulien finden sich überall im Westmittelmeer. Afrikanische Gebrauchskeramik verbreitet sich ab der augusteischen Zeit nach Britannien und Ägypten. Die Standardisierung der Transportbehälter und die Alltäglichkeit der transportierten Produkte (Wein, Öl, Fischsauce (*garum*) und andere alltägliche Lebensmittel) sind

Anstieg des Handelsvolumen

weitere Kennzeichen für einen Massenhandel von Konsumgütern in neuer Größenordnung. Einen ähnlich breiten Konsum zeigt die Verteilung von Terra Sigillata-Tischgeschirr und Öllampen im Westen des Reiches (s.o. 3.3). Die steigende Standardisierung von bestimmten Sarkophagtypen und sogar Portraitskulpturen sowie ihre künstlerische Grundbearbeitung schon am Steinbruch legen auch hier ab dem 2. Jh. einen Trend von Spezialaufträgen zu Mengenlieferungen nahe.

Vernetzung von Märkten

Die Verbreitungsmuster bestimmter Keramiktypen zeigen eine Vernetzung von Märkten über regionale Grenzen hinweg. Die gallische Weinproduktion scheint ab der augusteischen Zeit die Dominanz der italischen Exporte nach Gallien abgelöst und auch Britannien mit Wein versorgt zu haben. Dieser Befund lässt sich auch in der Abnahme von Schiffswracks vor der Südgallischen Küste bestätigen. Ab dem 2. Jh. konkurrierte gallischer Wein mit italischer Produktion auch in Italien selbst und begann die Märkte im Westmittelmeer (außer Nordafrika) zu beherrschen. Nach 250 bis ca. 350 fällt die Menge der gallischen Weinamphoren vom Typ Dressel 1 in Ostia radikal ab, was angesichts geringerer Kapazität der Behälter auf eine noch deutlichere Abnahme des Weinimports aus Gallien nach Rom hindeutet. Den Ölexport dominierten schon unter Augustus Tripolitana, Africa Proconsularis und Baetica. Ab dem Ende des 1. Jh.s konkurrierte Öl aus Africa Proconsularis mit der Eigenproduktion in Italien. Ab der Mitte des 2. Jh.s konkurrierten wahrscheinlich auch hier andere Absatzmärkte mit der Einfuhr nach Rom. Dies legen zunehmende administrative Maßnahmen zur Versorgung der Stadt nahe. 140 ist ein *praefectus annonae* in der Baetica nachgewiesen, der den Ölexport nach Rom beaufsichtigte (CIL VI 1625b= IlS 1340). Im Jahr 160 wurde privaten Ölimporten nach Rom Steuerfreiheit im Exporthafen gewährt, und seit Marcus Aurelius kontrollierte ein Procurator in Ostia die Öleinfuhr nach Rom (CIL XIV 20 = ILS 372, 175 v. Chr.). Ab den Severern wurde Öl endgültig Teil der *annona civilis*.

Fernhandel

Römischer Handel erstreckte sich über die Reichsgrenzen hinaus. Dies zeigt sich zum einen an grenzübergreifendem regionalen Handel, über den stationierte Truppen etwa an den Grenzen Germaniens oder in Syrien mit nicht-römischen Handelszonen in Kontakt traten. Derartige Handelskontakte konnten recht unabhängige Eigendynamiken entwickeln und politischen Beziehungen bzw. Feindschaften zuwiderlaufen. Vor allem aber intensivierte sich über die Ausdehnung der Handelsnetze zwischen Alexandria und Indien und der Landroute von Syrien nach Mesopotamien der Fernhandel Roms mit Indien und China. Die Seeroute führte von Alexandria durch das Rote Meer über die Küsten der südlichen arabischen Halbinsel nach Südwestindien. Dort schloss sie sich an die bereits hochfrequentierte Strecke von Südwestindien durch den Golf von Begalen nach Indochina an. Die Landroute führte über Palmyra nach Mesopotamien und konnte vermittels der kooperationsbereiten Kushana-Dynastien in das Tarimbecken gelangen. Dieser Fernhandel, der ein Etappenhandel war und auch lokale Handels- und Konsuminteressen bediente, war in seiner Kapitalausstattung gewaltig. Das Kreditvolumen, das für solche Handelsreisen aufgenommen wurde, wurde schon am Beispiel des Muziris-Papyrus angesprochen (s.o. 3.4.5). Römisch-ägyptische Händlerkolonien ließen sich in Südindien nieder, und Städte wie Palmyra an der Karawanenroute nach Mesopotamien und Petra gelangten zu großem Reichtum. Plinius (Plin. nat. 4, 101) spricht von einem Geldabfluss aus dem römischen Reich von über 50 Mill. HS pro Jahr nach Indien oder 100 Mill., wenn Arabien und China mit eingeschlossen würden (ibid. 12, 84). Wenn diese Zahlenangaben auch moralisch von einer markanten Luxuskritik gefärbt waren, so lassen sie dennoch zusammen mit dem Muziris-Papyrus die Größenordnung dieses Handels erkennen. Ein Mitglied der Zenturie der „Amtsdiener und Seidenhändler" in der Stadt Gabii nahe Rom stiftete ganz im Sinne politischer Euergesie in seiner Heimatstadt einen Tempel und machte großzügige Geldgeschenke an die Dekurionen (CIL XIV 2793). Dies mag nicht nur auf eine signifikante Gruppe von Seidenhändlern in der Nähe von Rom, sondern auch auf ihre finanzielle Leistung hindeuten.

Größenordnung des Fernhandels

Die provinzialen Steuerkassen profitierten von dem Außenhandel über eine enorme 25-prozentige Einfuhrsteuer, die sich aber offenbar nicht einschränkend auswirkte. Der Handel bediente mit seinen Waren (Seide, Glas, Perlen, Elfenbein, Schildkrötenpanzer, Weihrauch, Gewürze und einiges mehr) stadtrömische und provinziale Eliten und zeigt die bleibenden Diskrepanzen der Konsumkapazität von römischen Oberschichten und Subsistenzbauern. Er zeugt aber auch von der Bedeutung von exotischen Gütern für den Zusammenhalt eines elitegesteuerten imperialen Systems. Der römische Staat hatte darüber hinaus an den Einkünften aus Durchgangs- und Einfuhrsteuern an Provinz- und Reichsgrenzen ein vitales Interesse.

Zolleinnahmen

3.5.4 Soziale Organisation des Handels

Der antike Handel war sozial sehr unterschiedlich organisiert. Bürger, Sklaven und Fremde jeglicher Einkommensklasse waren im Handel aktiv, Produzenten transportierten und vermarkteten ihre Ware entweder selbst, oder Produktion, Transport und Vermarktung verliefen personell getrennt. Die mangelnde sprachliche Differenzierung vieler römischer Berufsgruppen, die nicht zwischen dem Hersteller und Verkäufer eines Produkts unterscheidet, lässt vermuten, dass ein großer Teil der handwerklichen Produktion auch direkt vom Hersteller verkauft wurde. Am anderen Ende des Zeitraums stehen archaische griechische Aristokraten, die ihre landwirtschaftlichen Erzeugnisse in eigene Schiffe luden und über See verkauften. Großgrundbesitzer in allen dokumentierten

Händler

Agrarkontexten verkauften ihre Erträge direkt auf dem Gut, bisweilen noch vor der Ernte, was Transportkosten und Ernterisiko auf den Käufer übertrug. Viele Grundbesitzer besaßen eigene Schiffe oder finanzierten Handelsfahrten, die entweder von ihren Agenten ausgeführt oder vertraglich unterbeauftragt wurden. Hinter Kleinhändlern, Geldverleihern und Schiffskapitänen standen in einem nicht abzuschätzenden Ausmaß reiche Auftraggeber, die einen Teil des Gewinns abschöpften. Diese Arbeitsteilung war schon deswegen nötig, weil Senatoren seit der Lex Claudia (218 v. Chr.) eine direkte Beteiligung an Geldgeschäften, Seehandel und Seetransport verboten war (Liv. 21,63, 3).

Spezialisierung und der Staat als Händler — Organisationsformen des Handels hingen von der Warengruppe, ihren Produzenten und den Konsumenten ab, an die sie sich richteten. Manche Händler bzw. Transporteure waren auf bestimmte Waren oder Handelsrouten spezialisiert, aber im Regelfall scheinen Absatzmöglichkeiten die Richtung von Handelsfahrten bestimmt zu haben. Könige, Kaiser, Regierungen und ihre Sachverwalter handelten nicht anders als Großgrundbesitzer. Hellenistische und römische Steuer- und Pachteinkommen *in natura* wurden zu einem Teil von ihren Agenten auf lokalen Märkten verkauft, der Rest auf entlegenere Märkte transportiert und im Fall der *annonae* nach Rom oder an das Militär geliefert. Zusätzlicher Bedarf, der insbesondere auf Heereszügen entstehen konnte, wurde durch Zwischenbeauftragte auf lokalen Märkten aufgekauft und nur bisweilen requiriert. Ab der hohen Kaiserzeit nahm die unbezahlte Requirierung von Gütern und Leistungen für den Militärbedarf deutlich zu. Römische Kaiser und ihre Procuratoren bedienten sich privater Transportmöglichkeiten anstatt einer staatlichen Handelsflotte. Dies machte einen deutlichen Unterschied in der Wahrnehmung staatlicher Wirtschaftsunternehmung und zeigt ihre enge Anlehnung an private Wirtschaftsaktivitäten. Darüber hinaus legt die Tatsache, dass schon Augustus auf ein bestehendes kommerzielles Transportsystem zurückgreifen konnte, nahe, dass sich privater Handel nicht erst entlang der staatlichen Güterbewegungen ausdehnte. Anreize in Form von Steuer- und Zollbefreiung für Transporteure staatlicher Güter zeigen zudem, dass der Staat mit privaten Händlern konkurrierte.

Einzelpersonen und Netzwerke — Privater Handel scheint überwiegend von Einzelpersonen unternommen worden zu sein. Ladungen wurden auf eigens gemieteten Schiffen oder als Beiladung größerer Frachter transportiert. Konsortien zur Beschaffung von Kapital und Information waren, wie das Beispiel des Cato und der Handelsgemeinschaft des Kleomenes von Naukratis in Alexandria zeigen (Plut. Cato. 21,6; Demosth. or. 56, 7–10), in größeren Handelsunternehmungen nicht unüblich. Soziale Netzwerke von Händlern (Kultgemeinschaften, *kononiai*, *collegia* oder *stationes*), die sich in Athen, Rhodos, Delos, Puteoli und Ostia nachweisen lassen, schufen darüber hinaus soziale Möglichkeiten der Informationsbeschaffung sowie

Schutz vor Risiken. Hierzu gehörten Rechtsbeistand und Schutz in einer Marktumgebung, in der Einzelpersonen leicht der Gewalt von Marktaufsehern und mächtigeren konkurrierenden Händlern ausgeliefert waren. In der Praxis mögen die sozialen Prinzipien antiker Markt- und Handelsplätze eher mit denen eines Basars als mit europäischen Märkten vergleichbar gewesen sein.

4. Theorien der Wirtschaft

4.1 Wirtschaft und Politik

4.1.1 Antike Philosophie und ökonomische Analyse

In der Antike wurde die Wirtschaft nicht als isoliertes Phänomen betrachtet. Vielmehr spiegeln die Bereiche theoretischer Reflexion Zielperspektiven der antiken Gesellschaft selbst wider. Verteilungsgerechtigkeit und Gemeinschaftsbildung, aber auch das Verhältnis von Reichtum, Leistung und Herrschaftsansprüchen standen im Mittelpunkt. Die Haushaltsführung (*oikonomia*) als Zeichen von Führungsqualitäten und Leistungen eines Grundbesitzers und Staatsmannes in einer an Konkurrenz und Vorrang orientierten politischen Umgebung wurde umfangreich diskutiert. Angesichts der politischen Bedeutung von Großzügigkeit und Euergetismus (s.o. 2.4.5) entwickelte sich zudem eine auch wirtschaftlich bedeutende Theorie des gesellschaftlich richtigen Umgangs mit Geld.

Ökonomie als Teil der Philosophie

4.1.2 Reichtum und Herrschaftslegitimation

In den Epen Homers werden Reichtum, Exzellenz (gr. Sg. *arete*) und Führungsanspruch in einem agonalen Kriegerkontext nahezu identifiziert. Landbesitz, Edelmetall und prunkvolle Fertigprodukte stehen auf der gleichen symbolischen Ebene und sind voneinander abhängig. Anhand des reisenden, zeitweise heimatlosen und Geschenke anhäufenden Odysseus wird allerdings die Frage aufgeworfen, wie sich durch Geschenke und Leistung erworbener Gewinn von Handelsgewinnen (beides *kerdos*) unterscheidet, die mit nicht ansässigen Außenseitern (Phöniziern), Nichtkriegern und betrügerischem Handeln assoziiert werden. Auch bei Hesiod wird schlecht erworbener Reichtum, der hier mit der Maßlosigkeit und Korruption schlechter Könige verbunden wird, von der Vermehrung des Haushalts durch maßvolle Arbeit (Hes. erg. 306–309) unterschieden. Guter Gewinn kann der Seefahrt entstammen (Hes. erg. 632–644).

Homer

76 I. Enzyklopädischer Überblick

Luxuskritik   Im Zuge sozialer Veränderungen, die zur Abgrenzung griechischer Polisaristokratien gegenüber vorderasiatischer, insbesondere lydischer Prachtentfaltung führten und möglicherweise auch mit der Ausweitung von Handel und Seefahrt zusammenhingen, entwickelte sich im Umfeld des aristokratischen Symposium ab der Wende zum 6. Jh. v. Chr. eine sehr kritische Haltung gegenüber ostentativem Reichtum und Konsum. Kritik an Luxus, Geld (*chremata*), Gold und Gier war eingewoben in die Ablehnung tyrannischer Königsherrschaft, die den Boden gesetzmäßiger Regierung, gerechter Verteilung und politischer Kontrolle verlassen hatte. In der Elegie des 6. Jh.s v. Chr. (auch unter dem Namen Solon) wird eine selbstbeschränkende aristokratische Ethik entworfen, in der Freundschaft (*philia*), Treue (*pistis*), Maß (*meson*), Gerechtigkeit (*dike*), Ordnung (*kosmos*) und gute Regierung (*eunomia*), willkürlicher Reichtumsverteilung und dem maßlosen und korrupten Charakter eines tyrannischen Herrschers gegenübergestellt werden (z. B. Solon Fragm. 4 (Diehl); Thgn. 667–682). Die Verpflichtung zur Selbstbeschränkung richtete sich nicht gegen Händler und Kleinhändler, auch wenn diese Rollen weiterhin als Metaphern für Betrug und Verschlagenheit vereinnahmt wurden, sondern versuchte, neue Grundlagen für rechtmäßige Herrschaft und ihre symbolische Repräsentation zu finden.

Gelddebatten im 5. Jh.   In der Chorlyrik des Pindar im frühen 5. Jh. v. Chr. findet sich eine ungebrochene Gleichsetzung von Geld, Gold und Exzellenz, die dem aristokratischen Olympioniken Ehre und Anerkennung verschaffte (Pind. P. 3, 110–115). Demgegenüber artikuliert Kreon in Sophokles' *Antigone* um 440 v. Chr. die Verbindung von Gelderwerb, Gier, Korruption und tyrannischer Herrschaft (Soph. Ant. 295 ff.). Etwas vorsichtiger fragt Orestes in Euripides' *Electra*, ob Reichtum ein Indiz für Exzellenz (*euandria*) sei (Soph. El. 362–395). In Abgrenzung zu den ökonomischen Grundlagen der Landmacht Sparta entwickelte Thukydides ein Evolutionsmodell politischer und militärischer Leistung, das den Erwerb von Überschüssen (gr. Pl. *periusiai*) durch Seeherrschaft, Urbanisierung und Handel als Leistungskriterien des Stärkeren in den Mittelpunkt stellte. Kriege von der Größenordnung und welthistorischen Bedeutung wie der Peloponnesische Krieg konnten nur mit Flotten und Geld gewonnen werden (Thuk. 1, 1–20). In Auseinandersetzung mit diesen politischen Traditionen entstand am Ende des 5. Jh.s v. Chr. die sokratische Philosophie, die Landwirtschaft und Autarkie gegenüber Geld und Handel privilegierte und die eine Verbindung von Exzellenz (*arete*), guter Regierung, Reichtum und Glück (*eudaimonia*) auf neue ethische Grundlagen stellte.

Nachleben der sokratischen Tradition   Nach Platon wurde in der Stoa und bei Cicero die sokratische Tradition aufgegriffen. Ihre Gerechtigkeitsvorstellungen wurden jedoch um eine utilitaristische Komponente erweitert. Gerechtes und ehrenhaftes Handeln sind für Cicero auch gleichzeitig nützlich (z. B. Cic. off. 3, 34; 3, 50–

4. Theorien der Wirtschaft 77

53; Cic. fin. 3, 21, 71). Weitgehend unabhängig davon bildete sich eine wirtschaftsanalytische Denkweise im römischen Recht.

4.2 Geldkritik, Zinskritik und Handel

4.2.1 Platon

Platon richtete sich gegen eine symbolische Verbindung von Leistung, Reichtum, Erwerb, erfolgreicher Haushaltsführung und menschlichem Glück (*eudaimonia*). Am Beispiel des vermögenden Kallias, der sein Familienvermögen verschleuderte und eine öffentlich gefürchtete Vielweiberei trieb, widerlegt Platon beispielhaft, dass Reichtum Exzellenz repräsentiert und politische Führung legitimiert (Plat. apol. 19d8–20c3; cf. Men. 73c11; 78c8). Dabei geht es weniger um eine Ablehnung von Geld und Reichtum als um den Versuch, Exzellenz als Perfektionierung der Seele zu konstituieren und Glück auf diese Voraussetzung festzulegen (z. B. Plat. apol. 29e1–30b4). In der *Politeia* geht Platon einen Schritt weiter und verbietet der Wächterklasse Kontakt mit Geld, Besitz und Erwerbstätigkeit, da sie ihre Seele kontaminieren. Gelderwerb wird auf einen sogenannten dritten Stand der Bauern, Handwerker und Händler verteilt. Wiederum geht es nicht um die Ablehnung von Geld und Erwerbstätigkeit, sondern um die Trennung von Herrschaft und Erwerbstätigkeit (z. B. Plat. rep. 416d–417b; 344a). Platon drückt dies in einem Metallmythos aus, in dem allen Seelen entsprechend ihres Standes Gold, Silber und Erz beigemischt sind (414b–415d). Erwerbstätigen, Bauern und Händlern spricht er aber keineswegs die Fähigkeit zu gerechtem Handeln ab. So wird der reiche Metöke Polemarchos als einer vorgestellt, der Freunden hilft, Feinden schadet, den Göttern opfert, das Familienvermögen beisammen hält und lediglich Verluste ausgleicht (327a–336a; s.o. 2.3). Allein zur sokratischen Bestimmung von Gerechtigkeit ist er nicht in der Lage.

In den *Nomoi*, dem Spätwerk Platons, werden Besitz, Handwerk, Landwirtschaft und Handel als wirtschaftliche Grundlagen einer glücklichen Polis dezidiert herausgestellt (z. B. Plat. leg. 631c). Auch sollen alle Bürger Haus und Land besitzen und Güter für den eigenen Bedarf produzieren (842b–e). Es ist ihnen sogar gestattet, Reichtum innerhalb einer gesetzlich festgelegten Vermögensgrenze zu erwerben (744a–d). Lediglich abhängige Lohnarbeiten werden auf Sklaven, Metöken und Fremde verteilt. Erwerb, Zinsgeschäft, Handel und Marktaustausch werden in einen engen gesetzlichen Rahmen bzw. unter Aufsicht gestellt (849a–850b), die Landverteilung soll nicht über Veräußerung zerstört oder durch Realteilung verändert werden (842e–843e). Es sollen zwei Währungen gelten – eine einheimische, die nur in der Stadt selbst, und eine hellenische, die nur

Reichtum und Eudaimonia

Geldverbot in der Politeia

Nomoi

außerhalb der Polis gültig ist (742a-b) – und der Hafen soll in sicherer Entfernung zur Stadt liegen, da Handel und Geldgeschäfte *philia* und *pistis* unter Bürgern zerstören (705a-b; s.o. 2.4).

4.2.2 Geld- und Zinskritik bei Aristoteles und in der nachplatonischen Theorie

2 Formen von Geld   Die platonische Trennung von Geld, Handel und politischer Sphäre wurde umfangreich rezipiert. Zwar kritisiert Aristoteles die Besitzregeln der *Nomoi* im 2. Buch der *Politik*, doch übernimmt er Landverteilung und Marktorganisation sowie die Übertragung von Lohnarbeit, Marktaustausch und Handel auf Sklaven, Metöken und Fremde (Aristot.pol.1337b1–15). Es soll in einer idealen Stadt zwei Märkte geben, die das kommerzielle Markgeschehen von dem freien (politischen) Austausch fernhalten (1331a30–35). Eine Trennung von Währungen schlägt Aristoteles nicht vor, er unterscheidet aber zwei Funktionen von Geld, die er historisch herleitet. Zwischenstaatlich sei Geld wegen seiner allgemeinen Nützlichkeit als Tauschmittel eingeführt worden, während innerstaatlich Geld lediglich auf einer Übereinkunft (gr. Sg. *nomos*) beruhe und nur Wertmesser und Zahlungsmittel sei (s.u.). Innerstaatlich ist Geld zur Bezahlung von Gütern, die dem Haushalt nützen und gerechte Tauschgeschäfte unter Bürgern zulassen, richtig, während Geschäfte, die dem Geldgewinn (*kerdos*) dienen, gegen die Natur sind (1256 a ff; 1257 a ff.). Daraus leitet Aristoteles zwei Formen der Geldwirtschaft (*chrematistike*) ab, die implizit die landwirtschaftliche Haushaltsführung gegenüber kommerziellem Handel privilegieren. In der einen sei Geld ein Mittel und habe eine Grenze in der Nutzenprämisse, während in der anderen Geld einen Eigenwert habe und grenzenlos erworben werde. So etwa entstehe in Handel und Zinsgeschäft Geld aus Geld und sei deswegen widernatürlich (1256b30–34).

Soziale Ideologie der Geldtheorie   Der theoretischen Unterscheidung ist jedoch eine soziale und politische Unterscheidung unterlegt. Als unwürdig werden nur die Geldgeschäfte der kleinen Pfandleiher (gr. Pl. *obolostatai*) und Kleinhändler (gr. Pl. *kapeloi*) bezeichnet. An das Geld und den Geldgewinn grundbesitzender Bürger knüpft Aristoteles dagegen einen Nutzen, der dem Staat und der Bürgerschaft zu Gute kommt. Geld ermögliche Aristokraten und Grundbesitzern, sich großzügig und freiwillig an öffentlichen Ausgaben zu beteiligen, was ihre politisch herausragende Stellung rechtfertige (Aristot. eth. Nic. 1122 b24–1123a34).

Cicero   Bei Cicero tritt diese doppelte Symbolisierung von Reichtum noch einmal ganz deutlich hervor. Er referiert zunächst die geldkritische Perspektive, setzt aber als Bewertungsmaßstab für gute bzw. schlechte Tätigkeiten (lat. Pl. *artes*) die Freiheit voraus (off. 1, 150–151). Tagelöhner, Handwerker und Kleinhändler sind unfrei, kaufen, um zu verkaufen und betrügen dabei. Besonders diejenigen, die der Befriedigung von Lüsten dienen, sind

4. Theorien der Wirtschaft 79

wegen der Unfreiheit, die sie unterstützen, verachtet. Andererseits seien Medizin, Baugeschäft und Großhandel zu loben, weil sie freie Tätigkeiten seien. An der Spitze der Freiheit steht allerdings die Landwirtschaft, die für Cicero das edelste und auch angenehmste Handelsgeschäft darstellt. Handel, der sich aus Geld und Habgier (lat. Sg. *avaritia*) ableitet, gehört nicht in die römische Tradition, sondern wurde von den Phöniziern eingeführt (Cic. rep. 3 frg. 3). Hier zeigt sich eine enge Verbindung von Geld und Luxuskritik, die in der römischen Literatur ubiquitär war. Hier seien nur die Geld-, Luxus- und Habgierkritik von Seneca und Plinius erwähnt, die ein Zeitalter ohne Handel als ein goldenes, vorpolitisches Zeitalter konstruieren (z. B. Sen. Phaedr. 527; Plin. nat. 33, 1).

An anderer Stelle bezeichnet Cicero Landwirtschaft und Privateigentum als Rückgrat des Staates. Der Reichtum einzelner mache den Reichtum des Staates aus (Cic. off. 3, 63). Hier zeigt sich zunächst wieder die Verbindung von privater und staatlicher Prosperität bei richtigem Umgang mit Überschüssen. Doch die Junktur erhielt eine neue, auf römische Kontexte bezogene Dimension. In der Verteidigungsrede für Sestius verweist Cicero auf die Bedeutung von Landbesitz als Grundlage für die Landesverteidigung (Cic. Sest. 103), ein Zusammenhang, der in der politisch brisanten Diskussion um die Landverteilung bei Cicero eine zentrale Rolle spielte (z. B. Cic. off. 2, 73; Cic. rep. 1, 32, 49). Die landwirtschaftliche Leistung und der damit verbundene Erhalt von Eigentum hatten für Cicero eine zensuspolitische und militärische Bedeutung.

Die Bedeutung von Reichtum für den Staat

4.2.3 Geld, Gerechtigkeit und politische Gemeinschaft

Geld- und Reichtumskritik waren eng verbunden mit ethischen Konzepten politischer Gerechtigkeit, Gemeinschaftsbildung und gerechter Verteilung. Zu diesem Zweck entwickelte Aristoteles eine Tausch-, Wert- und Preistheorie, die die europäische Theoriebildung maßgeblich beeinflusst hat. Ihr analytischer Durchdringungsgrad ist hoch, weicht aber von der klassischen Ökonomie insofern ab, als Tausch und Verteilung ohne den Markt gedacht werden und die Ziele des Tauschs Verteilungsgerechtigkeit, Konfliktbeherrschung und politische Stabilität, weniger die Optimierung volkswirtschaftlichen und privaten Wohlstandes sind. Prinzipien der Gerechtigkeit, die Aristoteles in verteilende (gr. Sg. *dianemetikos*) und regelnde (gr. Sg. *diorthotikos*) Gerechtigkeit unterteilt, sowie die Vergeltung (gr. Sg. *antipeponthos*) waren von Rechts- und Vertragsdenken und nicht vom Marktgeschehen beeinflusst.

Geld und Gerechtigkeit

Aristoteles entwickelt Tausch- und Werttheorie unmittelbar in Zusammenhang mit zwei Stellen in *Politik* und *Nikomachischer Ethik*. In der *Politik* gehören sie zur Entwicklung von politischen Gemeinschaften und ihren zwischenstaatlichen Beziehungen, in der *Nikomachischen Ethik* dagegen sind sie Grundlage für die Entstehung von Gemeinschaft.

Geld in der *Politik*

80   I. Enzyklopädischer Überblick

In Buch 1 der *Politik* entwirft Aristoteles den Haushalt als die kleinste Gemeinschaft (gr. Sg *koinonia*), die die Grundlage und das Modell der höchsten politischen Gemeinschaft, den Staat, bildet. Haushalte sind wie Staaten in intergenerationelle (Vater-Sohn), Geschlechter- (Mann-Frau) und Abhängigkeits- bzw. Herrschaftsverhältnisse (Herr-Sklave) geteilt. Hinzu kommen Besitz, Tiere und Werkzeuge, wozu auch Sklaven zählen (Aristot.pol. 1253b24–1254b5). Wie Haushalte innerhalb einer entwickelten Polis gegenseitig tauschen, wird hier nicht diskutiert, allerdings scheint Aristoteles nachbarschaftlichen Tausch geleitet vom Freundschaftsprinzip für richtig zu halten, denn Kleinhändler (*kapeloi*) sind überflüssig (1257a 20–25; 1258a14–18). Unmittelbar nach der Analyse von Erwerbsformen (s. o.) wendet Aristoteles sich dem zwischenstaatlichen Tausch zu, der dazu diene, gegenseitige Produktionsdifferenzen und Mangel von staatlicher Seite auszugleichen (1258a19 ff.; 1259a 34 ff.). Aus diesem Grund wurde Geld mit einem intrinsischen Wert als Tauschmittel erfunden, weil es leicht transportierbar und überall nützlich sei.

Geld in der *Nikomachischen Ethik*   In der *Nikomachischen Ethik* wird ein anderer Ursprung des Geldes entworfen. Hier steht nicht die Versorgung der Polis, sondern die interne Gemeinschaftsbildung und gerechte Vergeltung von Gewinn und Verlust im Mittelpunkt (Arist. eth. Nic.1129 a 1 ff.). Geld ist Zahlungsmittel zum Ausgleich von Ungleichheit, die angesichts von Gewinn (*kerdos*) und Verlust (*zemia*) sowie des unterschiedlichen Werts der Produkte und Leistungen zweier Tauschpartner entsteht. Um gerechten Tausch zu ermöglichen, haben Menschen Geld geschaffen, das den Wert von Gütern in Form ihres Preises vergleichbar macht. Geldeinheiten repräsentieren quantitativ eine qualitative Größe, nämlich den Nutzen (gr. Sg. *chreia*), den der Erwerbende gewinnt, und setzt ihn in ein quantitatives Verhältnis zum Verlust des Verkaufenden. Durch Zahlung des Preises kann eine gerechte Tauschbeziehung dann entstehen, wenn nicht nur der Preis der Ware gezahlt wird, sondern auch die Gewinn- und Verlustsituation der Tauschpartner gerecht ausgeglichen wird. In einer vieldiskutierten Passage postuliert Aristoteles daher, dass die Anzahl von Schuhen, die dem Wert eines Hauses gleichkommen, mit dem Verhältnis von Schuster und Baumeister korrespondieren müsse. Andernfalls seien Tausch und Gemeinschaft nicht möglich (Aristot. eth. Nic. 1133a8–25).

Geld und Vergeltung   Das Wertmodell ist innerhalb rechtlicher Zahlungs- bzw. Vergeltungstheorie zu verstehen. Der Vorteil, den der Schuster aus dem Erwerb eines Hauses zieht, muss durch monetären Ausgleich den materiellen Verlust, der dem Baumeister durch Hingabe des Hauses entsteht, durch Geld ersetzen. Dieser Ausgleich ermöglicht es dem Baumeister in einer zukünftigen Zahlungssituation (etwa beim Kauf von Schuhen), seinen Gewinn gegenüber einem Schuster auszugleichen. In der strikten Begrenzung des Geldes auf Maß-, Zahlungs- und Vergeltungsfunktionen, nicht aber Wertaufbewahrungs- und Tauschfunktionen folgt Aristoteles seiner Prämisse, dass Geld (gr. Sg. *nomisma*) nur eine Satzung (gr. Sg. *nomos*, Aristot. eth. Nic. 1132b30–35), nicht aber ein Wert selbst sei. Geld und Tausch dienen der gerechten Verteilung von Gütern in einer Vertragssituation und nicht dem Zuwachs von Gewinn.

4.3 Hauswirtschaft und Staatshaushalt

4.3.1 Der Oikonomikos des Xenophon

Ein ökonomisches Fachschrifttum über die Haushaltsführung (*oikonomia*) entwickelte sich aus verschiedenen Traditionen. Schon das Heldentum des Odysseus wird in der *Odyssee* an die Rückkehr in einen *oikos* gebunden. Dessen Herzstück ist die Frau, der Vorratsraum mit Weinfässern, Kleidertruhen, Ölkrügen, Gold und Bronze. Exzellenz zeigt sich an der Treue der Frau und den wohl gehüteten Rinderherden, Schafen, Schweinen und Ziegen (Hom. Od. 14, 100) sowie den agrarischen Leistungen des Vaters Laertes (z.B. 24, 205). Penelope besorgt Webstuhl und Spindel, steht den Dienerinnen vor und hat die Herrschaft (*kratos*) innerhalb des Hauses (1, 356–59). Die Mehrung des Hauses ist ehrenhaft und wird schon hier mit einem feststehenden Begriff (gr. Sg. *oikophelia; oikon phellein*: das Haus mehren, 14, 222 f.; 14, 232 f.; 15, 20 ff.) bezeichnet.

Vorgeschichte: Homer

In den *Erga* des Hesiod ist die bäuerliche Haushaltsführung ein Anliegen, um das sich ein Mann kümmern muss, um Schande und Armut abzuwenden (z. B. Hes. erg. 312). Der Begriff *oikonomos* (Leiter oder Leiterin des Hauses) tritt allerdings erst um die Mitte des 6. Jh.s v. Chr. bei dem Dichter Phokylides auf und wird hier bezeichnenderweise auf Frauen bezogen. Schriften und mündliche Lehren zur Ökonomik sind dann für die Tragödiendichter Sophokles und Euripides sowie den Sophisten Protagoras im 5. Jh. v. Chr. bezeugt (Stob. 4, 28, 1–6; Aristoph. Ran. 971–979; Plat. Prot. 318e–319a). Der Kyniker Anthisthenes (445–360 v. Chr.) gilt als der Begründer der fachliterarischen Gattung der *Oikonomika* (Diog. Laert. 6, 16). Der Begriff *oikonomia* (hauswirtschaftliche Kompetenz) findet sich erstmalig bei Platon (Plat. apol. 36b).

Nachhomerische Entwicklung

Auch die Entwicklung öffentlicher Finanzverwaltungen beförderte ökonomische Reflexion. Die Verwaltung von Finanzen war, wie oben gesehen, eine der frühesten staatlichen Aufgaben (3.1). Die Praxis, Abrechnungen über Ausgaben und Einnahmen oder Inventarlisten zu erstellen, hatte sich in mesopotamischen und ägyptischen Tempel- und Palastökonomien entwickelt. Im Unterschied dazu wurden sie jedoch in griechischen Poleis öffentlich ausgestellt. Die regelmäßige, inschriftliche Monumentalisierung von Inventaren, Kostenabrechnungen, Tributlisten, Auktions-und Verkaufserträgen diente nicht allein der Buchführung, sondern der Rechenschaftslegung und Kenntlichmachung guter Ver-

Rolle öffentlicher Finanzverwaltung

waltung und Führungskompetenz in einer korporativen Bürgerschaft. Während die fachwissenschaftliche Ökonomie als Lehre landwirtschaftlicher Kompetenz zunächst auf Privatbesitz konzentriert war, war die politische Wertigkeit dieser Kompetenz von der Geldverwaltung als Zeichen guter politischer Verwaltung vorbestimmt.

<small>Die Schrift des Xenophon</small> Im 4. Jh. v. Chr. entstand die in Dialogform verfasste Schrift des Historikers und Sokratikers Xenophon mit dem Titel *Oikonomikos* („Über die Haushaltsführung"). Sie war nicht die einzige Erörterung dieser Art, behielt aber in der europäischen Agrargeschichte bis ins 18. Jh. größte Bedeutung. In der vollständig erhaltenen Schrift wird die Haushaltsführung in sokratischer Tradition und Form als eine Fähigkeit (*techne*) bezeichnet, die erlernbar sei und wie andere *technai* die kompetente Nutzung eines Besitzes zum Ziel habe (Xen. oik. 1, 7). Hierzu gehöre es, aus einem Haushalt Überschüsse (gr. Sg. *periusia*) zu ziehen und den Haushalt zu vergrößern (gr. verb. *auxein*, Xen. oik. 1, 4). Überschüsse sollen darauf abzielen, Krisen und Niedergang eines Haushalts abzuwehren sowie Stadt und Götter zu ehren und zu bereichern. Landwirtschaft und Haushaltsführung erlaubten darüber hinaus die körperliche und soziale Vervollkommnung eines zur Führung begabten Mannes (gr. Sg. *kaloskagathos*).

<small>Grundprinzipien des Oikonomikos</small> Grundprinzipien der Haushaltsführung sind Führungsfähigkeiten gegenüber Frau und Sklaven, Maß in der Verwaltung von Ausgaben und Einnahmen, Sorgfalt und persönliche Aufsicht und daher auch praktische Kenntnisse von Agrartechnik und Verarbeitung sowie die richtige Verteilung von weiblichen Tätigkeiten innerhalb und männlichen außerhalb des Hauses. Besonders zeigt sich hauswirtschaftliche Kompetenz in der Wiederherstellung vernachlässigter Anbauflächen, die es daher auch vornehmlich zu erwerben gilt (20,22–23). Es seien Fähigkeiten, nicht Erfindungen, wie Xenophon explizit formuliert, die einen Haushalt vermehren (20,6). Konkret werden Anleitungen zur Ausbildung der Frau als Haushälterin und Schatzmeisterin (gr. Sg. *tamia*), Ordnung in Haus und Vorratskammern, Anlage von Wohn- und Arbeitsräumen sowie Ausbildung der Sklaven als loyale Arbeitskräfte bzw. sorgfältige Verwalter gegeben. Hinzu kommen Richtlinien für Gartenbau und Landwirtschaft, die die typische Mischwirtschaft antiker Agrargüter widerspiegeln und sich aus einem eigenen Wissenszweig speisten. Botanische und landwirtschaftliche Untersuchungen setzten sich in den Schriften des Theophrast (spätes 4. Jh. v. Chr.), vor allem aber in der agronomischen Fachliteratur der Republik und Kaiserzeit fort.

4.3.2 Die pseudo-aristotelischen *Oikonomika*

In die Zeit des frühen Hellenismus fallen drei deutlich von seinen Systemveränderungen geprägte ökonomische Schriften aus der Schule des Aristoteles (Aristot. oec, ca. 325–300 v. Chr.). In Buch 1 und 3 erscheint gegenüber der Tradition nichts wesentlich neues, wobei eine größere Betonung auf menschliche Fortpflanzung als Aufgabe des prosperierenden Haushalts, Freilassung als Motivationsprinzip für Sklaven sowie auf die Anforderungen agrarischer Großbetriebe gelegt wird.

Der bedeutendste analytische Fortschritt lag jedoch in dem Versuch, eine Verbindung von privater und staatlicher Haushaltsführung herzustellen. Im 2. Buch werden die königliche Haushaltsführung von der persischen Lokalverwaltung (Satrapie), der Polisverwaltung und der Haushaltsführung eines privaten Bürgers unterschieden. Die jeweiligen Haushalte variieren in ihren Machtkompetenzen sowie Einnahmequellen, doch seien die Prinzipien vergleichbar und daher über einen Vergleich der Praxis neue Erwerbsquellen zu entdecken (oec. 2,1,7). Eine empirische Fallsammlung exemplifiziert sodann die Möglichkeiten oft temporärer Einkommenssteigerung, insbesondere durch Währungsmanipulation und fiskalische Tricks. Die Beispiele stammen ausnahmslos aus dem Bereich der Polis und mögen von der aristotelischen Idealisierung dieser politischen Organisationsform geprägt gewesen sein.

Analytischer Fortschritt

4.3.3 Die *Poroi* des Xenophon

Ebenfalls an der Lösung staatlicher Finanzprobleme orientiert, allerdings ohne einen Vergleich privater und staatlicher Haushaltsführung, ist eine kurze Schrift des Xenophon aus der Mitte des 4. Jh.s v. Chr., „Über die Einkünfte" (*Poroi*). Obwohl ethische Aspekte der Ökonomik im Hintergrund stehen, erscheinen hier ähnliche Grundprinzipien wie im *Oikonomikos*. Ausgangspunkt ist die Ungerechtigkeit athenischer Politiker, die aus Finanzschwäche ihre Bündnispartner (im 2. Attischen Seebund) missbrauchten. Um finanzielle Autarkie wiederherzustellen, seien Wege zu finden, Überschüsse (*periusiai*, Xen. vect. 6,1) aus eigenen Quellen zu gewinnen (Xen. vect. 6,1). Zunächst betont Xenophon die Vorzüge Attikas, seine reichen Böden, Gestein- und Silbervorkommen sowie seine zentrale Lage (Xen. vect. 1, 4–8). Konkret sollen dann Fremde und Metöken im Hafen angesiedelt werden, die durch besonders ehrenhafte Behandlung angelockt werden könnten. Dies würde zu gesteigertem Import und Export, mehr Zolleinnahmen, Marktgebühren und Mieten führen. Sodann sollten Sklaven über eine Sondersteuer staatlich angekauft und dann über Mittelsmänner an private Bergbauunternehmen vermietet werden; dies brächte zum einen ein stabiles Mieteinkommen für die Polis und zum anderen einen Anstieg des Silberabbaus über die Finanzierung eines signifikant erhöhten Arbeitskräftepotentials. Wie in den Anweisungen über die Haushaltsführung wird hier ein Erwerbsplan für führende Politiker entworfen, der sich aus der optimalen Nutzung des Landes, der Erschließung neuer Einnahmequellen, dem Ausbau ungenutzten Bodens

Staatseinkünfte

Quellen für Überschüsse

Erwerbsplan für Politiker

84   I. Enzyklopädischer Überblick

bzw. Bodenschätze und der Investition in und Anreiz von abhängigen Arbeitskräften (Fremde, Metöken und Sklaven) zusammensetzte.

4.3.4 Die römische Fachliteratur

Kontinuitäten   In der römischen agronomischen Fachliteratur (Cato, Varro und Columella) sowie der literarischen Korrespondenz des Plinius wurden die organisatorischen und botanischen Überlegungen der griechischen Ökonomik ohne Rückbindung an sokratische Prinzipien aufgegriffen und weitergeführt. Landentwicklung und Wiederherstellung von unfruchtbaren Böden (z. B. Colum. 2,1,5-7; s. auch praefatio 3-7.), die Notwendigkeit eigener landwirtschaftlicher Beteiligung und Aufsicht der Landarbeiter und Instrumente (Plut. Cato 2,1-2), Einsatz von Sklaven (ibid.), die überlegte Verwaltung von möglichst sicheren Einnahmen und planbaren Ausgaben (Plin. epist. 8, 2) sowie die Verpflichtung zur politischen Umsetzung von Vermögen in Wohltaten (*beneficia*) und Freigiebigkeit (*liberalitas*, Plin. epist. 1, 8; 2, 4; cf. Cic. off. 2, 17 und 55) blieben zentrale Prinzipien und Ziele der Gutsverwaltung. Cato empfiehlt eine moderate Größe eines Grundbesitzes von 100 iugera (25 ha) und eine günstige Verkehrslage für den Handel (Cato agr. 1, 7; so auch Varro rust. 1, 19, 1 und Colum. 2,12,7; Plin. epist. 1, 24; 3, 19).

Abkehr vom Autarkieprinzip   Damit verbunden ist eine Abkehr vom Autarkieprinzip zugunsten der Optimierung von Produktion von Gütern mit guten Absatzchancen. Hierzu gehörten vor allem Öl, Wein und Luxusgüter wie zum Beispiel Vögel (Varro rust. 3, 2, 14). Zur effizienten Gutswirtschaft gehörte ferner eine ausreichende Zahl möglichst billiger Arbeitskräfte und die optimale Nutzung von Arbeitskräften und Werkzeugen (Cato agr. *passim*). Sorge um die Landarbeiter und ihre Sorgfalt, insbesondere aber auch Bemühungen, keine säumigen Pächter vor Gericht bringen zu müssen, waren weitere Grundprinzipien des Columella (Colum. 1, 7, 1-4). Hier findet sich auch eine umfangreiche vergleichende Beurteilung der Profitabilität von Öl- und Weinproduktion im Rahmen einer Kosten-Nutzenrechnung des jeweiligen Arbeitskräftebedarfs (Colum. *passim*). Plinius beschäftigte sich insbesondere mit arbeits- und pachttechnischen Fragen sowie der Inzentivierung von Zwischenhändlern über eine gute Preispolitik (Plin. epist. 8, 2, 3-7 und oben, 3.3).

Wirtschaftstheorie in Rechtsentwicklung   Wirtschaftstheoretische Annahmen spiegeln sich auch in der römischen Rechtsentwicklung wider und verfestigten sich in der juristischen Diskussion. Das Zwölftafelgesetz regelte beispielsweise schon frühzeitig die Kompetenzen des Haushaltsvorstands (*pater familias*) und seine Herrschaft über Personen und Eigentum. Landbesitz hatte Vorrang vor anderen Formen der Einkommenssicherung. So beziehen sich die Diskussionen von Eigentumsrechten bei dem römischen Juristen Ulpian in stärkerem Maß auf Landbesitz als auf mobiles Eigentum (etwa Dig.

1, 3, 41). Auch bei der treuhänderischen Verwaltung des Vermögens minderjähriger Mündel waren Investitionen zunächst in Land und erst in zweiter Linie in Zinsgeschäfte erlaubt (e.g. Dig. 4, 4, 7; 27, 9, 5). Verschiedene Gesetze leiteten die Aktivitäten der senatorischen Oberschicht ideologisch, wenn auch nicht in der Praxis, in die Landwirtschaft. So etwa die oben erwähnte lex Claudia des Jahres 218 v. Chr. (Liv. 21, 63, 3). Noch in der frühen Kaiserzeit war ein Teil des zensusrelevanten Vermögens römischer Bürger an Landbesitz in Italien gebunden (Tac. ann. 6,17).

Gleichzeitig zeigt sich im Vergleich zum Mittelalter ein geringes Interesse an der rechtlichen Regulierung von Zinsgrenzen. Die erlaubte Zinsobergrenze wurde in den 12 Tafeln auf 8 $^1/_3$ % pro Jahr festgelegt. Livius erwähnt Verringerungen der Zinsfüße im Zuge von Schuldenkrisen in der Mitte des 4. Jh.s v. Chr. und ein Zinsverbot für das Jahr 342 v. Chr. (Liv. 7,42,1). Gesicherte gesetzliche Regelungen von Zinsobergrenzen sind dann erst wieder unter Justinian im 6. Jh. bezeugt (Cod. Iust. 4, 32). {Geringer Regulierungsbedarf}

Umfangreiche juristische Diskussionen knüpften sich dagegen an die Auftragsarbeit (s. oben 2.3.2), die Entlohnung abhängiger Arbeit und den Status von Sklaven. Wie schon bei Aristoteles wurden Sklaven von Ulpian als Instrumente kategorisiert (Dig. 50, 15, 4). Das römische Pachtrecht bemühte sich, Vertragsformen zu entwickeln, die flexibel auf Langzeitpachten, wie sie im römischen Großgrundbesitz üblich waren, einzugehen.

Schließlich finden sich bei den römischen Juristen Überlegungen zum Charakter und Wert von Geld. So definierte Paulus im 3. Jh. Geld als Mittel zur Vereinfachung des Tauschs, dem durch den Stempel (also durch staatliche Autorität) öffentlicher und dauerhafter Wert (*publica ac perpetua aestimatio*) verliehen wurde. Durch seinen Nominalwert (lat. Sg. *forma publica*), nicht seinen Metallwert (lat. Sg. *substantia*) werde Geld zu einem Wertmesser, der den Wert eines Gutes in zählbaren Einheiten ausdrücke (Dig. 18, 1, 1). Wiederum sahen die Juristen ebenso wie Aristoteles den Wert von Münzen nur als Übereinkunft. Lediglich in zwischenstaatlichen Beziehungen seien sie mit einem Eigenwert versehene Ware (lat. Sg. *merx*), deren Wert bzw. Preis dann allerdings nicht von der Prägung sondern ihrem Gewicht abhinge (e.g. Dig. 34, 2, 19; 34, 2, 27 (Ulpian)). Aber Paulus ging noch einen Schritt weiter, indem er selbst den Geldwert eines Gutes als den (variablen) Preis, den es erzielte, bestimmte. Damit setzte er Warenwert und Preis in Verbindung, erkannte aber auch die soziale Komponente des Wertes von Waren, sobald sie auf dem Markt gehandelt oder gekauft werden (Dig. 13, 1, 14: *valet quantum vendi potest*; s. auch Sen. benef. 6, 15, und Plin. nat. 33, 6–7). {Geldwerttheorie}

4.4 Theorie und Praxis

Theorie und Politik Das Verhältnis von ökonomischer Theorie und wirtschaftlicher Praxis war spannungsreich und vielgestaltig. Einerseits bestand sowohl in Griechenland als auch in Rom eine enge Verbindung zwischen literarischer Aktivität und politischem Statusdenken, die eine politikferne Theorienentwicklung nahezu ausschloss. Ökonomische Reflexion war aufs Engste mit praktischen staatlichen Interessen und Konzepten politischer Führung verflochten. Das ökonomische wie auch agronomische Fachschrifttum adressierte eine agrarische und politische Oberschicht und untermauerte den Zusammenhang von wirtschaftlicher Leistung und politischen Führungsansprüchen.

Kritik an herrschenden Zuständen Dagegen war die ökonomische Theoriebildung in Athen keineswegs zustimmend gegenüber den aktuellen politischen Verhältnissen. Die Philosophenschulen bildeten sich in Opposition zur demokratischen Praxis und verstanden ihre Theorie als Gegenstück zur praktischen Politik. Engere Verbindungen bestanden zu Sparta und Sizilien, ohne dass sich auch hier Einflüsse auf die politische und wirtschaftliche Ordnung nachweisen ließen. Aus den ablehnenden platonischen Zitaten der sophistischen Lehren, den perikleischen Reden bei Thukydides oder den athenischen Gerichtsreden lassen sich herrschende Meinungen viel eher als aus der Theorie selbst ableiten.

Philosophische Beratung hellenistischer Monarchen Im Hellenismus entwickelte sich ein positiveres Verhältnis von Philosophie und Politik, wobei auch hier trotz finanzieller Förderung von monarchischer Seite ein konkreter Einfluss von Philosophie und Fachwissenschaft auf Politik und Wirtschaft nicht erkennbar ist. Philosophie entfernte sich zunehmend von öffentlichen Themen, während die technische und agronomische Fachliteratur allenfalls mit Zeitverzögerung zur Anwendung kam (s.o. 2.3).

Wertung von Wissen Entscheidend für die wirtschaftliche Entwicklung sowohl in Athen als auch in Rom und im römischen Reich war jedoch eine kulturelle und politische Hochschätzung von Wissen und Fähigkeiten. Naturbeherrschung, Schifffahrt oder technisches Können galten während der athenischen Seeherrschaft als Ursache für rechtmäßigen Anspruch auf Herrschaft. Innerhalb der Polis wurden die öffentlichen Foren der Demokratie (Volksversammlung, Gerichtshöfe und Theater) als Lehrstätten für demokratische Bürger angesehen. In den hellenistischen Königreichen und ganz besonders in der ptolemäischen Hauptstadt Alexandria, wurden Literatur, Wissenschaft und Philosophie finanziell und in staatlichen Institutionen gefördert. Das hellenistische Gymnasium war nicht nur Ort des Sports, sondern auch des Lernens und Mittelpunkt sozialer Integration und kultureller Vermittlung. Technische Errungenschaften in Militär und Infrastrukturen wurden zu Symbolen erfolgreicher Herrschaft, staatlicher Prosperität und Überlegenheit.

Die kaiserzeitliche römische Regierung zeigte darüber hinaus ein hohes Maß an Selbstverpflichtung zu transparenten Rechtsnormen und ihrer Vollstreckung, die zu einem intensiven juristischen Bemühen, Vertragsbeziehungen, Arbeitsverhältnisse, Eigentumsrechte und landwirtschaftliche Bewirtschaftungsstrukturen theoretisch zu durchdringen, führte. Technische Entwicklung war Kennzeichen römischer Herrschaft in allen Gebieten des Reiches. Römische Oberschichten stifteten als Zeichen der Euergesie nicht nur Bäder und Spiele, sondern auch Schulen und Gymnasien in ihren Heimatstädten. Die Forschung sah lange eine Diskrepanz zwischen der hohen kulturellen und geringen wirtschaftlichen Entwicklung der Antike. Doch es war möglicherweise gerade die intellektuelle Dynamik und ihr hoher Stellenwert in politischer Praxis und sozialem Wettbewerb, die auch der antiken Wirtschaft über einen Zeitraum von 1000 Jahren zu beträchtlichen Entwicklungsmöglichkeiten verhalf.

Staatliche Selbstverpflichtung im römischen Imperium

II. Grundprobleme und Tendenzen der Forschung

1. Wirtschaft und Wirtschaftsgeschichte

1.1 Wirtschaftsgeschichte

Die 1817 erschienene althistorische Studie des Berliner Altphilologen AUGUST BOECKH [Die Staatshaushaltung der Athener] stand als Pionierleistung am Anfang der Erforschung der antiken Wirtschaftsgeschichte. BOECKH brachte alle verfügbaren literarischen und epigraphischen Informationen über Preise, Löhne, Zinssätze, öffentliche Einnahmen und Ausgaben zusammen und stellte sie neben Diskussionen von Landwirtschaft, Gewerbe, Handel, Geld- und Kreditwesen, Bergbau, Sklaverei, Ernährung, Kleidung, Lebenshaltungskosten und Bevölkerung Athens. Er legte damit einen Gegenstandsbereich für die antike Wirtschaftsgeschichte fest, der sich an den Elementen der Nationalökonomie orientierte und mit der Ökonomie als reiner Hauswirtschaftslehre brach (s. u. und NIPPEL [Boeckhs Beitrag]). Allerdings traf sein Geschichtsbild, das wirtschaftliche Aspekte mit einbezog, zunächst auf heftige Kritik der altphilologischen Fachkollegen [SCHNEIDER, August Boeckh]. HACKEL/ SEIFERT [Einleitung, 11] betonen dagegen BOECKHS Einfluss auf die Fachwissenschaft.

Anfänge

Der Fragenkanon der Wirtschaftsgeschichte gehört seither zu den methodischen Standortbestimmungen ihrer Erforschung [PLUMPE, Ökonomisches Denken]. Definitionen des Phänomens Wirtschaft können so angelegt sein, dass antike oder sogar vormoderne Wirtschaften insgesamt wenig zu einer modernen Wirtschaftsgeschichte beizutragen haben. So definierte der englische Wirtschaftswissenschaftler ERICH ROLL ein Wirtschaftssystem als das Zusammenspiel interdependenter Märkte, deren Preisbildungsprozesse zu untersuchen seien [ROLL, Economic Thought, 373]. Da Märkte in der Antike nur in Ausnahmefällen interdependent waren und eine Analyse von Preisentwicklungen schon allein wegen der Quellenlage wenig aussichtsreich ist [3.4.1: VON REDEN, Money, 125–141], wäre es nach dieser Definition unmöglich, antike Wirtschaftsgeschichte zu schreiben. Am anderen Ende des Spektrums liegen wirtschaftsanthropologische Konzepte, die unter Ausklammerung des Marktes Wirtschaft als Summe von Handlungen zur materiellen Lebenssicherung definieren [RÖSSLER, Wirtschaftsethnologie, 10–24].

Definition Wirtschaft

In welchem Maß sich das Phänomen Ökonomie seit der Antike gewandelt hat, zeigt seine Begriffsgeschichte [grundlegend BURKHARDT/

OEXLE/SPAHN, Wirtschaft]. In der antiken Theorie (s.u. 4.3) wurde begrifflich, konzeptionell und moralisch die agrarische Hauswirtschaft (gr. Sg. *oikonomia*) von kommerzieller Tätigkeit (gr. Sg. *chrematistike;* lat. Sg. *commercium*) getrennt und damit der Zusammenhang zwischen Produktion und Verbrauch im Haus einerseits und der Verteilung über den Markt andererseits durchbrochen. Die antike Trennung übte großen Einfluss auf die europäische Theoriebildung aus [SCHNEIDER, Schottische Aufklärung, 4.2.3: KOSLOWSKI, Politik und Ökonomie] und erst mit der Schottischen Aufklärung, die in ADAM SMITH [An Enquiry into the Nature and Causes of the Wealth of Nations] kulminierte, entwickelte sich ein integrierter Begriff der Nationalökonomie, der agrarische und gewerbliche Produktion, Handel und Märkte zusammendachte und sie als Grundlage des staatlichen Reichtums ansah. Allerdings verstand SMITH sein Ökonomiemodell als allgemeingültig und legte ihm ein universal gültiges Menschenbild sowie den Markt als einzig mögliche Grundlage nationalökonomischen Wohlstands zu Grunde. Dies gab der Wirtschaftsanalyse eine gegenwartsorientierte ideologische Richtung, die sowohl für die Wirtschaftswissenschaft als auch die Wirtschaftsgeschichte folgenreich war.

Trennung von Ökonomie und Tauschhandel

Der universalistische Anspruch der nationalökonomischen Theorie stieß besonders in Deutschland auf Kritik. Zum einen wurde das Menschenbild kritisiert, das den Menschen als ein grundsätzlich den eigenen Vorteil suchendes Individuum setzte. Nicht aus Gemeinschaftssinn oder Nächstenliebe, sondern aus Eigeninteresse und Nutzenkalkül diente ein Mensch, so die nationalökonomische Theorie, den Interessen anderer. In der Kritik entstand der Begriff des *homo oeconomicus*, der noch heute für dieses Menschenbild steht [zur Geschichte ROLLE, Homo Oeconomicus; zur Diskussion NIDA-RÜMELIN, Homo Oeconomicus]. Damit verbunden wurde der Markt, der von SMITH nicht nur als Verteilungsmechanismus, sondern als Mittel zur Vergesellschaftung und politischen Integration dargestellt wurde, in Frage gestellt [AMBROSIUS/PLUMPE/TILLY Wirtschaftsgeschichte, 12ff.]. Die deutsche Historische Schule der Nationalökonomie um WILHELM ROSCHER (1817–1894) versuchte im Gegenzug zur theoretisch-systematischen Methode der angelsächsischen Nationalökonomie, die Wirtschaft der Gegenwart aus einem historischen Entstehungsprozess herzuleiten. In der jüngeren Historischen Schule um GUSTAV SCHMOLLER (1847–1930) wurden auf der Grundlage historistisch-empirischer Untersuchungen Wirtschaftstheorien entworfen, aus denen die Voraussetzungen des modernen Kapitalismus abgeleitet werden sollten.

homo oeconomicus

Historisierung der Wirtschaftsgeschichte

Gleichzeitig entwickelte sich die klassische Ökonomie in der neoklassischen Schule weiter. Die Schule um LÉON WALRAS (1834–1910), CARL MENGER (1840–1921) und ALFRED MARSHAL (1842–1924) begann zum einen, die Wirtschaftswissenschaft auf quantitative Grundlagen zu

Neoklassische Schule

1. Wirtschaft und Wirtschaftsgeschichte   91

stellen; zum anderen stellte sie erstmalig den Markt als Preisbildungsmechanismus aus Angebot und Nachfrage dar. Der rationale Akteur (*rational agent*) richte sein Nutzenkalkül nach Angebot und Nachfrage aus und plane und entscheide auf dieser Grundlage. Die neoklassische Wirtschaftstheorie bildet bis heute die Grundlage der Wirtschaftswissenschaft. Für die Untersuchung vorkapitalistischer Wirtschaften ergeben sich daraus allerdings nur zwei Optionen. Entweder unterstellt man ihnen Marktprinzip und Kapitalismus und damit Strukturen der Moderne oder man betont ihre Andersartigkeit und lässt die moderne Wirtschaftstheorie unbeachtet. Einen Kompromiss versucht [1.2.1: BRESSON Capitalism] zu erzielen.

Zu einer gewissen Synthese (neo)klassischer Annahmen einerseits und historisch orientierter Wirtschaftskonzepte, die die sozialen Bedingungen von Wirtschaftsverhalten berücksichtigt, kommt die Theorie der Neuen Institutionenökonomik (NIÖ; in den USA unter dem Namen *Neoinstitutional Economics*/NIE entwickelt). Die neoklassische Grundfrage nach Marktentwicklung ebenso wie das Nutzenkalkül des *homo oeconomicus* bleiben bestehen, historische Einflüsse auf das Verhalten der Wirtschaftsteilnehmer werden jedoch berücksichtigt. Insbesondere beeinflussen im Modell der NIÖ sogenannte Transaktionskosten (Aufwand und Risiken bei Tausch- und Zahlungsvorgängen) das menschliche Verhalten. Verringern sich diese Kosten aus bestimmten Gründen, können sich Märkte und Wirtschaftsleistung positiv entwickeln. Besonders einflussreich formulierte der Wirtschaftswissenschaftler und Nobelpreisträger DOUGLASS NORTH die Aufgabe der Wirtschaftsgeschichte, nach den institutionellen und organisatorischen Bedingungen zu fragen, die Marktentwicklung und Wirtschaftsleistung förderten [AMBROSIUS/PLUMPE/TILLY Wirtschaftsgeschichte, 29-34]. Dieser Ansatz, der in 1.3.3 noch näher diskutiert werden wird, hat die Forschung zur antiken Wirtschaftsgeschichte im 21. Jh. maßgeblich bestimmt.

Neue Institutionenökonomik

1.2 Kontroversen um die Antike Wirtschaft

1.2.1 Die Bücher-Meyer Kontroverse

Antike Wirtschaftsgeschichte hat sich stärker als viele andere Zweige der Alten Geschichte mit methodischen Fragen auseinandergesetzt. Am Anfang steht die Kontroverse zwischen dem Nationalökonomen der Historischen Schule KARL BÜCHER (1847-1937) und dem Althistoriker EDUARD MEYER (1855-1930). BÜCHER entwickelte ein Stufenmodell der europäischen Geschichte, das eine Entwicklung von der „geschlossenen Hauswirtschaft" der Antike über die „Stadtwirtschaft" des Mittelalters zur „Volkswirtschaft" der Neuzeit aufstellte. Mit diesem Modell traf er

Modernität der antiken Wirtschaft

auf scharfe Kritik des Althistorikers MEYER, der die Modernität der antiken Wirtschaft im neoklassischen Sinne verteidigte [FINLEY, Bücher-Meyer; SCHNEIDER, Bücher-Meyer-Kontroverse]. In seiner Antwort auf BÜCHERS Theorie entwarf er das Bild einer griechischen Wirtschaft, die sich ab dem 8. Jh. v. Chr. in Richtung einer Marktwirtschaft entwickelte [MEYER, Altertum]. Es seien Handel, Gewerbe und marktorientierte Produktion sowie ab dem 7. Jh. v. Chr. eine Geldwirtschaft entstanden, die den Kapitalismus des klassischen Athen mit Banken und hohem Kreditaufkommen zu ihrem Höhepunkt trieb (für die Verwendung des Begriffs Kapitalismus für die athenische Wirtschaft plädiert erneut BRESSON, Capitalism]. Die landbesitzende Aristokratie sei von einem aufstrebenden Industriebürgertum abgelöst worden und habe die Politik im ausgehenden 5. Jh. bestimmt. In seinem Werk „Geschichte des Altertums" vergleicht MEYER das 7.–5. Jh. v. Chr. Griechenlands mit dem 14.–16. Jh. Europas. BELOCH [Griechische Geschichte] übernahm dieses Modell weitgehend.

Meyers Blick auf das Altertum Die distanzlose Modernisierung der antiken Wirtschaft bei MEYER und BELOCH vermag heute nicht mehr zu überzeugen. Sie mag sich allerdings aus MEYERS weit gefasstem Blick auf das Altertum erklären, in dem die altorientalischen Hochkulturen inbegriffen waren. Im Vergleich mit dem Bild münzgeldloser Palastwirtschaften „asiatischer" Prägung, das heute auch obsolet ist, mochte die Entstehung von egalitären Austauschbeziehungen, Märkten, Münzgeld und unabhängigen Banken in griechischen Poleis modern erscheinen. In der Harmonisierung von Antike und Moderne verfolgte MEYER aber auch wissenschaftspolitische Interessen, insbesondere die Stärkung der Rolle der Alten Geschichte im deutschen Erziehungssystem [WAGNER-HASEL, Le Regard, 176; SCHNEIDER, Bücher, 426]. Angesichts dieser Nebenschauplätze gelang es BÜCHER nicht, sich gegen die althistorische Fachdisziplin durchzusetzen.

Rezeption der Debatte Der Streit zwischen BÜCHER und MEYER ist über seine Rezeption bei MOSES FINLEY (z. B. FINLEY, Bücher-Meyer) als die „Primitivisten-Modernisten-Debatte" in die Wissenschaftsgeschichte eingegangen und hat Darstellungen der antiken Wirtschaft bis in die 1990er Jahre geprägt [WAGNER-HASEL, Arbeit des Gelehrten, 316–324; 1: DREXHAGE/KONEN/ RUFFING, Wirtschaft; 19f.; 1.2.3: ANDREAU, Twenty Years; 1.2.3: CARTLEDGE, Economy]. Tatsächlich ging es BÜCHER und MEYER um mehr als die Frage, ob die antike Wirtschaft primitiv oder modern sei. MEYER stellte im Sinne der klassischen und neoklassischen Ökonomie Handel und Märkte in den Mittelpunkt der antiken Wirtschaftsentwicklung; BÜCHER verstand die Wirtschaft dagegen als Teil politischer und sozialer Gemeinschaftsbildung im Haus, der Stadt und der Nation.

Max Weber MAX WEBER knüpfte in einem frühen Essay [Soziale Gründe] an die Bücher-Meyer-Kontroverse an [NAFISSI, Ancient Athens; NIPPEL, Max Weber]. Er entwarf ein Drei-Sektoren-Modell mit einem naturalwirtschaftlichen ländlichen Sektor, einer auf Sklavenarbeit basierenden Überschussproduktion auf römischem Großgrundbesitz und einer Verkehrswirtschaft in den Städten. Eine methodische Wende trat jedoch zwischen der 2. und 3. Auflage des Handbuchartikels „Agrarverhältnisse des Altertums" ein: WEBER gab die Polarisierung von historischer Empirie und Theorie auf und stellte eine neue Methode vor, die als Idealtypenlehre großen Einfluss auf die Sozialwissenschaften des 20. Jh.s ausüben sollte. Ein Idealtypus ist nach WEBER eine gedankliche Konstruktion, die ein für eine historische Wirklichkeit typisches Modell entwirft. Ziel des Idealtypus ist es, historische Entwicklungen und Phänomene historisch spezifisch zu erfassen und gleichzeitig für eine theoretisch vergleichende Analyse verwertbar zu machen [WEBER, Objektivität; 1.2.3: FINLEY, Quellen und Modelle, 76f.; 1: EICH, Politische Ökonomie, 13f.].

Auf die Alte Geschichte in Deutschland hatte WEBER zunächst wenig Einfluss. Lediglich JOHANNES HASEBROEK, ein Schüler von EDUARD MEYER, nahm WEBERS und BÜCHERS Projekt auf und betonte den Einfluss staatlicher und stadtstaatlicher Gesellschaftsstrukturen auf die antike Wirtschaft [HASEBROEK, Staat und Handel; DERS. Griechische Wirtschaftsgeschichte; zur Diskussion 1.2.2: HUMPHREYS Anthropology, 136–158]. Ein zentraler Gedanke HASEBROEKS war, dass Handel und Gewerbe vorwiegend in der Hand von Personen ohne Bürgerrecht (Metöken und Sklaven) lagen, die weder Recht auf Grundbesitz noch politische Mitsprache hatten. Die Außenseiterrolle von Handel und Gewerbe marginalisierte die Wirtschaft in der Politik und habe so die Entstehung einer modernen Volkswirtschaft verhindert.

Weber und die Alte Geschichte

Es waren FRITZ HEICHELHEIM und MICHAIL ROSTOVTZEFF, die bis in die 1960er Jahre die Alte Geschichte dominierten. Ihr Interesse richtete sich auf die Markt- und Handelsentwicklung in Hellenismus und römischer Kaiserzeit. Im Hellenismus sei es über die Ausweitung und Vernetzung der griechischen Welt und die damit verbundene Nachfrage nach griechischen Luxusgütern an den hellenistischen Höfen zu einem massiven Anstieg des Fernhandels und damit zu einem integrierten Wirtschaftsraum im Mittelmeer bis nach Vorderasien gekommen [ROSTOVTZEFF, Hellenistic World; 1.3.4: HEICHELHEIM, Wirtschaftliche Schwankungen; zur Diskussion ARCHIBALD, Away from Rostovtzeff]. Nicht ganz zufällig veröffentlichte HEICHELHEIM ein Jahr nach dem Ausbruch der Großen Depression eine Studie, in der er Konjunkturschwankungen im 3. und 2. Jh. v. Chr. im hellenistischen Wirtschaftsraum auf der Basis von Lohn-, Preis- und Zinsinformationen aus Ägypten, Delos und Uruk nachzuweisen versuchte [1.3.4: HEICHELHEIM, Wirtschaftliche Schwankungen]. ROSTOVTZEFF fragte, warum der antike Kapitalismus, den er für unstrittig hielt, sich nicht in denselben Bahnen wie der moderne Kapitalismus entwickelte und „primitive" Elemente (begrenzte Monetarisierung, keine Elektrifizierung und konservative

Alte Geschichte nach der Kontroverse

Geschäftsmethoden) bestehen blieben [ROSTOVTZEFF, Gesellschaft und Wirtschaft, 244; zur Diskussion 3.5.1: MORLEY, Trade, 3–6]. Als Antwort fielen ihm lediglich der Zerfall der römischen Zentralstaatlichkeit und die Herausbildung dezentraler feudaler Strukturen in Form des spätantiken Kolonats ein, wodurch die dynamische Wirtschaftsentwicklung in Richtung Moderne abgebrochen wurde.

1.2.2 Karl Polanyi und die substantivistische Ökonomie

Antrhropologie und Geschichte

Eine zentrale Rolle in wirtschaftsanthropologischen Diskussionen nach 1945 spielten die Arbeiten des österreichisch-ungarischen Wirtschaftswissenschaftlers KARL POLANYI (1886–1966), der 1933 emigriert war und seit 1940 in Amerika lebte. Geprägt von den Einbrüchen des Kapitalismus führte er einen nahezu emotionalen Feldzug gegen die liberale Marktwirtschaft und entwickelte im Gegenzug eine anthropologische Vision marktloser, einfacher oder auch sozialistischer Gesellschaftsformationen [POLANYI, Ökonomie, 130–148; zur Diskussion HUMPHREYS, Geschichte; 1.2.1: NAFISSI, Ancient Athens]. In vorkapitalistischen Gesellschaften war wirtschaftliches Verhalten in soziale und politische Institutionen eingebettet (*embedded*). Der von sozialen und ethischen Fragen unabhängige *homo oeconomicus* und ein autonomer Wirtschaftsprozess seien typisch für kapitalistische Marktwirtschaften, die er als sozial herausgelöst (*disembedded*) bezeichnete.

Formen der Integration

Aus den Theorien zu Tausch und Gemeinschaftsformation der führenden Anthropologen RICHARD THURNWALD, BRONISLAW MALINOWSKI und MARCELL MAUSS [HUMPHREYS, Geschichte; NIPPEL, Ökonomische Anthropologie; 2.4.4: WAGNER-HASEL, Stoff der Gaben; 1.2.1: NAFISSI, Ancient Athens, 127f., 161–172] leitete POLANYI drei Formen der sozialen Integration ab, die den Güterfluss in marktlosen Gesellschaften regelten: die Haushaltung, den interpersonellen, gegenseitigen Tausch („Reziprozität") und die „Redistribution" über ein Machtzentrum. Erst im Zuge der großen Transformation im industriellen Zeitalter entwickelte sich Marktaustausch als ein viertes Integrationsprinzip [POLANYI, Great Transformation, 71–86; die Begrifflichkeit stammt von THURNWALD; s. FINLEY, Anthropology, 117]. Das Prinzip der Haushaltung ließ POLANYI später fallen [Ökonomie, 219–247]. Die Einteilung war aber nicht als evolutionäre Entwicklung gedacht, sondern auch in vorkapitalistischen Gesellschaften entwickelten sich Marktelemente, wie Polanyi sich ausdrückt, so etwa in Athen zur Zeit des Aristoteles und seiner Schüler [POLANYI, Aristoteles]. Wesentlich für den Charakter einer Wirtschaft war die Frage, über welche der Tauschinstitutionen eine Gesellschaft zusammengehalten („integriert") war. POLANYI postulierte einen anthropologischen Wirtschaftsbegriff, den er als *substantive* (sachlich-materiell) bezeichnete. Die Wirtschaft habe sachlich-materielle Grundlagen in der

Aneignung von Ressourcen, nicht formal in eigeninteressiertem menschlichem Handeln (POLANYI, Zwei Bedeutungen).

Für die Alte Geschichte war neben POLANYI die Erweiterung des Reziprozitätsbegriffs durch MARSHAL SAHLINS einflussreich. SAHLINS weitete das Konzept der Reziprozität in ein Spektrum von Reziprozitäten aus, das von generalisierter Reziprozität (Tausch mit verzögerter Erwiderung oder Erwiderung durch Dritte) über ausgeglichene Reziprozität (gleichzeitiger Austausch von gleichwertigen Dingen) bis zu negativer Reziprozität (einseitiger Raub, Plünderung, Betrug) reichte [zur Diskussion 2.4.4: VAN WEES, Laws of Gratitude; 2.4.4: WAGNER-HASEL, Stoff der Gaben, 52–43]. POLANYIS Reziprozitätskonzept hat sich besonders in SAHLINS Differenzierung auf die althistorische Forschung ausgewirkt [3.4.4: MILLETT, Hesiod and His World; 3.4.4: DERS., Lending and Borrowing; 2.4.4: SEAFORD Reciprocity and Ritual; 2.4.4: GILL/POSTLETHWAITE/SEAFORD, Reciprocity]. Das Konzept des verwalteten Handelsplatzes (port of trade), das POLANYI im Zuge der Diskussion von Marktelementen in vorkapitalistischen Gesellschaften entwickelt hatte [POLANYI, Handelsplätze], ist anhand einiger interkultureller Handelsschnittstellen untersucht worden [2.4.6: BRESSON, Les Cités et leurs emporia; HIND, Colonies; 3.5.2: MÖLLER Naukratis].

Marshal Sahlins

1.2.3 Moses Finley und Keith Hopkins

MOSES FINLEYS „The Ancient Economy" (1973) [Antike Wirtschaft] führte zu einer Rückbesinnung auf die Theoriebestimmung der antiken Wirtschaftsgeschichte. Fast alle seine Überlegungen waren im Einzelnen schon zuvor formuliert worden [WILL, Trois Quarts; JONES, Economy; 1.2.1: NAFISSI, Ancient Athens; TSCHIRNER, Studien]. Doch FINLEY entwarf ein Gesamtmodell, das den Einzelbeobachtungen wissenschaftliche Wirkung verlieh. Er richtete sich sowohl gegen die modernisierenden Ansätze in der Alten Geschichte als auch gegen den Positivismus ihrer Detailforschungen. In seinen Aufsätzen widersprach er auch marxistischen Positionen, die insbesondere in der DDR entstanden waren und in der Nachkriegszeit ein einflussreiches Instrumentarium für strukturelle Betrachtungen der antiken Wirtschaft boten [SALLER/SHAW, Editor's Introduction; 1: EICH, Politische Ökonomie, 63-98].

Moses Finley

Die antike Wirtschaft war nach FINLEY eine Subsistenzwirtschaft, die von häuslicher Selbstversorgung und politischen Autarkieinteressen geprägt war. Grundlage für Reichtum war die Landwirtschaft, die wegen der Verfügbarkeit von Sklavenarbeit auf Produktivitätssteigerung und technische Weiterentwicklung verzichtete. Wirtschaftliches Wachstum gab es nicht. Innerhalb der Gesamtwirtschaft spielte der Handel nur eine geringe Rolle. Landtransporte waren teuer, Seetransporte riskant und konzentrierten sich, von Ausnahmen abgesehen, auf den Import von

Finleys antike Wirtschaft

Luxusgütern für den Konsum einer kleinen Oberschicht. Städte spezialisierten sich nicht auf bestimmte Produktionszweige, die Arbeitsteilung, Marktorientierung und Handel stimuliert hätten. Sie waren politisch-religiöse Verwaltungs- und Repräsentationszentren, nicht arbeitsteilige Produktionszentren. Einen *rational agent*, der ein Kosten-Nutzen-Kalkül anstellt, seine Erträge in die Entwicklung der Produktion zurückinvestiert und durch technologische Verbesserungen, Rationalisierung und agrarische Intensivierung den Ertrag steigert, gab es nicht. Reichtum und Überschüsse wurden in Konsum zum Zweck des Status- und Machterhalts investiert. Auch Kredite galten Konsumzwecken und kompensierten Liquiditätsschwächen agrarischer Großhaushalte. Geld war nicht Kapital sondern Münzgeld, dessen Prägung der Selbstdarstellung der Stadt galt und für überregionalen Handel wenig geeignet war. Überhaupt richtete sich die Politik der Staaten und ihrer schwachen Bürokratien auf Selbstdarstellung, die Deckung ihrer eigenen – vor allem militärischen – Bedürfnisse sowie die Zuteilung von Ehrenpositionen. Es gab weder eine wirtschaftliche Politik noch eine ökonomische Theorie.

Einfluss Finleys in Deutschland

FINLEYS Thesen dominierten die Diskussion um die antike Wirtschaft bis zum Ende des 20. Jh.s (1: RUFFING, Wirtschaft, 10 f.; ANDREAU, Twenty Years; CARTLEDGE, The Ancient Economy). In Deutschland war ihre Rezeption jedoch zunächst begrenzt. WAGNER-HASEL [1.2.1: Arbeit des Gelehrten, 323] führt dies auf ein allgemeines Theoriedefizit der deutschen Althistorie zurück, das mit dem Verlust des Wissens um die theoretischen Wurzeln der antimodernistischen Konzeptionalisierung der antiken Wirtschaft und dem großen Exodus von Wissenschaftlern in der Zeit des Nationalsozialismus einherging. Eine Ausnahme bildeten die Arbeiten von HELMUTH SCHNEIDER, der schon früh das subsistenzwirtschaftliche Modell FINLEYS rezipierte (2.4.3: SCHNEIDER, Antike Sklavenwirtschaft; 2.3.1: DERS., Einführung, 52f.) und sich um die Übersetzung angelsächsischer Forschung ins Deutsche bemühte (s. die Sammelbände SCHNEIDER, Wirtschafts- und Sozialgeschichte römische Kaiserzeit, und DERS. Wirtschafts- und Sozialgeschichte römische Republik). Jenseits davon wurden FINLEYS Positionen in Deutschland zwar wahrgenommen, aber nicht theoretisch diskutiert. Explizit wandten sich sowohl PEKÁRY [Wirtschaft] als auch KLOFT [1: Wirtschaft] gegen eine theoretische Vereinnahmung der antiken Wirtschaft.

Einfluss Finleys in der angelsächsischen Forschung

In England entwarf vor allem MILLETT im Sinne FINLEYS ein Modell des athenischen Kreditsystems, das nicht Investitionen in Handel und Produktion, sondern Konsumtionszwecken diente und in eine Bürgerideologie der Reziprozität eingebettet war, in der Zins grundsätzlich abgelehnt wurde. Banken spielten eine untergeordnete Rolle in einem Bürgerverband, in dem interpersonelle, zinslose Darlehen zum bürgerlichen Moralprinzip erhoben wurden [3.4.4: MILLETT, Lending and Borrowing]. Dagegen verteidigte COHEN eine in Grundzügen modernistische Position, indem er das athenische Bankgeschäft als den treibenden Faktor für athenischen Außenhandel darstellte [3.4.4: COHEN, Economy; zur Diskussion 3.4.4: MORRIS, Athenian Economy; 1: VON REDEN Survey, 143–148]. Die These technischer Stagnation und mangelnden Fortschrittsdenkens, die FINLEY schon in den 1960er Jahren aus der Vorkriegsforschung aufgegriffen hatte [FINLEY, Technische Innovation, s. u. 2.3.] wurde in Spezialuntersuchungen relativiert [2.3.2: SCHNEIDER, Gaben des Prometheus; 2.3.1: GREENE, Technical Innovation; 2.3.1: WILSON, Maschines]. Das Argument mangelnder wirtschaftlicher Rationalität in der Gutsverwaltung wurde anhand der agronomischen Fachschriftsteller und der Organisations- und Abrechnungsprinzipien ägyptischer Gutsverwaltung widerlegt [3.3.3: DUNCAN-JONES, Agricultural Investment; 1.3.3: KEHOE, Management and Investment; 3.3.3: RATHBONE, Economic rationalism; 1: VON REDEN, Survey, 148–151]. In der Amphorenforschung wurden regionale Spezialisierungsprozesse und ihr Einfluss auf den Handel im römischen Reich diskutiert [1.3.1: PEACOCK, Pottery; 3.5.3: TCHERNIA, Le vin de l'Italie; 3.5.2: PANELLA, La distribuzione; 3.3.3: HITCHNER, Olive Production]. OSBORNE erarbeitete eine Alternative zum Modell der Konsumentenstadt, indem er argumentierte, dass Großgrundbesitzer in Athen marktorientiert produzierten, um die Kosten für ihre politische Rolle als Wohltäter und Liturgen zu decken [2.4.5: OSBORNE, Pride and Prejudice]. Zudem wurden Funktion und Ausmaß der Münz- und Geldwirtschaft diskutiert, die ihre Bedeutung als überregionale Tauschmittel und staatliche Steuerungsmittel deutlich machten [3.4.3: WOLTERS, Nummi Signati, 1–8; zur Forschung 1: VON REDEN, Survey]. Insbesondere ELIO LO CASCIO [z.B. 3.4.5: State and Coinage] vertrat die Position, dass der Staat Geld im römischen Reich nicht nur für seine eigenen Zwecke, sondern für die Geldversorgung der Märkte prägte.

KEITH HOPKINS stellte schon 1978 im Gegenzug zu Finley die Frage nach wirtschaftlichem Wachstum in der Antike [Economic growth]. Er entwickelte ein neues Modell, das das Stagnationsmodell FINLEYS zurückwies, aber nicht zur modernistischen Alternative zurückkehrte. HOPKINS konstatierte, dass es im letzten Millennium v. Chr. bis zum Ende des 2. Jh.s n. Chr. im griechisch-römischen Raum wirtschaftliches Wachstum gegeben habe, das sich im römischen Reich vom 2. Jh. v. Chr. bis zum 2. Jh. n. Chr. noch beschleunigte. Dieses Wachstum habe mehrere Ursachen gehabt: (1) den Anstieg der agrarischen Produktion durch Vergrößerung der Anbaufläche; (2) Bevölkerungswachstum und einen Anstieg der Bevölkerungsdichte; (3) einen Anstieg der Bevölkerungsteile, die nicht im agrarischen Sektor tätig waren; (4) einen Anstieg des Produktionsvolumens pro Kopf; (5) einen Anstieg der Produktion für Steuerzwecke; und vor allem (6) eine Umverteilung von Steuern aus produktionsstarken in produktionsschwache Teile des römischen Reiches [HOPKINS, Introducti-

Keith Hopkins

on, XV–XX; DERS., Models, Ships and Staples]. Methodisch ging HOPKINS neue Wege, indem er quantitative Nachweise für seine Thesen beizubringen versuchte [HOPKINS, Taxes and Trade; mit Modifikationen, DERS. Taxes, Rents and Trade].

Die Wachstumsthese   HOPKINS' Wachstumsthese wird bis heute in unterschiedlichen Facetten diskutiert (s.u. 3.5). Zunächst wurden jedoch methodische Probleme und historische Details kritisiert. Von numismatischer Seite stellte sich die Frage, ob und in welcher Form Münzschatzfunde für Monetarisierungsfragen genutzt werden können [DUNCAN-JONES, Mobility; HOWGEGO, Supply and Use]. Eine Vielzahl von Studien setzte sich mit HOPKINS' Zirkulations- und Integrationsmodell (These 6) auseinander [3.3.4: JONGMAN, Pompeii; 3.1.2: RATHBONE, Imperial Finance; 3.4.5: ANDREAU, Banking, 128–138; VON FREYBERG, Kapitalverkehr; HOWGEGO, Coin Circulation; WOOLF, Imperialism]. Dieses baute auf der Annahme auf, dass Steuern im römischen Reich vor allem in Münzgeld eingezogen wurden, was zu Recht in Zweifel gezogen wurde [DUNCAN-JONES, Trade, Taxes, HOWGEGO, Supply and Use]. Die Frage, inwiefern das römische Reich während der Kaiserzeit eine wirtschaftlich integrierte Zone bildete, wird bis heute kontrovers diskutiert (s.u. 3.5.1). In radikalerer Form als HOPKINS vertritt TEMIN, dass das römische Reich ein Marktsystem mit vernetzter Preisbildung entwickelte [3.5.3: Market Economy; zur Diskussion 1.3.2: BOWMAN/WILSON, Quantifying, 15–28].

Wachstum in der griechischen Wirtschaft?   Für griechische Historiker zeigten sich HOPKINS Thesen als zunächst weniger weiterführend. MILLETT betonte die mentalen und ideologischen Grenzen der Bereitschaft zu Innovation und wirtschaftlicher Expansion in der klassischen Polis [1.3.3: MILLETT, Productive to Some Purpose], während REGER eine überregionale Marktintegration noch im Hellenismus für ausgeschlossen hält [2.1.3: REGER, Regionalism]. Dagegen haben neuerdings BRESSON, COHEN [3.4.4: Economy and Society] und OBER [1.3.3: Wealthy Hellas] für ein messbares Wirtschaftswachstum in Athen ab dem 6. Jh. v. Chr. plädiert. Allerdings warnt BRESSON [2.4.6: La cité marchande] davor, dieses Wachstums mit dem des europäischen Frühkapitalismus zu vergleichen.

1.3 Neue Ansätze in der Wirtschaftsgeschichte

Bedeutung nur Räume   Nach der FINLEY-HOPKINS-Debatte zeichnen sich sehr unterschiedliche Forschungsrichtungen ab, die in den folgenden Abschnitten gruppiert werden. Zudem hat sich die Materialbasis angesichts der zunehmenden Untersuchung von Wirtschaften außerhalb der griechisch-römischen Kerngebiete erheblich vermehrt und differenziert. Wegen der sehr unterschiedlichen Agrarsysteme, die dadurch in den Blick kommen, hat sich allerdings dringlicher die Frage nach der Einheit der antiken Wirtschaft gestellt, von der FINLEY und HOPKINS noch unhinterfragt ausgingen. Können zum Beispiel Ägypten und vorderasiatische Wirtschaften, die von FINLEY kulturell ausgeklammert wurden, zur griechisch-römischen Wirtschaft gezählt werden? RATHBONE [2.4.3: Greco-Roman Egypt] hat dies für den Fall Ägypten vehement bejaht. Die griechisch-römische Welt sei ein heterogener Wirtschaftsraum mit sehr unterschiedlichen Agrartraditionen gewesen und Ägypten stelle keine besondere Ausnahme dar. CARTLEDGE [1.2.3: Economy] und DAVIES [1.2.3: Ancient Economies] schlagen vor, angesichts der Heterogenität des antiken Wirtschaftsraums von antiken Wirtschaften im Plural zu sprechen.

1.3.1 Ethnoarchäologie, Bioanthropologie, Paläoklimatologie und die Ökologie des Mittelmeerraums

Vor allem in der Archäologie der letzten 30 Jahre wurden intensive Bemühungen unternommen, empirisch gesicherte Aussagen zu Siedlungsverhalten, Anbaumethoden, Energiegewinnung, Subsistenzstrategien und ihren ökologischen Bedingungen möglich zu machen [grundlegend FORBES, Strategies; Ethnoarchaeological approach; 3.3.2: HALSTEAD, Plus ça change; PEACOCK, Pottery, sowie die Aufsätze in HALSTEAD/O'SHEA, Bad year economics und in 3.3.2: WELLS, Agriculture]. *Empirie*

GARNSEY [3.3.3 Food Supply] schätzte mithilfe ernährungswissenschaftlicher Proxydaten die Tragfähigkeit griechisch-römischer Anbaugebiete, das Subsistenzniveau antiker Bevölkerungen und ihren Getreidebedarf, um die Frage nach der Abhängigkeit Athens und Roms von importiertem Getreide neu zu beantworten [s. auch 3.3.2: GARNSEY, Food; zur Diskussion RUSCHENBUSCH, Getreideerträge]. OSBORNE [3.3.2: Classical Landscape] wertete Ergebnisse der Survey-Archäologie (Oberflächenprospektion) für ein revidiertes Bild der attischen Siedlungsstruktur aus und versuchte die wirtschaftliche Wertschöpfung aus dem Land archäologisch nachzuweisen. Siedlungsstrukturen und Landschaften werden auch außerhalb Attikas über Oberflächenprospektion und paläoklimatische Analysen in Beziehung gesetzt [KARDULIAS/ SHUTES, Aegean Strategies; 3.3.3: JAMESON/RUNNELS/VAN ANDEL, Greek Countryside; 2.1.1: ZIMMERMANN, Antike Menschen; KOUKI, Human Settlement]. Eine Mikroanalyse griechischer Haushalte versuchte GALLANT [3.3.2: Risk and Survival] unter Zuhilfenahme vergleichender Daten und sozialwissenschaftlicher Modelle. So argumentierte er für eine Agrarwirtschaft, in der beispielsweise Mangellagen und Knappheit nicht über den Markt, sondern über strategische Lagerhaltung ausgeglichen wurden oder in der es eine geschlechts- und altersspezifische Arbeitsteilung gab, die das familiäre Arbeitspotential optimal nutzte. *Ernährungsforschung* *Landschaftsarchäologie*

HORDEN/PURCELL haben diese Ansätze meisterhaft historisch verarbeitet und schlagen neben einer Fülle von lokalen Spezialuntersuchungen *Mittelmeerforschung* eine Modifizierung des Mittelmeerkonzepts vor. Weniger bilde der Mittelmeerraum eine Einheit als eine durch seine ökologische und geographische Vielfalt bedingte „Konnektivität" (*connectivity*) [2.1.1: HORDEN/ PURCELL, Corrupting Sea, 123–172]. Mit diesem Ansatz gelingt es, verschiedene lokale Ökosysteme und ihre wirtschaftliche Spezialisierung als Voraussetzung für die wirtschaftliche Vernetzung des Mittelmeers herauszuarbeiten.

<small>Naturwissenschaft und Geschichte</small> Die Verbindung von Naturwissenschaft und Geschichte ist ein aufstrebender Forschungszweig [BROOKE, Climate Change]. Wegweisend in der Alten Geschichte war SALLARES [2.1.1: Ecology of Ancient Greece], dessen innovative Studie unter dem Einfluss von GARNSEYS Ernährungsforschung entstand. SALLARES untersuchte auf der Basis bioanthropologischer und paläobotanischer Daten aus Antike und anderen Kulturen das Bedingungsverhältnis von Tragfähigkeit des Bodens und Bevölkerungsentwicklung im archaischen bis hellenistischen Griechenland. Biochemische Knochenuntersuchungen dienen heute in einem wachsenden Forschungsfeld zur Bestimmung von Ernährungsstrukturen, Hunger, Krankheitsverbreitung und Migrationsverhalten [wegweisend BISEL/BISEL, Health and Nutrition; BISEL, Menschenknochen; anschließend 3.2.2: GARNSEY, Food; GOWLAND/GARNSEY, Skeletal Evidence; GOWLAND/THOMPSON, Identity; KILLGROVE/TYKOT, Food for Rome, KILLGROVE, Identifying Migration]. Paläoklimatische Untersuchungen liefern Erklärungen für antike Epidemien und ihre Verbreitung [2.2.4: ROSSIGNOL, Le climat]. Auf der Basis von dendrochronologischen Daten (Baumringen) werden klimatische Veränderungen und ihre wirtschaftlichen Folgen diskutiert [2.1.1: SALLARES, Ecology; 2.1.1: MCCORMICK ET AL., Climate Change; 2.1.1: MANNING, Roman World]. Energiegewinnung und Bewässerungssysteme sind weitere Themen, die heute mit naturwissenschaftlichen Methoden genauer untersucht werden können [VEAL, Fuelling; 2.3.2.: MALANIMA, Energy Consumption; KEENAN-JONES, Watermanagement]. Antike Umweltgeschichte ist heute ohne derartige interdisziplinäre Kooperationen nicht mehr möglich.

1.3.2 Quantitative Untersuchungen und „Kliometrie"

<small>Anwendungsgebiete</small> Mangelnde, unzuverlässige und unregelmäßig verteilte Zahlenangaben gehören zu den Grundproblemen althistorischer Wirtschaftsforschung [z. B. 2.1.4: REGER, Regionalism, 9ff.; RATHBONE in BOWMAN/WILSON, Quantifying, 299f.; 3.4.1: VON REDEN, Money 128ff.]. Dennoch gibt es Quellencorpora, aus denen sich mit genügender Vorsicht quantitative Aussagen erarbeiten lassen, insbesondere, wenn sie mit vergleichendem Material aus anderen vormodernen Gesellschaften und qualitativen Strukturuntersuchungen kombiniert werden. Quantitative Untersuchungen spielen vor allem in der historischen Demographie (s.u. 2.2),

der Erforschung von Preis- und Lohnentwicklungen [FRANK, Economic Survey; 3.4.2: CRAWFORD, Coinage; DUNCAN-JONES, Economy; DERS. Structure and Scale; DERS. Money and Government; SZAIVERT/ WOLTERS, Löhne; 3.1.1: BURRER/MÜLLER, Kriegskosten; 3.2.2: LOOMIS, Wages; DREXHAGE, Preise; SAFRA, Economy of Roman Palestine] sowie Fragen des Handels und der Handelsentwicklung zunehmend eine Rolle [1.3.1: PEACOCK, Pottery; GREENE, Archaeological Data; PARKER, Shipwrecks; 3.5.3: PANELLA/TCHERNIA, Agricultural Products; BOWMAN/ WILSON, Quantifying].

Gegenüber der älteren Forschung versucht die neuere quantitative Forschung Unsicherheitsfaktoren gezielter einzugrenzen. Zu diesem Zweck werden antike Daten vor allem mit besser gesichertem Vergleichsmaterial abgeglichen [richtungsweisend wiederum 3.3.3: GARNSEY, Food Supply]. SCHEIDEL [Figures and Fiction] und DUNCAN-JONES [Numerical Distortions] haben darüber hinaus die Stilisierungskriterien von Zahlenangaben und bevorzugte Zahlen in literarischen Quellen untersucht, während Archäologen wie WILSON [3.5.1: Quantifying Roman Trade], STOREY [Archaeology], HITCHNER [3.3.3: Olive Cultivation] und MAC KINNON [3.2.3: Production and Consumption] wiederholt die Notwendigkeit betont haben, quantitative archäologische Befunde mit den Einschätzungen der literarischen Quellen zu vergleichen [besonders eindringlich auch MORLEY, Cities and Economic Development].

Neue Methoden

Zudem werden im Gegensatz zur älteren Forschung nicht mehr nur Zahlen gesammelt, sondern mit sozialwissenschaftlichen Modellen komplexere Fragen beantwortet. So erarbeitet beispielsweise SCHEIDEL neben Lebenszyklen, Fruchtbarkeits- und Sterberaten auch Fragen der generischen Struktur antiker Bevölkerungen, dem Wandel von Morbidität, Migration, Konsumverhalten, Urbanisierung und Ungleichheit im Verhältnis zu wirtschaftlichem Wachstum und politischen Krisen [3.2.3: SCHEIDEL, Physical Well-Being, 321–334; 2.2.2: DERS., Demography]. MARZANO [Rank-size Analysis] und HANSEN [Urban Systems] versuchen auf der Basis von Surveydaten zum Flächenausmaß städtischer Territorien in Spanien und Britannien (MARZANO) bzw. Kleinasien (HANSEN) eine Rangordnung von Städten als Konsumzentren zu ermitteln und sie innerhalb wirtschaftsgeographischer Modelle zu bewerten. REGER [2.1.4: Regionalism] und TEMIN [3.5.3: Market Economy] haben mit Hilfe von Regressionsanalysen Preisdaten im Verhältnis zu ihrer Entfernung von Märkten bzw. Verbrauchszentren untersucht. Mit der sogenannten Lorenzkurve (Gini-Koeffizient) sind Einkommensverteilung und Verteilungsungleichheiten geschätzt worden [BOWMAN, Landholding; KESSLER/TEMIN, Money and Prices]. Quantitative Forschungen bilden heute im Zusammenspiel mit Strukturanalysen einen wichtigen Bestandteil antiker Wirtschaftsgeschichte.

Sozialwissenschaftliche Methoden

1.3.3 Neue Institutionenökonomik und wirtschaftliches Wachstum

Douglass North — Die schon auf den einflussreichen Aufsatz von RONALD COASE [Nature of the Firm] zurückgehende Neue Institutionenökonomie (NIÖ) ist vor allem von DOUGLASS NORTH in die Geschichtswissenschaft eingeführt worden [2.4.1: NORTH, Theorie; 2.4.1: DERS., Institutioneller Wandel]. Kernaussage des neoinstitutionalistischen Theoriegerüsts ist die These, dass wirtschaftliche Leistung und Wachstum von institutionellen Bedingungen in bestimmten Organisationsformen (Unternehmen, Staaten usw.) abhängen. Dies greift zum einen den institutionenorientierten Ansatz der Wirtschaftswissenschaften auf, zieht aber ganz andere institutionelle Bedingungen in Betracht und bricht im Gegensatz zu KARL POLANYI nicht mit der neoklassischen Schule. Abweichend vom neoklassischen Ansatz wird jedoch argumentiert, dass nicht die Entwicklung von Märkten selbst, sondern die Senkung von Transaktionskosten am Markt Ursache für steigende Leistung und wirtschaftliches Wachstum Transaktionskosten sind. Besonders hohe Transaktionskosten verursachen nach RONALD COASE Suchkosten (Auffinden eines vertrauenswürdigen Transaktionspartners), Unsicherheitskosten (Unsicherheiten über zugesicherte Qualitäten des Transaktionsobjekts) und vertragliche Folgekosten (rechtliche Durchsetzung von Ansprüchen). Rationale Akteure werden immer jene Transaktionsform suchen, bei der für sie die geringsten Kosten anfallen. Der Maximierungs- und Rationalitätsgedanke der neoklassischen Ökonomie verlagert sich somit von Profitmaximierung auf Transaktionskostenminimierung. Transaktionskosten werden aber nicht individuell, sondern durch bestimmte Normen und rechtliche Regelsysteme (Institutionen) beeinflusst. Insbesondere gesicherte Eigentums- und Verfügungsrechte zählen zu den institutionellen Voraussetzungen, die Marktaustausch und Produktion fördern [1.1: AMBROSIUS/PLUMPE/ TILLY Wirtschaftsgeschichte, 29–34; 2.4.2: FRIER/KEHOE Law].

NIÖ und alte Geschichte — In der Alten Geschichte hat der Ansatz zu neuen Fragestellungen und Erklärungszusammenhängen geführt. Führende Vertreter des NIÖ-Ansatzes sind KEHOE [z.B. Management and Investment], BRESSON [1: L'Économie], OBER [Wealthy Hellas], MANNING [z.B. 2.5.4: Land and Power], MONSON [2.5.4: From the Ptolemies to the Romans] und MACKIL [2.5.3: Common Polity]. In diesen Arbeiten wird in verschiedenen historischen und wirtschaftlichen Kontexten auf institutionelle Veränderungen hingewiesen, die Marktaustausch und Wirtschaftsleistung steigerten. So erklärt BRESSON [1: L'Économie] die Entwicklung der Wirtschaften klassischer und hellenistischer Poleis mit institutionellen Veränderungen der Produktions- und Verteilungsbedingungen. OBER [Wealthy Hellas; s. auch 3.1.1: Classical Athens] versucht zunächst, die athenische Wirtschaftsentwicklung (messbar an einem Anstieg der

Gesamtertragslage) zu quantifizieren und im globalen Vergleich zu bewerten. Das nach OBER außergewöhnliche Wirtschaftswachstum Athens sei auf bestimmte institutionelle Vorteile der griechischen politischen Kultur und besonders der athenischen Demokratie zurückzuführen. Dazu zähle aristokratischer Wettbewerb, die Verfahren der demokratischen Entscheidungsfindung, die hohe Akzeptanz von Wissen und Erkenntnis, aber auch die zwischenstaatliche Kooperationsbereitschaft, die zu gegenseitigen Marktrechten, Zollvergünstigungen und Münzangleichung führte. LYTTKENS [Economic Analysis] datiert die Voraussetzungen für Wirtschaftswachstum schon ins frühe 6. Jh. v. Chr. Die Aufhebung der Schuldsklaverei unter Solon habe die Zahl der freien Wirtschaftsakteure in Athen massiv vergrößert [so auch MORRIS, Hard Surfaces, und OBER, Wealthy Hellas]. Hinzu kam die Sicherung des Polisterritoriums und seiner Grenzen, die Sicherung von Privateigentum an Land, zunehmende politische Gruppensolidarität, aristokratische Selbstregulierung durch schriftliche Gesetze und Verfahrensregeln sowie schließlich noch eine glaubhafte Selbstverpflichtung (*credible commitment*) der Aristokratien zum Verzicht auf Ausbeutung und Einnahmenmaximierung auf Kosten der eigenen Mitbürger.

Zur Erklärung des römischen Wirtschaftswachstums zieht KEHOE in seinen Publikationen vor allem Rechtsquellen heran [Management and Investment; 2.4.3: Law, Investment and Profit; 2.4.3: Law and Rural Economy]. Rechtsentwicklung und die ökonomische Mentalität der römischen Grundbesitzer hätten in einem engen Verhältnis gestanden und effiziente Prinzipien der Regelung von Arbeitsverhältnissen auf Grundbesitz herbeigeführt [2.4.3: Investment, Profit and Tenancy]. Die römischen Juristen hätten den Interessen der Landbesitzer zugearbeitet, indem sie Fragen der Vormundschaft, Erbschaft, Stiftung und Pacht im Sinne größerer Rechtssicherheit und Planbarkeit der Zukunft geregelt hätten. Juristen und Landeigentümer teilten die Vorstellung, dass Land ein Investitionsgut sei. Obwohl Landeigentümer weitgehend risikoscheu waren, erlaubte das römische Recht eine Vertragsgestaltung, die sowohl Pächtern als auch Verpächtern Vorteile bot. In der stabilen vertraglichen Langzeitperspektive trafen sich die Interessen beider Verhandlungspartner, was sich auf die Produktionsleistung des Großgrundbesitzes positiv auswirkte [2.4.3: Law and Rural Economy].

NIÖ und antikes Wirtschaftswachstum

Angesichts der zentralen Bedeutung von wirtschaftlichem Wachstum im neoinstitutionalistischen Ansatz ist die Frage nach den Nachweismethoden und der Größenordnung von Wachstum entscheidend. OBER [Wealthy Hellas; 3.1.1: DERS., Classical Athens] und FRIESEN/SCHEIDEL [3.1.1: Size of the Economy] sind die einzigen, die ein solches Wachstum für Athen bzw. Italien und das römische Reich zu beziffern versuchen. SALLER [Framing the Debate] trifft die wesentliche Unterscheidung zwischen einem Anstieg der wirtschaftlichen Gesamtleistung und einer

Was ist Wachstum?

Steigerung der Produktivität pro Kopf [so auch die Beiträge in 1: MORRIS/ SALLER/SCHEIDEL, Cambridge Economic History, und die Überlegungen in MILLETT, Productive to Some Purpose, 23–31]. Ein Anstieg der wirtschaftlichen Gesamtleistung lasse sich in vielen Phasen der griechisch-römischen Geschichte unschwer an einem Zuwachs staatlicher Ausgaben für Militär und Städtebau bemessen. Doch beruhe ein solcher Zuwachs häufig allein auf der Ausweitung der Herrschaftsräume und Tributeinnahmen. Sehr viel schwerer nachweisbar sei eine Steigerung der Pro-Kopf Leistung, die allein wirtschaftliches Wachstum ausmache.

1.3.4 Antike Wirtschaft in globaler Perspektive

Fernhandel   Schon die ältere Forschung widmete sich angesichts der Verbindungen der griechisch-römischen Welt mit Vorderasien, der arabischen Halbinsel, Zentralasien, Indien und China dem grenzübergreifenden Handel [1.2.1: ROSTOVTZEFF, Gesellschaft und Wirtschaft; 1.2.1: DERS., Gesellschafts- und Wirtschaftsgeschichte]. Im Zuge eines steigenden Interesses an globalen Vernetzungsprozessen wird grenzübergreifender Handel in der Antike wieder intensiver diskutiert. Zu unterscheiden sind jedoch Untersuchungen des antiken Fernhandels [3.5.2: SIDEBOTHAM, Berenike; 3.5.4: YOUNG, Eastern Trade; 3.5.3: FITZPATRICK, Provincializing Rome] von global vergleichenden Studien der Wirtschaften verschiedener antiker Imperien [MORRIS/SCHEIDEL, Dynamics of Empires; die Aufsätze in SCHEIDEL, Rome and China; SCHEIDEL, Great Convergence; DERS., Divergent Evolution; DERS., State Revenue; SCHAPS, Invention of Coinage; die Aufsätze in 3.1.1: MONSON/SCHEIDEL, Fiscal Regimes].

Strukturanalysen   Einige Forscher haben darüber hinaus die Weltsystemtheorie IMMANUEL WALLERSTEINS [Das moderne Weltsystem] aufgegriffen und gefragt, ob schon in der antiken Welt Wirtschaften in einem funktionalen Zusammenhang miteinander standen und welches die Mechanismen und Institutionen waren, die diesen Zusammenhang begründeten und aufrecht erhielten. So streicht CURTIN [Cross-Cultural Trade] in einer Pionierstudie die Bedeutung des Emporiums als eines geschützten Orts für Handel an kulturellen Schnittstellen heraus. CHASE-DUNN und HALL [Rise and Demise] versuchen eine Unterscheidung von Konsumzentren einerseits und Durchgangsterritorien andererseits in einem vormodernen Weltsystem von Imperien im eurasischen Raum vorzunehmen. VON REDEN [Global Economic History] weist dagegen die These eines globalen Zusammenspiels antiker Imperien zurück und führt Handelsverbindungen zwischen dem römischen Reich, den arabischen und zentralasiatischen Königreichen, Indien und China auf interne imperiale Entwicklungen zurück. Wenig überzeugend versucht GERAGHTY [Globalization] der kaiserzeitlichen römischen Elite einen ökonomisch motivierten Expansionswillen nach Indien und China zu unterstellen, um einer auf die Antike umgemünzten Globalisierungsthese das Wort zu reden.

Die Weltsystemtheorie ist aber auch für die Untersuchung der System- haftigkeit des römischen Reiches herangezogen worden. MORLEY [3.5.1: Trade] argumentiert, dass eine zunehmend gemeinsame Konsumkultur durch die Annäherung provinzialer Gesellschaften an römische Speisekultur und Städtebau ebensowie der Aufstieg von interkontinentalen Handelsknotenpunkten wie Palmyra und Petra ein System im Sinne WALLERSTEINS zunächst nahelegen. Aber weder erfüllten das Zentrum Rom noch die Grenzprovinzen an der Peripherie die ihnen danach zugeordneten Funktionen, noch seien die römische Wirtschaft und Gesellschaft wirtschaftlich von den Importen aus und den Exporten an die Peripherien abhängig gewesen. Nur die Stadt Rom selbst wäre, wenn man HOPKINS folgt [1.2.3: Rome, Taxes, Rents and Trade; DERS. Political Economy], von einem plötzlichen Verlust des imperialen Handelsnetzwerkes in ihrem Lebensnerv getroffen worden. MATTINGLY [2.5.4: Imperialism, 125–199] betont dagegen, dass selbst lokale Ökonomien von der imperialen Umgestaltung betroffen waren, und spricht von *globalized local economies*. WOOLF [World Systems] gibt zu bedenken, dass das römische Reich nicht über Märkte und Handel integriert war, sondern wie schon WALLERSTEIN selbst argumentierte, über politische Integrationsformen. Die politische Integration – und das ist sein wesentlicher Beitrag zur Globalgeschichtsforschung – habe symbolische Integrationsformen in Form von Konsum-, Sozial- und Wirtschaftsverhalten in den Provinzen mit sich gebracht und damit auch die Wirtschaft im Reich stärker integriert.

Das Imperium Romanum als Weltsystem?

2. Die Bedingungen der Wirtschaft

2.1 Ökologie und Wirtschaftsräume

2.1.1 Das Mittelmeer als Wirtschaftsraum

Das Mittelmeer ist im Anschluss an FERNAND BRAUDEL [La Méditerranée] als geographischer Raum angesehen worden, der die angrenzenden und in ihm interagierenden Wirtschaften und Gesellschaften bis in die Frühe Neuzeit bestimmte. Einen exzellenten Überblick über den Zusammenhang von Ökologie, Siedlung und Kultur des antiken Mittelmeerraums bietet ZIMMERMANN [Natürliche Umwelt]. Die Frage nach der kulturellen und ökologischen Einheit des Mittelmeerraums ist im Anschluss an HORDEN/PURCELL [Corrupting Sea] erneut diskutiert worden [HARRIS, Rethinking; BRESSON, Ecology; zuletzt BROODBANK,

Mittelmeer als Konzept

Middle Sea]. HORDEN/PURCELL griffen die These BRAUDELS auf, distanzierten sich aber davon, insofern sie die geographische Einheit des mediterranen Raumes bestreiten. Das Mittelmeer sei in Antike und frühem Mittelalter vielmehr ein Konglomerat von Mikroregionen gewesen, die lediglich von intensiver Konnektivität geprägt waren (s.o. 1.3.1). Die Konnektiviät sei sowohl wirtschaftlich als auch durch soziale Netzwerke, Migration, Expansion und religiöse Verbindungen gefördert worden, aber die Besonderheiten der Mikroregionen, die sie detailreich aufzeigen, seien für die Verbindungen ausschlaggebend gewesen. HARRIS [Mediterranean] stellt die konkrete Frage, welche Rolle die Wirtschaft in der Konnektivität spielte. Wesentlich sei das Spannungsfeld zwischen – aus ökologischen Gründen – ungleich verteilten Ressourcen (Metallen, Holz, Weizen, Qualitätswein) einerseits und einer kulturell bedingten Nachfrage nach diesen Ressourcen andererseits gewesen. SCHULZ [Mittelmeer] hält an der These des Mittelmeers als Makroregion fest und sieht den zentralen Wirkungszusammenhang in der Verbindung von Mensch und Meer sowie in den Beziehungen der Menschen über das Meer hinweg. Insbesondere aristokratische Überseeverbindungen führten zu Marineverbänden und dem Versuch der militärischen Absicherung des Meeres. SCHULZ stellt die wirtschaftlich-sozialen Interessen der Polisaristokratien als die wesentliche Triebkraft für die Begründung des Mittelmeers als Interaktionsraum heraus und betont die daraus resultierenden Folgen für Mentalität und Wissenstransfer.

Ökologie und Geschichte
BROODBANK hat ein umfangreiches Buch der langen Entwicklungsgeschichte des Mittelmeerraums gewidmet, dessen Formation als wahrnehmbarer Interaktionsraum keineswegs bruchlos war. Entscheidend für die Bildung dieses Interaktionsraums war die Entwicklung eines Handels von Massengütern (Metallen, Textilien, Öl, Wein und Getreide) zwischen der explodierenden Zahl von Städten in der ersten Hälfte des ersten Millenium v. Chr. [Middle Sea, 602 f.].

THOMMEN [Umweltgeschichte] bietet einen Überblick über die Forschung zur antiken Ökologie, trennt allerdings zwischen griechischer und römischer Ökologie, was angesichts der rein politischen und sprachlichen Trennung dieser Gebiete nicht ganz glücklich ist. Ein unschätzbares Hilfsmittel für die Erschließung ökologischer Bedingungen und Probleme ist SONNABEND [Mensch und Landschaft]. SALLARES [Ecology] versucht wirtschaftliche Krisen, Hungersnöte und Konjunkturschwankungen in einen makroklimatischen Zusammenhang zu stellen. Auch RACKHAM [Ecology] unterstreicht die Vielfalt der Siedlungsräume und lokalen Eigenheiten und warnt vor zu großer Pauschalisierung der mediterranen Gemeinsamkeiten.

Klimawandel
VITA-FINZI [Mediterranean Valleys] argumentierte in einer Pionierarbeit zur Paläoklimatologie, dass das Niederschlagsniveau die Anbaufläche in semi-ariden Zonen wie Spanien, Griechenland und

Nordafrika durch Ablagerung von Schwemmland einerseits und Erosion andererseits signifikant verändert habe. Dies habe deutliche Auswirkungen auf landwirtschaftliche Erträge und Bevölkerungen gehabt und müsse deswegen historisch berücksichtigt werden. Die empirische Basis dieser Arbeit ist jedoch in Frage gestellt worden, weil die Ursachen von Erosion und Ablagerung nicht eindeutig nachweisbar seien [WAGSTAFF, Buried Assumptions]. Dass klimatische Einflüsse die antike Wirtschaft und Geschichte beeinflussten, steht jedoch auch für MCCORMICK U.A. [Climate Change, 174] außer Zweifel. Die Autoren stellen auf der Basis biochemischer Untersuchungen von Grönland- und Gletschereis sowie Pollen- und Jahresringuntersuchungen an verschiedenen Orten des antiken Wirtschaftsraums eine Phase klimatischer Stabilität zwischen 100 v. Chr. und 200 n. Chr. in Europa fest, die möglicherweise ein Wachstum der römischen Wirtschaft mitverursacht haben könnte. Außerdem legen klimatische Indikatoren überdurchschnittlich regenreiche Jahre an der Levante im gleichen Zeitraum nahe. Hohe Wasserstände des Nils scheinen bis zum 4. Jh. n. Chr. ebenfalls häufiger stattgefunden zu haben als danach, während sich eine Häufung von äußerst günstigen Nilüberschwemmungen zwischen 30 v. Chr. und 155 n. Chr. nachweisen lässt [IBID. 183]. Gleichzeitig gab es in Zentralasien mehrere instabile Klimaperioden, die möglicherweise die Weidegebiete der Steppennomaden verschoben. Eine ungewöhnlich lange Dürreperiode zwischen 338 und 377 könnte für die Wanderungswelle in Richtung Europa ebenso mitverantwortlich gewesen sein wie ungewöhnliche Abstände niederschlagsarmer Jahre, die das traditionelle Lagersystem der Landwirtschaft vor ungewöhnliche Herausforderungen stellte und das römische Reich strukturell schwächten [IBID. 188–191]. Klimatologisch gestützte Untersuchungen eines möglichen Zusammenhangs von Klimawandel und Geschichte stehen noch am Anfang; doch seien, so die Autoren, Analyseverfahren heute so weit fortgeschritten, dass Einflussfaktoren differenziert betrachtet und mögliche Interdependenzen diskutiert werden könnten.

2.1.2 Die Stadt als Wirtschaftsraum

Das moderne Konzept der Stadt ist nicht ohne weiteres auf die Stadtentwicklung der Antike übertragbar [1.2.3: FINLEY, Ancient City; 2.2.2: SCHEIDEL, Demography, 74–80; MORLEY, Cities]. Stadt und Polis waren Konzepte, die vom bürgerlichen Sozialverband her gedacht waren. Sie gingen mit politischem und rechtlichem Status (Bürgerrechten) einher und zielten nicht auf die urbane Siedlungsform ab. Unter hellenistischer und römischer Herrschaft waren griechische bzw. römische Städte mit dem rechtlich-politischen Status einer Polis oder eines Municipiums rechtlich und steuerlich privilegiert [2.2.2: SCHEIDEL, Demography,

Das Konzept Stadt

79; BILLOWS, Cities]. Die größere Zahl von Municipia in Italien gegenüber Ägypten unter Augustus sagt daher mehr über die Zahl der Stadtrechtsverleihungen als über den Urbanisierungsgrad dieser Gebiete aus. Dennoch nahm die Zahl urbaner Siedlungen in allen Epochen zu und führte zu einer erheblichen Reorganisation wirtschaftlicher Räume durch veränderte Konzentrationen von Konsum und Nachfrage [MORLEY, Cities, und 3.5.1: DERS., Trade, 35-54].

Viele städtische Gemeinschaften hatten die Größe eines Dorfes von weniger als 5000 Einwohnern. Die Einwohnerzahl selbst der großen griechischen Poleis in klassischer Zeit wie Athen, Syrakus, Korinth oder Milet lag unter 100 000 Einwohnern. Erst im Hellenismus überschritten große Königssitze wie Alexandria, Antiocheia und Karthago sowie Rom diese Schwelle und wuchsen in den letzten beiden vorchristlichen Jahrhunderten noch weiter an. Die Bevölkerung Alexandrias wird in der Kaiserzeit auf um oder über 500 000 Einwohner [2.2.5: DELIA, Alexandria; 2.2.5: RATHBONE, Villages], Antiocheias auf ca. 150 000 [2.2.5: DOWNEY, Population] und Roms auf etwa 1 Mill. geschätzt [2.4.3: HOPKINS, Conquerors, 96-98; 3.5.1: MORLEY, Metropolis, 33-39]. Der Abstand zu nächstgrößeren Städten war deutlich und führte zu besonderen, auf diese Städte fokussierte Markt- und Versorgungsstrukturen [3.5.1: MORLEY, Metropolis, 182; 2.2.5: RATHBONE, Villages, 119-121; 1.3.2: MARZANO, Rank Size Analysis].

Stadtentwicklung Die antike Stadt ist von MOSES FINLEY in Anlehnung an MAX WEBER [Die Stadt] als Konsumentenstadt im Gegensatz zur spätmittelalterlichen und neuzeitlichen Produzentenstadt betrachtet worden [1.2.3: FINLEY, Ancient City; zur Diskussion NIPPEL, Finley and Weber]. Dabei ging es FINLEY neben dem Mangel an städtischer Produktionsleistung um die enge Wechselbeziehung zwischen agrarischem Hinterland und städtischen Zentren sowie die zentrale Bedeutung des agrarischen Hinterlandes für die städtische Versorgung. Während urbane Zentren einen hohen Bedarf an agrarischen Erzeugnissen gehabt hätten, hätten sie kein auch nur annähernd für diesen Bedarf ausreichendes gewerbliches Produktionsvolumen aufgebracht, das Märkte für Agrarprodukte unterstützt hätte. Städte waren daher parasitär und nicht produktiv. Das Konzept der Konsumentenstadt, sowohl in WEBERS als auch FINLEYS Variante ist umfangreich diskutiert worden. EICH [1: Politische Ökonomie, 13-18] betont die große Unterschiedlichkeit verschiedener Stadttypen im griechischsprachigen Wirtschaftsraum. Er [ibid., 503-507], wie auch OSBORNE [2.4.5: Pride and Prejudice] und MORLEY [3.5.1: Metropolis, 13-23] bezeichnen das Verhältnis von Stadt und Hinterland als symbiotisch und nicht parasitär, weil Großgrundbesitzer einen hohen Geldbedarf für ihren Konsum und politische Aufgaben in der Stadt gehabt hätten, den sie nur über den Absatz ihrer landwirtschaftlichen Erträge hätten decken können. MORLEY [3.5.1:, Trade, 51] betont zudem, dass eine Stadt von der

2. Die Bedingungen der Wirtschaft 109

Größenordnung Roms nicht allein von ihrem unmittelbaren Hinterland hätten versorgt werden können und ihr Wachstum unabdingbar mit den wirtschaftlichen Vorteilen von Expansion und Reichsbildung zusammenhinge. Es bleibt vorerst gültig, dass das Wachstum antiker Städte nicht auf eigener Produktions- und Absatzleistung basierte, sondern auf dem Reichtum agrarischer Einzugsgebiete sowie der Wertschöpfung aus Expansion und Eroberung. Nicht unerheblich für das Wachstum von Städten war ferner eine verkehrsgünstige Lage, die in Einzelfällen umfangreiche Einnahmen aus Hafen- und Durchgangszöllen sichern konnte [3.5.1: MORLEY, Metropolis; vgl. 3.5.3: ERDKAMP, Grain Market, zu Rom; 3.2.2: GARNSEY, Famine, zu Athen; MANNING, Texts, contexts, für Alexandria; 3.5.4: YOUNG, Rome's Eastern Trade, zu Städten wie Petra oder Palmyra].

2.1.3 Mobilität und Migration

Die griechische Kolonisation in archaischer Zeit, die Mobilität ziviler und militärischer Bevölkerungsteile und die Siedlungspolitik hellenistischer Könige sowie die römische Politik der Koloniegründung und Veteranenansiedlung sind als Ursachen für Migration unbestritten [CHANIOTIS, Hellenistische Könige; 2.2.2: SCHEIDEL, Demographic Expansion]. Hier muss lediglich zusätzlich auf die Bedeutung wandernder Handwerker sowie Klein- und Großhändler hingewiesen werden, die meist als Anwohner ohne Bürgerrecht ansässig wurden [MCKECHNIE, Outsiders; RUFFING, Regionale Mobilität].   *Migrationsschübe*

Die Größenordnung von Migration und Mobilität ist weit schwieriger zu ermitteln – nicht nur, weil statistische Informationen fehlen, sondern auch, weil die Grenzen zwischen zugereisten und einheimischen Bevölkerungsteilen schnell verwischten [2.1.1: HORDEN/PURCELL, Corrupting Sea, 281–282]. Es ist heute unbestritten, dass Zensuslisten die ethnische Zusammensetzung von lokalen Bevölkerungen verstellen, da Herkunftsbezeichnungen lediglich einen bestimmten Steuerstatus bezeichneten [OSBORNE, Potential Mobility; OLSHAUSEN, Patria; 2.1.1: HORDEN/PURCELL, Corrupting Sea, 379; zu Ägypten: 2.2.2: CLARYSSE/ THOMPSON, Counting the People]. Nach gegenwärtigem Forschungsstand scheint aber die Binnenwanderung auch aus wirtschaftlichen Gründen äußerst intensiv gewesen zu sein [BRAUNERT, Binnenwanderung; WIERSCHOWSKI, Regionale Mobilität; HALEY, Migration; RUFFING, Regionale Mobilität; PURCELL, Mobility]. Die Migration im Zuge der hellenistischen Reichsbildung hat zuletzt SCHARPER [Einwanderung] diskutiert.   *Größenordnung*

SCHEIDEL [2.2.2: Demography, 50] hält die griechisch-römische Migration im Vergleich zum imperialen China (ca. 200 v. Chr.–ca. 200 n. Chr.) für begrenzt [zur Berechnung von absoluten Zahlen WILSON,

Emigration; 2.2.4: BRUNT, Italian Manpower, 264; SCHEIDEL, Human Mobility I; DERS. Human Mobility II]. HORDEN/PURCELL sprechen von Bevölkerungsumverteilung bei weitgehender demographischer Stabilität. Eine bedeutende, aber oft unterschätzte Rolle spielte auch die unfreiwillige Mobilität durch die Versklavung von Menschen [2.1.1: HORDEN/ PURCELL, Corrupting Sea, 390; HARRIS, Slave Trade; 2.4.3: HOPKINS, Conquerors and Slaves]. In einer wichtigen Studie hat darüber hinaus ALCOCK am Beispiel des Bevölkerungrückgangs der Provinz Achaia zeigen können, dass sich unter römischer Herrschaft die Bevölkerung regional unterschiedlich entwickelte [ALCOCK, Graecia Capta].

2.1.4 Regionen

Region als Konzept Regionen werden heute weniger als ökologisch und geographisch abgesteckte Räume, sondern als Interaktions- und Identitätshorizonte angesehen [REGER, Theory and Practice; die Aufsätze in ELTON/REGER, Regionalism]. Untersuchungen, die sich mit der Wandelbarkeit einer Region beschäftigen [e.g. REGER, Interregional Economics; DERS. Regions Revisited; OLIVER, Regional Views; CONSTANTAKOPOULOU, Proud; 1: EICH, Politische Ökonomie, 105–175], sind von jenen zu unterscheiden, die Regionen als voraussetzungslosen Wirtschaftsraum annehmen [WEIMERT, Wirtschaft; HANNESTAD, How Much; GREENE, Archaeology, 98–141]. OLIVER [Regions] zeigt die Komplexität des Interaktionsraums des attischen Demos Rhamnous, der sowohl von lokalen als auch außerattischen, regionalen, politischen, wirtschaftlichen und klimatischen Ereignissen geprägt war. HANNESTADT unterteilt die Keramikfunde in der taurischen Chersones/Krim in lokale, regionale und Fernhandelswaren, wobei sie als „regional" sowohl jenen Einzugsbereich definiert, in den eine Stadt unmittelbar wirtschaftlich eingriff, als auch die Schwarzmeerregion insgesamt [HANNESTADT, How Much, 168]. REGER [Regionalism] entwirft eine delische Wirtschaftsregion im Umkreis der Kykladeninseln und weist die These eines überregionalen Marktsystems zurück [REGER, Regionalism, 49–82; DERS., Price Histories].

Regionale Münznetzwerke EICH [1: Politische Ökonomie, 121–149] unterscheidet zwischen lokalen Austauschsystemen, intra-regionalen Handelsräumen und politisch integrierten, überregionalen Handelsregionen. Als Quellen können gemeinsame Münzen oder Münzstandards dienen. So haben neben EICH auch SCHMITZ [Händler], MEADOWS [Money, Freedom and Empire], SAPRYKIN [Unification], REGER [Interregional Economies] und VON REDEN [3.4.1: Money, 65–91] gemeinsame Münzstandards als Indizien für die Bedeutung regionaler Wirtschaftsverbindungen ausgewertet. MACKIL/VAN ALFEN [Cooperative Coinage] zeigen die Bedeutung von gemeinsamen Münzsystemen für hellenistische Bündnisse. CONSTANTAKOPOULOU [Proud] argumentiert, dass ein gemeinsames Münzsystem

nicht nur Resultat, sondern auch Mittel für die Schaffung regionaler
Wirtschaftsräume und Identitäten war.

Im 5. Jh. v. Chr. entwickelte sich, wie FIGUEIRA [3.4.1: Power of mo- Athenische
ney] zeigen kann, die athenische Symmachie zu einer numismatisch Symmachie als
nachweisbaren Austauschregion, die aber sinnvoller als Imperium zu be- Münznetzwerk
zeichnen ist. Nach EICH bildeten sich Regionen wie im Fall Athens durch
politische Kontrolle und die Vormachtstellung einer Polis [1: Ökonomie,
137–149]. Neben Athen ließen sich, wie EICH es nennt, „kleine Imperi-
en" im Umkreis von Hafenstädten oder *emporia* beobachten. Sie hätten
nicht nur, aber auch wirtschaftliche Funktionen gehabt. Kleine Imperien
seien besonders an kulturellen Schnittstellen, etwa am Küstenverlauf von
Kleinasien bis zur Levante, entlang der südlichen Balkanhalbinsel, in
Süditalien oder in Südgallien nachgewiesen und könnten den grenzüberschreitenden Handel ermöglicht oder vereinfacht haben. Wichtig waren
Steuerprivilegien und Zollbefreiung, die Handelsrichtungen vorgaben
und Häfen privilegierten [dazu speziell auch GABRIELSEN, Trade and
Tribute].

Regionale Wirtschaftsräume unter römischer Herrschaft sind weit Regionen im
weniger erforscht worden. Dies liegt wohl kaum an ihrer geringeren Imperium Romanum?
Bedeutung als vielmehr daran, dass dem Fernhandel in der Forschung
besonders große Aufmerksamkeit gewidmet wird (s. unten 3.5.4). Aber
auch hier machen die Verbreitungsmuster ausgewählter Güter und Trans-
portgefäße deutlich, dass als regional zu bezeichnende Handelsnetzwerke
neben überregionalen und lokalen Wirtschaftsräumen große Bedeutung
für lokale Wirtschaften hatten [HARRIS, Roman Terracotta Lamps; THO-
NEMAN, Meander Valley; 3.5.3: ONKEN, Wirtschaft an den Grenzen; 3.5.3:
RUSSELL, Stone Trade; und die Aufsätze in 3.5.3: TSINGARIDA/VIVIERS,
Pottery Markets].

2.2 Bevölkerung

2.2.1 Historische Demographie

Forschungen zur Interdependenz demographischer und wirtschaftlicher Thomas Malthus
Entwicklung können sich auf einige einflussreiche Theorien berufen.
Schon THOMAS MALTHUS [Essay on Population] stellte einen Zusam-
menhang zwischen agrarischem Output und Bevölkerungswachstum auf.
Demnach steige die agrarische Produktion mit wachsender Bevölkerung,
bis das demographische Wachstum zwangsläufig zu einem gewissen
Zeitpunkt die Möglichkeiten der Agrarproduktion überschreite. Ist der
agrarische Nahrungsspielraum überschritten, dezimiere sich eine Be-
völkerung durch Subsistenzkrisen und erhöhtes Krankheitsrisiko. Der
Bevölkerungsverlust erlaube dann erneutes agrarisches Wachstum, bis

sich der Zyklus wiederholt. Dies bezeichnet man als low-level equilibrium-trap oder Malthusianische Bevölkerungsfalle. Allerdings ist zu bedenken, dass auch in vormodernen Gesellschaften produktionssteigernde Maßnahmen ergriffen wurden und die natürliche Tragfähigkeit einer Siedlungsfläche durch Extensivierung, neue Feldfrüchte, intensiveren Anbau und erhöhten Arbeitseinsatz gesteigert wurde [NELSON, Theory]. ESTHER BOSERUP [Population] hat argumentiert, dass technische Verbesserung Bodenerträge erhöhen und den Zeitpunkt, an dem das Bevölkerungswachstum die Produktionskapazität überschreitet, nach hinten verlagern kann. Dies geschehe vor allem, wenn der Nahrungsspielraum demographisch unter Druck gerate. Investition und technischer Fortschritt führen, wie PFISTER [Bevölkerungsgeschichte, 8; 63–66] deutlich macht, zu den besonderen Eigenheiten einer homöostatischen Bevölkerung, die sich im Rahmen dynamischer Einflüsse langfristig selbst reguliert. Ferner müsse, so KOMLOS/SCHMIDTKE [Bevölkerung, 97f.], die Ungleichverteilung des Bodens zwischen arm und reich und damit ungleichmäßige Investitionsmöglichkeiten und Produktivität einer Anbaufläche im sozialen Kontext berücksichtigt werden. Auf das antike Italien bezogen diskutiert diese Aspekte MORLEY [Demography].

Esther Boserup

Signifikanz der Aurelianischen Seuche

Autonome Einflüsse (Klimaveränderung und deren Auswirkungen auf Landwirtschaft und Tierwelt), endogene Einflüsse (Siedlungsdichte, technischer Standard der Produktion, Lebensstandard der Bevölkerung) sowie exogene Einflüsse (Krieg, Expansion, Konnektivität und Mobilität und damit Verbreitung von Erregern) sind anhand der Pestepidemie unter Marcus Aurelius intensiv diskutiert worden. Gegenwärtig wird davon ausgegangen, dass die Seuche die Bevölkerung im römischen Reich um ca. 22–24 % reduzierte, also demographisch signifikante Auswirkungen hatte [2.2.4: ZELENER, Genetic Evidence; 3.2.2: DUNCAN-JONES, Antonine Plague]. Die wirtschaftlichen Umstände und Konsequenzen der Epidemie sind allerdings umstritten. JONGMAN [2.2.4: Roman Economic Change] geht von einem hohen Lebensstandard im römischen Reich aus, der einer Verbreitung der Seuche durch schlechte Ernährungsstandards entgegenstand. Umgekehrt habe der Bevölkerungseinbruch den Lebensstandard aber auch nicht verbessert. SCHEIDEL [2.2.3: Roman Well-being] argumentiert dagegen, dass eine schlechte, durch hohe Bevölkerungsdichte bedingte Einkommenslage die Epidemie begünstigt habe. Ein unmittelbarer Zusammenhang von Lebensstandard, Bevölkerungsdichte, Seuchenverbreitung und Sterbehäufigkeit sei naheliegend, auch da verschiedene Reichsteile unterschiedlich stark betroffen waren. ROSSIGNOL [2.2.4: Le climat] verbindet klimatische Faktoren, die die Nahrungsmittelproduktion und Tierpopulationen beeinflussten, mit politisch-militärischen Faktoren, die sich auf die Ansteckungsgefahr und Verbreitung der Seuche auswirkten. Da die politisch-militärischen ebenso wie die klimatischen Probleme über die Pestperiode hinaus anhielten,

2. Die Bedingungen der Wirtschaft 113

könne nicht auf eine endogene demographische und wirtschaftliche Erholung im Anschluss an die Seuchenperiode geschlossen werden.

2.2.2 Fertilität und Mortalität

Daten zur antiken Fertilität und Mortalität basieren auf Modellsterbetafeln und werden von Zensusdaten aus dem griechisch-römischen Ägypten und literarisch überlieferten Vorstellungen zu Familiengröße und ihrer Zusammensetzung bestätigt [WIESEHÖFER, Bevölkerung; 1: RUFFING, Wirtschaft, 33; CORVISIER/SUDER, Population, 12–20; SCHEIDEL, Demography, 41f.; PARKIN, Demography, 111ff.; BAGNALL/FRIER, Demography, 75ff. und 178]. FRIER [Roman Life Expectancy] wandte erstmals Modellsterbetafeln auf antikes Material an, um die Zuverlässigkeit von Ulpians Sterbetafel (Dig. 35,2, 68 pr) nachzuweisen, deren Aussagekraft heute allerdings wieder angezweifelt wird [SCHEIDEL, Demography, 39]. KRON [Nutrition, Hygiene and Mortality] hält eine durchschnittliche Lebenserwartung der römischen Bevölkerung bei der Geburt von im vorindustriellen Vergleich ungewöhnlichen 30–40 Jahren aufgrund hoher Ernährungs- und Hygienestandards für vertretbar, was aber noch keine Akzeptanz in der Forschung gefunden hat.

Modellsterbetafeln

HOPKINS [Death and Renewal] hat versucht, einen oberschichtsspezifischen demographischen Rückgang mit Hinweis auf inneraristokratische Tendenzen, verspätet zu heiraten und die Kinderzahl abzusenken (sogenannte *positive checks*), festzustellen. HOPKINS versuchte damit, der sozialen Öffnung der Nobilität in den letzten Jahren der Republik eine demographische Dimension zu verleihen. PARKIN [Demography] gibt ebenfalls derartige Einflüsse auf die Bevölkerungsentwicklung zu bedenken. Doch war die römische Oberschicht extrem klein, und ihr Verhalten wird sich kaum demographisch ausgewirkt haben. Deswegen ist auch WIERSCHOWSKI [Historische Demographie] wenig überzeugend. Die Wirkung staatlicher Ehegesetze (lat. Pl. *iures liberorum*) und die Trajanische Alimentargesetzgebung, die der Selbstdezimierung der italischen Oberschicht entgegensteuern sollte, müssen nach PARKIN [Demography] und DUNCAN-JONES [Government Subsidies, 317ff.] ebenfalls als begrenzt angesehen werden.

Positive Checks?

Altersverteilung, Fertilität und Mortalität sind für die Erträge eines bäuerlichen Haushalts entscheidend. Untersuchungen ägyptischer Zensusdaten weisen kleinere Haushalte auf als im Modell erwartet, allerdings auch eine größere Variabilität der Haushaltsgröße [BAGNALL/FRIER, Demography, 57–74; vgl. FRIER, Demography, 807; im griechischen Vergleich CLARYSSE/THOMPSON, Counting, 226ff.]. Der Einfluss der Demographie von unfreien Bevölkerungsteilen auf die antike Wirtschaft ist eine zentrale Frage, die sich aber äußerst schwer beantworten lässt [PARKIN, Demography, 111–133; FRIER, Demography, 808; CLARYSSE/

Haushalt und Demographie

THOMPSON, Counting, 267–271]. SCHEIDEL [2.4.3: Slavery, 95] hält die natürliche Reproduktion gegenüber Kauf und militärischer Versklavung nach den großen Schüben der späten Republik für den wichtigsten Faktor für die Stabilität von Sklavenzahlen in der römischen Wirtschaft.

2.2.3 Bevölkerungszahlen in griechischen Poleis

Methoden der Bevölkerung

Bevölkerungszahlen in Griechenland (definiert entweder als das Kernland und die Ägäisinseln oder als die griechischsprachige Welt einschließlich der Griechen in Kleinasien und den kolonisierten Gebieten) sind methodisch auf sehr unterschiedliche Weise ermittelt worden [wegweisend in der älteren Forschung 2.2.1: BELOCH, Bevölkerung; GOMME, Population of Athens; zur neueren Forschung HANSEN, Shotgun, 4–15; DERS. Update]. Sie basieren auf (1) Hochrechnungen von Heeresstärken, (2) den athenischen Tributlisten, (3) geschätzter, zumeist ökologisch verstandener Tragfähigkeit von Polisterritorien oder (4) Daten zu ihrer Siedlungsstruktur und Bevölkerungsdichte. HANSEN [Shotgun] schätzt über Letzteres die Bevölkerungsgröße, einschließlich Frauen, Kindern und Sklaven, des griechischen Kernlands auf 4–6 Mill. Die Bevölkerung der griechischsprachigen Welt schätzt er auf 8–10 Mill. Dies liegt deutlich über den konventionellen Schätzungen [RUSCHENBUSCH, Bevölkerungszahl; 2.2.2: CORVISIER/SUDER, Population, 32f.: ca. 3 Mill. für das Kernland; SCHEIDEL, Demographic and Economic Development, 747: ca 5. Mill. für die griechischsprachige Welt insgesamt] und würde die Annahme einer erheblichen Leistungssteigerung der athenischen Wirtschaft sowie regelmäßiger Lebensmittelimporte von einem frühen Zeitpunkt an notwendig machen.

Bevölkerungsentwicklung

Ein Bevölkerungsrückgang, insbesondere in der arbeitsfähigen, männlichen Bevölkerung nach dem Peloponnesischen Krieg, wird in der Forschung nicht bezweifelt. 2.2.2: CORVISIER/SUDER [Population, 38f. mit Abb. 1] schlagen eine Verringerung der athenischen Bürger in und nach dem Peloponnesischen Krieg um fast 50 % vor, die dann bis 323 v. Chr. um ca. 20 % teilweise wieder ausgeglichen wurde. In absoluten Zahlen schätzen sie die Einwohnerzahl Athens in der Größenordnung von 315 000 um 431 v. Chr. und 245 000 um 323 v. Chr. Dem entspräche eine Bevölkerungsdichte von bis zu 80 Personen/km^2, die die ökologische Tragfähigkeit des attischen Bodens deutlich ausgereizt hätte. Demgegenüber stehen sehr viel niedrigere Schätzungen von GARNSEY [3.3.3: Famine, 90f.], der ca. 250 000 Einwohner vor dem Peloponnesischen Krieg und eine Fluktuation zwischen 120 000 und 200 000 im 4. Jh. v. Chr. errechnet, was einer Dichte von 50–60 Personen/km^2 entspricht und eine sehr viel geringere Wirtschaftsentwicklung erfordert hätte.

Hellenismus

Signifikante demographische Verschiebungen können für den frühen Hellenismus angenommen werden und sind in Attika auch archäologisch nachweisbar [3.1.3: OLIVER, War, 105–109]. Grundsätzlich wird ein Bevölkerungswachstum, aber auch eine Abwanderung aus den bevölkerungsstarken Polisregionen in die neu eroberten Gebiete in Ägypten und Asien sowie in die Hochlandregionen Griechenlands angenommen [SCHEIDEL, Demography, 44f.].

2.2.4 Die Bevölkerung Italiens

Eine übersichtliche tabellarische Zusammenfassung literarisch überlieferter Zensuszahlen gibt BRUNT [Italian Manpower, 13; s. auch 1: KLOFT, Wirtschaft, 158]. Aus den literarischen Angaben ergibt sich ein unstrittiger Bevölkerungsanstieg in Italien von 40 bis 50 % zwischen 218 und 27 v. Chr. Doch variieren die Annahmen zur absoluten italischen Bevölkerungsgröße am Ende des 1. Jh.s v. Chr. zwischen niedrigen Einschätzungen von ca. 5 bis 6 Mill. und höheren von 10 Mill. und darüber, was eine völlig unterschiedliche Bevölkerungsdichte und Auslastung des Bodens impliziert. BRUNT [Italian Manpower, 3f. und *passim*] vertritt den *low count*, während LO CASCIO [Size] für einen *high count* von knapp 14,5 Mill. Bürgern plus weiteren 1–1,5 Mill. Sklaven argumentiert, was SCHEIDEL [Roman Population Size, 24–30] jedoch verwirft. Umstritten ist auch, ob die freie Bevölkerung Italiens am Ende der Republik wegen kriegsbedingt erhöhter Mortalität und Verarmung zurückging, während der Anteil der unfreien Bevölkerung demographisch signifikant stieg. Archäologische Untersuchungen zur italischen Siedlungsstruktur sowie einige vergleichende Überlegungen zu urbaner Expansion unter vormodernen Bedingungen sprechen nach JONGMAN [Slavery] allerdings gegen einen Niedergang der freien bäuerlichen Bevölkerung und eine Landkonzentration mit entsprechendem Sklavenanstieg.

Neuerdings hat sich die Diskussion von der Alternative Anstieg der Sklavenbevölkerung oder Kontinuität des Kleinbauerntums entfernt und angesichts besserer Kenntnisse der Siedlungsstrukturen, agrarischen Entwicklungen, Klima und Ernährungsbedingungen Italiens auf die Frage der wirtschaftlichen Möglichkeiten demographischen Wachstums in Italien gerichtet [DE LIGT, Peasants, 11–34]. JONGMAN [3.2.3: Gibbon Got it Right] argumentiert, dass ein wirtschaftliches und demographisches Wachstum bis zum Einbruch der Aurelianischen Seuche (s.o.) gesichert sei. DE LIGT [Peasants, bes. 242] betont, dass die Zahl kleiner Städte in Italien viel höher war als bisher angenommen, was gegen ein rapides Bevölkerungswachstum spreche. Er unterstützt dagegen einen *low count*, auch wenn er präzise Zahlenangaben vermeidet. HIN [Demography] leitet aus der Analyse von Skeletten zur Messung von Größenwachstum und Lebensstandard sowie Siedlungsstrukturen und Wachstum italischer Bauernhöfe einen *middle count* zur Zeit des Augustus ab. LAUNARO [Peasants] erarbeitet aus demselben archäologischen Material einen *very high count* von 16 000 Einwohnern Italiens, der aber aus methodischen Gründen von SCHEIDEL [Manpower, 682–687] als nicht konsensfähig angesehen wird.

2.2.5 Bevölkerung und wirtschaftliche Entwicklung

Der Fall Ägypten   Ägypten ist das einzige Gebiet, das quantitative Nachweise zum Verhältnis von demographischen und wirtschaftlichen Entwicklungen zulässt, da hier papyrologische Quellen zu Haushalts- und Altersstrukturen, Agrarflächen, ihrer Nutzung und Produktivität sowie der staatlichen Abschöpfung bzw. wirtschaftlichen Nutzung von Ressourcen in vergleichsweise großer Zahl vorliegen. CLARYSSE/THOMPSON [2.2.2: Counting, 100ff.] berechnen die Bevölkerung Ägyptens im 3. Jh. v. Chr. auf 1,5 Mill. In einer zunächst wegweisenden frühen Studie ging BUTZER [Early Hydraulic Civilization] von 2,4 Mill. im 3. Jh. v. Chr. und einer – rein theoretisch nicht möglichen – Verdoppelung auf 4,9 Mill. bis zur Mitte des 2. Jh. v. Chr. aus (zur Diskussion zuletzt BOWMAN, Population and Settlement]. SALLER [2.4.2: Patriarchy, 66–69] sieht die demographischen Befunde aus Ägypten als weitgehend repräsentativ für das römische Reich insgesamt an. SCHEIDEL [3.2.3: Physical Wellbeing] betont dagegen, dass angesichts des hohen Urbanisierungsgrades, der besonders schwierigen klimatischen Bedingungen und der hohe Seuchengefahr im Niltal eine höhere Morbidität und niedrigere Lebenserwartung als im antiken Durchschnitt anzunehmen sei.

Entwicklung unter römischer Herrschaft   RATHBONE [Villages] korrigiert die Schätzungen der älteren Forschung, die unter römischer Herrschaft eine Bevölkerung von 8 bis 10 Mill. annahm, auf 5 Mill. und nimmt eine durchschnittliche Bevölkerungsdichte von 120 Menschen/km^2 unter römischer Herrschaft an. 500 000 bis 750 000 Menschen davon mögen in Alexandria und weitere 500 000 in Städten des Binnenlandes gelebt haben. RATHBONE [Villages, 125ff.] betont bedeutende Unterschiede der Siedlungsgröße und Bevölkerungsdichte in Teilen des Deltas, im Fayum und um Oxyrhynchos/Mittelägypten. MONSON [2.5.4: From the Ptolemies to the Romans] nimmt innerägyptische Unterschiede der Siedlungsdichte, des Urbanisationsgrads und der davon abhängigen Agrarstrukturen zum Ausgangspunkt, um zu argumentieren, dass demographisches Wachstum unter römischer Herrschaft durch wirtschaftliches Wachstum und institutionellen Wandel verursacht worden sei (s.o. 1.3.1). Doch selbst in Zeiten größten Bevölkerungsdrucks und trotz wirtschaftlicher Entwicklung könne, wie SCHEIDEL insistiert, von Bevölkerungswachstum in der Antike nur im Rahmen homöostatischer Modelle gesprochen werden [Demographic and Economic Development; vgl. 2.2.2: DERS., Demography, 63ff.].

2.3 Technik und Infrastruktur

2.3.1 Technische Entwicklung

Die Entwicklungsmöglichkeiten der antiken Technik sind heftig diskutiert worden. Schon DIELS konstatierte, dass die technische Entwicklung in der Antike im Vergleich zu den östlichen Hochkulturen gering war. Dies sei einerseits auf die aristokratische Geisteshaltung zurückzuführen, die nicht am Einsatz von Technik interessiert war, und andererseits auf die Sklaverei, die keinen Bedarf an arbeitserleichternden Maschinen erzeugt habe [DIELS, Antike Technik, diskutiert in SCHNEIDER, Einführung, 22–30, bes. 29]. Zusätzlich wurden die mangelnde Zusammenführung von technischer Wissenschaft und handwerklicher Praxis, die Geringschätzung der Handarbeit, mangelndes Kapital bzw. fehlende Möglichkeiten der Kapitalbeschaffung für technische Innovation und begrenzte Märkte für Industrieprodukte geltend gemacht [2.3.3: WHITE, Technik und Gewerbe]. Besonders einflussreich wurden diese Argumente von MOSES FINLEY [1.2.3: Technische Innovation] vertreten.

Technische Stagnation?

Die Stagnationsthese wird heute nahezu einhellig verworfen, weil ihr im Licht neuer archäologischer Befunde die empirische Grundlage entzogen ist. Zu Recht wurde kritisiert, dass es historisch wenig sinnvoll ist, die europäische Industrialisierung als Folie für die Bewertung des technischen Fortschritts in der Antike heranzuziehen [GREENE, Technological Innovation]. Heute werden die Grenzen der antiken technischen Entwicklung weniger in sozialen Konstellationen als in der Nutzung organischer statt fossiler Energie gesehen [WRIGLEY, Continuity, 2.3.2: WILSON, Raw Materials, 151]. MALANIMA [2.3.2: Energy Consumption] findet allerdings auch Indizien für Kohleverbrennung im römischen Britannien.

2.3.2 Technische Innovation

Die neuere Forschung dringt darauf, eine Geschichte der technischen Erfindungen zu vermeiden und stattdessen auch das Ausmaß der Anwendung und des Ausbaus bestimmter Erfindungen zu berücksichtigen [2.3.1: SCHNEIDER, Einführung, bes. 28ff.; 2.3.1: WHITE, Technology, 14–26; 2.3.1: GREENE, Technological Innovation, bes. 30; 2.3.1: CUOMO, Technology]. Verbreitung und Anwendung technischen Wissens sowie das Ausmaß privater Investition in technische Innovation können aus archäologischen Funden abgeleitet werden, die der älteren Forschung nicht zur Verfügung standen. In dem ständig anwachsenden Material aus der Provinzialarchäologie zeigt sich die Verbreitung und Verbesserung von Mühlen sowie Wein- und Ölpressen insbesondere in den Westprovinzen [2.3.1: WILSON, Machines]. VEAL und MALANIMA zeigen die große Bedeutung der wärmeerzeugenden Energiegewinnung [1.3.1:

Anwendung, Ausbau und Investition

VEAL, Fuelling; MALANIMA, Energy Consumption], GREENE die Entwicklungen von Be- und Entwässerungsanlagen [2.3.1: Technological Innovation; 2.3.1: WILSON, Machines; WILSON, Raw Materials]. Schon WIKANDER [Sources of Energy] hatte im Gegenzug zur Stagnationsthese auf die weite Verbreitung der Wassermühle ab dem 2. Jh. hingewiesen. SCHNEIDER [Innovative Umbrüche] betont den Zeitverzug, der zwischen Erfindung und Umsetzung stattfinden konnte und im Fall der Wassermühle 200 Jahre betrug.

2.3.3 Wirtschaftliche und technische Entwicklung

Technikbegriff   Ein wesentliches Element der sich an FINLEY [1.2.3: Technische Innovation] anschließenden Technikdebatte war eine Neuorientierung des Technikbegriffs [gr. *techne*, lat. *ars*]. Dabei ist unbestritten, dass der antike Begriff ein breites semantisches Spektrum abdeckte und Konzepte wie Kunst und Fähigkeit einschloss [2.3.1: SCHNEIDER, Einführung, 2–4; 2.3.1: MEISSNER, Technologische Fachliteratur, 37ff.; 2.3.1: CUOMO, Technology, 7–40]. MEISSNER [2.3.1: Technologische Fachliteratur, 12] trifft den Kern des Problems einer historischen Technikforschung, wenn er Technikbegriffe mit sozialen und kulturellen Lebenswelten in Verbindung setzt. Während in der Moderne der Technikbegriff für Zweckrationalität schlechthin stehe, sei er in der Antike als regelgebundenes Handlungswissen zu verstehen.

Technik und politische Legitimation   So war die Stiftung von Nutzbauten, wie SCHNEIDER [Infrastruktur] argumentiert, nicht nur eine zweckgebundene technische Verbesserung zum Wohl der Bevölkerung, sondern eine politische Legitimationsstrategie städtischer Oberschichten, die Handlungswissen symbolisierte. Die Bedeutung, die einem Erfinder [gr. Sg. *protos heuretes*] und Städtegründer [gr. Sg. *ktistes*] zugeschrieben wurde, erklärt die machtpolitische Bedeutung technischer Leistung [2.3.1: SCHNEIDER, Einführung, 158 und 186 zum Eupalinos-Tunnel; SCHNEIDER, Technikverständnis, zur Bedeutung des *protos heuretes*]. MURPHEY [Pliny the Elder] zeigt, in welchem Maß Wissen und Naturbeherrschung mit dem römischen Anspruch auf Weltherrschaft zusammenhingen. Auf die Bedeutung des Militärs für technische Innovationsschübe weisen CUOMO [2.3.1: Technology, 41–77] und SCHNEIDER [2.3.2: Krieg und Technik] hin.

2.4 Institutionen

2.4.1 Begriff

Unterbestimmung des Institutionsbegriffs   In der Neuen Institutionenökonomik bleibt der Institutionenbegriff erstaunlich unterbestimmt. DOUGLASS NORTH beschreibt Institutionen lediglich als formelle und informelle Normen sowie die Regeln ihrer

Durchsetzung [NORTH, Institutionen, 5 und 11; 2.4.2: FRIER/KEHOE, Law, 113; 1.3.3: LYTTKENS, Economic Analysis, 4]. Hilfreicher sind ACHAMS Überlegungen, Institutionen als Handlungsnormen zu definieren, die entweder kraft Tradition moralisch oder kraft Gesetz rechtlich geschützt werden [Institutionen, 34f.]. Institutionalisierung versteht er daran anknüpfend als einen Prozess, in dem sich sittliche und rechtliche Normen zu einer Organisation verdichten.

In der historischen Wirtschaftsforschung, die sich an die NIÖ anlehnt, werden gesicherte Verfügungs- und Eigentumsrechte als Regeln, die Marktentwicklung stimulieren, in den Mittelpunkt gestellt. Sind Eigentums- und Verfügungsrechte deutlich definiert und erlauben sie eine Privatisierung von Gewinnen, regen sie den Einzelnen zur Investition in die Intensivierung marktorientierter Produktion an [1.1: AMBROSIUS/PLUMPE/TILLY, Wirtschaftsgeschichte, 31]. KEHOE hat in mehreren Untersuchungen die Bedeutung von Eigentumsrechten und Vertragsordnungen als Voraussetzung für Wachstum und Marktentwicklung in der römischen Agrarwirtschaft herausgestellt [2.4.3: KEHOE, Investment and Profit; 2.4.3: DERS., Law and Rural Economy; s. auch 2.4.2: FRIER/KEHOE, Law and Economic Institutions; 2.4.2: MANNING, Property Rights; 1.3.3: DERS. Texts, Contexts; 2.5.4: MONSON, From the Ptolemies to the Romans]. FRIER/KEHOE [2.4.2: Law and Economic Institutions] identifizieren private Eigentumsrechte, bestimmte Abhängigkeitsverhältnisse und bestimmte Formen der politischen Steuerung (*governance*) als die institutionellen Voraussetzungen für die Entwicklung der griechisch-römischen Wirtschaft. MORRIS [1.3.3: Economic Growth] rechnet dazu für die griechischen Poleis neben Eigentumsrechten den hohen Regelegalitarismus, Marktplätze als Foren sozialer Interaktion und die Entwicklung von Münzgeld. OBER [1.3.3: Wealthy Hellas] betont Hoplitenideologie, Egalitarismus, die Herrschaft des Rechts, kompetitive Wissensproduktion und zwischenstaatliche Bündnisbildung in Athen. REGER [2.1.4: Economy, 339–347] streicht Banken-, Kredit- und Geldentwicklung, preisbildende Märkte, zwischenstaatliche Wirtschaftskooperation und die Institutionen der hellenistischen Monarchie heraus; MORLEY [3.5.1: Trade, 55–78] betont die Vorteile einer gemeinsamen Sprache sowie Rechtsentwicklung, Märkte, Geld, und staatlich kontrollierte Finanzinstitutionen. Dazu kommt die vielbeschworene Herrschaft des Rechts, die Eigentumssicherung und aristokratische Selbstbeschränkung verstärkte [1.3.3: LYTTKENS, Economic Analysis 22–24; 52–57].

Verfügungsrechte und Marktentwicklung

2.4.2 Verfügungsrechte und Hauswirtschaft

Oikos, *domus* und *familia* als normative Ordnungen und ökonomische Versorgungseinheiten sind umfangreich diskutiert worden [SCHMITZ, Haus und Familie, 68ff. und *passim*]. Alle drei Begriffe konnten flexibel

Antike Haushalte

auf eine engere Kernfamilie oder einen breiteren Kreis einerseits familiär und andererseits sozial gegenseitig verpflichteter Personen bezogen werden. *Familia* bezog sich aber grundsätzlich auf einen engeren Kreis von Nachkommen als die *domus*, die auch Kognaten, Freigelassene, Klienten und Sklaven einbezog [RILINGER, Ordo, 76; SALLER, Patriarchy, 74ff. bes. 85]. In der späten Republik und frühen Kaiserzeit wird *domus* zu einem Statusbegriff für das aristokratische und kaiserliche Haus, was als Indiz für die hohe Statusrelevanz von Haus und Familie anzusehen ist [WINTERLING, Staat].

Privateigentum   Privateigentum ist ein Bündel von Ansprüchen und Rechten gegenüber Dritten und dem Staat [HARRISON, Law, 201–203; 2.5.4: MONSON, From the Ptolemies to the Romans, 75; 2.5.4: MANNING, Property Rights; 2.5.4: DERS. Land and Power, 194f.]. So kann auch privates Eigentum durch mehr oder weniger hohe steuerliche Abgaben, staatliche Anbauvorschriften [Beispiele in HARRISON, Law, 203; 2.5.4: MONSON, From the Ptolemies to the Romans, 159–208; KEHOE, State and Production, 35–43] oder erb- und verkehrsrechtliche Bestimmungen belastet werden. Dazu kommen soziale Normen, die die Veräußerbarkeit familiären Grundeigentums verringerten [FINLEY, Alienability]. Weitere Einschränkungen eigentumsrechtlicher Sicherheit konnten sich aus mangelnden Möglichkeiten, Grenzen zu politischen Nachbarn staatlich abzusichern, ergeben

Grenzsicherung   [FRIER/KEHOE, Law, 135]. OSBORNE [3.3.2: Classical Landscape] und AGER [2.5.2: Interstate Arbitration] geben eine Vielzahl von Beispielen, die zeigen, dass Grenzstreitigkeiten in klassischen und hellenistischen Poleis häufig nicht mit staatlicher Hilfe beigelegt wurden. RICHARDSON [2.5.4: Empire, 45f., 79–83] betont die Unklarheit von Provinzgrenzen in republikanischer Zeit. Sowohl griechische als auch römische Herrschaftskonsolidierung gingen jedoch einher mit der zunehmenden Sicherung von Grenzen [zur Diskussion 2.5.4: KEAY/EARL, Town, Territories] und verbindlichen staatlichen Zusagen zu ihrem Schutz. Dies zeigt sich besonders an Landverteilungsprogrammen, der Zuweisung von Privatland in römischen Kolonien und der Urbarmachung neuen Privatlandes in eroberten Territorien [z. B. AUBERT, Republican Economy, 172f; 3.1.1: SCHULER, Tribute und Steuern, 371, mit besonders explizitem Zeugnis: SEG 39, 1426, 4–9; 2.5.4: MANNING, Land and Power].

Sparta   Selbst für das klassische Sparta, dessen Agrar- und Besitzverhältnisse lange als kollektiv angesehen wurden, hat HODKINSON Privateigentum und Verfügungsrechte über Land, mobilen Besitz und Sklaven (Heloten) nachgewiesen. Allerdings war dieses Privateigentum wegen einiger ritueller Erfordernisse mit größeren staatlichen Rechtsvorbehalten belastet als in anderen Poleis. Hierzu zählt HODKINSON das Recht auf Besteuerung und kollektive Nutzung von bürgerlichem Privateigentum, Recht auf Anteile des Agrarertrags der Bürger zur Ausstattung der gemeinsamen Speisungen und ein wiederum rituell begründetes Recht auf Diebstahl, wenn er von heranwachsenden Spartiaten ausgeübt wurde [Property and Wealth, 187ff. und *passim*].

Das vom *oikos* her gedachte griechische Eigentumskonzept ist häufig betont worden [SALLER, Household, 92; SCHMITZ, Haus und Familie, 104; HARRISON, Law]. Ohne einen rechtsfähigen Mann [gr. Sg. *kyrios*] konnte eine Frau, von trivialen Transaktionen abgesehen, über ihren Besitz nicht wirtschaftlich verfügen [SCHAPS, Economic Rights, 54]. Auch an der Tatsache, dass Erbschaft an einen Adoptivsohn von einem Archonten in einem sogenannten (gr. Sg.) *epidikasia*-Prozess formal zugesprochen oder Landübertragung öffentlich ausgerufen werden musste [TODD, Shape, 238f.], zeigt sich das staatliche Interesse an Schutz und Sicherung des *oikos* als Institution familiärer Eigentumssicherung.

Oikoseigentum

In Rom waren Eigentumsrechte spätestens ab dem 2. Jh. v. Chr. wesentlich persönlicher geregelt als im griechischen Recht [HÖLKESKAMP, Roman Roofs, 122–130; SALLER, Household, 95–99]. Allerdings ergab sich die Lockerung der patrimonialen Eigentumsrechte weniger aus Gründen wirtschaftlicher Emanzipation der Frau als aus rivalisierenden Hausgewalten [HÖLKESKAMP, Roman Roofs]. SALLER [Household] argumentiert, dass in der Kaiserzeit womöglich über 20 % des Gesamtprivatvermögens in weiblicher Hand lagen, was aber nur begrenzt ausgenutzt wurde. Zwar treten Frauen als Erbinnen, Transaktionspartnerinnen, Bürginnen und Kreditorinnen etwa in den Holztafeln von Murecine oder ägyptischen Papyri auf [ROWLANDSEN, Women and Society], doch in weit begrenzterem Maße als es die vertrags- und eigentumsrechtlichen Freiheiten von Frauen nahelegen.

Persönliches Eigentum

2.4.3 Hierarchien und Arbeitsverhältnisse

In der Forschung sind die sozialen bzw. wirtschaftlichen Kosten von unterschiedlichen Arbeitsverhältnissen vergleichend diskutiert worden [SCHEIDEL, Slavery; 1.3.3: KEHOE, Management and Investment; AUBERT, Business Managers; SCHÄFER Spitzenmanagement; ANDREAU/ DESCAT, Slave]. Ein Kostenvorteil von Sklavenarbeit gegenüber vertraglicher Lohnarbeit oder Verpachtung lässt sich nicht ausmachen [SCHEIDEL, Grundpacht]. Vielmehr ist zu berücksichtigen, dass wie FOXHALL [Dependent Tenant] betont hat, nicht nur Kostenfragen, sondern auch politische Faktoren (Klientelbildung, Statusdemonstration usw.) für die Wahl der Bewirtschaftung auf Großgrundbesitz eine Rolle spielten. Wirtschaftstheoretisch betrachtet gilt eine Kombination von Arbeitsverhältnissen als vorteilhaft [2.4.2: FRIER/KEHOE, Law, 123; KEHOE, Investment and Profit; DE NEEVE, Roman Landowner; SCHEIDEL, Grundpacht]. Daher findet sich Sklavenarbeit häufig neben bezahlter Arbeit und anderen Formen der persönlichen Abhängigkeit [HERRMANN-OTTO, Sklaverei, 88f.; 251–253; GARNSEY, Non-slave Labour]. BURFORD

Kosten und Arbeitsorganisation

122 II. Grundprobleme und Tendenzen der Forschung

[3.3.1: Land and Labour, 182f. mit Hom. Il. 11, 671–76] leitet die Institution der abhängigen Arbeit aus den homerischen Epen ab, insofern hier landwirtschaftliche Tätigkeit grundsätzlich unter Hilfestellung von anwohnenden und abhängigen Bauern geleistet wird (gr. Pl. *pelatai* oder *laoi*). Die Tatsache, dass sowohl härteste, unmenschliche Tätigkeiten als auch leitende Funktionen Sklaven übertragen wurden, nimmt SCHEIDEL als Erklärung für die Langlebigkeit antiker Sklaverei [Slavery, 99f.; auch HERRMANN-OTTO, Sklaverei, 16–34]. Tätigkeiten als Gutsverwalter, Aufseher und Bankiers, bei denen Skalven über ein eigenes Budget (lat. Sg. *peculium*) und Untersklaven (lat. Pl. *vicarii*) verfügten, verschaffte erhebliches soziales Ansehen und Kapital für den Freikauf.

Sklaverei   Sklaverei und Halbfreiheit bilden ein Spektrum von Eigentum an Personen, das ein unterschiedliches Bündel von Rechten über eine Person umfasst [FINLEY, Antike Sklaverei, 79–112]. Dies erklärt den fließenden Übergang von Sklaverei zu anderen Formen abhängiger Arbeit einschließlich Pachtverhältnissen [HERRMANN-OTTO, Sklaverei, 9–16; KYRTATAS, Slavery and Economy, mit Poll. 3.78–83]. Die vollständige Unfreiheit bzw. Kaufsklaverei, bei der ein Herr nahezu vollständiges Eigentum an einer Person erwarb, war nur eine Form der Sklaverei. Sie war für Bergwerkssklaven, aber auch auf agrarischen Betrieben im römischen Italien und klassischen Attika typisch. Andere Formen der Sklavei bzw. halbfreier bäuerlicher Arbeit, die durch Unterwerfung einer Nachbarbevölkerung entstanden waren, waren in Sparta, Thessalien und Kreta verbreitet [KYRTATAS, Slavery and Economy, 92]. Während die griechisch-römische Literatur eine starke Polarisierung zwischen Freiheit und Sklaverei konstruiert, wird heute davon ausgegangen, dass halbfreie Arbeits- und Pachtverhältnisse für den gesamten antiken Raum typisch waren [RATHBONE, The Ancient Economy, 162f; FINLEY, Antike Sklaverei, 79–82; SCHEIDEL, Slavery, 95]. Insbesondere im Hellenismus, als sich griechische und indigene Arbeitsstrukturen in Asien und Ägypten vermischten, war der Status einer Person abhängig von der Frage, in welcher Rechtstradition er betrachtet wurde. Die Übernahme griechischer Kaufsklaverei in ägyptischen Haushalten war Teil ihrer allmählichen Anpassung an die Herrschaftskultur [THOMPSON, Slavery].

Eroberung   HOPKINS [Conquerors and Slaves] argumentierte für einen massiven
und Sklaverei   Zuwachs von Sklaven in Italien infolge von Krieg und imperialer Expansion. ANDREAU/DESCAT [Slave, 91f.] halten dagegen, dass Sklaverei nicht strukturbildend für die antike Wirtschaft gewesen sei, da sie zu keiner Zeit ein Funktionselement der Produktion oder Verteilung dargestellt habe. Nur im Bergbau war sie unverzichtbar. HOPKINS [Conquerors and Slaves, 99] argumentiert, dass von einer Sklavengesellschaft gesprochen werden kann, wenn der Sklavenanteil einer Bevölkerung mehr als 20 % beträgt. Im römischen Ägypten sind im Zeitraum vom 1. bis 3. Jh. durchschnittlich 15 % als Sklaven bezeichnete Personen in Städten Mittelägyp-

tens, 8 % in dörflichen Siedlungen und 7 % in einem städtischen Kontext
Oberägyptens nachgewiesen [SCHEIDEL, Slavery].

Gutsverwaltung, Handelsunternehmungen und Vermögensbetreuung   Stellvertretung
fanden häufig in Stellvertretung statt. Die Bedeutung von Beauftragten in Handel und Seetransport lässt sich allerdings schwer beziffern
[3.5.1: HARRIS, Trade, 733f.]. Besser lassen sich die Strukturen in der
Gutsverwaltung nachzeichnen. Hier entwickelte sich ein hierarchisches
Verwaltungssystem, in dem (lat. Pl.) *vilici* bzw. (gr. Pl.) *oikonomoi* oder
epitropoi Landgüter in Stellvertretung verwalteten. Für die Finanzen
waren ebenfalls vertraglich oder sozial verpflichtete (lat. Pl.) *actores* bzw.
(gr. Pl.) *cheiristai* zuständig [3.3.3: RATHBONE, Economic Rationalism,
62; CARLSEN, Vilici, 123ff.; HERRMANN-OTTO, Sklaverei und Freilassung,
151f. mit Plin. ep. 3,19, 2; AUBERT, Business Managers, 117ff., 183–
196; SCHÄFER, Spitzenmanagement, 273]. In der römischen Guts- und
Vermögensverwaltung konnte *vilici* und Pächtern ein mandatierter Stellvertreter/Procurator vorgesetzt sein, der das gesamte Vermögen eines
Gutsherrn verwaltete. Procuratoren kamen aus dem Ritterstand oder
waren Freigelassene und standen in einem sozialen Verpflichtungsverhältnis zum Grundbesitzer [SCHÄFER, Spitzenmanagement, 111–199;
2.4.4: VERBOVEN, Economy, 237ff.]. Der ökonomische Vorteil, der aus
diesen sozial eingebetteten Arbeitsverhältnissen erwuchs, lag in der
Eigeninitiative von beauftragten Verwaltern, ökonomisches Wissen und
Informationsvorteile vor Ort in die Guts- bzw. Vermögensverwaltung
einzubringen.

2.4.4 Reziprozität, Freundschaft und soziale Netzwerke

Schon KARL POLANYI und MARSHAL SAHLINS stellten die Reziprozität   Interkulturelle
(Gegenseitigkeit von Leistungen) als eine der grundlegenden Institutionen vorkapitalistischer Wirtschaften heraus [1.2.2: POLANYI, Great Transformation, 77f., s. oben 1.1]. Reziprozität und Freundschaft erklären die
große Bedeutung sozialer Netzwerke für die Wirtschaft der Antike, die
derzeit betont wird [einflussreich besonders die soziologische Diskussion
von GRANOVETTER, Economic Action; MALKIN U.A., Greek and Roman
Networks; DERS., Small Greek World; ROLLINGER, *Amicitia*].   Bedeutung

Reziprozität war ein beherrschendes Prinzip der antiken Ethik, Ge-   Wirkungsfelder
rechtigkeitslehre und politischen Ideologie [SEAFORD, Introduction, 1;
4.2.3: SCHOFIELD, Political Friendship; GILL/POSTLETHWAITE/SEAFORD,
Reciprocity; MITCHELL, Greeks Bearing Gifts; VERBOVEN, Economy of
Friends; VON REDEN, Exchange, 1–5]. FINLEY [Welt des Odysseus] arbeitete dies zunächst anhand des Geschenkaustauschs in den Epen Homers
heraus [s. auch DONLAN, Reciprocity; SEAFORD, Reciprocity; VON REDEN,
Exchange; WAGNER-HASEL, Stoff der Gaben], doch hat sich von hier aus
eine umfangreiche Forschung entwickelt, die Freundschaft und Rezipro-

zität als institutionalisierte Verhaltensnorm für die gesamte griechisch-römische Antike erkennen lässt. Das ethische Prinzip der Gegenseitigkeit [BLUNDELL, Helping Friends; 4.2.3; SCHOFIELD, Political Friendship KONSTAN, Friendship; 4.2.3: VAN BERKEL, Economics of Friendship] war dabei gleichbedeutend mit der Verpflichtung zum Tausch von Gefälligkeiten und Gaben, dann aber auch Geld, Krediten und Rechtsbeistand [Kredit: 3.4.4: MILLET, Lending and Borrowing; VERBOVEN, Economy of Friends, 116ff.; ROLLINGER, *Amicitia*; DERS., Solvendi; WIEDEMANN, Patron as Banker; 3.4.1: VON REDEN, Money, 92–124; Zirkulation von Ressourcen: HERMAN, Ritualised Friendship, 73–115; 3.5.1: MANNING, Networks, 304; Treue, Vertrauen und Dankbarkeit: MITCHEL, Greeks Bearing Gifts; VERBOVEN, Economy of Friends, 39–41; Arbeitsempfehlungen: VERBOVEN, Economy of Friends, 287–330; 3.1.1: VON REDEN, Ptolemaic Egypt, 227–252; Überschneidung von Reziprozität und Kauf: MILLET, Sale, 182–194; VON REDEN, Exchange, 105–126; Tauschbeziehungen und Patronage: SALLER, Personal Patronage, 1; DERS. Patronage and Friendship, 49; MILLETT, Patronage].

Freundschaft und Vertrag
Freundschaftsbeziehungen waren häufig Grundlage von formalen Verträgen, die im Konfliktfall auch gerichtlich vollstreckt wurden [3.5.4: TEPSTRA Trading Communities, 23–49 mit Beispielen aus dem Archiv der Sulpicii; 3.1.1: VON REDEN, Ptolemaic Egypt, 155–162, bes. 157 in Bezug auf Ägypten]. VERBOVEN [Economy of Friends, 75ff; 183ff.; 275ff.] und VIVENZA [4.3.4: Roman Thought, 314–316] zeigen darüber hinaus, wie informelle Regeln des Schenkens, der Treue (*fides*) und der sozialen Verpflichtung in das formale römische Erb-, Schenkungs- und Schuldrecht einflossen. Einigkeit in der Forschung herrscht auch darüber, dass als Freunde ein breiter Personenkreis, also auch Verwandte, Nachbarn, Mitbürger, Bündnispartner und Handelspartner, bezeichnet werden konnten [KONSTAN, Friendship, 4–24, zur Diskussion]. Es ist jedoch nahezu zwangsläufig, dass die einzuhaltende Verpflichtung, die Frage, wer als *philos/amicus* galt, wie hierarchisch eine Freundschaftsbeziehung sein durfte und welche Prioritäten bei widerstreitenden Verpflichtungen zu setzen waren, bei einer zeitübergreifenden Institution wie dieser sehr unterschiedlich entschieden und äußerst kontrovers diskutiert wurden [MITCHELL, Greeks Bearing Gifts, 1–41; SALLER, Patronage and Friendship; KONSTAN, Friendship].

2.4.5 Großzügigkeit und Euergetismus

Euergetismus und Euergesie
PAUL VEYNE [Brot und Spiele] definierte Euergetismus als private Freigiebigkeit für das öffentliche Wohl, die besonders im Hellenismus florierte. Die Eingrenzung auf den Hellenismus ist jedoch keineswegs überzeugend. So zeigte schon GAUTHIER [Bienfaiteur] die Bedeutung der Euergesie in vorhellenistischen Poleis [vgl. MIGEOTTE, Évergétisme,

184–186; GYGAX, Euergetismus, 184–187, und GEHRKE, Euergetismus, zu Beispielen von Euergesie in den homerischen Epen]. Heute wird die Euergesie als ein für die ganze Antike typisches wettbewerbsorientiertes Eliteverhalten im Handlungsfeld zwischen Ökonomie und Politik angesehen [CHRISTOL/MASSON, Actes; CORNELL/LOMAS, Bread and Circuses, und GOFFIN, Euergetismus, zu Italien; WESCH-KLEIN, Liberalitas, zu Nordafrika; ROGERS, Demosthenes of Oenoander, und ZUIDERHOEK, Munificence, zu Kleinasien]. Dabei hat GYGAX [Euergetismus] gezeigt, wie sich Ideologie, Praxis und Zweckbestimmungen der Euergesie über die Jahrhunderte wandelten.

Die Frage, in welchem Ausmaß Euergesie und ihre staatlich verpflichtende Variante der Liturgie zur städtischen Finanzierung beitrugen, ist strittig, da Einschätzungen vom Ausmaß ihrer öffentlichen Bekanntmachung abhängen [zum andersgelagerten römischen Liturgiesystem DRECOLL, Liturgien]. OBER [3.1.1: Classical Athens] berücksichtigt Liturgien innerhalb der athenischen Stadtfinanzierung überhaupt nicht; RUFFING [1: Wirtschaft, 71] räumt der Trierachie eine begrenzte Bedeutung ein; VAN WEES [3.1.1: Ships] und GABRIELSEN [3.1.1: Financing, bes. 220f.] sehen in ihr den zentralen Teil der athenischen Flottenfinanzierung. OSBORNE [Pride and Prejudice] schätzt die Verpflichtung, Liturgien und *eisphorai* zu entrichten, so hoch ein, dass sie die Geldwirtschaft auf dem Land stimulierte.

Euergesie und Stadtfinanzen

Die zunehmend öffentliche Ehrung von Euergeten in hellenistischen und kaiserzeitlichen Poleis muss aber nicht notwendig als Indiz für ihre noch steigende Bedeutung für städtische Finanzen sein. Das Problem ist wiederholt diskutiert worden [1.3.2: DUNCAN-JONES, Structure and Scale, 174ff.; MIGEOTTE, Évergetisme, 195f.; ECK, Euergetismus, 318–324; zuletzt MEIER, Öffentliche Bauten, 141–165]. ECK [Euergetismus] liegt wohl richtig, wenn er argumentiert, dass die Grundfinanzierung von römischen Munizipalstädten nicht von Euergesie abhing. MIGEOTTE [Évergetisme, 191–195] kommt in Bezug auf die hellenistische Euergesie zu dem Schluss, dass sie für bestimmte Anlässe und für bestimmte Projekte große Bedeutung haben konnte, aber in ihrer Größenordnung sehr unterschiedlich ausfiel. Die ebenfalls kontrovers diskutierte Frage, ob eine vermeintliche Zunahme der Euergesie mit einer Konzentration von Reichtum und der „Oligarchisierung" städtischer Politik zusammenhängt [so QUASS, Honoratiorenschicht; ZUIDERHOEK, Munificence, 53–70; und schon VEYNE, Brot und Spiele], kann wiederum nur im Einzelfall beantwortet werden. Unbestritten bleibt jedoch, dass Euergesie eng mit der kollektivistischen Bürgerideologie griechischer Poleis zusammenhing und politische Ökonomien in mehr als nur finanzieller Hinsicht prägte.

Entwicklung der Euergesie

2.4.6 Marktplätze und Marktregeln

Marktplätze vs. Marktprinzip

Die Bedeutung von Marktplätzen und Wochenmärkten gerade auch für die ländliche Verteilung ist unbestritten (DE LIGT, Fairs and Markets; FRAYN, Markets and Fairs; MACMULLEN, Markttage). Staatliche Redistribution und nachbarschaftlicher Tausch spielten eine Rolle, gelten aber nicht als die vorherrschenden Verteilungsprinzipien der antiken Wirtschaft. Charakteristisch ist vielmehr die Überschneidung und Verflechtung dieser Verteilungsformen [3.5.1: MORLEY, Distribution, 580–583; 3.5.4: MÖLLER, Distribution, 370–373; 1: RUFFING, Wirtschaft, 67]. Wenn Marktplätze als Kennzeichen der antiken Wirtschaft herausgestellt werden, bedeutet dies aber nicht, dass das Marktprinzip von Angebot und Nachfrage antike Wirtschaften prägte. Die wesentliche Bedeutung von Märkten lag, wie BRESSON [1: L'Économie II, 17–42] verdeutlicht, in der Tatsache, dass sie institutionelle Regeln räumlich verdichteten. MILLETT [Encounters] und VON REDEN [2.4.4: Exchange, 105–126] zeigen, wie auf dem Marktplatz nicht nur Güter verteilt, sondern auch soziale Regeln durchgesetzt und verbreitet wurden.

Typischer Markt der griechischen Polis

Herodot gibt paradigmatisch eine Persiflage auf die Griechen wieder, in der diese im Gegensatz zu den Persern Märkte in der Mitte ihrer Städte einrichten, auf denen sie kaufen, verkaufen und sich gegenseitig betrügen (Hdt. 1. 153; s. auch Diog. Laert. 1. 104f.). Der Markt als Ort des betrügerischen Austauschs war ein verbreiteter Topos [KURKE, Kapeleia; MILLETT, Encounters, 218–221]. Er basierte einerseits auf der Bedeutung von Märkten als Orten politischer Verhandlung und Rechtssprechung, die sich schon bei Homer findet [HÖLKESKAMP, Agorai; MILLETT, Encounters, 211], andererseits aber auch auf den sozialen Unsicherheiten, die sich auf kommerziellen Märkten angesichts ihrer vermeintlich unkontrollierten Interaktion ergaben [1: BRESSON L'Économie II, 18, 34–39]. Tatsächlich aber waren antike Märkte keineswegs sozial und institutionell uneingebettet. Dies zeigt sich schon an ihrer urbanen Entwicklung [CAMP, Agora; ROBINSON, City Planning], die ganz bestimmte politische Interaktionsmuster ausdrückt und vorgab [3.5.1: MORLEY, Trade, 80; PATTERSON, City of Rome, 190f.]. MILLETT betont den an ihren Baustrukturen sichtbaren Unterschied der athenischen Agora und des römischen Forums und wertet sie als Ausdruck unterschiedlicher politischer Hierarchien aus [Encounters, 213]. Hellenistische Könige und römische Kaiser vergaben Marktrechte an ländliche Gemeinden und Heiligtümer als Akte der Euergesie [e.g. 3.3.3: SCHULER, Ländliche Siedlungen, 265–268; NOLLÉ, Marktrechte; 1: DREXHAGE/KONEN/RUFFING, Wirtschaft, 29].

Handelsplätze

Die Forschung weist darüber hinaus auf die Funktion von Marktplätzen und Emporien als Schnittstellen/*gateways* zwischen Kulturen und Wertesystemen hin [1.3.4: CURTIN, Cross-Cultural Trade, SHERRAT/

SHERRAT, From Luxuries to Commodities, bes. 377; 3.5.2: BRESSON, Les cités grecques; 2.1.1: HORDEN/PURCELL, Corrupting Sea, 391–400; 3.5.2: MÖLLER, Naukratis]. Schon KARL POLANYI hatte den Handelsplatz (*Port of Trade*) als Institution verwalteten Fernhandels thematisiert, der friedlichen Austausch in einer feindlichen Umgebung ermöglichte [1.2.2: POLANYI, Wirtschaft, 234f.; 1.3.4: CURTIN Cross-Cultural Trade; 3.5.2: MÖLLER, Naukratis].

Marktplätze werden immer wieder als die Orte herausgestellt, wo Gewichts- und Qualitätskontrollen, rechtliche Schutzbestimmungen und deren Vollzug administrativ kontrolliert werden konnten, wodurch Transaktionen sicherer wurden [1: BRESSON, L'Économie II, 17–34; detailliert 2.4.6: JAKAB, Praedicere; und 3.5.4: MÖLLER, Distribution, 373–375]. Weitere Vorteile waren nach BRESSON [1: L'Économie II, 23f.] gebündelte Preisinformation, verdichtetes Produktangebot, Kontakt zu Käufern und Anbietern sowie die Verfügbarkeit von Fremdprodukten. Hinzu kamen Leistungen wie Münzkontrollen und offizieller Geldwechsel sowie die konkrete Überprüfung von Maßen und Gewichten an Standardmaßen und Messgeräten, die auf dem Marktplatz aufbewahrt und beaufsichtigt wurden. Auch die Gerichtshöfe, die sich auf der Agora befanden, zeugten nach MILLETT [Encounters, 217f.] augenfällig von der Herrschaft des Rechts auf dem Markt.

Institutionelle Vorteile des Marktplatzes

Preiskontrollen auf Märkten und ihre Motivationen sind Gegenstand reger Diskussion [MIGEOTTE, Prix; 1: EICH, Politische Ökonomie, 197–239; 1: BRESSON, L'Économie II, 39–44]. Wichtig ist in diesem Zusammenhang ihre ideologische Zielrichtung. Preiskontrollen bezogen sich ausschließlich auf Lebensmittel und dabei vor allem auf Getreide. Sie stellten eine Preisaufsicht dar, die Preise in Zeiten von Engpässen im Bereich von angenommenen Normalpreisen halten sollte, und sie galten dem Schutz von Kleinhändlern gegenüber Großhändlern sowie der Verbraucher gegenüber Kleinhändlern [FIGUEIRA, Lysias 22.]. DREXHAGE/ KONEN/RUFFING [1: Wirtschaft, 28] weisen darauf hin, dass staatlicher Einfluss auf Märkte als Einzelinitiativen von Kaisern, Verwaltungsbeamten, Bürgerschaften oder Wohltätern anzusehen sind und damit keine regelmäßigen Maßnahmen anonymer staatlicher Preisregulierung darstellten.

Preiskontrolle

Sowohl EICH als auch BRESSON argumentieren, dass Preiskontrollen grundsätzlich dem Marktzugang, also der Absenkung von monetären Zugangsschranken dienten. Sie verfolgten damit aber weniger soziale als politische Zwecke, insofern sie finanzielle Abhängigkeit und persönliche Verpflichtungsverhältnisse unterbinden sollten [1: EICH, Politische Ökonomie, 189ff. und 218ff.; 1: BRESSON L'Économie II, 39–44 mit Beispielen aus hellenistischen Poleis; 1: DREXHAGE/KONEN/RUFFING, Wirtschaft, 29 mit kaiserzeitlichen Beispielen aus Ägypten und Thrakien]. Als paradigmatisch kann eine Passage bei Plutarch angesehen werden, nach

Funktionen von Preiskontrolle

der Perikles seine gesamten landwirtschaftlichen Erträge auf dem Markt verkaufte und selbst auf der Agora seine Lebensmittel kaufte. Dagegen sei sein Rivale Kimon dem Markt fern geblieben und habe stattdessen seinen Freunden und Getreuen heimlich Geldbeträge zugesteckt [2.4.4: VON REDEN, Exchange, 109–111 mit Plut. Per. 14,3]. Vergleichbar waren im republikanischen Rom *frumentationes*, die Getreide zu gesenkten Preisen auf den Markt brachten. Auch ein Kaiser Hadrian zugeschriebenes Reskript gegen überhöhte Preise auf dem athenischen Fischmarkt (IG II/III2 1103) galt weniger der Marktregulierung denn als Zeichen kaiserlicher Euergesie gegenüber Athen [1: DREXHAGE/KONEN/RUFFING, Wirtschaft, 29]. Folgt man dieser These, symbolisierten Preiskontrollen auf dem Markt normative Grundlagen antiker Staaten und sind Beispiele öffentlicher und staatlicher Selbstverpflichtung zu diesen Grundlagen [MILLETT, Encounters, 218–224].

2.5 Staatliche Organisation

2.5.1 Staatliche Organisation und wirtschaftliche Entwicklung

Staatliche Organisation und „Staat"

Nach DOUGLASS NORTH ist staatliche Organisation, insofern sie Rechte und Regeln verstetigt und Infrastrukturen bereitstellt, wirtschaftlicher Entwicklung förderlich [NORTH, Framework; diskutiert in 2.5.4: LO CASCIO, Role of the State, 220f.]. Die anhaltende kontroverse Frage, ob und ab wann antike Poleis und Reiche als Staaten bezeichnet werden können oder ob die politischen Organisationsformen der Antike „welthistorisch ohne Vergleich" sind, wie WINTERLING [„Staat", 254] argumentiert, kann hier nicht diskutiert werden [zur Diskussion LUNDGREEN, Einführung; WINTERLING, „Staat"; WALTER, Begriff des Staates, 9ff.; 2.5.4: HÖLKESKAMP, Rekonstruktionen, 66ff.; BALTRUSCH, Außenpolitik, 78ff., 2.5.2: HANSEN, Polis, 64]. Ein wichtiges Substrat der Positionen, die von Staaten in der Antike sprechen wollen, ist jedoch, dass ein Staat keine feststehende politische Organisationsform ist, die sich evolutionär herausbildet, sondern als bestimmte, nämlich institutionelle, Reaktionsweise auf sich wandelnde Bedingungen zu verstehen ist [2.5.4: HÖLKESKAMP, Rekonstruktionen, 68; 2.5.2: MORRIS, Greater State, 134; GOLDSTONE/HALDON, Ancient States, 4–10 mit MANN, Sources of Social Power, 20–32; BANG/BAYLEY, Premodern Empires; 2.5.3: EICH/EICH, State-Building, 4ff.; 2.5.4: EICH Metamorphose, 21–47].

Max Weber

Für die Frage, welche Formen der institutionellen Reaktion als staatlich bezeichnet werden können, sind in der Forschung die Kriterien von MAX WEBER weiterhin gültig, auch wenn WEBER Staatlichkeit evolutionär dachte und den Begriff Staat erst für moderne Staatlichkeit angemessen hielt [Wirtschaft und Gesellschaft, 26–30]. Es sind dies (1) die Bildung eines differenzierten Systems von Organen und Personal, das auf ein Zentrum bezogen ist und die staatliche Ordnung an seine Peripherien trägt; und (2) ein abgegrenztes geographisches Gebiet, über das der Staat das Monopol legitimer Anwendung von Zwang und Gewalt zur Durchsetzung seiner Ordnung in Anspruch nimmt. Die Frage, inwieweit antike Staaten ihr Staatsgebiet an der Peripherie tatsächlich staatlich sicherten (s.o. 2.4.2), ist nicht immer ganz sicher und für die Provinzgrenzen der römischen Republik negativ beantwortet worden [2.5.4: RICHARDSON, Empire, 79ff.; 2.5.3: EICH/EICH, State-Building, 24; 2.5.4: HÖLKESKAMP, Rekonstruktionen, 67]. Dagegen können die vielfach bezeugten öffentlichen Bemühungen um Landvermessung sowie die öffentliche Schlichtung von Grenzstreitigkeiten als institutionelle – staatliche – Versuche der Sicherung territorialer Grenzen angesehen werden [2.5.4: KEAY/EARL, Towns and Territories; 2.3.1: CUOMO, Technology, 103–130 zur Bedeutung von Landvermessung].

Militärische Expansion, die Integration neuer Gebiete und Bevölkerungen sowie Tribut- und Steuereinziehung erfordern Strukturwandel, der staatliche Entwicklung vorantreibt [TILLY, Coercion 67ff.]. In diesem Sinne stellen MORRIS [2.5.2: Greater State] die athenische Symmachie, MACKIL [2.5.3: Common Polity] hellenistische Staatenbünde, FISCHER-BOVET [2.5.4: Army and Society] und MANNING [2.5.4: Last Pharaohs] das hellenistische Ägypten und EICH/EICH [2.5.3: State-Building] das römische Reich zur Zeit der Republik dezidiert als staatliche Entwicklungsprozesse dar. Wesentlich ist in diesen Arbeiten, dass staatliche und wirtschaftliche Entwicklung sich gegenseitig bedingen. Diesem Thema sind in den letzten Jahren mehrere Sammelbände gewidmet worden [ANDREAU/BRIANT/DESCAT, Économie Antique; 2.5.4: CHANKOWSKI/DUYRAT, Le roi et l'économie; 2.5.4: ZACCAGNINI, Mercanti politica; 2.5.4: LO CASCIO/RATHBONE, Production and Public Powers]. Grundsätzlich wird das Zusammenspiel staatlicher Wirtschaft mit privaten Akteuren hervorgehoben [GABRIELSEN, Profitable Partnerships, 245].

Staatliche Entwicklung und Expansion

RUFFING [1: Wirtschaft, 69–74 mit 2.4.6: BRESSON, Cité marchande] unterscheidet drei Ebenen, auf denen staatlicher Einfluss für die Wirtschaft eine Rolle spielte: (1) der Staat als Garant von Eigentum, Vertragsrecht, Streitschlichtung, Bereitstellung von Ordnungspersonal und Handelsplätzen, Münzprägung und Besteuerung; (2) der Staat als Wirtschaftsteilnehmer, d. h. als Eigner und Verpächter von Ländereien, im Unterhalt einer Flotte, im Städtebau, in der Sicherung von Rohstoffen wie Edelmetall und Holz sowie von Getreide; (3) der Staat als wirtschaftliche Gestaltungsmacht in Form von Steuermaßnahmen, Einfluss auf Bargeldbestände, Getreide und Handel, Veränderung der Agrarfläche durch Urbarmachung und Neugewinnung. Auch BISSA [3.5.2: Governmental Intervention, bes. 19] unterscheidet zwischen staatlicher Intervention und staatlicher Beteiligung und hält es für das besondere

Staat und Wirtschaft

Kennzeichen von antiker (Polis)Staatlichkeit, dass beide äußerst eng verflochten waren. Zum einen führte die große Bedeutung der Steuerpacht dazu, dass private Pächter einen Teil des staatlichen Gewinns abschöpften; zum anderen habe die hohe Beteiligung staatlichen Personals an Handel und Landwirtschaft ein hohes staatliches Interventionsinteresse in diesen Sektoren verursacht. BRESSON [1: L'Économie II, 110–118] betont zusätzlich die Bedeutung zwischenstaatlicher Abmachungen zur Handelsvergünstigung (Marktrechte, Streitschlichtung und Vertragssicherheit zwischen Käufern und Verkäufern). Die Zeugnisse hierfür sammelt 3.5.2: GAUTHIER [Symbola].

2.5.2 Poleis

Staat und Steuereinkünfte

Die Entwicklung athenischer Staatlichkeit wird an ihrer fiskalischen Entwicklung festgemacht. MORRIS [Greater State] verweist auf eine fehlende Steuerpolitik im 6. Jh. v. Chr., um eine staatliche Entwicklung Athens und der Symmachie im 5. Jh. v. Chr. nachzuweisen. VAN WEES [3.1.1: Ships; 3.1.1: DERS., Diejenigen, die segeln] versucht dagegen regelmäßige Steuern in Athen schon unter Solon nachzuweisen. Die Athener hätten schon vor dem Flottenbauprogramm des Themistokles (483 v. Chr) eine stehende Flotte öffentlich finanziert, wozu eine stetige Steuereinziehung notwendig gewesen sei. Die bei Aristoteles im 4. Jh. v. Chr. schattenhaft umrissenen Naukrarien (gr. Pl. *naukrariai*; Aristot. Ath. Pol. 8,3; 21,5) seien als wesentliche Institution der Steuereinziehung für die Flottenfinanzierung zu verstehen. MORRIS [Greater State] argumentiert, dass von einem Staat Athen erst im 5. Jh.v. Chr. gesprochen werden könne [anders noch DERS. Early polis]. Doch bezieht er diese Staatlichkeit auf den gesamten Attischen Seebund, dessen Zentrum die Polis Athen gebildet habe. Staatliche Entwicklung zeige sich am Tribut-/Steuersystem, das ein hohes Maß an Identifikation der steuerpflichtigen Bündner mit den gemeinsamen Zielen des Seebundes aufweise, der Ausbreitung von athenisch genutztem Agrarland (Kolonisierung und Kleruchien) im gesamten Bündnisgebiet, dem zentralen Gütermarkt in Athen und damit verbunden der regen Binnenwanderung innerhalb des Bündnissystems sowie der bundesweiten Vereinheitlichung von Maßen und Gewichten sowie des Münzsystems durch das athenische Münzdekret. Allerdings ist gerade dessen Wirkung äußerst umstritten und eine tatsächliche Umsetzung nicht nachweisbar [s. unten 3.4.1: WARTENBERG, After Marathon, 25–27; 3.4.1: FIGUEIRA, Power of Money, 21ff.].

Attischer Seebund – ein Staat?

2.5.3 Bündnisse

Staatliche Entwicklung

Ein Zusammenhang von Bündnisbildung und wirtschaftlicher Entwicklung ist neuerdings erstmals von MACKIL vertreten worden [Common Polity; kurz BECK, Polis und Koinon, 197]. MACKIL folgt TILLYS Modell

[2.5.1: Coercion], indem sie staatliche Entwicklung zunächst als Folge verstärkter militärischer Konkurrenz und dann Grundlage für verbesserte Steuereinziehung und Ressourcenkonzentration ansieht. Ob die staatliche Entwicklung allerdings so erfolgreich war, wie MACKIL argumentiert, stellen die Hinweise GEHRKES [Jenseits, 66–75] eher in Frage, der das weiterhin anhaltende Konkurrenzdenken, Grenzstreitigkeiten und das anhaltend hohe Konfliktpotential zwischen hellenistischen Bündnissen betont. Der politische Frieden, der mit staatlicher Organisation assoziiert wurde, mag in den meisten Fällen eher eine Zielvorstellung als eine Realität gewesen sein.

EICH/EICH [State-Building, 24ff.] argumentieren ebenso mit Bezug auf TILLY, dass Rom und seine Bundesgenossen während der späten Republik sich staatlich entwickelten. Sie unterscheiden drei geographische Zonen, die mit TILLY unterschiedliche Funktionen erfüllten. Tribute und Heeresfolge wurden aus dem italischen Kernland, Militärdienst und zivile Dienstleistungen aus daran angrenzenden Gebieten und Geld- oder Naturalsteuern aus den peripheren Provinzen eingefordert. Überzeugend ist dieses Modell vor dem Hintergrund, dass kurz nach der Verleihung des Bürgerrechts an alle italischen Bundesgenossen (93 v. Chr.) die Steuer- und Zollbefreiung auch in Italien galt und fiskalisch mit der Stadt Rom eine Einheit bildete. TAN [3.1.1: Roman Republic] wertet dagegen die starke Privatisierung von Tribut- und Steuereinnahmen als Kennzeichen für die geringe Staatlichkeit des republikanischen Gebiets gegenüber der Kaiserzeit.

Spätrepublikanische Staatsentwicklung

2.5.4 Imperien und Reichsbildung

HOPKINS [1.2.3: Taxes and Trade] stieß eine einflussreiche Debatte zum Verhältnis von Staat, Markt und Geldzirkulation an. Er argumentierte, dass zwischen dem 2. Jh. v. Chr. und dem 2. Jh. n. Chr. durch die monetäre Besteuerung der Provinzen und die militärisch bedingte Güterbewegung (beides staatlich initiierte Faktoren) Geldumlauf und Handel zwischen den Provinzen signifikant zunahmen [zur Diskussion 1: VON REDEN, Survey, 160–164, und oben 1.2.4]. Dieses Modell implizierte eine deutliche Verbindung staatlicher und privater Wirtschaft, die bisher als zwei getrennte oder konkurrierende Sektoren angesehen worden waren. Gleichzeitig warf es die Frage auf, ob staatliche, also politische Ökonomie und die damit einhergehende Redistribution (Militär und Getreideversorgung) oder aber eine Marktökonomie das römische Reich integrierten. Stimulierte oder behinderte der römische Staat Marktentwicklung durch seinen redistributiven Sektor [1.2.3: WOOLF, Imperialism]?

Hopkins' Modell

Lo CASCIO betonte in mehreren Publikationen [z. B. Early Roman Empire; DERS., Role of the State, 225–227], dass der staatliche redistributive Sektor nicht signifikant war und darüber hinaus nicht unabhängig

Prinzipat

vom Markt funktionierte. Nicht mehr als 5 bis 10% der Gesamtwirtschaftsleistung seien vom Staat abgeschöpft worden [zur Plausibilität dieser Einschätzung 3.1.1: FRIESEN/SCHEIDEL, Size of the Economy]. *Frumentationes* und *congiaria* bildeten keinen staatlichen Redistributionssektor, sondern zeigten den Princeps als Wohltäter, schon weil sich die kaiserliche Freigiebigkeit aus den Einkünften des kaiserlichen *patrimonium* und nicht aus Steuern speiste. In der Verwaltung seiner Güter, deren Bewirtschaftung weitgehend auf Zwischenpacht und Unterverpachtung beruhte, handelte der Prinzeps als Wirtschaftsteilnehmer. Auch auf dem Kreditmarkt waren Kaiser aktiv [3.4.5: ANDREAU, Banking, 12, 61, 74f., 118f.]. Die *annona civilis* war kein im modernen Sinne staatliches Verteilungssystem, sondern die Agenten des Kaisers benutzten wie andere Importeure kommerzielle Transportmittel und private Zuarbeiter. Allerdings weist ADAMS [3.5.3: Land Transport, 122ff.] auf das hohe Maß staatlicher Kontrolle über Transportmittel (Esel und Kamelkarawanen) im römischen Ägypten hin, was zeigt, in welchem Maß der Staat als Wirtschaftsteilnehmer nicht auf derselben Ebene wie andere Wirtschaftsteilnehmer agierte.

Redistribution im römischen Staat

So ist es nicht ganz ungerechtfertigt, wenn man, wie etwa ERDKAMP [3.5.3: Grain Market], den staatlichen Wirtschaftssektor stärker betont als LO CASCIO. Der Princeps bestimmte den institutionellen Rahmen der Wirtschaft – etwa in der militärischen und rechtlichen Sicherung von Eigentum, Sicherung von Seewegen, Bereitstellung und Kontrolle einer fast reichsweit gültigen Währung – sowie das formale Rechtssystem und seine Vollstreckung sowohl in Italien als auch den Provinzen. Dies hatte Folgen für die Wirtschaft, war aber keine Wirtschaftspolitik im eigentlichen Sinne, wie auch gesetzliche Eingriffe in die lokalen Versorgungsmärkte (Vermeidung von Spekulation) politisch und weniger wirtschaftlich motiviert waren. Auch waren diese Maßnahmen keineswegs frei von Eigeninteressen und dienten zuallererst den Möglichkeiten, den Redistributionssektor, der gleichzeitig machtstärkend wirkte, aufrecht zu erhalten. Das Verhältnis von Staat und Markt veränderte sich aber auch im Zuge sich wandelnder politischer Bedingungen. LO CASCIO [Early Roman Empire, 645f.] selbst und viele andere Forscher sehen einen deutlichen Wendepunkt im letzten Drittel des 2. Jh.s, als die antoninische Pestperiode das Steuervolumen einbrechen ließ, Kriegsausgaben stiegen und Edelmetallabbau und Steuervolumen den Geldmittelbedarf nicht mehr deckten. Septimius Severus verschlechterte die römische Währung dauerhaft und verspielte damit Vertrauen in Münzwert und Marktaustausch. Umfangreiche Konfiskationen vergrößerten das kaiserliche Patrimonium und die wirtschaftliche Macht des Kaisers selbst. Dies erlaubte die staatliche Versorgung mobiler Truppen sowie die Ausweitung des redistributiven Sektors und führte damit zum Verlust der *taxes-and-trade*-Balance, auf der sowohl die politische Integration als auch die

Wandel

2. Die Bedingungen der Wirtschaft   133

Wirtschaftsleistung des Imperium Romanum beruht hatten. In diesem kombinierten wirtschaftlichen und politischen Transformationsprozess veränderte sich im 3. Jh. n. Chr. auch die kaiserliche Verwaltung von einer personalen hin zu einer stärker administrativ verstetigten Form staatlicher Organisation [EICH, Metamorphose, bes. 339ff.].

Zentralen Raum in der Debatte um die staatliche Entwicklung nimmt auch die Diskussion um staatliche Entwicklung im hellenistischen Ägypten ein. MANNING hat in mehreren Publikationen [z. B. Ptolemaic Economy; DERS. The Last Pharaohs, 117–164] gegen die weitverbreitete These einer autokratischen Zentralstaatlichkeit und Planwirtschaft unter den Ptolemäern argumentiert. Bis in jüngste Zeit folgte die Forschung den Thesen ROSTOVTZEFFS [1.2.1: Gesellschaft und Wirtschaft] und PRÉAUXS [Économie royale], die argumentierten, dass die ptolemäische Wirtschaft als zentralstaatliche Planwirtschaft oder *économie dirigiste* anzusehen sei. In der neueren Forschung wird die Agrarorganisation Ägyptens eher als Teil der ökologischen Besonderheit des Nillandes und weniger als zentralstaatliche Einflussnahme angesehen [3.3.3: THOMPSON, Agriculture; TURNER, Ptolemaic Egypt; RATHBONE, Ptolemaic to Roman Egypt]. Eine unvoreingenommene Abwägung der zum einen zentralistischen, aber auch freien Aspekte der ptolemäischen Wirtschaft gibt HUSS [Wirtschaft Ägyptens, 50–67]. MANNING [Ptolemaic Economy, 263f.] argumentiert, dass sehr heterogene Wirtschaftsformen das vorptolemäische Ägypten bestimmten und von den Ptolemäern sukzessive umgestaltet wurden. In dieser Umgestaltung zeige sich staatliche, aber nicht zentralstaatliche Entwicklung. Aspekte der staatlichen Entwicklung seien die Einführung von Münzgeld und monetärer Steuern sowie neue Institutionen zur Steuereinziehung, Bevölkerungszensus und eine neue, kontrollierte Steuergeographie [dazu 2.2.2: CLARYSSE/THOMPSON, Counting; zur Verwaltung außerhalb des Kernlandes BAGNALL, Administration]. Ferner entstanden neue rechtliche Institutionen wie z. B. ein stärker formalisiertes Vertrags- und Vollzugsystem und der Königssitz Alexandria als symbolisch-ökonomisches Zentrum. Dagegen wurden Bodenpachten und Bodenertragssteuern in ihrer traditionellen Form erhoben und eingezogen, was zu einer Zweigleisigkeit des Extraktionsprinzips führte [BINGEN, Hellenistic Egypt, 155–212], die erst unter römischer Herrschaft endgültig aufgehoben wurde [MONSON, From the Ptolemies to the Romans, 184ff., 275–285].

Das hellenistische Ägypten

3. Wirtschaftliche Praxis

3.1 Steuern, Abgaben und Redistribution

3.1.1 Ausgaben und Einnahmen

Flottenfinanzierung 1. Athen. VAN WEES [Ships, 44–53; DERS. Diejenigen, die segeln] hat kürzlich argumentiert, dass der Beginn einer athenischen Steuererhebung mit der Entwicklung der athenischen Flotte zusammenhängt, die er – entgegen vorherrschender Meinung – nicht mit dem Flottenbauprogramm des Themistokles 483 v. Chr. in Zusammenhang bringt, sondern in die erste Hälfte des 6. Jh.s v. Chr. datiert (s. oben 2.5.3; dagegen 3.1.2: SCHUBERT, Naukrarien, und unten). Während die Frühdatierung der Flottenfinanzierung über ein öffentliches Steuersystem keineswegs gesichert ist, bleibt unbestritten, dass sie spätestens ab der Gründung des Delisch-Attischen Seebundes die wichtigste regelmäßige kollektive Finanzierungsaufgabe der athenischen Polis darstellte, da Ruderer im Gegensatz zu Landheeren bezahlt werden mussten. Die Soldkosten einer Triere (200 Ruderer) betrugen 1 Talent/Monat (= 6000 Drachmen)

Kriegskosten im Peloponnesischen Krieg bei einem Tagessold von 1 Drachme/Ruderer [zum Sold, GABRIELSEN, Financing, 110–114; BURRER Sold]. HANSEN [War like no Other, 262] berechnet die Kriegskosten Athens im Peloponnesischen Krieg auf 40 000 Talente. Wichtig ist, dass, wenn diese Größenordnung zutrifft, der Peloponnesische Krieg nicht allein über Tribute und Liturgien finanziert werden konnte, sondern ein signifikantes Steuer- und Zollaufkommen erforderte. Das Gesamtvermögen Athens zu Beginn des Krieges ist oft diskutiert worden [SAMONS, Empire of the Owl]. Trotz aller Unwägbarkeiten literarisch überlieferter Zahlenangaben folgt MEISTER [Finanzielle Situation] Thuk. 2,13 und Xen. an. 7,1,27, die ein jährliches Einkommen aus Tributen, Steuern und Zöllen von 1000 Talenten plus 6500 Talente Reserve nahelegen. Die inschriftlich überlieferten Tributquotenlisten belegen ein durchschnittliches Tributaufkommen von 420 bis 460 Talenten pro Jahr, das aber schon 425 v. Chr. auf das Dreifache angehoben wurde [MERITT U.A., Athenian Tribute Lists]. Sollten die Kriegskosten über 18 Kriegsjahre tatsächlich 40 000 Talente betragen haben, musste, wie MALITZ [Preis des Krieges] argumentiert, mindestens das gleiche Volumen zusätzlich aus unregelmäßigen Tributen, Zöllen und privaten Mitteln aufgebracht worden sein. Zölle spielten hier zweifellos die größte Rolle, wie die Umstellung von Tributzahlungen auf die Einforderung der Hafenzolleinnahmen der Bündner ab dem Jahr 413 v. Chr. nahelegt (Thuk. 7, 28, 3–4). Nur eine forcierte Zentralisierung von Geld ermöglichte nach GABRIELSEN [Kosten, 60] die Finanzierung des athenischen Aufgebots, ein Finanzaufkommen, dem Sparta nur mit umfangreicher persischer Unterstützung entgegentreten konnte.

MIGEOTTE [Dépenses militaires] betont, dass Militärausgaben schwankten. Athen habe in den kriegsintensiven 370er Jahren v. Chr. zwei Drittel der städtischen Einnahmen für Militärausgaben verwendet, während in den 340er Jahren nicht mehr als ein Drittel der öffentlichen Einkünfte in Militärausgaben floss. Allerdings konnte Athen nach der Schlacht von Chaironeia (338 v. Chr.) auch keine militärischen Offensiven mehr planen, während das Steuervolumen durch die Reformen des Lykurg in den 330er Jahren massiv anstieg. Nach Plut. mor. 841b-c soll Athen 336–324 v. Chr. insgesamt über 18 659 Talente (knapp 40 Tonnen Silber) Steuereinkommen verfügt haben. Dies entspräche einer Finanzkraft, die kein europäischer Staat vor der Industriellen Revolution wieder aufbrachte und erscheint im Licht der Kenntnisse hellenistischer Einnahmen (s.u.) äußerst unwahrscheinlich; VAN WEES [Ships, 1] hält dieses Volumen jedoch für glaubhaft.

<small>Variabilität von Kriegskosten</small>

Den Versuch einer Bilanz von Ein- und Ausgaben im klassischen Athen im Verhältnis zu einem geschätzten Bruttosozialprodukt unternimmt OBER [Classical Athens]. Im Ergebnis registriert er eine vergleichsweise hohe Staatsquote (Ausgaben zu BSP) von 10–15 %. Diese Ausgaben seien offenbar durch regelmäßige, aber auch unregelmäßige Einnahmen ausgeglichen worden. Das hohe Staatseinkommen konnte vor allem deswegen auf friedlichem Wege erzielt werden, weil die athenische Bürgerschaft eine hohe Bereitschaft zu institutioneller Anpassung an neue Bedingungen aufgewiesen habe, was die Finanzreformen des 4. Jh.s v. Chr. nur bestätigen [dazu BRUN, Eisphora; LEPPIN, Verwaltung öffentlicher Gelder].

<small>Ausgaben-Einnahmen-Bilanz</small>

2. Hellenismus. Das Einkommen hellenistischer Könige war mit den Budgets griechischer Poleis strukturell und quantitativ nicht vergleichbar. Ptolemaios II. soll über jährliche Einnahmen von 14 800 Talenten in Silber und 2 Mill. Artaben (ca. 80 Mill. Liter) Getreide verfügt haben (Hier. comm. In Dan. 11,5). Die Getreideeinnahmen werden in der Forschung jedoch sehr viel höher geschätzt [VON REDEN, Ptolemaic Egypt, 79]. APERGHIS [Seleucid Royal Economy, 248–251] berechnet das Einnahmevolumen der ersten vier Seleukiden auf 14 000 bis 20 000 Talente pro Jahr. Sowohl die ersten Seleukiden als auch die Ptolemäer strukturierten das Steuersystem durch Agrarmaßnahmen, Monetarisierung und verstärkte Kontrolle in ihren Herrschaftsgebieten sukzessive um und erhöhten damit ihre Einkünfte signifikant [CAPDETREY, Pouvoir Seleucide, bes. 236; SCHULER, Tribute und Steuern; VON REDEN, Ptolemaic Egypt, 84–116; zu den Prinzipien größerer Steuereffizienz auch MONSON, Hellenistic Empires].

<small>Anstieg des Staatseinkommens</small>

Kriegskosten stiegen aufgrund militärtechnologischer Entwicklung und Belagerungstechnik und stellten griechische Städte vor schwierige Finanzaufgaben, insbesondere für Defensivmaßnahmen wie Mauerbau

<small>Anstieg von Kriegskosten</small>

und ihre Instandhaltung [BRUN, Guerre et finances; BAKER, Coût; MIGEOTTE, Dépenses militaires; CHANIOTIS, War, 115–121, bes. 116–118; CHANIOTIS, Impact]. OLIVER [3.1.3: War, 193–227] versucht erneut, den Anteil dieser Kosten innerhalb des athenischen Gesamthaushalts zu berechnen. MIGEOTTE [Dépenses militaires], SCHULER [*dioíkesis*], RHODES [*dioíkesis*] und CHANIOTIS [Impact] zeigen die komplexe Fiskalorganisation hellenistischer Städte und verdeutlichen noch einmal die institutionelle Flexibilität und damit staatliche Anpassungsfähigkeit an finanzielle und politische Herausforderungen. MACKIL [2.5.3: Common Polity, 304ff. 320ff.] argumentiert somit einleuchtend, dass kriegsbedingter Finanzdruck eine wesentliche Voraussetzung für Bündnisbildung und Ressourcenkonzentration war.

Besonderheiten der Republik

3. Römische Republik und Kaiserzeit. Das staatliche Steuervolumen ist für die Republik bisher nicht berechnet worden und ist auch schwer festzustellen. TAN [Roman Republic] betont das hohe Ausmaß der privaten Abschöpfung von Tributen als Folge der dezentralen senatorischen Herrschaftsstruktur und der Kreditinteressen der römischen Nobilität. SCHNEIDER [3.1.3: Politisches System] gibt zu bedenken, ohne allerdings einen quantitativen Nachweis zu versuchen, dass der öffentliche Finanzbedarf der Republik im Vergleich zu den hellenistischen Königreichen und dem Prinzipat gering gewesen sein muss, da die Kosten staatlicher Legitimation durch Aufwendungen von den senatorischen Familien privat aufgebracht wurden und Kosten für Hofhaltung bisher nicht anfielen.

Das imperiale Budget

FRIESEN/SCHEIDEL [Size of the Economy] berechnen das Gesamtprodukt des römischen Reiches in der Mitte des 2. Jh. auf 50 Mill. Tonnen Getreide oder 20 Mrd. HS pro Jahr. Davon habe der Staat nicht mehr als etwas über 5 % abgeschöpft. LO CASCIO [2.5.4: State and Economy, 622–625] veranschlagt die Staatsquote mit 10 % etwas höher. Davon hätten Militärausgaben, möglicherweise nicht immer, aber doch auf längere Zeit gerechnet, den größten Teil in Anspruch genommen. Für die ca. 28 Legionen im 1. Jh. [WIERSCHOWSKI, Heer und Wirtschaft] belief sich nach SPEIDEL [Army Pay Scale, mit Zusatz in DERS. Römische Schreibtafeln] die Summe der Soldzahlungen auf 224 Mill. HS pro Jahr. Hinzu kamen die Soldzahlungen an etwa ebenso viele Auxiliartruppen und an die Prätorianergarde sowie Entlassungsgelder und Sonderzahlungen (lat. Pl. *donativa*). Insgesamt veranschlagen DREXHAGE/KONEN/RUFFING [1: Römische Wirtschaft, 48–53] die römischen Militärkosten im 1. Jh. auf ca. 500 Mill. HS pro Jahr, RATHBONE [Warfare and the State, 174] etwas niedriger. DUNCAN-JONES [Imperial Budget, 45] schlägt eine Bandbreite von ca. 640–700 Mill. HS in der Mitte des 2. Jh.s bei einem staatlichen Gesamtbudget zwischen ca. 830 und 980 Mill. HS vor.

Von Augustus bis Maximinus Thrax (235–238) könnten Soldkosten

3. Wirtschaftliche Praxis 137

um das 8-fache gestiegen sein [SPEIDEL, Army Pay Scale, 106; zurückhaltender RATHBONE, Warfare and the State, 159f.]. Das staatliche Gesamtbudget schätzt DUNCAN-JONES in dieser Zeit auf 1,4–1,6 Mrd. HS [Imperial Budget, 45]. Mangelnde Kostendeckung wurde über vermehrte Münzproduktion, seltener über Steueranhebung und nie über Staatsanleihen von Privatleuten ausgeglichen. Sprunghafter Geldbedarf belastete Geldreserven in besonderem Maße. Die Kaiser selbst ließen sich für *stipendia*, *donativa* und *congiaria* neue Münzen prägen, was, so WOLTERS, nicht nur finanziell erforderlich, sondern auch prestigeträchtig war und die Münzprägung zu einem kaiserlichen Privatgeschäft werden ließ [3.4.3: Nummi Signati, 234–253].

Anstieg der Staatsausgaben

3.1.2 Organisation

Da das Ausmaß der direkten Besteuerung von Bürgern in griechischen Poleis begrenzt war, wird in der Forschung weniger von einem Steuersystem als von einer Finanzadministration gesprochen. Der Begriff umfasst verschiedene Besteuerungskonzepte – Liturgien, *eisphorai*, Tribute – und trifft nicht vorab Entscheidungen, in welche Kategorie eine Einnahme fiel. Die Frage der Titulatur und die Einschätzung der Frage, in welchem Maß griechische Poleis und insbesondere Athen, über Steuern oder Liturgien (zu denen nur die Reichen verpflichtet wurden) kollektive Ausgaben deckten, zielt in das Zentrum der Frage der Staatlichkeit griechischer Poleis (s.o. 2.4.5 und 2.5.2). So spricht OBER [3.1.1: Classical Athens] nur von Steuern und marginalisiert das Ausmaß liturgischer Zahlungen, die eine Polis finanzierten, während beispielsweise GABRIELSEN [3.1.1: Financing] von einer weitestgehend liturgischen Finanzierung der athenischen Flotte ausgeht. Für eine Diskussion einzelner Liturgien bleibt das einleitende Kapitel von DAVIES [3.1.1: Athenian Propertied Families] maßgeblich.

Charakter Finanzadministration vs. Steuersystem

Bedeutung von Liturgien

LEPPIN [3.1.1: Verwaltung öffentlicher Gelder, 570] betont, dass die Einrichtung für eine durchsetzungsstarke und regelmäßige Steuerung von Einnahmen den Prinzipien politischer Selbstverwaltung der (in der klassischen Zeit) demokratischen Polis widersprochen hätte, also das kollektivistische Prinzip griechischer Bürgerschaften unterminiert hätte. Magistrate für die Verwaltung von Einnahmen sind ab dem späten 7. Jh. v. Chr. in inschriftlichen Gesetzestexten griechischer Poleis belegt [KOERNER, Inschriftliche Gesetzestexte]. Doch geht aus diesen Texten nicht hervor, in welchem Maß das genannte Personal administrativ ausdifferenziert, also auf die Verwaltung einer Kasse spezialisiert war und inwieweit Finanzadministration und politisch-militärische Herrschaft überhaupt voneinander getrennt waren. Auch ist nicht davon auszugehen, dass zentrale Poliskassen denjenigen politischer Unterabteilungen (Demen, Phratrien, Kultverbänden) vorausgingen. Erst im 5. Jh. v. Chr. scheint eine zentrale Kasse (*demosion*) in Athen die Kassen von Unter-

Frühe Finanzverwaltung und Naukrarien

138 II. Grundprobleme und Tendenzen der Forschung

verbänden an Bedeutung übertroffen zu haben. KIENAST [Funktion], ISMARD [La Cité, 309], VAN WEES [3.1.1: Ships, 44–53] und andere gehen davon aus, dass die oben erwähnten zwölf Naukrarien pro Phyle lokale Bürgerzusammenschlüsse im solonischen Athen waren, die möglicherweise für die Finanzierung der Flotte verantwortlich waren. Dies bestreitet vehement SCHUBERT [Naukrarien, 38f.]. Die chronologisch frühste Erwähnung von *naukraroi* findet sich bei Herodot (5,71,2). Doch ist nicht rekonstruierbar, ob sie Teil einer administrativen Struktur oder lediglich Personengruppen waren, die für die (Schiffs)Finanzierung verantwortlich waren. SCHUBERT [Naukrarien] betont die Überschneidung von Zuständigkeiten für verschiedene Kassen noch in klassischer Zeit und bestreitet, dass Naukrarien gezielt der Flottenfinanzierung dienten. Eine institutionalisierte Flottenfinanzierung sei erst im 5. Jh. v. Chr. zu erkennen und diese sei gezielt über die Städte des Seebundes erfolgt. Erst am Vorabend des Peloponnesischen Krieges sei Geld in Form von *eisphorai* von den Bürgern selbst eingezogen worden und gleichzeitig Symmorien eingeführt, die sicher stellten, dass die *eisphora*, die lediglich eine Vorfinanzierung war, zurückerstattet wurde. LEPPIN argumentiert noch einmal, dass durch die Reformen des Eubulos eine gewisse Überschaubarkeit und Planbarkeit der athenischen Finanzen erreicht wurde [3.1.1: Verwaltung öffentlicher Gelder]. Im Zuge dieser Reformen wurden die Kassen für die *theorika* (Theatergelder) und *stratiotika* (Kriegsgelder), deren Entstehungszeit nicht bekannt ist, aufgewertet. Gleichzeitig sei der Versuch unternommen worden, den Einnahmen Stetigkeit zu verleihen und die Bürgerschaft aus der Abhängigkeit von einzelnen finanzstarken Bürgern herauszulösen. Die Einrichtung der Symmorie datiert LEPPIN erst in diese Zeit. Die *theorika* seien im Gegensatz zu anderen Unterkassen für Zahlungen weit über ihr Aufgabenfeld hinaus herangezogen worden, was deren Vorsteher zu den mächtigsten Politikern machte und gleichzeitig ein Finanzexpertentum schuf. Ganz im Sinne demokratischer Prinzipien sei jedoch durch eine andere wichtige Kasse, die *stratiotika*, Konkurrenz geschaffen worden. So hätten sich die Athener noch im 4. Jh. v. Chr. zwar einem Budgetprinzip angenähert, ohne jedoch eine mächtige Bürokratie entstehen zu lassen.

Während der römischen Republik wurden Geld- und Getreidesteuern der Provinzen über das Steuerpachtsystem eingezogen [BADIAN, Zöllner und Sünder]. Die Grundzüge und Motivationen des Systems, das das Personal des Senats von den administrativen Aufgaben der Steuereintreibung befreite und dem *aerarium* gleichzeitig ein gesichertes Einkommen zum Zeitpunkt des Abschlusses des Pachtvertrages sicherte, sind unbestritten [z. B. BRUNT, Publicans, 354]. Ebenso unbestritten ist, dass Steuerpächter, die vor Ort rekrutiert wurden und sich bisweilen (aber keineswegs immer) in Gemeinschaften (lat. Pl. *societates*) zusammentaten (Tac. ann. 50,3), gewinnorientiert vorgingen und eine Unternehmergruppe bildeten, die mit den Kreditinteressen reicher Senatoren eine enge Symbiose einging [SCHULZ, Herrschaft und Regierung, 193-199; s. auch BANG, Predation, 203-207].

Diskutiert werden allerdings die organisatorischen Grundlagen der Pachtgemeinschaften in unterschiedlichen Provinzen [NICOLET, Deux rémarques; MALMENDIER, Societas Publicanorum] und ihre Zugriffsmöglichkeiten, insbesondere die Möglichkeit der Verpfändung des Eigentums der Steuerpflichtigen [BRUNT, Publicans, 358f.]. Auch stellt sich die Frage, wie das Steuerpachtsystem, das im Detail in der späten Republik ausreichend nur in Sizilien und Kleinasien nachgewiesen ist, in anderen Provinzen funktionierte. ERDKAMP [3.1.3: Hunger and the Sword, 110-119] hält seine Bedeutung bis zum Ende des 2. Jh.s v. Chr. für gering. Es sei für diese Zeit nur über Livius bezeugt, der aber eine unzuverlässige Quelle sei, da er die Tributerhebung leicht nur in Rückprojektion seiner eigenen Zeit bewerte.

<small>Organisation von Steuerpachtgemeinschaften</small>

Die Grundlagen der Steuer- und Finanzadministration in der römischen Kaiserzeit sind u. a. von NEESEN [Untersuchungen], BRUNT [3.3.1: Roman Revenues], ALPERS [Finanzsystem] und WOLTERS [3.4.3: Nummi Signati, 174ff.] untersucht worden. Dabei stellt sich insbesondere die Frage nach der Trennung der senatorischen Kasse (*aerarium*) vom kaiserlichen Vermögen (*patrimonium* und *fiscus*), die aus den Quellen nicht deutlich hervorgeht. Die mangelnde Durchsichtigkeit zielt in das Zentrum der unausgesprochenen Machtverhältnisse zwischen Senat und Kaiser im Prinzipat [2.5.4: WINTERLING, Dyarchie] und ist für die Doppelrolle des Kaisers als Wirtschaftsteilnehmer und Spitze des römischen Staates von Bedeutung (s.o. 2.5.4). *Fiscus* war zunächst der Begriff für jede Form von Barschaft und konnte damit auch private Schatullen bezeichnen. Entsprechend war es auch der Begriff für die Barschaften des Kaisers [3.4.3: WOLTERS, Nummi Signati, 175f.]. Daneben konnten sich *fisci* aber auch auf die Finanzbestände der Provinzen beziehen. BRUNT sieht den Ursprung dieses Zusammenhangs in der Übertragung von Ämtern auf den Kaiser aufgrund seines Imperiums, wodurch die diesen Ämtern zugeordneten Einkünfte auf den Kaiser übergingen und dem *aerarium* entzogen wurden [BRUNT, Fiscus]. Dies wirft die Frage auf, ob die Einnahmen des Kaisers aus den Provinzen von den *fisci* der Provinzverwaltungen getrennt wurden. ALPERS [Finanzverwaltung, 59-60] argumentiert am Beispiel der Provinz Syria, dass die provinzialen Einkünfte des Kaisers von den Kassen der Provinzen (als Unterkassen des *aerarium*) getrennt waren und in den *fiscus* des Kaiers keine Steuern flossen. LO CASCIO [Finanzes, 26-27] versucht dagegen nachzuweisen, dass in den kaiserlichen Provinzen die Einnahmen des Kaisers und der Provinz identisch waren und in dieselben Kassen flossen. WOLTERS [3.4.3: Nummi Signati, 174ff.] argumentiert gegen rein staatsrechtliche Überlegungen, dass wegen der ideologischen Bedeutung des Senats als

<small>*Patrimonium*, *aerarium* und *fisci*</small>

konstitutioneller Grundlage des Prinzipats republikanische Kontinuitäten betont wurden. In der Außendarstellung besonders in Rom war die Trennung des öffentlichen *aerarium* von den kaiserlichen *fisci* im 1. Jh. zwar noch zentral, aber wurde sukzessive in der Praxis nicht mehr eingehalten. Gegen das Argument einer formalen Trennung der Kassen verweist er auf den besonderen Charakter des kaiserzeitlichen Staats, in dem das Vorrecht des Imperators auf die traditionellen Vorrechte des Volkes und des Senates auch die Finanzen einschloss. Jenseits der Frage des Verhältnisses von *aerarium* und *fiscus* ist die vermögensrechtliche Bedeutung des *patrimonium*, in das die Einkünfte aus den kaiserlichen Gütern eingingen, ambivalent. So war das *patrimonium* zwar das persönliche Eigentum des Kaisers, aber an seine konstitutionelle Rolle gebunden und wurde an den nachfolgenden Kaiser übertragen [RATHBONE, Imperial Finances]. Gleichzeitig betont RATHBONE, dass die Procuratoren in den kaiserlichen Provinzen sowohl mit der Verwaltung der kaiserlichen Güter als auch der Steuereinziehung betraut waren und damit sowohl das *patrimonium* als auch den *fiscus* verwalteten. Die Vereinigung dieser Aufgaben in einer Person machte also eine möglicherweise formal bestehende Trennung der Vermögensbestände von der Buchungspraxis eines jeden einzelnen Procuratoren abhängig.

Senatorische Provinzen
Die etwas übersichtlicheren Strukturen der Finanzverwaltung in den senatorischen Provinzen diskutiert CORBIER [Lex Portorii] anhand des Zollgesetzes der Provinz Asia. Wie auch BOWMAN [Provincial Administration, 346ff.] arbeitet sie heraus, dass während der Kaiserzeit in senatorischen (aber auch kaiserlichen) Provinzen eine stärkere Vereinheitlichung der Verwaltungsstrukturen bei möglichst großer Anpassung an vorher bestehende Systeme und lokale Bedingungen stattfand. MATTINGLY [2.5.4: Imperialism, 130] sieht in diesem Spannungsverhältnis von vereinheitlichenden Maßnahmen und der Beibehaltung lokaler Systeme den wesentlichen Grund für die langfristige Stabilität des kaiserzeitlichen Fiscalregimes.

Anstieg des Steuereinkommens
Nach SCHEIDEL [Early Roman Monarchy] führten für den Staat effizientere Steuererhebung und Einziehungsverfahren sowie erneute militärische Expansion zu einer Verdreifachung des Steuereinkommens ab der frühen Kaiserzeit. GÜNTHER [Indirekte Steuern] hat die Quellen zur Bedeutung und Höhe der indirekten Steuern (*vectigalia*), die auf alle römischen Vollbürger erhoben wurden und seit Augustus das *aerarium militare* speisten, zusammengestellt und ausgewertet. Vectigalia wurden bis ins 3. Jh. erhoben und konnten, so GÜNTHER, infolge der Ausweitung des Vollbürgertums auf alle freien Reichsbürger unter Caracalla (197–217), nicht mehr erhoben werden, da die Einziehung die Verwaltung vor unmögliche Aufgaben stellte [IBID. 168].

Tribute oder Steuerstaat
BANG [Predation] weist die Behauptung, das kaiserzeitliche Steuersystem sei als funktionierender Sozialvertrag von Leistungen und

Gegenleistungen zu verstehen, entschieden zurück. Dies ignoriere die Gewaltbereitschaft der römischen Steuerverwaltung und deren ausbeuterischen Charakter [so auch 1.3.4: HOPKINS, Political Economy]. BANG zieht es dagegen vor, von einem tributären Imperium und nicht von einem „Steuerstaat" zu sprechen, ein Konzept, das der einflussreiche Aufsatz von BONNEY/ORMROD [Crisis] zur Diskussion stellt. Beweis dafür sei die Tatsache, dass im Gegensatz zu frühneuzeitlichen Steuerstaaten Rom einen umfangreichen Militärapparat ohne Staatsanleihen und direkte Besteuerung der Einwohner des Kernlandes Italien unterhalten konnte. Auch BRANSBOURG [Later Roman Empire] sieht die Akzeptanz des römischen Steuersystems erst ab dem 2. Jh. mit zunehmender staatlicher Konsolidierung einsetzen. Eine endgültige Beurteilung der Frage hängt mit anderen Faktoren zusammen, etwa der Frage nach dem Maß an staatlicher Integration auf sozialer und symbolischer Ebene.

3.1.3 Getreideversorgung und Redistribution

Städtische Getreideversorgungsprogramme der Antike entsprangen grundsätzlich der Tradition der öffentlichen Verantwortung für das Wohlergehen der kollektiven Bürgerschaft, die sich an die politisch führenden Eliten richtete (s.o. 2.4.4). Doch zwischen unregelmäßigen euergetischen Maßnahmen der Preissenkung und Marktversorgung im klassischen Athen, den Getreidefonds der hellenistischen Poleis und der römischen *annona* bestanden erhebliche Unterschiede. Die imperiale Getreidesicherung für Athen und die dann folgenden Krisenmaßnahmen im 4. Jh. v. Chr. sind ausführlich von GARNSEY [3.3.3: Food Supply, 150–164; s. auch 2.4.6: BRESSON, Cité marchande, 183–210; OLIVER, War, 30–37] beschrieben worden. Dabei bleibt die Frage umstritten, inwieweit und ab welchem Zeitpunkt Athen von fremdem Getreide abhängig wurde (s.u. 3.2.1). Zum Beginn des Hellenismus begannen Städte dann, öffentliche Getreidefonds (gr. Pl. *sitonika*) einzurichten, die die Verteilung von Getreide zu fairen oder normalen Preisen, ab dem 2. Jh. v. Chr. auch kostenlos ermöglichten. Den Fonds standen Magistrate (*sitonai*) aus den vermögenden Schichten vor, die zu den Beitragspflichtigen gehörten und nicht nur Getreideankäufe, sondern auch das Fundraising und die Suche nach Importmöglichkeiten in ihrer Hand hatten [DIRSCHERL, Verteilung, 11]. In der Kaiserzeit ist die institutionalisierte *sitonia* für über 30 griechische Städte bezeugt und wurde entweder über Fonds und Stiftungen, gelegentlich auch über Darlehen finanziert [IBID., 19ff.].

Unterschiede innerhalb der Antike

Die römische *annona* entwickelte sich anders. RICKMAN [Grain Supply, 156–197] unterscheidet drei Phasen: Von der *lex frumentaria* des C. Gracchus 123 v. Chr. bis zum Volkstribunat des Clodius 58 v. Chr; von der *cura annona* des Pompeius 57 v. Chr. bis zum Beginn des Prinzipats; und von der Übernahme der *cura annona* durch Augustus 2 v. Chr. bis zu

Städtische *annona*

den Severern. Zunächst wurde ein gesetzlicher Anspruch aller stadtrömischen Bürger auf preisgesenktes Getreide zu einer popularen Forderung. Die zweite Phase war von der Einführung kostenloser Verteilungen für eine begrenzte Zahl von Berechtigten geprägt, während Augustus die *annona* verstetigte und die Berechtigten auf eine privilegierte Gruppe von ca. 200 000 Bürgern begrenzte. Die Rationen von in der späten Republik 4, dann 5 *modii* (ca. 33 kg) Getreide reichten für mehr als eine Person und wurden monatlich verteilt. ERDKAMP [3.5.2: Grain Market] rechnet, dass ein Drittel der stadtrömischen Bevölkerung über die *annona* versorgt wurde und leitet daraus eine signifikante Begrenzung des freien Getreidemarktes ab [so auch 3.3.3: GARNSEY, Food Supply, 231ff.; SCHNEIDER, Politisches System]. Er argumentiert zudem, dass die *annona civilis* sich aus den Überschüssen der Militärversorgung speiste und nicht, wie in griechischen Poleis, lediglich Knappheitssituationen ausglich [3.5.2: Grain Market, 240f. und *passim*]. Dagegen stehen die Argumente LO CASCIOS [2.5.4: Early Roman Empire; 2.5.4: DERS., Role of the State], der der *annona* eine geringe wirtschaftliche Signifikanz einräumt und damit die staatliche Komponente der römischen Wirtschaft gegenüber dem marktwirtschaftlichen Sektor zu verkleinern sucht.

3.2 Konsum und Lebensstandard

3.2.1 Konsum zwischen Luxus und Bedarf

Begriffe Der Begriff des Konsums, der soziale und marktwirtschaftliche Dimensionen von Verbrauch ins Spiel bringt, wurde zunächst nur für die Moderne angewandt. Heute wird er auch auf vormoderne Gesellschaften übertragen, da nicht nur in kapitalistischen Marktwirtschaften zwischen Grundbedürfnissen und sozial bzw. wirtschaftlich beeinflusstem Konsumverhalten zu unterscheiden ist [MILLER, Consumption; VON REDEN, Consumption]. In diesem Zuge ist auch die Unterscheidung von Versorgungs- und Luxusgütern hinterfragt worden, da sie vorbestimmt, welche Güter notwendige und weniger notwendige Bedürfnisse befriedigen [FOXHALL, Cargoes; 3.5.1: MORLEY, Trade]. Das Problem wird von HARRIS insbesondere für Versorgungsgüter wie Getreide, Wein und Essgeschirr, die hohe Qualitätsunterschiede aufweisen, deutlich gemacht [Late Republic, 529]. So haben auch BAKELS/JACOMET [Access] auf der Basis paleobotanischer Daten gezeigt, dass bestimmte Obst- und Gemüsesorten in Germanien naturalisiert wurden und von einem exklusiven Importgut zu einem einheimischen Nahrungsmittel wurden. Ähnliche Beobachtungen sind für den Weinanbau und seine Verbreitung in griechisch-römischen Einflussgebieten gemacht worden [3.5.3: TCHER-

NIA, Italian Wine Trade; 3.5.3: DERS. Le vin; 2.1.1: HORDEN/PURCELL, Corrupting Sea, 213–220].

Romanisierungs- und Hellenisierungsprozesse waren mit einem Wandel von Ernährungs- und Konsumgewohnheiten verbunden, die über Militär und Verwaltungspersonal in die Provinzen hineingetragen wurden [3.5.1: MIDDLETON, The Roman Army; 3.2.3: KING, Diet; 3.3.1: ROTHENHÖFER, Wirtschaftsstrukturen, 60 f.; 130 f.] aber auch durch staatliche Interventionen gefördert wurden [für Ägypten: 3.2.2: THOMPSON, New and Old; VAN MINNEN, Dietary Hellenization; VON REDEN, Consumption; zu Britannien 3.5.3: ONKEN, Wirtschaft an den Grenzen]. Kulturbedingte Änderungen im Konsumverhalten breiterer Bevölkerungsschichten hatten Einfluss auf Handel und Verbreitung von Gütern und machen die Behauptung, Handel habe nur lokale Knappheitsprobleme ausgeglichen oder dem Luxusgüterkonsum gedient, obsolet [FOXHALL, Cargoes; VON REDEN, Consumption, 403f.; zu Sizilien WALSH. Consumption] .

Romanisierung und Konsum

3.2.2 Verbrauch, Konsum und Getreidebedarf

Während in der älteren Forschung die für das 19. Jh. maßgebliche Unterscheidung von Stadt und Land im Mittelpunkt stand, wird heute betont, dass es Verbrauchergruppen mit signifikant unterschiedlichen Konsumkapazitäten gab. Diese Differenzierung ist notwendig, um das Miteinander von Subsistenzwirtschaft, in der sich die bäuerliche Bevölkerung vorwiegend aus den Erträgen ihres eigenen Haushaltes ernährte, und Marktverteilung, über die die Bedürfnisse von „zu Konsum fähigen" sozialen Gruppen befriedigt wurden, zu erklären. Märkte waren, so der gegenwärtige Forschungskonsens, in hohem Maß von den Konsumkapazitäten einzelner sozialer Gruppen abhängig [3.5.1: MORLEY, Trade, 43–48; 3.2.3: JONGMAN, Consumption, 592–594; 3.2.1: VON REDEN, Consumption, 385–387].

Konsumkapazitäten sozialer Gruppen

Tempel, deren Verhalten als Verbraucher, Konsumenten und Käufer über die Veröffentlichung ihrer Abrechnungen besonders gut bekannt ist, können die Ökonomie von Haushalten verdeutlichen. Im hellenistischen Kleinasien waren Tempel eigenständige, wenn auch unter der Aufsicht der Volks- oder Ratsversammlungen stehende Haushalte [3.3.1: DIGNAS, Economy]. Ihr regelmäßiger Bedarf an Rohstoffen, Nahrungsmitteln, Futter und Tieren für die Aufrechterhaltung von Kult und Personal ebensowie wie an Baumaterialien und Arbeitskräften für die Instandhaltung der Gebäude wurde kombiniert aus eigener Produktion und über Märkte gedeckt [CHANKOWSKI, Divine Financiers; 2.1.4: REGER, Regionalism]. Große Feste verursachten in unregelmäßigen Abständen außerordentlichen Bedarf an Opfertieren, Personal und Versorgungsgütern, die über Märkte gekauft wurden und zum Teil aus öffentlichen Zuschüssen, vor allem aber auch aus tempeleigenen Reserven und Stif-

Tempel als Verbrauchssysteme

tungserträgen finanziert wurden. Die Verwaltung von Vermögen zur Deckung des regelmäßigen und unregelmäßigen Bedarfs und insbesondere die der Stiftungen bedurften langfristiger Planung und Kontrolle, die primitivistischen Modellen der Selbstversorgung oder mangelnden wirtschaftlichen Planung entgegenläuft [3.4.1: VON REDEN, Money, 156–185; 3.4.4: DAVIES, Temples; 2.1.4: REGER, Regionalism].

Getreidebedarf Athens

Der Getreidebedarf Athens ist intensiv diskutiert worden. Die Quantifizierung dieses Bedarfs ist allerdings angesichts lückenhafter Kenntnisse von Bevölkerungszahlen, Anbauflächen und Ertragsraten äußerst problematisch und kann kaum endgültig geklärt werden. GARNSEY [3.3.3: Food Supply, 89–106] argumentiert für einen relativ niedrigen Pro-Kopfverbrauch bei relativ hoher Ertragsrate und damit für einen nur unregelmäßigen Importbedarf Athens im 5. Jh. v. Chr. Attika habe in normalen Erntejahren 100 000–150 000 Menschen ernähren können, während zusätzlich Getreide aus Kleruchien und auswärtigen Besitzungen importiert wurde. GARNSEY errechnete einen durchschnittlichen Pro-Kopfverbrauch von 175kg pro Jahr, den er aus den vergleichenden Daten FORBES/FOXHALLS [Sitometreia] ableitete. ROSIVACH [Economic Aspects] hat mit neuen metrologischen Überlegungen, die sich aus dem athenischen Getreidesteuergesetz von 374/373 v. Chr. ergeben, argumentiert, dass das Agraraufkommen Attikas schon im 5. Jh. auch in normalen Jahren nicht ausgereicht habe. Es sei eher von einem Pro-Kopfverbrauch von 240kg Weizen pro Jahr sowie einer geringeren Ertragsrate Attikas als bei GARNSEY vorgeschlagen auszugehen. Auch WHITBY [Grain Trade], OLIVER [3.1.3: War 15ff.] und MORENO [Feeding] setzen Eigenproduktion und Bedarf in Athen niedriger bzw. höher an als GARNSEY. So argumentiert MORENO, dass nur ca. 85 000 Personen aus attischen Erträgen ernährt werden konnten und die Polis sogar schon ab dem 6. Jh. v. Chr. auf Importe angewiesen gewesen sei. Unumstritten ist, dass Athen ab dem 4. Jh. v. Chr. insbesondere wegen des Verlusts von Seeherrschaft und Kleruchien regelmäßig auf Getreideimporte angewiesen war [so auch 3.3.3: GARNSEY, Food Supply, 134ff.]. Offen bleibt die Frage, ob im 5. Jh. v. Chr. Importe allein knappheitsbedingt oder, wie VON REDEN argumentiert, auch präferenzbedingt waren [3.2.1: Consumption, 403–406]. Regelrechte Hungerkatastrophen oder endemische Hungerperioden, die, wie GARNSEY betont, nie ökologisch begründet sind, sondern sich aus begrenzten Zugangschancen und Ungleichverteilung ergeben, waren in der Antike wegen der hohen sozialen Verpflichtung an die Oberschichten, Getreideknappheiten abzumildern, selten [GARNSEY, Famine in History; 3.3.3: DERS. Food Supply, 8–39; KOHNS, Hungersnot; MIGEOTTE, Pain quotidien].

3.2.3 Lebensstandard

Die Ernährungsdebatte hat neue Impulse durch molekulararchäologische Forschung und Knochenanalyse erhalten [SALLARES, Molecular Archaeology; KING, Diet; KRON, Anthropometry]. Zur Bestimmung von Ernährungsstandards und dem Bedingungsgefüge von Alter, Krankheitsanfälligkeit und Mangelernährung geben insbesondere der Mineralgehalt des Knochenmaterials sowie Zahnschmelzapoplasien Auskunft [GARNSEY, Mass Diet]. DNA und Molekularanalysen lassen Mangelernährung und Krankheitsanfälligkeit regional besonders betroffener Personengruppen erkennen, legen aber auch nahe, dass umweltbedingte Krankheiten, wie Malaria in Italien, die Menschen unabhängig ihrer sozialen Herkunft betrafen [3.2.2: GARNSEY, Food, 61; JONGMAN, Consumption]. Eine geographische Verteilung von Skelettbefunden, die auf bestimmte Krankheiten hindeuten, hat SCHEIDEL [Physical Well-Being, 328] zusammengestellt. Hier zeigt sich eine relativ geringe Verbreitung von Knochenpathologien im römischen Britannien, was möglicherweise auf eine niedrige Bevölkerungsdichte in dieser Provinz zurückzuführen ist, dagegen ein hoher Grad in der Stadt Rom und Teilen Italiens, die mit dem hohen Malariarisiko in Italien in Verbindung gebracht werden können. Allerdings ist um Rom herum auch recht gesundes Knochenmaterial zu verzeichnen, was einfache Erklärungen unmittelbar wieder in Frage stellt [ibid., 329].

Knochenanalyse

Für die Einschätzung von Lebensstandards und Konsumverhalten sind das Niveau von Reallöhnen, gesamtgesellschaftlicher Fleischkonsum, Wohnungsverhältnisse und Begräbnisstrukturen als Indikatoren herangezogen worden. SCHEIDEL beobachtet entgegen der verbreiteten Annahme, dass im kaiserzeitlichen Rom der allgemeine Lebensstandard hoch gewesen sei, ein niedriges Lohnniveau im Vergleich zum Lohn-Preis Gefüge, das für das früh-achämenidische Mesopotamien und das klassische Athen nachweisbar ist. Niedriges Lohnniveau zeigt geringen Lebensstandard und hat Auswirkungen auf Mortalität und Morbidität einer Gesellschaft [2.2.4: SCHEIDEL, Roman Well-Being]. Dagegen weisen MAC KINNON [Production and Consumption] und KING [Diet] einen hohen Anteil von Fleisch, insbesondere Schweinefleisch, an der Ernährung der italischen Bevölkerung in der späten Republik und Kaiserzeit nach, was auf einen hohen allgemeinen Lebensstandard hindeute. FELLMETH [Brot und Politik, 32–39] stellt die literarischen Hinweise auf Schweinefleischkonsum in Italien zusammen. JONGMAN [Consumption] wertet den hohen Fleischkonsum als einen Anstieg des gesamtgesellschaftlichen Lebensstandards und eine Abnahme der ökonomischen Ungleichheit in den Kerngebieten des römischen Imperiums zwischen dem 2. Jh. v. und 2. Jh. n. Chr. Dies zeige sich auch an einem Anstieg des durchschnittlichen Größenwachstums [JONGMAN, Gibbon Was Right; 2.2.4: DERS.,

Einkommen und Reallöhne

Fleischkonsum

Anstieg unter römischer Herrschaft?

146 II. Grundprobleme und Tendenzen der Forschung

Roman Economic Change]. Der Bevölkerungsschwund während der Aurelianischen Seuche (s. oben 2.2.1) habe sich aber wieder verschärfend auf soziale Gegensätze ausgewirkt. Ernährungsstandards nähmen ab dem 3. Jh. wieder ab, Armut und Reichtumskonzentration wieder zu. Dies zeige, dass Ansprüche auf die Erträge der Wirtschaftsleistung weiterhin ungleich verteilt blieben [Consumption, 616]. Im Gegenteil jedoch legt Knochenmaterial aus verschiedenen Provinzen des römischen Reiches nach SCHEIDEL [Physical Well-Being, 326] eine Abnahme des Größenwachstums unter römischer Herrschaft nahe. Diese Befunde belegten, ähnlich wie das geringe Lohnniveau, eher das malthusische Gesetz, das Lebens- und Ernährungsstandards bei steigender Bevölkerungsdichte abnehmen.

Lebensstandard in Athen

MORRIS [Standards of living] hat einen Anstieg des allgemeinen Lebensstandards für Athen im 5. Jh. v. Chr. anhand von Häusergrößen nachzuweisen versucht. Überzeugend sind seine Argumente insbesondere wegen der umfangreichen methodischen Diskussionen, in die der quantitative Nachweis eingebettet ist. Grabbeigaben, Grabmonumente und Weihegeschenke als Kennzeichen von Konsumverhalten, das sich entweder im Leben oder innerhalb einer Totenkultur niederschlägt, hat MORRIS zudem in [Death Ritual, 103ff.] untersucht. Die Befunde sind keineswegs eindeutig, aber in ihrem Zusammenspiel und im Zusammenhang mit literarischen und bildlichen Informationen können sie detaillierte Auskünfte über Phasen sozialer Mobilität und Veränderungen in der Sozialstruktur Athens zwischen dem 7. und 5. Jh. v. Chr. geben.

3.3 Landwirtschaft und Produktion

3.3.1 Agrarorganisation

Landkategorien

Landkategorien spielten aus steuerlichen Gründen in Ägypten und Asien eine größere Rolle als in klassischen griechischen Stadtstaaten und in Rom, wo sich Unterscheidungen vor allem auf private gegenüber öffentlichen Rechten auf Erträge und Einnahmen bezogen. Öffentliches Land (gr. Sg. *demosia ge*) in griechischen Poleis war vor allem marginales Agrar- und Weideland sowie Bergwerke und Steinbrüche [1: BRESSON L'Économie I, 142]. Ob heiliges Land (gr. Sg. *hiera ge*) in griechischen Poleis eigentumsrechtlich öffentlich oder privat war, Verfügungsrechte und Anspruch auf Erträge also bei der Stadt oder beim Heiligtum lagen, wird in der Forschung diskutiert, stand aber, wie ISAGER/SKYDSGAART, [Ancient Agriculture, 181] anmerken, nicht wirklich zur Debatte: Es gehörte einem Gott. HORSTER [Landbesitz, 214 und *passim*] argumentiert, dass Tempeleigentum von Poliseigentum getrennt war und speziellen heiligen Gesetzen unterstand. Götter wurden durch die Priesterschaft repräsentiert und vertraten den Willen abstrakter Personen, wie auch Körperschaften (z. B. Kultvereine) nachweislich durch ihre Repräsentanten vertreten wurden [3.1.2: ISMARD, La Cité, 149–162]. Allerdings unterstand das Vermögen eines Heiligtums stadtrechtlich der Aufsicht eines öffentlichen Magistraten und der Volksversammlung. Im konkreten Fall von Streitigkeiten über Einkünfte, wie im Fall von Mylasa und dem Heiligtum von Labraunda (Kleinasien), war es nach DIGNAS [Economy of the Sacred, 93–106] Verhandlungssache, wem der Ertrag zustand.

Die Frage der Arbeitsorganisation auf griechischen und römischen Landgütern trifft ins Zentrum der antiken Wirtschaft. Lange wurde insbesondere unter marxistischem Einfluss argumentiert, dass in Attika Sklavenarbeit auf Groß- und mittlerem Grundbesitz die Norm war. Im 4. Jh. v. Chr. habe Besitzkonzentration zu einem deutlichen Anwachsen von Sklavenarbeit geführt. Insbesondere die prekäre Getreideversorgung habe trotz fallender Bevölkerungszahlen zur Intensivierung von Oliven- und Weinproduktion geführt, um Geldmittel für den Ankauf von Getreide zu beschaffen [s. etwa die klassische Untersuchung von DE STE CROIX, Class Struggle; zur Diskussion 1: EICH, Politische Ökonomie, 63–94]. AMELING [2.4.3: Landwirtschaft, 281–308] argumentiert dagegen, dass Besitzkonzentration in Attika im 4. Jh. v. Chr. keineswegs neu war. Ein Anstieg der Sklavenarbeit sei in literarischen Quellen nicht nachweisbar. Oliven und Wein, deren Anbau in Attika gar nicht besonders gut gelang, habe nicht zum Ausbau von Kapitalerträgen führen können. Auch FOXHALL [Control] geht von einer gleichbleibenden Landverteilung aus. 10 % der Athener hätten im 5. und 4. Jh. v. Chr. die Hälfte des Landes besessen. OSBORNE [Is it a Farm?] geht von einer wesentlich geringeren Konzentrationsrate aus, wenn er annimmt, dass ein Drittel der Bürger die Hälfte des Landes auf sich konzentriert hätte, und zeigt damit, wie willkürlich derartige Schätzungen sind. Gehöftgrößen scheinen in der zweiten Hälfte des 4. Jh.s aber zumindest in einigen Teilen Attikas zugenommen zu haben, während Hofanlagen wehrhafter und architektonisch komplexer wurden [3.2.2: LOHMANN, Atene; SCHULER, Polis und Umland, 65ff.; kritisch zu LOHMANNs Auswertung des archäologischen Befundes weiterhin OSBORNE, Is it a Farm?]. LOHMANN [Agriculture and Countrylife] schließt auf landwirtschaftliche Intensivierung anhand von Hinweisen auf die Terrassierung marginaler Flächen, während FOXHALL keine Indizien für eine Intensivierung des Olivenanbaus im 4. Jh. v. Chr. feststellt [3.3.3: Olive Cultivation, bes. 61–72]. Auf einen vermehrten Einsatz von Sklaven lässt sich weder über den Nachweis von Intensivierung noch über Landkonzentration schließen.

Auch in Bezug auf die römische *villa*-Wirtschaft wird die Bedeutung von Sklavenarbeit geringer eingeschätzt als noch vor 20 Jahren. Während SCHNEIDER [2.4.3: Antike Sklavenwirtschaft] in Sklavenarbeit noch ein Strukturmerkmal des römischen Großgrundbesitzes sah, stellt DE NEEVE

[Colonus] Pachtverhältnisse in den Mittelpunkt. Dies bestätigt sich auch, wenn man über die Grenzen des römischen Italiens in die Landwirtschaft der Provinzen (insbesondere Nordafrika und Ägypten) schaut. In einem jüngeren Artikel betont MATTINGLY [Imperial Economy, 289], dass die Pacht in der Landwirtschaft des römischen Reiches dominierte. Für die Zeit der römischen Republik urteilt DE LIGT [Agrarian, 596ff.] ähnlich. Auch die These eines Niedergangs des italischen Bauerntums im Zuge der Ausweitung der *villa*-Wirtschaft im 2. Jh. v. Chr. lasse sich nicht aufrechterhalten [s. auch 2.2.3: DERS., Peasants]. Die aus institutionenökonomischer Perspektive kostensenkende Rationalität eines variablen Verhältnisses von direkter Bebauung durch Sklaven und Lohnarbeiter einerseits und Pächter andererseits hat KEHOE für Italien, Ägypten und Nordafrika nachgewiesen [2.4.3: KEHOE, Investment, Profit and Tenancy; 1.3.3: DERS., Management and Investment; s. auch 3.3.3: RATHBONE, Economic Rationalism; ROWLANDSON, Landowners; HOFFMANN-SALZ, Wirtschaftliche Auswirkungen, 103ff, 282ff., 387ff.; MATTINGLY, Imperialism, 153f.]. Während DE NEEVE [Colonus, 151ff.; bes. 177] Pacht als rein ökonomische Strategie betrachtet, gibt FOXHALL [2.4.3: Dependent Tenant] noch darüber hinaus zu bedenken, dass sie den Patronageinteressen römischer Grundbesitzer und den sozialen Machtstrukturen der römischen Gesellschaft insgesamt entgegenkam.

3.3.2 Haushaltsproduktion als ökologisches System

Bedingungen der Haushaltsproduktion

Die sehr komplexen sozialen, demographischen und ökologischen Strukturen der griechischen Haushaltswirtschaft hat GALLANT [Risk and Survival] methodisch innovativ erarbeitet. Das Risikomanagement von bäuerlichen Haushalten steht dabei im Mittelpunkt. GALLANT betont die Notwendigkeit der Überschussproduktion auch in kleinbäuerlichen Haushalten für die Lagerhaltung und Maßnahmen der *social storage* (Ausgaben für Nachbarschaftshilfe, das soziale und religiöse Leben des Dorfes oder der Polis, die Auffangbecken für persönliche und kollektive Krisen darstellten). Auch geschlechts- und altersspezifische Arbeitsteilung waren ökonomische Rationalitäten, die an der optimalen Ausnutzung des Arbeitskräftepotentials zur Aufrechterhaltung des Haushaltes und weniger an Marktproduktion orientiert war. GALLANT zeigt also, dass typische Indikatoren für Marktentwicklung (Arbeitsteilung und Überschussproduktion) auch als Aspekte von Hauswirtschaften ohne Marktorientierung angesehen werden können und als Kennzeichen planvollen wirtschaftlichen Handelns jenseits des Marktes gelten können.

Auch für die agrarische Großproduktion hat KEHOE [1.3.3: Management and Investment; 2.4.3: DERS., Investment, Profit and Tenancy] eine an Risikobegrenzung orientierte Wirtschaftsrationalität (*satisficing behaviour*) nachgewiesen. Dabei geht es weder bei KEHOE noch bei GALLANT

um eine Rückkehr zu dem Modell MOSES FINLEYS (s.o. 1.2.3), sondern um
die Bestimmung wirtschaftlicher Produktionsstrategien und Mentalitäten, die innerhalb bestimmter sozialer, ökologischer, institutioneller und
technischer Vorgaben rational weil kostensenkend waren.

Vergleiche mit anderen traditionalen Bauerngesellschaften sowie Polikultur
Surveyarchäologie spielen bei der Forschung zur antiken Polikultur
und Haushaltsproduktion eine wesentliche Rolle (s.o. 1.3.1). HALSTEAD
[Traditional and Ancient Rural Economy] weist allerdings auch auf die
Grenzen des ethnoarchäologischen Vergleichs hin. Heutige Formen traditioneller Bodennutzung und Tierhaltung könnten nicht ohne weiteres
auf die Antike übertragen werden. Wegen der verbreiteten Polikultur
habe Brache eine viel geringere Rolle gespielt, während auf Hochweiden
ausgelagerte Tierhaltung (Transhumanz) eine Landschaft voraussetze,
die keineswegs überall im antiken Griechenland, der Ägäis und Italien
nachgewiesen sei.

Im Anschluss an die Frage der Rolle von Transhumanz ist die Tier- Tierhaltung
haltung intensiv diskutiert worden. FRAYN [Sheeprearing], SKYDSGAARD
[Transhumance], HODKINSON [Animal Husbandry] und die Aufsätze
in WHITTAKER [Pastoral Economies] gingen noch von einer großen
Bedeutung der Tierhaltung aus. CHANDEZON [L'élevage] entwickelte
für die spätklassische und hellenistische Zeit ein regional und sozial
differenzierteres Modell, das auch historischen Wandel berücksichtigt.
Unterschiedliche Landschaften hätten sehr unterschiedliche Weidevoraussetzungen geboten, wie schon allein die Mikroökologie Kretas
deutlich macht [3.5.2: CHANIOTIS, Verträge]. Auch die Verfügbarkeit
von Zusatzfutter und Wasserquellen sei, so CHANDEZON, ein wichtiger
Faktor für die Entscheidung, wo und wie Tiere gehalten wurden [s. auch
1: BRESSON L'Économie I, 139–147]. HOWE [Pastoral Politics] gibt einen
hilfreichen Überblick über die kontroversen Forschungspositionen und
argumentiert, dass die Zucht insbesondere von Pferden und Rindern im
Zusammenhang mit ihrem sozialen Wert als Prestigeobjekte betrachtet
werden müsse. Einen Standortvorteil hätten die mit weiten Weideflächen
gesegneten Ökonomien des ökologischen Gürtels von Thessalien über
Zentralgriechenland und die Peloponnes nach Kreta gehabt.

3.3.3 Absatzorientierte Überschussproduktion

Die agrarischen Möglichkeiten für Überschussproduktion waren in Atti- Variabilität der Überka im Vergleich zu anderen Gebieten recht begrenzt. BRESSON [Cyrene] schussproduktion
zeigt dies besonders eindrucksvoll an dem Vergleich, dass die athenische Gesamtproduktion von Getreide dem Volumen gleichkam, das die
Stadt Kyrene in einem Jahr lediglich exportierte. Trotz gewisser methodischer Schwierigkeiten ist die Quantifizierung von unterschiedlichen
Erträgen heute Grundlage jeder Diskussion über die Bedeutung von

150   II. Grundprobleme und Tendenzen der Forschung

Getreideimporten und -exporten griechischer Poleis [2.1.1: SALLARES, Ecology]. GARNSEY [Yield of the Land] hat dies für den Fall von Attika exemplifiziert. Dabei spielen nicht nur Erträge pro Hektar, sondern auch der variable Anteil der agrarisch genutzten Fläche am Polisterritorium insgesamt eine maßgebliche Rolle [DE ANGELIS, Estimating; 3.3.1: VAN DER SPEK, Near East, 411-416 zu Babylonien, Anatolien und Syrien; 3.3.1: RATHBONE, Roman Egypt, 700-705 zu Ägypten; 2.1.1: HORDEN/ PURCELL, Corrupting Sea, 65-74; 1: BRESSON, L'Économie II, 203-207; zusammenfassend 3.2.3: FELLMETH, Brot und Hunger, 39-49]. OSBORNE [2.4.5: Pride and Prejudice] hat Ertragsvolumen und Überschussproduktion des Gutes von Phainippos, dessen Einkommen in einer Gerichtsrede (Demosth. or. 42) verhandelt wird, diskutiert und in einen politischen Zusammenhang gestellt. Angesichts des sozialen und politischen Drucks auf die athenische Elite, in Liturgien und Polis Geld zu investieren, sei eine marktorientierte und an monetären Einkünften orientierte Landwirtschaft in Attika politisch und ökonomisch unverzichtbar gewesen.

Öl und Wein   Die Bedeutung von Öl und Wein als die wichtigsten Produkte, die marktorientiert angebaut wurden, steht seit langem außer Frage [AMOURETTI/BRUN, Production; PLEKET, Landwirtschaft]. Möglichkeiten der Produktivitätssteigerung sind im Zuge der wirtschaftlichen Entwicklung des römischen Reiches intensiv diskutiert worden [1: DREXHAGE/ KONEN/RUFING, Wirtschaft 72-84]. So zeigt die Verbreitung von Transportamphoren aus Baetica die Ausweitung der dortigen Produktion unter römischer Herrschaft. Die Verbreitung von Transportamphoren aus Tripolitana (ab dem 1. Jh.) und Africa Proconsularis (unter den Flaviern) wie auch der Anstieg von zum Teil kombinierten Ölpressen auf Großgrundbesitz belegen die Ausmaße der Ölproduktion in Nordafrika [MATTINGLY, Olive Boom; DERS., Olive for Export?; 3.3.1: HOFFMANN-SALZ, Wirtschaftliche Auswirkungen]. Ähnliches gilt für den Weinanbau, der zunächst in Campanien, ab dem 1. Jh. in Gallia Narbonensis und Hispania Terraconensis sowie in Nordafrika Schwerpunkte hatte [3.5.3: TCHERNIA, Vin, bes. 238]. Für Alexandria spielte die Weinproduktion in Kreta eine wesentliche Rolle, die sich unter römischer Herrschaft ebenfalls ausweitete [CHANIOTIS, Vinum Creticum].

Produktivitäts-   Neueren Datums ist der Versuch des Bandes von BOWMAN/WILSON
steigerung   [Agriculture], Produktivitätssteigerung und ihre geographische Verbreitung zu quantifizieren. Intensivierung von Produktion muss, so die Aussage des Sammelbandes, in ihren unterschiedlichen ökologischen Kontexten und der Bedeutung von urbanen Zentren sowie lokalen Siedlungsstrukturen untersucht werden. Methodisch bevorzugen die Autoren naturwissenschaftliche und geoinformatische Daten, die es ermöglichen, soziale und ökologische Faktoren in Beziehung zu setzen [1.3.2: WILSON/ BOWMAN, Quantifying]. Überschussproduktion erforderte vor allem aber auch einen vermehrten und effizienteren Einsatz von technischen

3. Wirtschaftliche Praxis   151

Mitteln, den MARZANO [Agricultural Production] feststellt. GOODCHILD [GIS Modelling] zeigt das ökologische Zusammenspiel von *villa*-Wirtschaft und bäuerlicher Produktion in Südetrurien und Sabina und versucht Zusammenhänge zwischen lokaler Bevölkerungsentwicklung und Änderung von Anbaumethoden nachzuweisen.

Der Nachweis von Be- und Entwässerungsprojekten spielt eine wesentliche Rolle in der Diskussion um die landwirtschaftliche Entwicklung der römischen Wirtschaft. Forschungsweisend war zunächst die Untersuchung LEVEAUS [Mentalité économique], der die Trockenlegung des Fuciner Sees südlich von Avezzano als Landgewinnungsmaßnahme zunächst Caesars und dann des Kaisers Claudius untersucht hat. SALLER [1.3.3: Framing, 264] betont allerdings die politische Motivation, den Ausnahmecharakter und die geringe Nachhaltigkeit des Projekts. KRON [Foodproduction, 166–170] stellt dagegen die Bedeutung von Landvermessung und Zenturierung für die Intensivierung der Landwirtschaft in Nordafrika heraus. Wesentlich erscheint bei diesen Projekten jedoch ihr Zusammenhang mit der Veteranenversorgung und dem staatlichen Getreidebedarf, die sie weniger als staatliche Wirtschaftsförderung denn als Konsequenzen der wirtschaftlichen Grundlagen des kaiserlichen Machterhalts erscheinen lassen.

Künstliche Be- und Entwässerung

Weniger unmittelbar wurde unter römischer Herrschaft auf den ostmediterranen Raum zugegriffen. Dennoch zeigen Siedlungsstruktur und Landnutzung auch hier Einflüsse Roms in Kleinasien und ab dem 2. Jh. auch in Syrien. SCHULER [Siedlungen 57–90; 101–136] zeigt im Detail, wie Gehöftstrukturen und kulturlandschaftliche Gliederung die agrarische Nutzung eines kleinasiatischen Hinterlandes bedingten und eine Nutzlandschaft durch menschliche Gestaltung geformt wurde. FRIEDMAN [Agriculture] zeigt, wie sich der Bergwerksdistrikt von Faynan in Syria (heute Jordanien) ab dem 2. Jh. wegen der besonderen Anforderungen der Arbeitskräfteversorgung für den Tagebau umgestaltete. ALCOCK [3.3.1: Eastern Mediterranean] gibt Beispiele für veränderte Siedlungsdichte in Gebieten des Ostmittelmeerraums, die aber keineswegs überall und auch nicht überall gleichzeitig erfolgte. Auch hier zeigt sich, dass der Einfluss Roms nicht gleichmäßig war, sondern sich auf regionale Produktion und die gesamtwirtschaftliche Entwicklung unterschiedlich und zeitlich versetzt auswirkte.

Entwicklung des Ostmittelmeerraums

3.3.4 Gewerbliche Produktion

In der Forschung werden wohl zu Recht die Kleinräumigkeit von Werkstätten, ihr primär regionaler Verteilungsradius und vor allem ihre untergeordnete Rolle in der urbanen Entwicklung betont [JONGMAN, Economy and Society, zur Textilmanufaktur in Pompeji; zur neueren Forschung, FLOHR, Textile Economy, 53–57]. Erklärungsbedürftig sind

Produktionsstätten

allerdings große Gewerbeanlagen wie jene in Barbegal, Arezzo oder Nordafrika, die Hinweise auf die Verarbeitung von Mehl, Produktion von Terra Sigillata und Herstellung von Transportamphoren für Öl- und Weinhandel in großem Stil liefern. WILSON [2.3.1: Machines] weist auf die archäologischen Zeugnisse für solche Anlagen hin, die ein Wirtschaftswachstum im 1. Jh. augenfällig bezeugten. WHITTAKER [2.1.2: Consumer City] weist allerdings auf ein wichtiges Strukturmerkmal hin, wenn er betont, dass die Produktion von Transportamphoren in Nordafrika in den Großgrundbesitz integriert war und keinen unabhängigen städtischen Produktionszweig bildete. Die Bedeutung des Gewerbes als eines in die Landwirtschaft integrierten und mit ihren institutionellen Strukturen vergleichbaren Produktionszweiges bestätigen auch die Befunde DREXHAGES, KONENS und RUFFINGS [1: Wirtschaft, 105–112], die in der gewerblichen Produktion ganz ähnliche hierarchische Arbeits- und Mandatsverhältnisse wie in landwirtschaftlichen Einheiten beobachten [Einzelbefunde auch in 3.3.1: ROTHENHÖFER, Wirtschaftsstrukturen, 133]. Entscheidend für die Beurteilung des Gewerbes in der antiken Wirtschaft sind auch seine Organisationsstrukturen. So hat FÜLLE [Internal Organization] argumentiert, dass die Terra Sigillata-Produktion in Arezzo in kleinen Werkstätten stattfand, die aber Öfen und andere Einrichtungen gemeinsam nutzten.

Organisationsstrukturen

In Bezug auf die griechische Polis hat HARRIS [Workshop, 80ff.] organisatorische Vergleichbarkeiten von *oikos* und Werkstatt (gr. Sg. *ergasterion*) beobachtet. Dies habe zu einer hohen horizontalen Spezialisierung in verschiedene Produktionszweige, aber geringer vertikaler Spezialisierung in Produktionsschritte geführt. HAWKINS [Manufacture] fragt nach der Kostenstruktur gewerblicher Werkstattproduktion im Vergleich zu Fabriken, die eine Vielzahl von Arbeitsschritten unternehmerisch integrieren. Angesichts der agrarisch bedingten Saisonalität der städtischen Nachfrage, der ebenfalls agrarisch bedingten Saisonalität des Arbeitskräfteangebots, der unregelmäßigen Nachfrage von hochwertigen Produkten sowie der Risikoaversität antiker Investoren seien Großunternehmen selbst während der Prosperiätsphase bis zum 2. Jh. unrentabel gewesen. Stattdessen sei sowohl die Massenproduktion als auch die Spezialfertigung über ein System vertraglicher Unterbeauftragung organisiert worden, das zum einen den extremen Spezialisierungsgrad handwerklicher Berufsbezeichnungen erklärt, andererseits der Netzwerkstruktur antiker Gesellschaft entsprach. Die Bedeutung von religiösen und sozialen Gewerbevereinen/*collegia* habe vor allem auch darin bestanden, eine derartige Vernetzung zu ermöglichen und aufrecht zu erhalten sowie möglicherweise auch Erfüllungshilfen zu gewährleisten. Die von DREXHAGE/KONEN/RUFFING und HAWKINS implizierten Thesen eröffnen weitere Forschungsmöglichkeiten für den Zusammenhang von gewerblicher und agrarischer Produktion und dessen spezifische Auswirkung auf die Entwicklung der antiken Wirtschaft.

3.4 Geld, Kredit und Banken

3.4.1 Geldentwicklung und Münzentstehung in griechischen Poleis

In der Forschung werden vier Geldfunktionen unterschieden (Zahlungsmittel, Tauschmedium, Wertmesser und Wertaufbewahrung) und auf unterschiedliche Ursprünge zurückgeführt [SCHÖNERT-GEISS, Prämonetäre Geldformen]. DONLAN [Scale, Value and Function] hat für die homerische Gesellschaft getrennte Tauschsphären identifiziert und ihnen unterschiedliche Tauschmedien zugeordnet. Edelmetall und fein gewirkte Textilien zirkulierten in der oberen Sphäre aristokratischen Tauschs und Geschenkaustauschs, während Lebensmittel und Gebrauchstextilien in Transaktionen zwischen Angehörigen nicht-aristokratischer sozialer Gruppen benutzt werden. Ochsen galten ebenfalls in der oberen Tauschsphäre als Wertmesser, während hier Edelmetall und feine Textilien Mittel der Wertaufbewahrung darstellten. Ähnliche Beobachtungen finden sich bei SCHAPS [Coinage], auch wenn er prämonetäre Geldformen nicht als Geld bezeichnen möchte. VON REDEN [Money] konzentriert sich dagegen auf die Bedeutung von Institutionen wie Ablöse- und Brautgeldzahlungen, die wegen ihrer Häufigkeit in aristokratischem Tausch zur Institutionalisierung von Geldflüssen im Zuge der Polisentwicklung führten. In den städtischen Gesetzgebungen des 7. und 6. Jh.s v. Chr. finden sich Strafklauseln, in denen das Strafmaß in Einheiten von Edelmetallgefäßen (gr. Pl. *lebetai* und *tripodes*) ausgedrückt ist und wohl auch so an die Tempel- und Poliskassen gezahlt wurde.

Archäologisch und literarisch lassen sich weitere Geldformen nachweisen, die SCHÖNERT-GEISS [Prämonetäre Geldformen] zusammengestellt hat. KROLL [Weighed Bullion] identifiziert außerdem beschriftete Silberbarren und -scheiben aus Paestum und Sybaris/Sizilien als zertifizierte Barrenwährung. Eine monetäre Bewertung von Speerköpfen, Silber- und Goldgeschenken geht aus einer archaischen Inschrift aus Ephesus hervor. So kann argumentiert werden, dass der Weg zum Münzgeld in Griechenland ca. 100 Jahre lang über gewogenes und zertifiziertes Edelmetall verlief. VAN WEES [3.1.1: Ships, 108–112] versucht zu zeigen, dass Maße und Gewichte, mit denen Metall abgewogen wurde, über Lefkandi/Euboia und Pithekussae/Italien in Anlehnung an das tyrisch-phönizischen Gewichtssystem nach Griechenland gelangten. KROLL [Silver] argumentiert, dass Geld vor allem in privaten Tausch- und Schuldverhältnissen, nicht in öffentlichen Zahlungsverhältnissen entstand. SCHAPS [Coinage; DERS., What Was Money] bestreitet, dass

Funktionen des Geldes

Entstehung des Geldes

gewogenes Metall schon Geld im eigentlichen Sinne war. Im Gegensatz zu KROLL argumentiert er, dass erst Münzgeld alle vier Geldfunktionen auf sich vereinigte. Die griechische Münzgeldkultur setzt er von der Geldkultur Babyloniens und Ägyptens ab, in denen über mehrere Jahrhunderte gewogenes Silber alle Geldfunktionen erfüllte und in komplexen monetären Transaktionen eingesetzt wurde [SCHAPS, Coinage, 34–56]. Obwohl diese Unterscheidung wichtig ist und auf die Besonderheit der griechischen Münzgeldtradition hinweist, spricht für KROLLS Ansatz KIMS Befund, dass schon zu Beginn der ersten Münzprägungen winzige Nominale geprägt wurden, die einer präzisen Metrologie folgten, und dass ein differenziertes monetäres Tauschsystem, das selbst kleine Transaktionen erfasste, vor der Münzentstehung bestand [KIM, Small Change; DERS., Money].

Entstehung von Münzen

Aus numismatischen Gründen ist eine Einführung von Münzen in griechische Poleis in der Mitte des 6. Jh.s v. Chr. entgegen der literarischen Tradition, die schon unter Solon Anfang des 6. Jh.s v. Chr. von Münzgeld spricht, vorzuziehen [HOWGEGO, Geld, 2f.; zu einer früheren Datierung allerdings erneut 3.1.1: VAN WEES, Ships, 128–130, aber ohne neuen numismatischen Nachweis]. Als Entstehungskontexte gelten Kontakte und Handel mit Kleinasien und der Levante, inneraristokratischer Austausch und polisinterne Zahlungs- und Belohnungssysteme [HOWGEGO, Geld, 12–20, bes. 18]. Die These, dass Geld und Münzen in religiösen Kontexten entstanden [STRØM, Obeloi; SEAFORD, Money, 4f.], kann trotz der Tatsache, dass Tempel am Umlauf von Geld wesentlich beteiligt waren [KROLL, Weighed Bullion], dass in Ritual und Mythos monetäre Konzepte von Wert und Verteilung ausgehandelt wurden [GERNET, Value; WILL, Überlegungen; SEAFORD, Money, 48–63] und dass Tempelbezirke die Fundstellen von prämonetären Schatz- und den ersten Münzfunden sind, wegen der imminent politischen und überregionalen Bedeutung griechischen Münzgeldes wenig überzeugen [VON REDEN, Monetary Economy, 111f.].

Ausbreitung von monetären Netzwerken

Die regionalen Münzfüße und Nominalsysteme hat KRAAY [Archaic Coins] zusammengestellt [Tabelle in VON REDEN, Money, 206–208]. RUTTER [Early Coinage] weist einen dramatischen Anstieg athenischer Münzprägung in den ersten Jahren des Attischen Seebunds nach. Während der athenischen Seeherrschaft setzte sich die athenische Währung deutlich gegenüber anderen Währungen durch. Inwieweit dies eine Konsequenz athenischer Prägeaktivität und Tributerhebung war oder noch zusätzlich politisch forciert wurde, ist umstritten. Entweder schon in der Pentekontaätie oder erst während des Peloponnesischen Krieges wurde ein Münzgesetz erlassen, dass die alleinige Gültigkeit von athenischen Münzen, Maßen und Gewichten auf den Märkten der Bündner dekreditierte (ATL II D 14). Während die ältere Forschung [und noch 2.5.2: MORRIS, Greater State, 147–149] dies als Zeichen des athenischen

3. Wirtschaftliche Praxis   155

Imperialismus bzw. der athenischen Staatsentwicklung im Seebund wertete, weisen Numismatiker auf fehlende Hinweise der erfolgreichen Umsetzung hin [WARTENBERG, After Marathon, 25–27]. Überzeugend hat FIGUEIRA [Power of Money] argumentiert, dass sich athenische Münzen angesichts ihrer hohen Akzeptanz in Handel und Zahlungsverkehr als dominierende Währung durchsetzten und andere Münzen graduell während des 5. Jh.s v. Chr. verdrängten. Das Münzgesetz habe diese Entwicklung lediglich noch unterstützt. Besonders Münzen des konkurrierenden aiginetischen Münzstandards hätten Schatzfunden zufolge schon um die Mitte des 5. Jh.s v. Chr. deutlich abgenommen und seien erst im 4. Jh. v. Chr. wieder in die Zirkulation zurückgekehrt.

3.4.2 Monetarisierung und Münzentwicklung in Rom und unter römischer Herrschaft

Die Anfänge der römischen Münzprägung lassen sich wiederum allein numismatisch klären, während die literarische Überlieferung als weitgehend wertlos gilt [CRAWFORD, Coinage and Money, 17]. Grundlegend für die Forschung sind die Befunde BURNETTS [Beginnings], die abgesehen von ihrer Chronologie unangefochten sind. BURNETT [Coinage, 5ff.] datiert die erste römische Münzprägung auf den Zeitpunkt der Eroberung Neapels 304 v. Chr., während CORNELL [Beginnings of Rome, 394] sie etwas früher mit dem römischen Vertrag zwischen Rom und Neapel von 326 v. Chr. in Verbindung setzt. *Entstehung des Münzwesens*

Die Ausbreitung der römischen Geldwirtschaft ist intensiv diskutiert worden. HOPKINS' Berechnungen, nach denen das Volumen von Denarii im Umlauf 157–50 v. Chr. auf etwa das 10-fache anstieg [1.2.3: HOPKINS, Taxes and Trade], sind methodisch angegriffen worden, weil sie auf ungesicherten Annahmen, etwa der Ableitung des Prägevolumens aus erhaltenen Stempeln oder umstrittenen jährlichen Verlust- und Demonetarisierungsraten, basieren [3.4.1: HOWGEGO, Geld, 101–110; 116–127; 1: VON REDEN, Survey, 163]. Außerdem ist zu bedenken, dass das Münzvolumen wenig über das tatsächliche Ausmaß der Monetarisierung aussagt. Nur ein Teil von Transaktionen in jeder Geldwirtschaft wird über bares Münzgeld abgewickelt, während steigende Barabwicklung kein Kennzeichen für zunehmende Monetarisierung ist. Nach HARRIS [Revisionist View] und HOLLANDER [Money, 31–53] funktionierte der römisch-republikanische Handel und Verkauf spätestens ab dem 2. Jh. v. Chr. zumindest innerhalb der Oberschicht in hohem Maße über bargeldlose Zahlungen [zurückhaltender 3.4.3: SCHARTMANN, Krise, 156f.]. Daneben bestanden während der gesamten Antike Naturalzahlungen fort, aber nicht weil die Geldwirtschaft unterentwickelt war, sondern weil es eine hohe Nachfrage an Zahlungen in *natura* gab und zudem viele regionale Wirtschaften eher einen Münzgeldmangel hatten [1.2.3: HOWGEGO, *Anstieg der Geldwirtschaft*   *Bargeldloser Geldverkehr*

Supply and Use]. Schließlich sind in HOPKINS' Berechnung weder Goldmünzen, deren Gesamtwert am Bargeldumlauf DUNCAN-JONES mit bis zu 70 % des Münzvolumens beziffert [Coin Hoards, 71f.], berücksichtigt, noch die nicht-imperialrömischen Silber- und Bronzewährungen in Ägypten und Teilen der Ostprovinzen [1.2.3: HOWGEGO, Supply and Use; KATSARI, Roman Monetary System, 212ff. zur Bedeutung lokaler Bronzeprägung]. Zur sukzessiven Verbreitung des Denarius in der frühen Kaiserzeit BURNETT/AMANDRY/RIPOLLÈS [Roman Provincial Coinage, 1–13].

3.4.3 Geldpolitik und Geldkrisen im römischen Kaiserreich

Geldwirtschaft und Münzversorgung

Monetarisierung und die Wege ihrer Verbreitung sind Grundlage für das Verständnis von Preisentwicklungen und Inflation. Aber gerade in der Antike ist Monetarisierung immer als ein Zusammenwirken von Münzen und Geld als Recheneinheit zu verstehen [etwa VERBOVEN, Demise and Fall]. Mit einer den Geldgebrauch deckenden Münzgeldversorgung ist weder in den griechisch-römischen Kerngebieten noch in den Provinzen und Besitzungen zu rechnen (s. auch 3.1.1). Das staatliche Prägevolumen zusammen mit monetärer Besteuerung stellte zweifellos einen wichtigen Faktor der Monetarisierung dar, doch ist fraglich, inwieweit diese beiden Faktoren zum Ausgleich gebracht wurden. CRAWFORD [Money and Exchange] hat die römische Münzprägung direkt mit dem staatlichen Bedarf an Militärausgaben korreliert. Darüber hinaus seien die römischen Legionen ein wesentlicher Motor der Monetarisierung besonders in den Grenzprovinzen gewesen. CRAWFORDS Argumente richteten sich dezidiert gegen die These einer Marktversorgung mit Geld von Staatsseite sowie Märkten als Monetarisierungsfaktoren. LO CASCIO [3.4.5: State and Coinage] argumentierte dagegen, dass die staatliche Münzproduktion schon aus fiskalischen Gründen an einer adäquaten Versorgung der Märkte mit Geld orientiert gewesen sei. KATSARI [3.4.2: Monetization] hat versucht, über die Analyse von Streufunden in einigen römischen Ostprovinzen die Bedeutung von städtischen Zentren als Monetarisierungsfaktor gegenüber der Heeresversorgung stark zu machen. In den Donauprovinzen, Kleinasien und Syrien konzentrierten sich Fundmünzen nicht etwa in Militärsiedlungen, sondern vor allem in urbanen Zentren, deren Märkte allerdings durch die Präsenz von Soldaten stimuliert wurden [3.4.2: KATSARI, Roman Monetary System, 167ff.; zum Geldgebrauch in Militärsiedlungen s. 3.5.3: ONKEN, Wirtschaft an der Grenze]. KATSARI zeigt an der Verschränkung von zentralen Edelmetallmünzen und lokalen Bronzeemissionen die Verbindung von staatlicher Geldproduktion und Marktdynamiken, die zwar ideologisch konkurrierend waren, aber ökonomisch betrachtet gemeinsam die lokale Münzgeldversorgung ausmachten.

3. Wirtschaftliche Praxis   157

Ab der Mitte des 2. Jh.s brach das komplexe Zusammenspiel von zentraler Münzprägung und lokalem Geldbedarf auseinander. Die Münzgeldproduktion stieg angesichts steigender Militärkosten und fallender Steuereinnahmen an, während der Edelmetallnachschub das Prägevolumen nicht mehr deckte. Der Feingehalt von Silbermünzen, der schon seit Nero immer wieder zeitweise manipuliert worden war, blieb dauerhaft abgesenkt. Es gibt allerdings keine Anzeichen, dass dies bis zum Bürgerkriegsjahr 238 zu Problemen am Markt führte. Erklärt wird die Akzeptanz unterwertiger Münzen damit, dass ihr Nominalwert und die Wertbeziehungen des tri-metallischen Münzsystems erhalten blieben [3.4.2: HARL, Coinage, 126–129; RATHBONE, Monetization; 3.4.2: KATSARI, Monetization, 76–79]. Auch wird vermutet, dass die Münzmanipulation entweder nicht bemerkt oder im Rahmen des Akzeptablen blieb [WOLTERS, Nummi Signati, 374]. Unmittelbare Preisveränderungen als Reaktion auf Gewichtsverlust und Manipulationen des Feingehalts der Münzen lassen sich jedenfalls nicht nachweisen [DUNCAN-JONES, Change and Deterioration, 225]. Ab der Mitte des 3. Jh.s wurden allerdings Goldmünzen nicht mehr in einem feststehenden Gewicht und Feingehalt ausgeprägt, was Auswirkungen auf ihr Verhältnis zu den gängigen Silbermünzen hatte. Zudem entstanden zusätzliche Münzstätten, die die ständig wechselnden Kaiser für eine willkürliche Münzproduktion usurpierten [3.4.2: HARL, Coinage, 133–143].

Münzverschlechterung

Der Versuch der Aurelianischen Münzreform (274) das Münzsystem zu stabilisieren, war nicht in allen Reichsteilen erfolgreich. In Ägypten lässt sich eine sprunghafte Preisinflation auf das 10-fache feststellen, die VERBOVEN [Demise and Fall] und RATHBONE [Monetization] als unmittelbare Folge der Veränderung der Nominalwerte im Zuge der aurelianischen Reformen ansehen. DREXHAGE/KONEN/RUFFING [1: Römische Wirtschaft, 200f.] führen auch die politischen Wirren, die die temporäre palmyrenische Herrschaft über Ägypten zu diesem Zeitpunkt auslöste, als zusätzlichen politischen Unsicherheitsfaktor an. Zweifellos war der Vertrauensverlust in die staatliche Münzprägung ein wesentlicher Grund für die Instabilität von Preisen und den temporären Zusammenbruch der Geldwirtschaft in machen Gebieten. Reichsweit erfolgreich war erst die integrierte Münz-, Steuer-, Verwaltungs- und Regierungsreform der Tetrarchie, die den römischen Herrschaftsraum neu ordnete und ab 296 auch Ägypten in das römische Währungssystem einschloss.

Preisanstieg

Die Frage, inwieweit römische Kaiser eine durchdachte Geldpolitik in Bezug auf Preisentwicklung und Zinsniveau verfolgten, ist häufig gestellt worden [zur Forschung 1: VON REDEN, Survey, 157; zuletzt 3.4.2: KATSARI, Roman Monetary System, 104ff.]. SCHARTMANN [Krise] kommt in einer erneuten Untersuchung der Finanzkrise des Jahres 33 zu dem Ergebnis, dass eine rationale Geldmengenpolitik der römischen Regierung kaum anzunehmen sei. Zum einen legen dies der ungleiche

Geldpolitik

Monetarisierungsgrad der Provinzen des römischen Reiches sowie der hohe Anteil von naturalwirtschaftlichem Tausch an der Gesamtwirtschaft nahe [so schon 1.2.3: HOWGEGO, Supply and Use], zum anderen seien mangelnder Informationsfluss, das Nebeneinander zentraler und dezentraler Entscheidungswege und Steuerungsmaßnahmen sowie eine insgesamt niedrige staatliche Abschöpfungsrate des Wirtschaftsaufkommens von nur ca. 10 % zu bedenken. HITCHNER [3.4.2: Coinage] betont dagegen das Ausmaß staatlicher Steuerung im römischen Reich, kann aber nur einzelne Anlässe zusammenstellen, etwa die Bereitstellung von zinsgünstigen Krediten im Jahr 33 oder anlassbezogene Geldgeschenke an Provinzbevölkerungen.

Qualität antiker Münzen Allerdings kann die allgemeine staatliche Selbstverpflichtung zu Echtheit und Feingehalt der Münzen, die bis zur Zeit der Flavier aufrecht erhalten wurde, als Form monetärer Steuerung angesehen werden [WALKER, Metrology, 106–110; WOLTERS, Nummi Signati, 401–406; HOWGEGO, Numismatic Approaches, mit POINTING, Roman Silver Coinage]. Auch das athenische Münzgesetz von 375/4 v. Chr. (SEG 26, 72), das vorsah, dass alle athenischen Münzen auf dem Markt von Banken überprüft, echte Prägungen und vollwertige Imitate angenommen, Fälschungen jedoch aus dem Verkehr gezogen würden, zeigt Formen von Steuerung [3.4.1: ENGELMANN, Wege; 1: BRESSON, L'Économie II, 90–97; 1.3.3: OBER, Democracy and Knowledge, 229ff.].

3.4.4 Kredit und Banken im klassischen und hellenistischen Griechenland

Modernität antiker Banken Auf die bei BOGAERT [Bankwesen] weitgehend am frühneuzeitlichen Modell orientierten Darstellungen des griechischen Bankwesens reagierte MILLETT [Lending and Borrowing] mit einer Gegenposition, die auf FINLEYS Untersuchung der attischen *horos*-Inschriften aufbaute [FINLEY Land and Credit]. *Horoi* markierten hypothekarisiertes Land unter Angabe von Darlehenshöhe und Verwendungszweck. MILLETT argumentierte mit FINLEY, dass die große Mehrzahl athenischer Darlehen moderat war und Konsumzwecken diente. Darüber hinaus sei eine deutlich ideologisch motivierte Ablehnung verzinster Bankdarlehen gegenüber zinslosen Darlehen in Freundschaftsbeziehungen und bürgerlichen Institutionen der Freigiebigkeit zu verzeichnen. Banken seien daher von Bürgern nur in Ausnahmefällen als Kreditinstitute in Anspruch genommen worden. Seehandelskredite bildeten eine spezielle Kategorie von besonders hoch verzinsten Darlehen, wurden aber bezeichnenderweise nicht von Banken, sondern in Netzwerken von Händlern und Bürgern vergeben. Gleichzeitig erschien die konträre Darstellung COHENS [Economy and Society], der mit einer explizit modernen Perspektive an das griechische Bankwesen herantrat: Banken in Athen seien handelsorientiert gewesen und Athener hätten sie in dieser Funktion deutlich anerkannt. Ein Bankier wie Pasion sei lediglich ein Beispiel für das handelsorientierte Klima in Athen, in dem einem Bankier für seine Verdienste das athenische Bürgerrecht verliehen wurde. Das Bankwesen habe nicht nur den kreditfinanzierten Handel gefördert, sondern durch die Ausgabe von Kreditgarantien, schriftlichen Zahlungsanweisungen (gr. Pl. *diagraphai*) und die Bestätigung von Kontodeckung auf Anfragen Dritter seien die Zahlungsbedingungen im Handel erheblich vereinfacht worden. Fehlende Zeugnisse für Seedarlehen von Banken seien lediglich einem Mangel an überlieferten Quellen zuzuschreiben. Auf die wichtigen, aber häufig vernachlässigten bankrechtlichen Unterschiede der *diagraphe* zum Wechsel oder modernen Scheck haben allerdings schon BAGNALL/ BOGAERT [Orders of Payment] hingewiesen. *Diagraphai* mussten immer persönlich garantiert werden und wurden nur auf der Basis persönlicher Kenntnisse aller Beteiligten ausgestellt bzw. ausgezahlt. Trotz einer gewissen Begrenztheit als Zahlungsmittel konnten sie allerdings den gefährlichen und unpraktischen physischen Geldtransport ersetzen.

Sowohl MILLETTS als auch COHENS Position lassen sich, wie MORRIS [Athenian Economy] betont hat, wegen der rhetorischen Aufladung der Gerichtsreden, aus denen fast alle Aussagen stammen, gegeneinander ausspielen. Im Ergebnis haben beide Positionen der Diskussion wichtige Impulse gegeben. COHEN weist zu Recht auf die Bedeutung von schriftlichen Geldanweisungen und Kreditgarantien hin, die allerdings auch in sozialen Netzwerken vergeben werden konnten [VON REDEN Demus' Phiale]. Ein grundsätzlicher ideologischer Widerstand gegen verzinste Darlehen lässt sich angesichts der verbreiteten Praxis von Tempeln, ihre Einlagen und Stiftungen verzinst und gewinnorientiert zu verleihen, ebenfalls nicht feststellen [DAVIES, Temples; CHANKOWSKI, Technique financières; GABRIELSEN, Bank and Credit Operations, 141 ff.]. Andererseits ist MILLETTS Hinweis auf die große Bedeutung sozialer Netzwerke und die ideologischen Vorbehalte in Athen gegen die Nutzung professioneller Banken für das Verständnis der athenischen Handelsfinanzierung und Wirtschaftsentwicklung wichtig.

Quellenproblematik

Die Forschung zu Handel, Banken und Kredit fasst GABRIELSEN [Bank and Credit Operations, 137–140] präzise und abwägend zusammen und weist auf drei Weiterentwicklungen im Hellenismus hin: (1) die Ausweitung von schriftlichen Zahlungsanweisungen, (2) ein deutlicher Anstieg des Kreditangebots durch die Verbreitung öffentlicher Banken (*demosiai trapezai*), professioneller Geldverleiher (gr. Pl. *danistai*) sowie kultischer und professioneller Verbände, die als Kreditgeber aktiv wurden, und damit verbunden (3) eine zunehmende Zusammenarbeit zwischen Banken einerseits und zwischen Banken und anderen Kreditgebern andererseits.

Bankentwicklung im Hellenismus

3.4.5 Banken und Handel in der römischen Wirtschaft

Römisches Bankwesen
Die Rolle von Banken in der römischen Wirtschaft ist weniger polarisiert diskutiert worden, doch ist auch hier die Frage zentral, in welchem Ausmaß und in welcher Form Banken an der Entwicklung des römischen Handels beteiligt waren. Die möglichen Größenordnungen von Handelskrediten werden an der Kreditfinanzierung einer Handelsfahrt nach Indien deutlich, an der aber der Kreditgeber möglicherweise nicht nur finanziell beteiligt war [RATHBONE, Muzris Papyrus]. Die Bedeutung sozialer Netzwerke, Klientel- und anderer Abhängigkeitsverhältnisse sowie *amicitia*-Beziehungen für Kredit, Handelsfinanzierung und bargeldlosen Geldtransfer ist unumstritten [2.4.4: VERBOVEN, Economy of Friends; ROLLINGER, Amicitia; 3.4.2: HARRIS, Revisionist View; ANDREAU, Banking, 9–30; 3.5.4: TEPSTRA, Trading Communities, 28–31; s. auch oben 2.4.3]. Wie im Handel waren in der Handelsfinanzierung sowohl im interpersonellen Bereich als auch unter Bankiers Gesellschaften (lat. Pl. *societates danistariae*) und die gemeinschaftliche Abwicklung von Transaktionen üblich, die auch über schriftliche Verträge geregelt werden konnten [JONES, Bankers, 62–78 mit FIRA 3. 157 (167 n. Chr.); 169–174].

Interpersoneller Kredit
Der jeweilige Anteil von Banken einerseits und interpersonellem Kredit andererseits an Kreditfinanzierung und Schuldenausgleich ist dagegen sehr viel schwieriger zu bemessen. Nachweise für eine Beteiligung von Banken an Seedarlehen bleiben weiterhin gering. In nur zwei Fällen lässt sich die Vermittlung eines Seedarlehens über eine Bank feststellen [RATHBONE, Financing mit SB XIV 4620; 4621; Dig. 50,5,3; ANDREAU, Banking, 71–79]. In den Geschäften der Sulpicii in Puteoli etwa spielen Darlehen an Händler in ihrer Zahl und Größenordnung insgesamt eine untergeordnete Rolle [JONES, Bankers, 165–174]. Es ist nicht einmal völlig klar, ob die Familie der Sulpicii eine Bank führte oder ob sie lediglich *faenatores* waren. GRÖSCHLER [*tabellae*-Urkunden], CAMODECA [Tabulae] und DREXHAGE/KONEN/RUFFING [1: Wirtschaft] hinterfragen dies nicht; JONES [Bankers] und RATHBONE/TEMIN [Financial Intermediation] halten sie für Bankiers, während ANDREAU [Banking, 71ff.] keine Anzeichen dafür sieht. Es lässt sich aber fragen, ob die Frage nach der relativen Bedeutung von Banken, *faenatores* und privaten Kreditgebern im Handel überhaupt sinnvoll gestellt ist. Sowohl private als auch professionelle Kreditgeber und Angehörige der *familia Caesaris* waren an den Kreditgeschäften von Bankiers beteiligt [RATHBONE/TEMIN, Financial Intermediation; ANDREAU, Banking, 74f. s.o. 2.5.4]. Allerdings nahmen Banken insofern eine Sonderstellung ein, als sie wegen ihrer weiten Verbreitung in römischen Städten ein Netzwerk von Anlaufstellen für die Kreditvergabe waren und nicht nur Einlagen, sondern auch Konten ihrer Kunden verwalteten und über Vernetzung und Kontoführung Akkreditive ausstellen konnten [JONES, Bankers, 179].

3. Wirtschaftliche Praxis   161

Während Buchgeldtransaktionen und bargeldlose Kreditvergabe auch innerhalb sozialer Beziehungen möglich waren, kam Banken in der Verstetigung dieser Praxis eine rechtsstiftende Rolle zu. Neben Krediten stellten Banken Dienstleistungen für die sichere Abwicklung von Geldgeschäften zur Verfügung, die zwar auch interpersonell möglich waren, die sie aber institutionalisierten und über ein dichtes Netzwerk verbreiteten. Die römische Rechtsentwicklung reagierte auf diese Praxis, indem sie rechtliche Sicherungen für diese Transaktionen entwarf. RATHBONE/TEMIN [Financial Intermediation, 391–407] argumentieren, dass Banken in dieser Rolle entscheidenden Einfluss auf die römische Handelsentwicklung und -finanzierung nahmen.

Vorteile des Bankwesens

3.5 Handel und Märkte

3.5.1 Voraussetzungen

Es wird heute nicht mehr bestritten, dass kleine agrarische Hauswirtschaften weite Räume der antiken Wirtschaft prägten. Andererseits wird die große Bedeutung von Handel und Marktaustausch verschiedener Größenordnungen vom 8. Jh. v. Chr. bis zum 4. Jh. n. Chr. ebenfalls kaum noch in Frage gestellt. Die Forschung nach der FINLEY-HOPKINS-Kontroverse fragt vielmehr nach den Formen der Marktentwicklung neben anderen Verteilungsformen, nach einzelnen Faktoren und Nachweismöglichkeiten der Marktentwicklung sowie den Verteilungskapazitäten, Preisbildungsprozessen und institutionellen Besonderheiten antiker Märkte.

Bedeutung des Handels

Trotz seines antiprimitivistischen Ansatzes betonte HOPKINS [1.2.3: Rome, Taxes, Rents and Trade], dass die Kapitaldeckung des römischen Handels im Vergleich zum Agrarbereich verschwindend gering war. Um die Stadt Rom, den wichtigsten Konsum- und Handelsfaktor der römischen Wirtschaft, mit Getreide zu versorgen, sei eine Handelsflotte im Wert von schätzungsweise 100 Mill. HS notwendig gewesen. Schon etwa 1 % des geschätzten Kapitaleigentums römischer Senatoren im 1. Jh. hätte diese Summe decken können. Diese Schätzung macht jedoch weniger eine geringe Bedeutung des Handels als den enormen agrarischen Kapitalbesitz einer sehr kleinen vermögenden Oberschicht deutlich und gilt bis heute als einer der Gründe, warum der Handel trotz seiner Sichtbarkeit im archäologischen Befund ein untergeordneter Wirtschaftsbereich blieb. Für SALLER [1.3.3: Framing, 263f.] – ebenfalls keineswegs ein Primitivist – war die Bereitschaft römischer Agrarmagnaten, in Humankapital und technische Entwicklung der agrarischen Marktproduktion zu investieren, begrenzt. Die Initiativen des Remmius Palaemon (Plin. NH 14.49–51) oder die Trockenlegung des Lacus Fuci-

Handel und Agrarwirtschaft

nus unter Claudius (Tac. ann. 12,56; Suet. Claud. 20) seien tagespolitisch motivierte Maßnahmen gewesen, die nicht nachhaltig waren (s. oben 3.3.3). KRON [3.3.3: Foodproduction] und WILSON [2.3.1: Machines] räumen Investitionen in technische Entwicklungen dagegen einen sehr viel höheren Stellenwert ein.

Städtischer Bedarf   MORLEY stellt den städtischen Bedarf als treibenden Faktor des antiken Handels heraus [Trade, 35–54]. Die überwältigende Mehrheit von Initiativen der Landentwicklung, der technischen Innovation und der Produktivitätssteigerung hätten wachsenden Absatzmöglichkeiten in nahegelegenen städtischen Zentren gegolten [s. auch 3.3.3: MARZANO, Agricultural Production]. WILSON [Approaches, 213] betont, dass die Frage entscheidend sei, aus welchem geographischen Umkreis sich Städte verschiedener Größenordnungen versorgten und wie lokaler, regionaler und interregionaler Handel zusammenhingen bzw. konkurrierten. Auf Rom bezogen arbeitete MORLEY ein differenziertes System heraus, das die Interdependenz von lokalen, regionalen und überregionalen Märkten deutlich zu machen versucht [Metropolis, 159–183; DERS., Early Roman Empire, 583; in Bezug auf die ptolemäische Wirtschaft MANNING, Networks].

Heeresversorgung   Ab der augusteischen Zeit wird das stehende Heer nicht nur für die Bereitstellung der *annona militaris*, sondern auch für die Markt- und Handelsentwicklung bedeutend [MIDDLETON, Army Supply, 3.5.3: REMSAL-RODRÍGUEZ, Heeresversorgung; 3.3.1: ROTHENHÖFER, Wirtschaftsstrukturen, 219f., 237; HERZ, Einleitung, 7]. MATTINGLY [Supplying Rome] unterstreicht die besonderen Bedingungen der Heeresversorgung, die ein äußerst differenziertes Netzwerk aus lokalen, regionalen und zentralen Ressourcen erforderte. Die Zollfreistellung von Lieferungen, die an das Heer gingen oder die städtische *annona* bedienten, bildete dabei einen nicht zu unterschätzenden ökonomischen, aber auch symbolischen Steuerungsmechanismus.

Handel und Staat   Die Frage, wie viel Staatlichkeit der antiken politischen Organisation unterstellt wird und welche Bedeutung antiken Staaten als Ordnungsmächten, Eigentümern von Staatsvermögen und Beteiligten an der Wirtschaft zugestanden wird, ist auch für Fragen der antiken Handelsentwicklung wesentlich. Entsprechend dem Staatskonzept FINLEYS war der Einfluss von Polis und Reichsregierungen auf den Handel gering und lediglich auf Krisensituationen beschränkt [1.2.3: FINLEY, Antike Wirtschaft, 176ff.]. In der gegenwärtigen Forschung spaltet sich die Diskussion in drei Richtungen: Eine Richtung betont den institutionellen Einfluss von Staaten auf Handel und Märkte [1: BRESSON, L'Économie II; 2.5.4: MANNING, Last Pharaohs; 3.5.3: JAKAB, Risikomanagement]. Eine andere fragt, in welcher Weise Staaten Handel schützten, förderten oder lediglich davon profitierten [WILSON, Approaches, 213; 3.1.2: CORBIER, Lex Portorii]. Und eine dritte vergleicht den Anteil des redistributiven staatlichen Sektors gegenüber privater Wirtschaftsaktivität und Marktentwicklung [WILSON ET AL. Forum on Trade; 3.5.3: ERDKAMP, Grain market; vgl. auch 3.1.3: DERS., Hunger and the Sword].

3.5.2 Handelsentwicklung im Ostmittelmeerraum

Das mediterrane Handelsnetz der frühen Eisenzeit (10./9. Jh. v. Chr.) zeigt sich archäologisch als sehr viel komplexer, als es Homer und biblische Texte des 8. Jh.s erscheinen lassen. BROODBANK verdeutlicht in einer Langzeitstudie die Intensität der sozialen oder wirtschaftlichen Interaktion mit materiellen Gütern nach der mykenischen Katastrophe (um 1200 v. Chr.). Die Annahme von ethnisch, etwa „phönizisch" dominierten Handelsrouten stellt er in Frage [2.1.1: Middle Sea, 470–482]. Im 9. Jh. kristallisierten sich Austauschsysteme an der Adria-Küste, im Tyrrhenischen Meer und im Ostmittelmeer entlang der Vorderasiatischen Küste über Zypern nach Ägypten heraus. Tyros spielte eine wichtige Rolle in der Anbindung der Levante an das Westmittelmeer und die Südküste Spaniens, Nordafrikas, Siziliens und Sardiniens. Doch nehmen Titulierungen wie „phönizischer", „griechischer" oder „etruskischer" Handel stadtübergreifende Identitätsformationen der archaischen Zeit vorweg [HALL, Archaic Greece, 97f.; DIETLER, Western Mediterranean, 242–245]. Inwieweit diese Güterbewegungen Handel in der oben definierten Bedeutung waren, können archäologische Befunde auch nicht klären. Die Epen Homers wie auch das Lehrgedicht des Hesiod legen eine Überschneidung von spezialisiertem Handel, aristokratischem Geschenkaustausch und Piraterie nahe, die lediglich ideologisch geschieden wurden [TANDY, Warriors into Traders 112ff.; OSBORNE, Pots; 2.4.4: VON REDEN, Exchange, 58–76]. Von einer sozialen Trennung von Handel und aristokratischen Tauschbeziehungen gehen dagegen BRAVO [Remarques], MELE [Commercio] und VAN WEES [Economy, 457–460] aus [zur Diskussion CARTLEDGE, Trade and Politics, 8–10].

OSBORNE [Pots] argumentiert auf der Basis von Verteilungsmustern athenischer, korinthischer und aiginetischer Keramik in Italien vom 8.–6. Jh. v. Chr., dass ein zielgerichteter, spezialisierter Handel von griechischen in etruskische Städte schon im 8. Jh. v. Chr. stattfand. Spezialisierte Ware richtete sich erkennbar an den Geschmack einer lokalen Abnehmergruppe. Da der Absatz bemalter Gefäße Fernhandelsfahrten nicht finanzierte [GILL, Pots and Trade], muss ein regelmäßiger Handel in Metallen und landwirtschaftlichen Erzeugnissen (Wein, Oliven) angenommen werden, als deren Beiladung Keramik transportiert wurde. Auch die griechische Siedlung Pithekussae, die am Ende des 8. Jh. v. Chr. sprunghaft auf mindestens 5000 Einwohner stieg, lege regelmäßigen Handel nahe, der sich in der Größenordnung von etwa 50 Schiffen pro Jahr bewegt habe [OSBORNE, Pots, 40f.].

Frühe Eisenzeit

Spezialisierter Handel

Schiffswracks Aus Wrackfunden (zusammengestellt in [1.3.2: PARKER, Ancient Shipwrecks]) können Tonnagen abgeleitet werden. Sie bezeugen auch die Bedeutung von Mischladungen [CARLSSEN, Shipwreck at Tekkas Burnu]. GIBBINS [Shipwrecks] weist aber auch auf die methodischen Probleme der Auswertung von Wrackfunden hin und warnt vor übereilten Rückschlüssen auf den Handel. CASSONS [Ships and Seamanship, 170–173] setzt die Ladekapazität von Handelsschiffen recht hoch an, wenn er Schiffe mit einer Tonnage von 150t ab dem 5. Jh. v. Chr. für durchschnittlich und 350t nicht für außergewöhnlich hält. Eine gewisse Korrektur der bezeugten Ladekapazitäten nach oben erlaubt sich allerdings insofern, als Wracks über ihre Amphorenladungen aufgespürt werden und damit Schiffe, die hauptanteilig Gereide luden und größer waren als Schiffe, die Güter in Behältern transportierten, in dem Material nicht repräsentiert sind [3.5.1: WILSON, Quantifying, 219f.].

Getreideimporte Die Diskussion um Handel in der klassischen Zeit wurde von der Frage nach athenischen Getreideimporten, ihrem Umfang, ihren Richtungen und ihrer sozialen Organisation dominiert [3.2.2: GARNSEY, Famine, 107–149]. Die Bedeutung des Pontosgebietes für den Getreidehandel ist durch die Gerichtsreden des Demosthenes bezeugt [3.2.2: MORENO, Feeding, 144–210; BURSTEIN, Demosthenes; DERS., Black Sea; KEEN, Grain for Athens]. In einer neuen Studie versucht PILKINGTON [Carthagenian Imperialism] jedoch nachzuweisen, dass Karthago im 5. Jh. v. Chr der wichtigste Getreidelieferant Athens war und erst im 4. Jh. v. Chr. das Königreich Pontos in den Vordergrund rückte.

Spezialisierung und Handel BRESSON [1: L'Économie II, 134–170, bes. 150–154] hat die komplexen Materialanforderungen der handwerklichen Produktion und das nur lokale Vorkommen z. B. von Teilsubstanzen für die Textilverarbeitung herausgestellt. Wegen der komplexen Produktionsbedingungen müsse ein arbeitsteiliger und marktorientierter Handel im Ägäisraum zwischen dem 5. und 1. Jh. v. Chr. angenommen werden.

Staatliche Intervention BISSA [Governmental Intervention] fragt nach staatlichem Einfluss auf den Handel in griechischen Poleis. Zu Recht betont sie lokale und zeitliche Unterschiede, die zweifellos entlang des Spektrums von Poleis mit stärkerer bzw. schwächerer maritimer Komponente [2.5.3: GEHRKE, Jenseits] auszumachen wären. Intervention beschränkte sich in klassischer Zeit außerhalb von Krisenzeiten auf (a) soziale Anreize, (b) Steuer- und Zollprivilegien und (c) gesetzliche Regelungen, die direkte Kontrolle aus ideologischen Gründen vermieden [bes. 234]. ENGEN [Honour and Profit] hat die für (a) und (b) wichtigen epigraphischen Quellen zusammengestellt. Am stärksten sei Intervention im Bereich des Imports zu verzeichnen. Sie bezog sich zwar keinesfalls allein auf Getreideimporte, konzentrierte sich allerdings auf politisch wichtige Arbeitsleistungen und Güter wie Edelmetalle, Holz und andere Baustoffe, für deren Nachschub sich zahlreiche diplomatische Abmachungen über Zollvergünstigungen,

3. Wirtschaftliche Praxis   165

Markterleichterung und spezielle Exportrechte (etwa für Holz aus Makedonien) feststellen lassen [ENGEN, Honor and Profit, 114f., 125f., 229f.]. ZIEGLER [Regeln], GAUTHIER [Symbola] und CHANIOTIS [Verträge, 134ff.] diskutieren die zwischenstaatlichen Rechtsgewährungsverträge, mit denen Poleis fremden Händlern Zugang zu speziellen oder allgemeinen Gerichtshöfen gewährten und damit im COASE'schen Sinne [s.o. 1.3.3] Transaktionskosten im Handel verringerten.

Die Ausweitung griechischer Herrschaft in das asiatische Hinterland und Ägypten sowie die Migration griechischer Bevölkerungen, Soldaten und städtischer Siedlungen [2.1.3: SCHARPER, Einwanderung] kann prima facie als stimulierend für Handel und Güterbewegungen angesehen werden. Wesentlicher ist allerdings die staatliche und agrarische Umgestaltung der neueroberten Gebiete, die insbesondere MANNING betont [3.5.1: Networks, 302f.]: Die Ausweitung von Münzgeld sei ein wesentlicher Faktor für diese Umgestaltung gewesen, was z. B. zur Einführung von Zollstationen (gr. Pl. *pylai*, Tore) an wichtigen Verkehrsknotenpunkten in Ägypten, aber auch zu einer neuen, auf Geldeinkommen gerichteten Fiskalpolitik und damit zu Marktentwicklung führte. Hinzu kam der Ausbau neuer oder schon bestehender Verkehrsrouten ins Rote Meer, nach Arabien und nach Zentralasien, die zunächst dem königlichen Import von Elefanten dienten, aber bestehende Handelsnetzwerke nutzten und mobilisierten [IBID., 306–315; SIDEBOTHAM, Berenike, 32ff. KITCHEN, Ancient Arabia, 169; 3.5.3: YOUNG, Eastern Trade].

Signifikant ist darüber hinaus die Entwicklung urbaner Zentren völlig neuer Größenordnung, die sich um die hellenistischen Höfe bildeten. SCHEIDEL [2.2.2: Demography, 77–80] betont, dass solche Städte nur bei verbesserter Versorgungskapazität langfristig bestehen können, die unter antiken Produktionsbedingungen wiederum nur über imperiale Zugriffsmöglichkeiten auf Überschussproduktion denkbar ist. MANNING hebt hier zum einen den staatlichen Zugriff auf Getreideressourcen für die Marktversorgung Alexandrias, zum anderen die Bedeutung der 300 km entfernten Fayum-Oase hervor [3.5.1: MANNING, Networks, 308]. Agrarische Entwicklungsprojekte im Radius größerer Städte können auch im seleukidischen Herrschaftsraum identifiziert werden [2.1.2: VON REDEN, Institutioneller Wandel, 185–188].

Das ungleich höhere Zollvolumen von Rhodos im 2. Jh. v. Chr gegenüber Athen am Ende des 5. Jh.s v. Chr. und die Ausweitung des Kreditangebots zeigen die interregionalen Auswirkungen dieser innerstaatlichen Wandlungsprozesse. Die These, dass im Hellenismus ein marktwirtschaftlich integrierter Handelsraum entstand, wie es ROSTOVTZEFF und HEICHELHEIM vertraten (s.o. 1.2.1), sieht die Forschung heute skeptisch. So zeigt REGER über die inschriftlichen Abrechnungen des Apollon-Heiligtums von Delos im 2. Jh. v. Chr., dass weder ein weiträumiger Handel noch eine interregionale Preisbildung

Hellenismus

Märkte im Hellenismus

die wirtschaftlichen Aktivitäten des Apollon-Tempels beeinflusst hätten. Preisschwankungen ergaben sich aus saisonalen und politischen Gründen. Der Tempel habe sich aus dem regionalen Radius der Kykladeninseln versorgt und nur in Ausnahmefällen Importe jenseits davon gesucht [2.1.4: Regionalism]. Auch neuere Untersuchungen zu Preisen aus Athen, Delos und Ägypten zeigen, dass es zwar im Fall von Getreide Vorstellungen von Normalpreisen gab, die auch über staatliche Eingriffe stabilisiert wurden, aber dass Preise abgesehen von Ausnahmesituationen frei ausgehandelt wurden. Preisschwankungen lassen sich dagegen primär auf saisonale Ursachen, zufällige Versorgungsschwankungen sowie monetäre Ereignisse und weniger auf Konjunkturen zurückführen [1: EICH, Politische Ökonomie, 183–193; 3.5.3: RATHBONE/VON REDEN, Mediterranean Grain Prices; 3.4.1: VON REDEN, Money, 128–132].

3.5.3 Handelsentwicklung unter römischer Herrschaft

Marktentwicklung Die Forschung zur römischen Handelsentwicklung ist grundsätzlich optimistischer gegenüber Marktdynamiken und vernetzter Preisbildung. Am radikalsten ist dies in einer jüngeren Studie von TEMIN [Roman Market Economy; DERS., Market Economy] vertreten worden. TEMIN versucht auf der Basis von wenigen Preisdaten Unterschiede von Getreidepreisen im Verhältnis zur Entfernung des Gutes vom jeweiligen Absatzmarkt festzustellen und beobachtet dabei einen höheren Preis, je größer die Entfernung zum Markt war. Markinformationen seien über soziale Netzwerke und Regierungsinstitutionen verteilt worden. Leider sind die Zahl der Preisdaten zu gering und ihre Umstände im Einzelnen nicht ausreichend bekannt, um derartig generalisierende Aussagen zu Preisformationsprozessen tragfähig zu machen (s.o. 1.3.2). Wichtiger bleiben Forschungen, die die strukturellen Bedingungen von Marktentwicklung untersuchen, auch wenn sie auf quantitative Nachweise verzichten müssen.

Einfluss in den Provinzen Auf die landschaftliche Umgestaltung in drei sehr unterschiedlichen provinzialen Kontexten (Spanien, Nordafrika und Syrien) hat HOFFMANN-SALZ hingewiesen [3.3.1: Wirtschaftliche Auswirkungen]. Eine vergleichbare, ebenfalls an die naturräumlichen Gegebenheiten und auch landwirtschaftlichen Traditionen angepasste Umgestaltung des kleinasiatischen ländlichen Raums beobachtet SCHULER [3.3.3: Ländliche Siedlungen]. GRASSL [Integration] weist in einer Regionalstudie zum raetisch-adriatischen Raum auf die rechtlichen Voraussetzungen für die Entwicklung von Handelsbeziehungen hin, zeigt aber auch große Unterschiede der Intensität von Beziehungen in diesem Raum. Die Entwicklung von Straßennetzen unter römischer Herrschaft lässt sich in dieser Region ebenfalls gut nachzeichnen [HERZ, Wirtschaft und Militär, 80–107]. Die These eines prohibitiv kostenintensiven Landtransports hat ADAMS [Landtransport, 122] am Beispiel des Niltals zurückgewiesen. Papyrologische Nachweise aus Ägypten erlauben eine differenzierte Rekonstruktion der Interdependenz von Land- und Wassertransport.

HOFFMANN-SALZ [3.3.1: Wirtschaftliche Auswirkungen, 441–443] Rolle des Staats vertritt die Ansicht, dass staatliche Initiativen, lokale Versorgung, Produktion und Handel zu fördern, auch mit Prestige und Möglichkeiten der Machtdemonstration verbunden waren. Dies zeige sich an Wasserleitungen und hydraulischen Anlagen, die keineswegs nur dort ausgebaut wurden, wo eine Mangellage ausgeglichen werden musste. Darüber hinaus betont sie die Bedeutung von staatlich finanzierten Abtransporten, die die Kosten für den kommerziellen Transport verringerten und Beiladungen ermöglichten [IBID., 466f.]. Im Ergebnis stuft sie den staatlichen Anteil an Güterbewegungen als hoch ein [IBID., 468]. Angesichts der vielfältigen Funktionen und persönlichen Interessen der Kaiser und ihres administrativen Personals in Handel und Einfuhr scheint eine zu starke Polarisierung der Frage, ob private Handelsaktivtäten oder staatliche Einflüsse Handel stimulierten, den Überschneidungen dieser beiden Bereiche nicht genügend Rechnung zu tragen [s.o. 2.5.1 und 3.5.1: WILSON ET AL., Forum on Trade, 310].

Da die Herkunft von Keramiktypen feststeht, lassen sich über ihre Keramik und Verteilung Handelsrichtungen, Handelszonen und ihre Veränderungen Marktentwicklung in der Langzeitperspektive nachvollziehen [PANELLA, La distribuzione; TCHERNIA, Vin; PANELLA/TCHERNIA, Agricultural Products; FULFORD, Economic Interdependence; DERS., To East and West]. Allerdings birgt dieses Material auch Probleme, insofern es nur relativen Wandel der Verteilung, weniger aber absolute Größenordnungen erkennen lässt. WILSON [3.5.1: Quantifying, 237–244] gibt zu bedenken, dass sich weder die Füllmenge einzelner Behälter, die meist nur als Scherben nachgewiesen sind, noch deren Funktion eindeutig feststellen lasse. So kann in vielen Gefäßen aus Africa Proconsularis, die lange als Ölamphoren angesehen wurden, auch Wein transportiert worden sein. Auch gebe das Fundmaterial aus dem Westmittelmeerraum wenig Hinweise auf den Abfluss von Keramik in den Ostmittelmeerraum. Allerdings hat schon FULFORD [To East and West] zwei getrennte Handelszonen von der Kyrenaia in die Ägäis einerseits und von Tripolitana nach Italien andererseits festgestellt. Diesen Befund greift WILSON auf, allerdings sei auch zu beobachten, dass kleinere regionale Austauschbeziehungen von größeren interregionalen Handelsbewegungen ab dem 1. Jh. abgelöst wurden [WILSON/SCHÖRLE/RICE, Roman Ports, 384f.]. Einen regen Binnenhandel von Wein zwischen Aquitanien und Britannien zur Versorgung der britannischen Kastelle verzeichnet ONKEN [Wirtschaft an den Grenzen, 120f.].

Dem Handel an den Reichsgrenzen widmen sich RUFFING [3.5.4: Grenzübergreifender Friedliche Beziehungen] und ROTHENHÖFER [3.3.1: Wirtschaftsstrukturen, 230f.], die beide sehr regen grenzübergreifenden Handel beobachten.

Intensiv ist auch der römische Fernhandel mit den arabischen Königreichen, Indien und China erforscht worden [FITZPATRICK, Provincializing Rome; MILLAR, Caravan Cities; YOUNG, Eastern Trade; PEACOCK, Red Sea Port Network; ZAYADINE, Spice Trade; 1.3.4: VON REDEN, Global Economic History]. Allerdings liegt in der Differenzierung verschiedener reichsübergreifender Handelsräume und -routen sowie der Erforschung ihrer Bedeutung für die römische Wirtschaft und Gesellschaft noch Forschungspotential.

3.5.4 Soziale Organisation des Handels

Formen der Verteilung
Während Keramikfunde zwar Richtungen und Größenordnungen von Handel zeigen können, sagen sie wenig über seine soziale Organisation aus. MÖLLER [Distribution] bedient sich des polanyischen Begriffsinstrumentariums, wenn sie zwischen unterschiedlichen Institutionen der Güterbewegung (sozial eingebettete Güterbewegungen, Markt, verwalteter Handel) im klassischen Griechenland unterscheidet. Sie zeigt aber auch, dass diese Institutionen ineinandergriffen. Freundschaft und Reziprozität beförderten Marktbeziehungen, während der Markt gleichzeitig als sozialer Integrationsmechanismus zwischen agrarischen Eliten und Kleinhändlern diente.

Bedeutung von Zöllen
Grundsätzlicher ist BANGS These, dass der antike (römische) Markt und Handel von anderen Organisationsprinzipien geleitet waren als Märkte und Handel im frühneuzeitlichen Europa [2.4.6: Roman Bazaar]. Handel im römischen Reich habe nicht Spezialisierung und Arbeitsteilung gefördert, sondern auf Nachahmung von wiederkehrenden Produktions- und Verteilungsmustern beruht. Dynamiken des Handels waren nicht unabhängige, gewinnorientierte Akteure, sondern die Tribut- und Zollinteressen eines administrativ schwachen Staates, der mit agrarischen Eliten sowohl in Rom als auch in den Provinzen kooperierte und Reichtum durch fiskalische Abschöpfung generierte. Ordnungsmaßnahmen, wie sie einige Zollgesetze offenlegen, waren nicht der Versuch, staatliche Zollpolitik transparent zu gestalten [so RATHBONE Nero's reforms], sondern allenfalls eine Zügelung allerorts üblicher Überbesteuerung. Es habe weder staatliche Marktförderung noch eine horizontale Integration von Märkten im römischen Reich gegeben. Vielmehr habe das Marktsystem auf vertikaler „Klientelisierung" zwischen Staat, Patronen und Händlern beruht, über die sich Kaiser und agrarische Eliten den Zugriff auf die Gewinne des Handels sicherten. Soziale Netzwerke (*koinoniai* und *collegia*) sowie familiäre Beziehungen seien der einzige Schutz in einer gefährlichen Marktumgebung gewesen. Sie boten Beistand in Rechtsstreitigkeiten, in denen Händler einer übermächtigen Gerichtsmacht gegenüberstanden (zu *collegia* einführend DITTMANN-SCHÖNE, Berufsvereine; und RHODE, Individuum und Stadtgemeinde).

Klientelisierung

3. Wirtschaftliche Praxis 169

Der römische Markt sei in seinen Organisationsprinzipien eher einem Basar, wie ihn CLIFFORD GEERTZ [Bazaar Economy] dargestellt hat, als dem europäischen Markt ähnlich gewesen.
Weniger grundsätzlich, aber im Detail in die gleiche Richtung argumentiert TEPSTRA [Trading communities]. In Puteoli bzw. Rom zeige sich, dass die sozialen Verbindungen der Sulpicii zu anderen Bankiers und ihren Kunden oder die Beziehungen, die innerhalb römischer *collegia* geknüpft wurden, die Suche nach vertrauenswürdigen Kunden vereinfachten und in Rechtsstreitigkeiten Hilfestellung boten. An Beispielen der Gerichtspraxis von Tralles, Ephesos und Apamea in der Provinz Asia zeigt TEPSTRA, dass Händler zwar Zugang zu römischen Gerichtshöfen hatten, diese aber so sporadisch tagten, dass sie wenig Schutz im täglichen und kurzfristigen Geschäft boten. Stattdessen mussten sich Fremde an lokale Regeln und deren Vollstreckung in provinzialen Gerichtshöfen halten. Hier diente der Zusammenhalt geographischer und ethnischer Gruppen als Schutz vor der fremden Gesellschaft. Gleichzeitig bildeten diese Gruppen mittelfristig einen Romanisierungsfaktor, insofern Streitschlichtung zunächst informell nach römischen Rechtsvorstellungen erfolgt sei, sich aber schließlich institutionell über die Romanisierung des lokalen Rechts durchgesetzt habe. Netzwerke

Als weniger schutzbedürftige, sondern äußerst dynamische soziale Gruppen stellt GABRIELSEN lokale hellenistische Vereine (gr. Pl. *eranistai* Gruppe von Vereinsmitgliedern) dar [Rhodian Associations]. Wie TEPSTRA betont GABRIELSEN zunächst den gemeinsamen ethnischen oder geographischen Hintergrund der *eranistai*. Sie seien aber auf Rhodos bewusst von der maritim orientierten Aristokratie unterstützt worden, da die Anwerbung von Händlern, wie schon Xenophons *Poroi* zeigten, ein wichtiges Anliegen der Poleis ab dem 4. Jh. v. Chr. war, wobei sie wohl auch gegenseitig um die Anwerbung konkurrierten. Zum anderen hätten Vereine mit ihren finanziellen Mitteln eine wichtige Rolle in Euergetismus und Stadtversorgung gespielt. Dieser Einfluss verbunden mit ihrer Rolle als Kreditgeber habe Händlern zu hohem Ansehen und Status verholfen. Gleichzeitig habe der Zusammenschluss von Geldmitteln die Liquidität und Handelsfähigkeit der Händler selbst gefördert. Schließlich noch hätten Vereine Händler, Transporteure und Produzenten zusammengeführt und damit eine wichtige Voraussetzung für den erfolgreichen Absatz lokaler Agrarprodukte auf Fernmärkten geschaffen. Das vielleicht beeindruckendste Beispiel dafür mag der aus mehreren Quellen bekannte Fall des Dionysodoros sein, der mit Kleomenes, dem Satrapen von Ägypten unter Alexander in den 320er Jahren, sehr zum Schaden der Athener ein Getreidehandelskonsortium zwischen Rhodos und Alexandria betrieb (Dem or. 56; Diod. 20, 81,4 mit P. Köln 47, col. iii 23–30). Bedeutung von Vereinen

4. Theorien der Wirtschaft

4.1 Wirtschaft und Politik

4.1.1 Antike Philosophie und ökonomische Analyse

Keine ökonomische Analyse
FINLEY griff ein Verdikt des Ökonomen JOSEPH SCHUMPETER auf, der ökonomische Analyse als die Erklärung wirtschaftlicher Kausalitäten definierte, die in der Antike nicht geleistet wurde [SCHUMPETER, Economic Analysis, 1; FINLEY, Aristoteles, 99]. Aristoteles' Theorien in Politik und Ethik seien rechtlich und politisch ausgerichtet gewesen und hätten die Ökonomie nicht als geschlossenes System in den Blick genommen. Kommerzielle Regeln seien wegen der ideologischen Ablehnung von Handel und Märkten ausgeblendet und Geldgeschäfte auf Außenseiter abgedrängt worden [IBID. 100–105]. Die vielzitierte Passage des Xenophon über die Arbeitsteilung (Xen. Kyr. 8,2,5–6) zeige ein Interesse an Produktverbesserung, jedoch nicht an Arbeitseffizienz. Auch in den *Poroi* suche Xenophon lediglich Wege, über Fremde und Sklaven Geld zu machen. Thukydides habe zwar Geld und Seehandel anthropologische Bedeutung zugestanden, daraus aber keine Fortschrittsperspektive entwickelt. Während FINLEY richtig beobachtete, dass Aristoteles keine ökonomische Analyse im neuzeitlichen Sinne liefert, ist seine Schlussfolgerung, Athen sei handels- und fortschrittsavers gewesen weder zwingend noch nachgewiesen [3.4.4: COHEN, Economy; 1.3.3: OBER, Wealthy Hellas). Bürger beteiligten sich an Handel, Markt und Zinsgeschäft und schufen rechtliche und infrastrukturelle Bedingungen für Märkte, auch wenn ideologische Vorbehalte gegen Zinsgeschäft und Wucher die athenische Rhetorik in den Gerichtsreden durchziehen (s.oben 3.4.4). GREWAL [4.2.3: Invention] sieht die Abwesenheit eines modernen Ökonomieverständnisses bei Aristoteles in einem grundsätzlich unterschiedlichen Staatsverständnis begründet, das in *oikos* und Freundschaftsbeziehungen verankert war und die Thematisierung einer Volkswirtschaft (politischen Ökonomie) nicht aufkommen lies.

Kritik: begrenzter Wirtschaftsbegriff
Die neuere Forschung verweist auf FINLEYS begrenzten Wirtschaftsbegriff, der sich an der klassischen Nationalökonomie orientiert [s.o. 1.1. und 4.3: BRODERSEN, Oikonomika, 23; 4.3.4: VIVENZA, Roman Economic Thought, 25f.; FIGUEIRA, Economic Thought, 683]. Schon TODD LOWRY definierte die antike Wirtschaft nicht als Ursache-Wirkungszusammenhang, sondern als ein „System geordneter Beziehungen, in dem mehr oder weniger effiziente Wahlmöglichkeiten abgewogen wurden" [Archaeology, 49; s. auch FIGUEIRA, Economic Thought, 683]. Hiermit positionierte er sich zwischen substantivistischer (anthropologischer) und formalistischer (wirtschaftswissenschaftlicher) Begriffsbestimmung, die wie oben bemerkt (1.1) zur Standortbestimmung der Wirtschaftge-

schichte gehören. SCHMITT [Philosophische Voraussetzungen, 101] weist zudem auf die bewusst anti-aristotelischen Prämissen der klassischen und neoklassischen Wirtschaftstheorie hin, denen gegenüber antike Ansätze logischerweise defizitär erscheinen müssen. Hierzu gehörten (1) die Ablehnung eines natürlichen Eigenwerts von Produkten, (2) die Ablehnung verbindlicher Normen und Maximen im Wirtschaftsprozess, (3) eine strikte Trennung von Ethik und Vernunft, (4) die Anerkennung von Empirie als einzigem methodischem Verfahren der wirtschaftlichen Analyse und (5) die Auflösung der Begriffe Substanz und Natur von Werten. Dagegen seien die Probleme, die Aristoteles und Xenophon aufwarfen, noch in der klassischen Wirtschaftstheorie zentral gewesen, wenn auch anders gelöst worden.

4.1.2 Reichtum und Herrschaftslegitimation

Ebenfalls gegen die Einschätzungen FINLEYS laufen die Forschungen, die zeigen, dass Gelderwerb und mobiler Reichtum nicht grundsätzlich abgelehnt, sondern als umstrittenes Zeichen politischer Legitimation lediglich äußerst kontrovers politisch und philosophisch verhandelt wurden. KURKE betonte dabei die Problematik von Münzentstehung und Polisentwicklung als Herausforderung für die aristokratische Selbstwahrnehmung und ihre Repräsentation gegenüber einer politischen Öffentlichkeit. Die eine Seite der aristokratischen Oberschicht konstruierte die Polis als zentrales Bedeutungssystem, das Bürgern Ordnung und Identität verlieh sowie Maß und Selbstbeschränkung in den Mittelpunkt stellte. Die andere Seite widersetzte sich dieser Entwicklung und fuhr fort, ihre Götternähe und damit Herrschaftslegitimation über Luxus und Goldbesitz zur Schau zu stellen. Vertreter der letzteren Position speisten ihre Ansprüche aus sozialen Verbindungen über Polisgrenzen hinweg zu vorderasiatischen Aristokratien sowie aus Mythologien über ihre eigene heroische Abstammung [KURKE, Coins, Bodies, bes. 334; zur politischen Rhetorik der Elegie NAGY, Poet's Vision; LEVINE, Symposium; zum sozialhistorischen Kontext BERNHARDT, Luxuskritik]. Vertreter der ersteren Position akzeptierten dagegen das neue Medium Silber, das ein immer wichtiger werdendes Zahlungs- und Verteilungsmedium politischer Gemeinschaften war und lokal abgebaut wurde. KURKE führte damit eine soziale Differenzierung der bis dahin vertretenen These ein, dass Geld grundsätzlich abgelehnt wurde. Schon VON REDEN [2.4.4: Exchange] hatte beobachtet, dass Geld nur dann negativ bewertet wurde, wenn es als Zeichen von Vorrang und Exzellenz in sozialen Polisbeziehungen mit anderen Werten konkurrierte. In überpolitischen und transzendentalen Transaktionsordnungen galten Reichtum und Geld weiterhin als Zeichen göttlicher Begünstigung und politischen Herrschaftsanspruchs [IBID.,

Bedeutung der Münzprägung

172   II. Grundprobleme und Tendenzen der Forschung

Einstellung zu Luxus 3f., 96, 172; zur Diskussion KURKE, Coins, Bodies, 13–18]. BERNHARDT [Luxuskritik] sieht dagegen einen chronologischen Entwicklungsprozess: Er unterscheidet eine Phase gesteigerter Kritik an Geld und materieller Ostentation (Aufwand), die er vom Beginn des 6. bis zum 5. Jh. v. Chr. ansetzt. Dagegen wandelte sich die Geld- und Aufwandskritik zu einer allgemeineren Luxuskritik, die Gold, Geld und Ostentation insgesamt zurückwies und ab der zweiten Hälfte des 5. Jh.s zu beobachten sei. Er schlägt somit ein zeitliches Nacheinander vor, wo KURKE und VON REDEN langfristige ideologische Differenzen sehen. MORRIS [Strong principle] verlegt den Ursprung dieser Differenzen schon ins 8. Jh. v. Chr. In der homerischen Epik scheine sich die heroische Elite mit einem neuen Wert, nämlich dem Maß und der politischen Mitte (gr. Sg *to meson*) auseinanderzusetzen, die räumlich mit der Agora und abstrakt mit gesetzlicher Ordnung, kollektiver Entscheidungsfindung und agrarischem Reichtum verbunden wurden.

Überschüsse bei Thukydides   KALLET-MARX ordnet Geld und Überschüsse in ein komplexes Machtkonzept bei Thukydides ein, in dem finanzielle Expertise demokratische Autorität ausdrückte, insofern die Belehrung und Instruktion des Volkes als wichtige Aufgabe des Rhetors in der Demokratie verstanden wurde [3.1.1: KALLET-MARX Money, Expense; DIES., Money Talks, bes. 249]. SEAFORD [2.4.4: Reciprocity and Ritual; Tragic Money] betont die Gefahren, die attische Tragödiendichter mit Geld assoziierten. Die Grenzenlosigkeit, Austauschbarkeit und soziale Beliebigkeit, die mit Geld verbunden waren, standen im Vordergrund der Kritik, da sie die soziale Wertordnung ordnungsstiftender Tauschrituale in Kult und Fest zu unterminieren schienen. Vor diesem Hintergrund gelingt es SCHRIEFL, unterschiedliche Bewertungstraditionen von Geld und Reichtum zu unterscheiden und die sokratische Geldkritik als zentrales Mittel zur Revision von Auffassungen von Exzellenz und politischer Herrschaftsordnung darzustellen [4.2.1: SCHRIEFL, Platons Kritik an Geld, 58–61; 265–273].

4.2 Geldkritik, Zinskritik und Handel

4.2.1 Platon

Geld und *arete*   Während die platonische Ablehnung von Geld und bezahltem Unterricht in der Forschung keineswegs unbeachtet blieb, hat SCHRIEFL [Platons Kritik an Geld] erstmals alle Aspekte zu Geld und Reichtum innerhalb von Platons philosophischem Programm untersucht [zur Problematik auch 4.3.2: ZOEPFFEL, Oikonomika 174; HELMER, Platon et l'économie, 9f.; BALOGLOU, Geldtheoretische Anschauungen]. Wie auch BALOGLOU sieht SCHRIEFL in Platon keinen Ökonomiekritiker. Vielmehr gehörten

Geldkritik, Besitzregeln und Kritik an Reichtum zu Platons zentralem Anliegen, einen neuen Begriff von *arete* zu entwickeln. Diese These hat insofern sozial- und wirtschaftshistorische Bedeutung, als *arete* in der griechischen Gesellschaft gerade nicht im platonischen Sinn von Reichtum unabhängig, sondern aufs Engste mit materiellen Gütern verbunden war. In der Ablehnung des Zusammenhangs von *arete* und Reichtum habe die Ablehnung der Verbindung von ökonomischer und persönlicher Leistung gelegen, die für die Antike prägend war.

Zentral sind SCHRIEFLS Begriffsklärungen – Geld, Chrematistik, Reichtum, Armut und *arete* – deren semantisches Feld allein schon auf die Bandbreite ihrer Bedeutungen hinweist. SCHRIEFL schlägt für *arete* die Übersetzung „Exzellenz" vor, was weniger moralisch aufgeladen ist als „Tugend" und die heroische Bedeutung dieses Begriffs zum Ausdruck bringt. Sie weist eine Entwicklung in Platons Denken nach, die von der Irrelevanz von Reichtumserwerb für Exzellenz in den Frühdialogen über eine Inkompatibilität der beiden in der *Politeia* bis zu den *Nomoi* führt, wo Reichtum zwar ein Gut ist, aber nicht der Vermehrung des landwirtschaftlichen Besitzes dienen soll, sondern lediglich den untersten Rang für die Entwicklung von *eudaimonia* einnimmt. Deutlich werden hier die konzeptionellen Gemeinsamkeiten, die trotz unterschiedlicher Konsequenzen, die daraus gezogen wurden, zwischen Platon, Aristoteles und der Ökonomie des Xenophon bestehen [SCHRIEFL, Platons Kritik an Geld, 271-275].

Semantik von arete

MILLETT [3.4.4: Lending and Borrowing, 43] betont die Verbindung, die Platon zwischen Geld und politischem Verfall zieht. Zum einen gingen nach Platon Zinsgeschäfte auf Kosten der Harmonie der Polis. Sie schafften Feindschaft und Uneinigkeit unter den Bürgern. Das Risiko der Rückzahlung solle nach Platon daher nicht beim Darlehensnehmer, sondern dem Darlehensgeber liegen, der freiwillig und zinslos sein Geld zur Verfügung stellen solle (Plat. rep. 556a-b). Zum anderen verfielen in einer Demokratie die einfachen Leute, die ihre Schulden nicht begleichen könnten, in Misskredit. Dies mache Tyrannen, die mit Schuldenerlass lockten, zu populären Anführern.

Geld und politischer Verfall

4.2.2 Geld- und Zinskritik bei Aristoteles und in der nachplatonischen Theorie

SCHRIEFL [4.2.1: Platons Kritik am Geld, 273-276] gibt einen kurzen Überblick über die Nachwirkungen der platonischen Geldkritik. Dominiert habe dabei bis in die heutige Forschung seine Kritik an der Bezahlung der Sophisten [dazu 4.2.1: SCHLANGE-SCHÖNINGEN, Reiche Sophisten]. Wichtiger ist für die wirtschaftliche Theorienentwicklung der Einfluss, den die platonische Trennung von politischer und chrematistischer Sphäre auf Aristoteles ausübte. Trotz seiner expliziten Kritik an Platon habe Aristoteles, so SCHRIEFL, sein Postulat, Politiker dürften

Trennung von Politik und Chrematistik

sich nicht für Geld interessieren, von Platon übernommen (Aristot. eth. Eud. 1216a 23–27). Insbesondere gelte dies für dessen Überordnung seelischer gegenüber körperlicher und äußerer Güter. MILLETT sieht Übereinstimmungen zwischen Platon und Aristoteles in der sozialen Problematisierung von Zinsgeschäften. Der Zins bei Aristoteles entspränge, wie bei Platon (s.o. 4.2.1), dem sozialen Geiz, wohingegen Freundschaft und Großzügigkeit die Leitmaximen für Verträge zwischen Bürgern sein sollten [4.3.4: Lending and Borrowing, 43 mit Aristot. eth. Nic. 1121b34].

Zinsgeschäfte

BOGAERT [Geld] betont Aristoteles' Verbindung von Geld und Handelsgeschäft. Geld sei das Medium gewesen, das den Tausch zu jenem Handel weiterentwickelt habe, der nicht die Eigenversorgung, sondern den Gewinn zur Absicht habe. Das Geld sei Ursprung der nicht am landwirtschaftlichen Haus orientierten Erwerbstätigkeit. Sie werde von Aristoteles verurteilt, weil ihr Ertrag nicht aus der Natur, sondern dem Mitmenschen hervorgehe; besonders tadelnswert sei der Wucher, bei dem der Ertrag weder aus der Natur noch aus dem Menschen, sondern aus dem Geld hervorgehe. Aristoteles' Geldtheorie hänge eng mit seinem an der Hausgemeinschaft orientierten Weltbild zusammen. Auf den regen Kreditverkehr seiner Zeit hätten seine Theorie und die Ablehnung des Zinsgeschäfts jedoch keinen Einfluss gehabt. MILLETT [4.3.4: Lending and Borrowing, 44] bestreitet dies und führt einen Rechtsfall an, der in Athen im 4. Jh. v. Chr. verhandelt wurde (Demosth. or. 35, 36 und 46). In den Gerichtsreden werde an mehreren Stellen deutlich, dass es von reichen Bürgern erwartet wurde, Bedürftigen mit zinslosen Darlehen (gr. Pl. *eranoi*) zu helfen. WITTRECK [Geld als Instrument, 268] argumentiert, dass Aristoteles' Geld- und Zinskritik weder völlig realitätsfern war, noch, wie MILLETT betont, allgemein verbreitete Normensysteme aufgriff. Wenn Aristoteles' Theorie in der athenischen Gesellschaft verankert gewesen wäre, hätte Aristoteles das zinslose *eranos* Darlehen als Gegenmodell zum Zinsgeschäft aufgegriffen, was er aber an keiner Stelle tue. Aristoteles' Zinskritik sei der Ethik einer kleinen sozialen Gruppe, die sich als Kreditgeber verstanden, entsprungen, und richte sich nicht, wie die athenischen Gerichtsreden, an das Athenische Volk, das in der Mehrzahl in der Rolle der Kreditnehmer gespielt habe.

Nacharistotelische Geld- und Zinskritik

BOGAERT [Geld] zeigt ferner die Einflüsse der aristotelischen Geldtheorie auf Kyniker, Stoa, Neupythagoreer, Plutarch und die zweite Sophistik. Die ciceronianische Geld- und Zinskritik, die immer wieder zitiert wird und als repräsentativ für die römische Rezeption der griechischen Theorie gilt [1.1: BURKHARDT/OEXLE/SPAHN, Wirtschaft, 525], bettet BOGAERT in ein breiteres Spektrum ethischer Problematisierungen von Geld in der römischen Literatur sowie in stoische Einflüsse ein. Geld sei bei Cicero wie für die Stoiker nur dann ein Gut, wenn es würdige Menschen besäßen. Gepaart mit Unwürdigkeit führe Geld zu Habgier (lat. Sg.

4. Theorien der Wirtschaft   175

avaritia), die Cicero als Laster, Krankheit der Seele und insbesondere als Laster der Politiker darstellt. Hier geht Geldkritik in die weitverbreitete Luxuskritik und die damit verbundene Kritik an der Habgier von Politikern über. Allerdings wurde die Abwesenheit von Geld und Handel nicht nur positiv in einem goldenen Zeitalter verortet, sondern die positive Utopie des goldenen Zeitalters konnte auch in sein Gegenteil, nämlich Abwesenheit von Zivilisation, technologischen Kenntnissen und Wissen verwandelt werden [3.4.1: VON REDEN, Money, 188–198].

4.2.3 Geld, Gerechtigkeit und politische Gemeinschaft

Rezeption, Forschung und Rezeptionsgeschichte der aristotelischen Theorie zu Haus- und Erwerbswirtschaft, Geld und Gerechtigkeit sind so umfangreich, dass hier nur einige Schlaglichter gesetzt werden können [zum Überblick LANGHOHN, Wealth and Money]. KOSLOWSKI [Haus und Geld, 62] bezeichnet Aristoteles' Wirkung auf die mittelalterliche und frühneuzeitliche Wirtschaftslehre als ähnlich einflussreich wie die ADAM SMITHS auf die Moderne. Heute werden Aristoteles' Geld- und Gerechtigkeitstheorien vor allem innerhalb der Wirtschaftsethik und Rechtstheorie wieder verstärkt diskutiert [HEROLD, Wirtschaftsethik, 147ff.; WITTRECK, Geld; DANZIG, Political Character; 4.2.3: GREWAL Invention]. KOSLOWSKI betont die teleologische Begründung der aristotelischen Wirtschaftsethik. Die Natur einer Sache komme in ihrem richtigen Gebrauch zum Ausdruck. Weniger der Nutzen, wie es die klassische Ökonomie annimmt, als vielmehr Ethik sei bei Aristoteles die zentrale Perspektive für menschliches Handeln auch im Bereich des wirtschaftlichen Tauschs gewesen. Im Gegensatz zu Platon sei bei Aristoteles der *oikos*, nicht die Seele der Ursprung und die Grundlage staatlichen und sozialen Tauschs. Die Autarkie des *oikos*, also die Abwesenheit von Abhängigkeiten, begründe die Autarkie des Staates. Die Bedeutung des *oikos* und seiner Leistung könne für die Polis und ihre Stabilität nicht hoch genug eingeschätzt werden. KOSLOWSKI bezeichnet die aristotelische Ökonomik (mit POLANYI, s.o. 1.2.2) als „eingebettet" in individuell-ethische Verhaltensnormen, politische Institutionen und die Polis. Diese ethisch-politische Einbettung habe über die Vermittlung durch Thomas von Aquin einen gewaltigen Einfluss auf das christliche Mittelalter ausgeübt.

KOSLOWSKI berücksichtigt allerdings nur am Rande die Bedeutung von Freundschaft für die aristotelische Ökonomik. Diese Problematik steht dagegen bei SCHOFIELD [Political Friendship] und 4.2.2: GREWAL, [Invention] als Grundlage der Geld- und Gerechtigkeitstheorien des Aristoteles im Mittelpunkt. Auch TODD LOWRY zielt in eine ähnliche Richtung, wenn er argumentiert, dass Aristoteles' Tauschtheorie weniger vom Markt als von der Vergeltungstheorie und Gerichtspraxis (also bür-

Bedeutung von Aristoteles

Autarkie

Freundschaft

Geld und Vergeltung

gerlichen Sozialbeziehungen) beeinflusst gewesen sei [4.1.1: Archaeology, 182–197]. Allerdings ist seine These, dass Aristoteles Tauschtheorie direkt von den athenischen Gerichtshöfen beeinflusst war, nicht nachweisbar und auch angesichts der demokratiekritischen Haltung des Aristoteles unwahrscheinlich. Den unmittelbaren Zusammenhang zwischen Freundschaft, Gerechtigkeit und Tausch berücksichtigend argumentiert VAN BERKEL [Economics of Friendship], dass Geld und Marktaustausch Konzepte der Freundschaft, politische Beziehungen und auch männlich-bürgerliche Selbstwahrnehmung massiv destabilisierten. Ohne die Berücksichtigung der zentralen Bedeutung verschiedener Formen von (männlicher) Freundschaft als Grundlage für gerechte Tauschbeziehungen sei die Zielrichtung der aristotelischen Tauschethik nicht zu verstehen [vgl. auch MEIKLE, Economic Thought, 53–57].

Tauschwert MEIKLE betrachtet im Gegensatz zu diesen Autoren die beiden zentralen Passagen in *Politik* und *Nikomachischer Ethik* als genuine Wirtschaftsanalyse. Er liest die Passagen aus marxistischer Sicht und entdeckt in Aristoteles' Geldkonzepten die Unterscheidung von Tausch- und Gebrauchswert, die für KARL MARX zentral war, sowie die für die klassische Ökonomik insgesamt wesentliche Funktion des Geldes als Wertmesser, die qualitativ unterschiedliche Güter quantitativ vergleichbar macht [Economic Thought, 43–67; 183–193]. Darüber hinaus unterscheide Aristoteles wie MARX die Transaktionskette Ware – Geld – Ware von Geld – Ware – Geld, die Mehrwert schaffe [IBID., 50–87]. In der Feststellung eines Spannungsverhältnisses zwischen Erwerb und Politik sei Aristoteles der modernen Wirtschaftstheorie gar nicht fern, denn auch MARX und KEYNES hätten dieses Problem thematisiert und Lösungen lediglich in Form moralischer und politischer Kontrolle vorgeschlagen [IBID., 102–109].

4.3 Hauswirtschaft und Staatshaushalt

Homer AUDRING/BRODERSEN verweisen auf die Anfänge ökonomischen Denkens bei Homer und stellen schon hier eine Fachterminologie für die auf Prosperität gerichtete Hausverwaltung (gr. Sg. *oikophelia*) fest. Weitere Vorläufer der Fachliteratur seien die „Werke und Tage" (*Erga*) des Hesiod, Phokylides, der das für die Fachliteratur später so wichtige Wort *oikonomia* erstmalig nachweislich gebrauchte, sowie die Sophisten Protagoras und Antisthenes. In den „Fröschen" des Aristophanes' wird auch der Tragiker Euripides als Vertreter der sophistischen Lehre dargestellt, der sich mit der Kompetenz (*techne*) der Haus-, Hof- und Viehhaltung beschäftigte.

Oikonomika Die Fachliteratur zur Haushaltsführung, die unter dem Terminus
von Xenophon *oikonomika* entstand, gilt als der Ausgangspunkt für die Entwicklung

eines Begriffes von Ökonomie und Wirtschaft [4.3.1: SCHEFOLD, Xenophons Oikonomikos, 2]. SPAHN fragt nach den Erkenntnisinteressen der antiken *oikonomia*. Abgeleitet aus dem Verbalstamm *nem-/nemein* „verteilen", „zuteilen", „weiden", „nutzen" sei es in der *oikonomia* um die Verteilung im Haushalt gegangen [SPAHN in 1: BURKHARDT/OEXLE/ SPAHN Wirtschaft, 513–516]). In der späteren Phase, in der die private Hausverwaltung auch auf die städtischen Finanzverwaltungen ausgeweitet wurde (s.u.), sei der Begriff auch in abstrakterer Bedeutung als „richtigen Anordnung" verwendet worden (Pol. 1,4,3; 6,9,10; Diod. 5,1). Damit werde die *oikonomia* als Ordnungs- und Verwaltungslehre und weniger als Analyse von Ursache-Wirkungszusammenhängen deutlich.

4.3.1 Der Oikonomikos des Xenophon

Fast alle zentralen Gedanken von Xenophons *Oikonomikos* lassen sich schon verstreut in der vorangehenden griechischen Literatur finden [4.3: AUDRING/BRODERSEN, Einführung, 1–18]. AUDRING/BRODERSEN werfen die Frage nach dem Beitrag der xenophontischen Schrift auf, und sehen ihn in der schlüssigen Zusammenführung verstreuten Gedankenguts und den Ratschlägen zur praktischen Menschenführung, die Xenophon aus seiner militärischen Erfahrung hergeleitet habe. Neu erscheine auch die Erkenntnis des ökonomischen Potenzials vernachlässigter Landstücke [IBID., 22]. *Erkenntnisziele*

Grundsätzlicher fragt FÖLLINGER [Sokrates als Ökonom] nach dem spezifischen Anliegen der sokratischen Schrift. Warum hat Xenophon seine Ideen zur Haushaltsführung in einen Dialog mit Sokrates gekleidet? Eine Antwort sieht FÖLLINGER darin, dass Xenophon nicht nur Lehren zur Ökonomie, sondern auch die Ökonomie als *techne* (Kompetenz) etablieren wollte, was sie zu einem Gegenstand sokratischer Lehre gemacht habe. Wie andere *technai* sei sie nach Xenophon durch Nachahmung erlernbar. Dies werde implizit in der Vorbild- und Lehrfunktion, die Ischomachos in dem Dialog einnimmt, deutlich, aber auch in der Argumentation, dass die Landwirtschaft durch genaues Hinschauen erlernt werden könne, was auffällig mit Verben des Sehens ausgedrückt wird (z. B. Xen. oik. 19,5). Xenophons Schrift war somit nicht nur dem Thema der Hauswirtschaft, sondern auch der Erlernbarkeit praktischer Lebensführung gewidmet. UNHOLTZ [Oikosvorstand] sieht den Ausgangspunkt der Lehre des Xenophon zunächst in der Darstellung eines Beziehungsgeflechts, den der *oikos* darstelle. Mit der Idee des Kümmerns und Sorgens als Grundlage für Erfolg folge Xenophon traditionellen Vorstellungen. Es erscheine dann aber auch ein großes Interesse an Gewinn, das UNHOLTZ als den spezifischen Beitrag der Schrift für die fachliche Weiterentwicklung der *oikonomia* ansieht. Diese Gewinnorientierung sowie die Vorschläge, die zur Ertragssteigerung *Oikonomia als techne*

Unternehmertum

gemacht werden, könnten im modernen, soziologischen Sinne als „unternehmerisch" bezeichnet werden. Beispiele hierfür seien die Ideen, die Xenophon zum Umgang mit brachliegendem Land äußere, aber auch das Bild, das er vom Haushaltsvorstand entwirft. Dieser müsse Erfinder von Neuem sei, das mit Wagemut und Risikobereitschaft umzusetzen sei. In der Schrift fände ein neuer Entwurf von *kalokagathia* (aristokratischer Tugend) statt, die auffällige Gemeinsamkeiten mit modernen Entwürfen von Unternehmertum aufweise. Etwas weniger radikal betonen auch AUDRING/BRODERSEN [4.3: Einführung, 22] die Zentralität von Ertragssteigerung als Zielperspektive bei Xenophon. Allerdings unterschieden sich bei Xenophon die Zweckbestimmungen gesteigerter Erträge: in der Möglichkeit des Landwirts, den Göttern schöne Opfer darzubringen, dem Staat Glanz zu verleihen, sich im Krieg selbst ausrüsten zu können, Freunden zu helfen und Gäste reichlich bewirten zu können (Xen. oik. 11,10). Die Autoren kommen zu dem abschließenden, zweifellos richtigen Ergebnis, dass weder ein positiver noch ein negativer Vergleich mit moderner Wirtschaftslehre und Managementstrategien zum Verständnis der Schrift beitrage.

4.3.2 Die pseudo-aristotelischen Oikonomika

Zielsetzung Buch II der pseudoaristotelischen *Oikonomika* hat die Forschung vor zahlreiche Probleme gestellt, zumal die Beispiele eher als eine Sammlung zumeist betrügerischer Finanztricks und weniger als theoretische Durchdringung geldpolitischer Steuerungsmöglichkeiten anzusehen sind [3.4.1: VON REDEN, Money]. BRODERSEN [Nützliche Forschung] beschreibt sie als eine Serie von Notmaßnahmen, die in den finanziell bedrohten Zeiten der 20er Jahre des 4. Jh.s v. Chr. entstanden. Gerade auch die gestiegenen Kriegskosten und der Wettbewerb um fähige Söldner habe Poleis und Feldherren zur Erfindung neuer und zum Teil trickreicher Einnahmequellen gezwungen. Allerdings seien hierin keine konzeptionellen Ansätze für eine neue und nachhaltige Finanzpolitik entwickelt worden. POLANYI [1.2.2: Aristoteles] sieht in der Übertragung privater Haushaltsführung auf staatliche Haushalte einen wirtschaftsanalytischen Durchbruch, der aber ohne Folgen für die Wirtschaftstheorie vor der Moderne war.

4.3.3 Die Poroi des Xenophon

Erkenntnisziele Wiederum im Gegensatz zu FINLEY vertreten AUDRING/BRODERSEN [4.3: Einführung, 23–27] die Ansicht, dass die Vorschläge der *Poroi* von wirtschaftlichen, wenn auch nicht marktwirtschaftlichen Problemen geprägt seien. In einem getrennten Aufsatz verwirft AUDRING die These, dass Xenophons Abhandlung von fiskalischen Überlegungen her gedacht sei, wie GAUTHIER [Programme de Xénophone] argumentierte.

Steuerliche Einkünfte setzten das Interesse und die Wahrnehmung eines Staatsbudgets voraus, von dem in der Schrift keine Rede sei [AUDRING, Xenophons Schrift, 22f.]. Sinnvoller sei es, mit SCHORN [Philosophical Principles] den Rückhalt der Schrift in sokratischen Grundprinzipien der Menschenführung und Erlernbarkeit von Kompetenzen zu vermuten [s. auch oben 4.3.2: FÖLLINGER, Sokrates als Ökonom]. Allerdings konzediert AUDRING einen praktischen Zusammenhang der Schrift, den er in den Finanzreformen des Eubulos in Athen (355 und 342 v. Chr.) erkennt (s.o. 3.1.2).

Eine direkte Verbindung der ökonomischen Fachliteratur mit der athenischen Finanzverwaltungspraxis betont TODD LOWRY [4.1.1: Archaeology, 45–83]. Eine solche Verbindung lässt sich zwar nicht mit Quellen belegen, doch ist der Versuch, einen Zusammenhang zwischen Finanzadministration, dem Transparenzpostulat der Demokratie (das [4.3: HARRIS, Freedom and Information] und [4.3: DAVIES, Accounts and Accountability] ebenfalls herausstellen) und der Entwicklung ökonomischen Denkens zu sehen, weiterführend. KALLET-MARX [4.3: Money Talks] betont die Macht und Autorität, die mit Finanzexpertise in der öffentlichen Rhetorik der athenischen Demokratie im 4. Jh. v. Chr. verbunden gewesen sei und die sich mit den Ansprüchen der ökonomischen Schriften deckt, politische Führungsqualitäten (ausgedrückt in *kalokagathia*, s.o.) zu vermitteln. — Finanzverwaltung

4.3.4 Die römische Fachliteratur

In der älteren Forschung wurde der starke Praxisbezug der römischen „Agronomik" (ein moderner Begriff für die Schriften des Cato, Varro und Columella) gegenüber der griechischen Ökonomik betont [z. B. 1.1: SPAHN in BURKHARDT/OEXLE/SPAHN, Wirtschaft, 525]. VIVENZA [Economic Thought] verwirft diesen Gedanken jedoch und identifiziert im römischen Wirtschaftsdenken drei Phasen, die sie in eine enge Beziehung zu wirtschaftlichen und politischen Entwicklungen setzt: Eine Frühphase stellen die ersten Jahrhunderte der römischen Republik bis zum 2. Jh. v. Chr. dar, als, so VIVENZA, wirtschaftliches Denken unmittelbar mit der timokratischen Struktur der römischen Gesellschaft verbunden war. Krieg und Beuteverteilung durch Krieg wurden als produktivste Einnahmequellen für Geld- und Reichtum angesehen. Die zweite Phase, die sich aus dem *commercial turning point* ergab, entwickelte sich ab der römischen Beteiligung am hellenistischen Handel im 2. Jh. v. Chr. und mit den damit verbundenen neuen Anforderungen an die zunehmend handels- und marktorientierte Wirtschaft in Italien selbst. Gleichzeitig setzte eine kritische Distanz gegenüber übermäßigem Reichtum ein, die auf eine utopische Rückkehr zu frugaler Landwirtschaft und den rechten Umgang mit Geld drängte. Der Übergang von der Republik — Bezug zur Praxis — Phasen der Wirtschaftstheorie

II. Grundprobleme und Tendenzen der Forschung

zum Prinzipat stellte wieder neue Anforderungen an Besteuerung und Militärversorgung und begründete eine dritte Phase der theoretischen Reflexion. Hier wurde nicht nur die agronomische Fachliteratur weiterentwickelt, sondern auch die Bedeutung von Besteuerung und ihren Zwecken nahm zu (Cass. Dio 52, 6; 27–29). Zudem wurde die Rolle des Monarchen als Wohltäter im Sinne der *utilitas publica* in den Mittelpunkt gestellt. Im Ergebnis streicht VIVENZA drei römische Beiträge zur Theorieentwicklung heraus: Ein ausgeprägtes Eigentumsbewusstsein, das rechtlich ausgestaltet und gesichert wurde; eine deutliche Betonung von Landbesitz und Landwirtschaft zur Sicherung von Statusunterschieden gegenüber kommerzieller Wirtschaftstätigkeit; und eine Zielperspektive für Wirtschaftspolitik im antiken Sinne, die sich einerseits aus Nützlichkeitserwägungen und Verteilungskalkül und andererseits aus der Norm der Euergesie ableitete.

Mos maiorum Auch DIEDERICH [Römische Agrarhandbücher, 272ff. bes. 302.] verwirft die These, dass die römische Agronomik allein an der landwirtschaftlichen Praxis und nicht an ethischen Prinzipien orientiert war. Sie betont die Rückbindung an den italischen Boden und den *mos maiorum* als wichtige ethische Antriebskräfte der römischen Agrarliteratur. Varro beispielsweise stelle sich ganz prononciert als Hausverwalter, Politiker und Soldat vor und griffe damit ein typisches Muster des Nobilitätsethos auf. Dabei waren die Agrarschriftsteller keineswegs rückwärtsgewandt. Vielmehr war, so DIEDERICH, die Tradition in Zeiten rapiden wirtschaftlichen Wandels innovationsleitend. Dies habe an manchen Stellen zu einer gewissen Doppelmoral geführt, zum Beispiel, wenn trotz der Propagierung römischer Einfachheit, die intensive, am Markt orientierte Vogelzucht und Hoftierhaltung (lat. Sg. *pastio villatica*) oder die luxuriöse Ausstattung der eigenen Villa bei Varro diskutiert würden [IBID. 352; 401ff.].

Wirtschaftsrationalität Angesichts der Tatsache, dass die agronomischen Schriften lange nicht zur Theorieentwicklung gerechnet wurden, finden sich Diskussionen ihrer Inhalte und Zielrichtungen im Zusammenhang von Untersuchungen zur römischen Wirtschaftsrationalität, Arbeitsorganisation und Gutswirtschaft. So identifiziert SCHNEIDER [2.4.3: Antike Sklavenwirtschaft, 100f.] in den agrarischen Schriften ein ausgeprägtes, gewinnorientiertes Wirtschaftsdenken. Reichtum sei im 2. Jh. v. Chr. ein zentraler Wert der römischen Gesellschaft geworden, so dass die Landwirtschaft unter dem Aspekt der Einkommenssicherung betrachtet worden sei. Vor diesem Hintergrund sei eine rationale Diskussion über Anbaumethoden und Arbeitsorganisation auf Großgrundbesitz aufgekommen, die auch die Spezialisierung auf den Anbau von Wein und Öl erkläre. Produktion insgesamt sei bei den Agrarschriftstellern weniger vom Bedarf der *familia* oder der römischen Gesellschaft als von den Absatzchancen auf dem Markt und dem Bestreben, bei möglichst niedrigen Investitionen hohe

Einkommen zu erzielen, geprägt gewesen. Allerdings wird auch immer wieder betont, dass die agronomischen Schriften die Ansichten einer reichen Elite widerspiegeln und von denen der Kleinbauern weit entfernt waren [z. B. 1: PLEKET, Wirtschaft; GUTSFELD, Wirtschaftsmentalität].

Innerhalb ganz anderer Forschungskontexte ist die Geldtheorie des römischen Juristen Paulus, die an aristotelische Gedanken anknüpft, als Vorläufer der nominalistischen Geldwerttheorie gesehen worden [NICOLET, Pline, Paul; LO CASCIO, How Did the Romans View Their Coinage; zur Diskussion 3.4.3: WOLTERS, Nummi Signati, 352–362, VIVENZA, Roman Economic Thought, 36]. Diese Werttheorie sieht gegenüber der metallistischen Tradition den Ursprung des Geldwertes nicht im Metall der Münzen, sondern in der Übereinkunft einer staatlichen Gemeinschaft, die Geld Wert zuschreibt. Obwohl es Paulus um eine juristische Definition des Geldwertes und nicht um eine philosophische Bestimmung seiner Ursprünge ging, ist auffällig, dass sowohl in seiner als auch in der frühmodernen Debatte zwei zusammenhängende Aspekte des Geldwertes als Alternativen diskutiert wurden [HART, Heads or Tail].

Römische Geldtheorie

4.4 Theorie und Praxis

Es ist nahezu unbestritten, dass die Konzepte der griechischen Philosophie einschließlich ihrer ökonomischen Aspekte trotz der sozialen Nähe ihrer Autoren zur politischen Praxis keine unmittelbare praktische Umsetzung fanden [GEHRKE, Theorie und politische Praxis; s. jedoch auch die Diskussion oben 4.2.2]. Anders wird dies in Bezug auf die römische Fachliteratur gesehen, die in einer insgesamt praxisnäheren Wissenskultur entstand und sich möglicherweise unmittelbarer als die sokratischen Schriften aus der Beobachtung von und Identifikation mit den praktischen Problemen ihrer Zeitgenossen speiste [GEHRKE, Theorie und Praxis, 117–121; GEHRKE, Römischer Mos; 4.3.4: VIVENZA, Roman Economic Thought, 26].

Wissen, Naturbeherrschung und Äquivalente zu Fortschrittsdenken sind von MEIER als das „Könnens-Bewusstsein" der Athener bezeichnet worden [2.5.2: MEIER, Entstehung des Politischen, 469]. In einer ganz anderen Variante tritt der Gedanke als Voraussetzung für wirtschaftliche Entwicklung bei JOSIAH OBER auf [1.3.3: Wealthy Hellas]. OBER betont die zwischenstaatliche Wettbewerbskultur der Griechen als fortschritts- und innovationsfördernd. Zugleich hätten griechische Poleis aber auch den Vorteil koordinierter Leistung (*collective performance advantage*) erkannt, was zu einem erheblichen Maß an innerstaatlicher und zwischenstaatlicher Kooperation geführt habe. Griechische Poleis waren bereit, sowohl auf institutioneller Ebene als auch technisch voneinander zu lernen. Ihre sozialen und politischen Institutionen hätten

Wissen und Naturbeherrschung

Wissen und Wettbewerb

dies sowohl erleichtert als auch gefördert. Zudem hätten Theater und Kult polisübergreifende Foren des intellektuellen Austauschs und der Kommunikation bereitgestellt. Da es in der klassischen hellenischen Kultur keine dauerhaften interstaatlichen Autoritätsstrukturen gab, habe Verbreitung von Wissen in Kommunikationsformen stattgefunden, die Märkte, Handel, Feste, politische Institutionen und Wissensverbreitung unmittelbar miteinander verbanden. Wie auch immer man Konkurrenz und Fortschrittsdenken in der griechischen Polis einbetten möchte, trugen Wissenskultur und Wissensverbreitung zu einer Durchdringung von landwirtschaftlichen, technischen und monetären Prozessen bei und förderten Akzeptanz und machtpolitische Bedeutung von Wissenschaft und Innovation während der gesamten Antike.

III. Literatur

Abkürzungen von Zeitschriften und Reihen folgen dem Abkürzungsverzeichnis des Neuen Pauly.

Häufig zitierte Literatur und Sammelbände:

ARCHIBALD, Z./DAVIES, J./GABRIELSEN, V./OLIVER, G. (Hrsg.): Hellenistic Economies, London/New York 2001.

ARCHIBALD, Z./DAVIES, J./GABRIELSEN, V. (Hrsg.): The Economies of Hellenistic Societies, Oxford 2011.

BRESSON, A.: L'économie de la Grèce des cités (fin VIe–Ier siècle a. C.). 2 Bde., Paris 2007–2008.

DREXHAGE, H.-J./KONEN, H./RUFFING, K.: Die Wirtschaft des römischen Reiches (1.–3. Jh.). Eine Einführung, Berlin 2002.

EICH, A.: Die politische Ökonomie des antiken Griechenland, Köln 2006.

KLOFT, H.: Die Wirtschaft der griechisch-römischen Welt, Darmstadt 1995.

MORRIS, I./SALLER, R./SCHEIDEL, W. (Hrsg.): The Cambridge Economic History of the Greco-Roman World, Cambridge 2007.

PLEKET, H. W.: Wirtschaft, in: Vittinghoff, F. (Hrsg.) Handbuch der europäischen Wirtschafts- und Sozialgeschichte, Bd. 1, Stuttgart 1990, 25–160.

RUFFING, K.: Wirtschaft in der griechisch-römischen Antike, Darmstadt 2012.

SCHEIDEL, W. (Hrsg.): The Cambridge Companion to the Roman Economy, Cambridge 2012.

SCHEIDEL, W./VON REDEN, S. (Hrsg.): The Ancient Economy, Edinburgh 2002.

VON REDEN, S.: Money in the Ancient Economy: A Survey of Recent Research, in: Klio 84 (2002), 141–174.

1. Wirtschaft und Wirtschaftsgeschichte

1.1 Wirtschaftsgeschichte

AMBROSIUS, G./PLUMPE, W./TILLY, R.: Wirtschaftsgeschichte als interdisziplinäres Fach, in: AMBROSIUS, G./PETZINA, D./PLUMPE, W. (Hrsg.):

Moderne Wirtschaftsgeschichte. Eine Einführung für Historiker und Ökonomen, München 2006, 9–38.

BOECKH, A.: Die Staatshaushaltung der Athener. 2 Bde., Berlin 1817.

BURKHARDT, J./OEXLE, O. G./SPAHN, P.: Wirtschaft, in: BRUNNER, O./ CONZE, W./KOSELLECK, R. (Hrsg.): Geschichtliche Grundbegriffe, Stuttgart 1992, 511–594.

HACKEL, CHR./SEIFERT, S.: Einleitung, in: DIES. (Hrsg.): August Boeckh. Philologie, Hermeneutik und Wissenschaftspolitik, Berlin 2013, 9–23.

NIDA-RÜMELIN, J.: Homo Oeconomicus versus Homo Ethicus. Über das Verhältnis zweier Grundorientierungen menschlicher Existenz, in: VOSSENKUHL, W. (Hrsg.): Ecce Homo! Menschenbild – Menschenbilder, Stuttgart 2009, 49–65.

NIPPEL, W.: Boeckhs Beitrag zur Alten Geschichte, in: HACKEL, CHR./ SEIFERT, S. (Hrsg.): August Boeckh. Philologie, Hermeneutik und Wissenschaftspolitik, Berlin 2013, 45–58.

PLUMPE, W.: Ökonomisches Denken und wirtschaftliche Entwicklung. Zum Zusammenhang von Wirtschaftsgeschichte und historischer Semantik der Ökonomie, in: JWG 27 (2009), 27–52.

RÖSSLER, M.: Wirtschaftsethnologie. Eine Einführung, Berlin 2005.

ROLL, E.: The History of Economic Thought, Englewood Cliffs 1956.

ROLLE, R.: Homo Oeconomicus. Wirtschaftsanthropologie in philosophischer Perspektive, Würzburg 2005.

SCHNEIDER, H.: Schottische Aufklärung und antike Gesellschaft, in: KNEISSL, P./LOSEMANN, V. (Hrsg.): Alte Geschichte und Wissenschaftsgeschichte. Festschrift für Karl Christ, Darmstadt 1988, 431–464.

SCHNEIDER, H.: August Boeckh, in: ERBE, M. (Hrsg.): Berlinische LEBENSBILDER – Geisteswissenschaftler, Berlin 1989, 37–54.

1.2 Kontroversen um die Antike Wirtschaft

1.2.1 Die Bücher-Meyer Kontroverse

ARCHIBALD, Z. H.: Away from Rostovtzeff: a New SEHHW, in: 1.: ARCHIBALD/DAVIES/GABRIELSEN/OLIVER, Hellenistic Economies, 379–388.

BELOCH, K. J.: Griechische Geschichte. 3 Bde., Straßburg 1893–1904.

BRESSON, A.: Capitalism and the Ancient Greek Economy, in: NEAL, L./ WILLIAMSEN J. (Hrsg.): The Cambridge History of Capitalism, Bd. 1, Cambridge 2014, 43–74.

BÜCHER, K.: Die Entstehung der Volkswirtschaft, Tübingen 1893.

FINLEY, M. I. (Hrsg.): The Bücher-Meyer Controversy, New York 1979.

HASEBROEK, J.: Staat und Handel im Alten Griechenland, Tübingen 1928.

HASEBROEK, J.: Griechische Wirtschafts- und Gesellschaftsgeschichte, Tübingen 1931.

HEICHELHEIM, F.: Wirtschaftsgeschichte des Altertums, Bd. I, Leiden 1938.

MEYER, E.: Die wirtschaftliche Entwicklung des Altertums [1895] in: DERS.: Kleine Schriften, Jena 1910, 79–168.

MEYER, E.: Geschichte des Altertums. 5 Bde., Jena 1884–1902.

NAFISSI, M.: Ancient Athens and Modern Ideology. Value, Theory and Evidence in Historical Sciences: Max Weber, Karl Polanyi and Moses Finley, London 2005.

NIPPEL, W.: Max Weber, in: DERS. (Hrsg.): Über das Studium der Alten Geschichte, München 1993, 246–250.

ROSTOVTZEFF, M.: Gesellschaft und Wirtschaft im römischen Kaiserreich. 3 Bde., Leipzig 1930.

ROSTOVTZEFF, M.: The Hellenistic World and its Economic Development, in: Ancient History Review 41 (1935-6), 231–252.

ROSTOVTZEFF, M.: Gesellschafts- und Wirtschaftsgeschichte der hellenistischen Welt (engl. Orig. Oxford 1941) 3 Bde., Darmstadt 1955.

SCHNEIDER, H.: Die Bücher-Meyer-Kontroverse, in: CALDER, W. M./ DEMANDT, A. (Hrsg.): Eduard Meyer. Leben und Leistung eines Universalhistorikers, Leiden 1990, 417–445.

WAGNER-HASEL, B.: Le regard de Karl Bücher sur l'économie antique et le débat sur théorie économique et histoire, in: Bruhns, H. (Hrsg.): L'histoire et l'économie politique en Allemagne autour de 1900, Paris 2003, 159–183.

WAGNER-HASEL, B.: Die Arbeit des Gelehrten. Der Nationalökonom Karl Bücher (1847–1930), Frankfurt 2011.

WEBER, M.: Die sozialen Gründe des Untergangs der antiken Kultur [1896], in: DERS.: Gesammelte Aufsätze zur Sozial- und Wirtschaftsgeschichte, Tübingen 1924, 289–311.

WEBER, M.: Agrarverhältnisse im Altertum, in: CONRAD, J. u. a. (Hrsg.): Handwörterbuch der Staatswissenschaften, Jena 1897, 1–18.

WEBER, M.: Die ‚Objektivität' sozialwissenschaftlicher und sozialpolitischer Erkenntnis [1904], in: DERS.: Gesammelte Aufsätze zur Wissenschaftslehre, 7. Aufl. Tübingen 1988, 146–214.

1.2.2 Karl Polanyi und die substantivistische Ökonomie

FINLEY, M. I.: Anthropology and the Classics, in: DERS.: The Use and Abuse of History, London 1986, 102–120.

HIND, J.: Colonies and Ports-of-Trade on the Northern Shores of the Black Sea, in: NIELSEN, T. H. (Hrsg.): Yet More Studies in the Ancient Greek Polis. Historia Einzelschriften 117, Stuttgart 1997, 107–116.

HUMPHREYS, S. C.: Anthropology and the Greeks, London 1978.

HUMPHREYS, S. C.: Geschichte, Volkswirtschaft und Anthropologie: das Werk Karl Polanyis (engl. Orig. 1978), in: POLANYI, Ökonomie und Gesellschaft, 7–59.

NIPPEL, W.: Ökonomische Anthropologie und griechische Wirtschaftsgeschichte, in: DERS.: Griechen, Barbaren und „Wilde", Frankfurt 1990, 124–151.

POLANYI, K./ARENSBERG, C. M./PEARSON, H. W.: Trade and Market in the Early Empires, Glencoe 1957.

POLANYI, K.: The Great Transformation, Frankfurt 1978 (engl. Orig. 1944).

POLANYI, K.: Ökonomie und Gesellschaft, Frankfurt 1979.

POLANYI, K.: Die Wirtschaft als eingerichteter Prozess. Reziprozität, Redistribution, Marktaustausch (engl. Orig. 1957), in: DERS., Ökonomie und Gesellschaft, 219–244.

POLANYI, K.: Aristoteles entdeckt die Volkswirtschaft (engl. Orig. 1957), in: DERS., Ökonomie und Gesellschaft, 149–185.

POLANYI, K.: Handelsplätze in frühen Gesellschaften (engl. Orig. 1971), in: DERS., Ökonomie und Gesellschaft, 284–299.

POLANYI, K.: Die zwei Bedeutungen von „wirtschaftlich" (engl. Orig. 1957), in: DERS., Ökonomie und Gesellschaft, 284–299.

SAHLINS, M.: On the Sociology of Primitive Exchange, in: DERS.: Stone Age Economics, London 1972, 185–275.

1.2.3 Moses Finley und Keith Hopkins

ANDREAU, J.: Twenty Years after Moses I. Finley's *The Ancient Economy* (franz. Orig. 1995) in: 1.: SCHEIDEL/VON REDEN, Ancient Economy, 33–52.

CARTLEDGE, P.: The Economy (Economies) of Ancient Greece, in: Dialogos 5 (1998), 4–24 [Nachdr. in: 1.: SCHEIDEL/VON REDEN, Ancient Economy, 11–32].

DAVIES, J. K.: Ancient Economies. Models and Muddles, in: PARKINS, H./ SMITH, C. (Hrsg.): Trade, Traders and the Ancient City, London 1998, 225–256.

DUNCAN-JONES, R.: Mobility and Immobility of Coins in the Roman Empire, in: Annali dell'Istituto Italiano di Numismatica 36 (1989), 121–137.

DUNCAN-JONES, R.: Trade, Taxes and Money, in: 1.3.2: DERS., Structure and Scale, 30-47.

FINLEY, M. I.: Technische Innovation und wirtschaftlicher Fortschritt in der Antike (engl. Orig. 1965), in: 1.2.3: SCHNEIDER, Sozial- und Wirtschaftsgeschichte, 168-196.

FINLEY, M. I.: Die Antike Wirtschaft (engl. Orig. 1973), München 1977.

FINLEY, M. I.: The Ancient City: From Fustel De Coulanges to Max Weber and Beyond [1977], in: DERS., Economy and Society, 3-23.

FINLEY, M. I.: Economy and Society in Ancient Greece, London 1981.

FINLEY, M. I.: Quellen und Modelle in der Alten Geschichte (engl. Orig. 1985), Stuttgart 1986.

HOPKINS, K.: Economic Growth and Towns in Classical Antiquity, in: ABRAMS, P./WRIGLEY, E. A. (Hrsg.): Towns in Societies. Essays in Economic History and Historical Sociology, Cambridge 1978, 35-77.

HOPKINS, K.: Taxes and Trade in the Roman Empire (200 B.C.-A.D. 400), in: JRS 70 (1980), 101-125.

HOPKINS, K.: Introduction, in: GARNSEY, P./HOPKINS, K./WHITTAKER, C. R. (Hrsg.): Trade in the Ancient Economy, Berkeley/Los Angeles 1983, ix-xxv.

HOPKINS, K.: Models, Ships and Staples, in: GARNSEY, P./HOPKINS, K./WHITTAKER, C. R. (Hrsg.): Trade and Famine in Classical Antiquity, Cambridge 1983, 84-109.

HOPKINS, K.: Rome, Taxes, Rents and Trade, in: 1.: SCHEIDEL/VON REDEN, Ancient Economy, 190-232.

HOWGEGO, C.: The Supply and Use of Money in the Roman World: 200 B.C. to A.D. 300, in: JRS 82 (1992), 1-31.

HOWGEGO, C.: Coin Circulation and the Integration of the Roman Economy, in: Journal of Roman Archaeology 7 (1994), 5-21.

JONES, A. H. M.: The Roman Economy, Oxford 1974.

PEKÁRY, TH.: Die Wirtschaft der griechisch-römischen Welt, Wiesbaden 1976.

SALLER, R./SHAW, B.: Editor's Introduction, in: FINLEY, Economy and Society, ix-xvi.

SCHNEIDER, H.: Zur Sozial- und Wirtschaftsgeschichte der römischen Republik, Darmstadt 1976.

SCHNEIDER, H.: Sozial- und Wirtschaftsgeschichte der römischen Kaiserzeit, Darmstadt 1981.

TSCHIRNER, M.: Moses I. Finley. Studien zu Leben, Werk und Rezeption, Diss. Marburg 1994.

VON FREYBERG, H.-U.: Kapitalverkehr und Handel im römischen Kaiserreich (27 v. Chr.–235 n. Chr.), Freiburg 1988.

WILL, É.: Trois quarts de siècle de recherches sur l'économie grècque antique, in: Annales. Économies, Sociétés, Civilisations 9 (1954), 7–22.

WOOLF, G.: Imperialism, Empire and the Integration of the Roman Economy, in: World Archaeology 23 (1992), 283–293.

1.3 Neue Ansätze in der Wirtschaftsgeschichte

1.3.1 Ethnoarchäologie, Bioanthropologie, Paläoklimatologie und die Ökologie des Mittelmeers

BISEL, S. C./BISEL, J. F.: Health and Nutrition at Herculaneum. An Examination of Human Skeletal Remains, in: JASHEMSKI, W. F./MEYER, F. G. (Hrsg.): The Natural History of Pompeii, Cambridge 2002, 451–475.

BISEL, S.: Die Menschenknochen aus dem Grab der Messenier, in: KOVACSOVICS, W. K. (Hrsg.): Kerameikos IV, Berlin 1990, 151–159.

BROOKE, J. L.: Climate Change and the Course of Global History. A Rough Journey, Cambridge 2014.

FORBES, H.: Strategies and Soils: Technology, Production and Environment in the Peninsula of Methana, Greece, Diss. Pennsylvania 1982.

FORBES, H.: The Ethnoarcheological Approach to Greek Agriculture, in: 3.3.2: WELLS Agriculture, 87–101.

GOWLAND, R./Thompson, T.: Human Identity and Identification, Cambridge 2013.

GOWLAND, R./GARNSEY, P.: Skeletal Evidence for the Health, Nutritional Status and Malaria in Rome and the Empire, in: ECKARDT, H. (Hrsg.): Roman Diasporas. Archaeological Approaches to Mobility and Diversity in the Roman Empire. JRA Suppl. 78, Portsmouth 2010, 131–156.

HALSTEAD, P./O'SHEA, J. (Hrsg.): Bad Year Economics: Cultural Responses to Risk and Uncertainty, Cambridge 1989.

HARRIS, W. V. (Hrsg.): The Ancient Mediterranean Environment between Science and History, Leiden und Boston 2013.

KARDULIAS, P. N./SHUTES, M. T.: Aegean Strategies: Studies of Culture and Environment on the European Fringe, Lanham 1997.

KEENAN-JONES, D.: Large-Scale Water Management Projects in Roman Central-Southern Italy, in: HARRIS, Ancient Mediterranean Environment, 233–256.

KILLGROVE, K.: Identifying Migration to Imperial Rome Using Strontium Isotope Analysis, in: Eckhardt, H. (Hrsg.): Roman Diasporas. Archaeological Approaches to Mobility and Diversity in the Roman Empire. JRA Suppl. 78, Portsmouth 2010, 157-174.

KILLGROVE, K./TYKOT, R. H.: Food for Rome: A Stable Isotope Investigation of Diet in the Imperial Period (1st to 3rd centuries AD), in: Journal of Anthropological Archaeology 32 (2013), 28-38.

KOUKI, P.: Problems of Relating Environmental History and Human Settlement in the Classical and Late Classical Periods: The Example of Southern Jordan, in: HARRIS, Ancient Mediterranean Environment, 197-211.

PEACOCK, D.: Pottery in the Roman World. An Ethnoarchaeological Approach, New York 1982.

RUSCHENBUSCH, E.: Getreideerträge in Griechenland in der Zeit von 1921-1938 n. Chr. als Maßstab für die Antike, in: ZPE 72 (1988), 141-153.

VEAL, R.: Fuelling Ancient Mediterranean Cities: A Framework for Charcoal Research, in: HARRIS, Ancient Mediterranean Environment, 37-59.

WILSON, A.: The Mediterranean Environment in Ancient History: Perspectives and Prospects, in: HARRIS, Ancient Mediterranean Environment, 259-276.

1.3.2 Quantitative Untersuchungen und „Kliometrie"

BOWMAN, A.: Landholding in the Hermopolite Nome in the Fourth Century AD, in: JRS 75 (1985), 137-163.

BOWMAN, A./WILSON, A. (Hrsg.): Quantifying the Roman Economy, Oxford 2009.

BOWMAN, A./WILSON, A.: Quantifying the Roman Economy: Integration, Growth, Decline?, in: DIES., Quantifying, 4-84.

DREXHAGE, H.-J.: Preise, Mieten, Pachten, Kosten und Löhne im römischen Ägypten bis zum Regierungsantritt Diokletians, St. Katharinen 1991.

DUNCAN-JONES, R.: The Economy of the Roman Empire. Quantitative Studies, Cambridge ^{2}1982.

DUNCAN-JONES, R.: Structure and Scale in the Roman Economy, Cambridge 1990.

DUNCAN-JONES, R.: Money and Government in the Roman Empire, Cambridge 1994.

DUNCAN-JONES, R.: Numerical Distortion in Roman Writers, in: ANDREAU, J./BRIANT, P./DESCAT, R. (Hrsg.): Économie antique. Prix et formation des prix dans les économies antiques. Entretiens d'archéologie et d'histoire 3, Saint-Bertrand-de-Comminges 1997, 147-159.

FRANK, T. (Hrsg.): An Economic Survey of Ancient Rome. 5 Bde. [1933–40], Baltimore 1975.

GREENE, K.: Archaeological Data and Economic Interpretation, in: BANG, P. F./IKEGUCHI, M./ZICHE, H. G. (Hrsg.): Ancient Economies, Modern Methodologies. Archaeology, Comparative History, Models and Institutions, Bari 2006, 109–136.

HANSEN, J. W.: The Urban System of Roman Asia Minor and Wider Urban Connectivity, in: 2.1.2: BOWMAN/WILSON, Settlement, 229–275.

KESSLER, D./TEMIN, P.: Money and Prices in the Early Roman Economy, in: 3.4.1: HARRIS, Monetary Systems, 313–332.

MARZANO, A.: Rank-Size Analysis and the Roman Cities of the Iberian Peninsula and Britain: Some Considerations, in: 2.1.2: BOWMAN/WILSON, Settlement 196–228.

MORLEY, N.: Cities and Economic Development in the Roman Empire, in: 2.1.2: BOWMAN/WILSON, Settlement, 143–160.

PARKER, A. J.: Ancient Shipwrecks of the Mediterranean and the Roman Provinces, Oxford 1992.

RATHBONE, D.: Earnings and Costs: Living Standards and the Economy of the Roman Empire, in: BOWMAN/WILSON, Quantifying, 299–326.

SAFRA, Z.: The Economy of Roman Palestine, London 1994.

SCHEIDEL, W.: Finances, Figures and Fiction, in: CQ 46 (1996), 222–238.

STOREY, G. R.: Archaeology and Roman Society: Integrating Textual and Archaeological Data, in: Journal of Archaeological Research 7 (1999), 203–248.

SZAIVERT, W./WOLTERS, R.: Löhne, Preise, Werte. Quellen zur römischen Geldwirtschaft, Darmstadt 2005.

Datenbanken:

Kriegskosten Datenbank (Erfurt): www.uni-erfurt.de/geschichte/antike/forschung/kriegskosten

The Oxford Roman Economy Project (OXREP) http://oxrep.classics.ox.ac.uk/databases/

Prices and other monetary valuations in Roman history/The literary evidence (Stanford): www.stanford.edu/~scheidel/NumIntro.htm

The Digital Atlas of Roman and Medieval Civilizations (Harvard): http://darmc.harvard.edu/icb/icb.do

Archaeology Data Service der University of York: http://ads.ahds.ac.uk

Epigraphische Datenbank der Universität Heidelberg: http://edh-www.adw.uni-heidelberg.de/home

Integrierte Papyrologische Datenbanken der Duke University: http://papyri.info

1.3.3 Neue Institutionenökonomik und wirtschaftliches Wachstum

COASE, R: The Nature of the Firm, in: Economica 4 (1937), 386–405.

KEHOE, D.: Management and Investment on Estates in Roman Egypt during the Early Empire, Bonn 1992.

LYTTKENS, C. H.: Economic Analysis of Institutional Change in Ancient Greece, London 2013.

MANNING, J.: Texts, Contexts, Subtexts and Interpretative Frameworks. Beyond the Parochial and toward (Dynamic) Modeling of the Ptolemaic Economy, Bulletin of the American Society of Papyrologists 42 (2005), 235–256.

MANNING, J./MORRIS, I. (Hrsg.): The Ancient Economy. Evidence and Models, Stanford 2005.

MANNING, J./MORRIS, I.: Introduction, in: DIES., The Ancient Economy, 1–44.

MILLETT, P.: Productive to Some Purpose? The Problem of Ancient Economic Growth, in: MATTINGLY, D./SALMON, J. (Hrsg.): Economies beyond Agriculture in the Classical World, London 2002, 17–48.

MORRIS, I.: Hard Surfaces, in: CARTLEDGE, P./COHEN, E. E./FOXHALL, L. (Hrsg.): Money, Labour and Land. Approaches to the Economies of Ancient Greece, London/New York 2002, 8–43.

MORRIS, I.: Economic Growth in Ancient Greece, in: Journal of Institutional and Theoretical Economics 160 (2004), 709–742.

MORRIS, I./SALLER. R./SCHEIDEL, W.: Introduction, in: 1.: DIES., Cambridge Economic History, 1–14.

OBER, J.: Wealthy Hellas, in: TAPhA 140 (2010), 241–286.

SALLER, R.: Framing the Debate over Growth in the Ancient Economy, in: 1.: SCHEIDEL/VON REDEN, Ancient Economy, 251–269.

1.3.4 Antike Wirtschaft in globaler Perspektive

CHASE-DUNN, C./HALL, T. D. (Hrsg.): Rise and Demise. Comparing World-Systems, Boulder/Col. 1997.

CURTIN, P. D.: Cross-Cultural Trade in World History, Cambridge 1984.

DE ANGELIS, F. (Hrsg.): Regionalism and Globalism in Antiquity. Exploring their Limits, Leuven 2013.

GERAGHTY, R. M.: The Impact of Globalization in the Roman Empire, 200 BC–AD 100, in: Journal of Economic History 67 (2007), 1036–1061.

HEICHELHEIM, F.: Wirtschaftliche Schwankungen der Zeit von Alexander bis Augustus. Beiträge zur Erforschung der wirtschaftlichen Wechsellagen. Aufschwung, Krise, Stockung. Jena 1930.

HOPKINS, K.: The Political Economy of the Roman Empire, in: MORRIS/SCHEIDEL, Dynamics of Empires, 178–204.

MORRIS, I./SCHEIDEL, W. (Hrsg.): The Dynamics of Ancient Empires. State Power from Assyria to Byzantium, Oxford 2009.

SCHAPS, D.: The Invention of Coinage in Lydia, India and China, in: Bulletin du Cercle d'Études Numismatiques 44 (2007), 281–300; 313–322.

SCHEIDEL, W. (Hrsg.): Rome and China. Comparative Perspectives on Ancient World Empires, Oxford 2009.

SCHEIDEL, W.: State Revenue and Expenditure in the Han and Roman Empires, in: DERS., State and Power, 150–180.

SCHEIDEL, W.: The Divergent Evolution of Coinage in Western and Eastern Eurasia, in: 3.4.1: HARRIS, Monetary Systems, 267–286.

SCHEIDEL, W.: From the Great Convergence to the Great Divergence: Roman and Qin-Han State Formation and its Aftermath, in: DERS. (Hrsg.): Rome and China, 11–23.

SCHEIDEL, W. (Hrsg.): State and Power in Ancient China and Rome, New York 2015.

VON REDEN, S.: Global Economic History, in: BENJAMIN, C. (Hrsg.): Cambridge History of the World, Bd. 4: A World with States, Empires and Networks, 1200 BCE–900 CE, Cambridge 2015, 29–54.

WALLERSTEIN, I.: Das moderne Weltsystem. Die Anfänge kapitalistischer Landwirtschaft und die europäische Weltökonomie im 16. Jahrhundert, Frankfurt 1986 (engl. Orig. 1974).

WOOLF, G.: World Systems Analysis and the Roman Empire, in: Journal of Roman Archaeology 3 (1990), 44–58.

2. Die Bedingungen der Wirtschaft

2.1 Ökologie und Wirtschaftsräume

2.1.1 Das Mittelmeer als Wirtschaftsraum

BRAUDEL, F.: La Méditerranée et le monde méditeranéen à l'epoque de Philippe II. Paris 1949 [dt. Das Mittelmeer und die mediterrane Welt in der Epoche Philipps II., Frankfurt 1990.].

BROODBANK, C.: The Making of the Middle Sea. A History of the Mediterranean from the Beginning to the Emergence of the Classical World, Oxford 2013.

BRESSON, A.: Ecology and Beyond: The Mediterranean Paradigm, in: HARRIS, Rethinking the Mediterranean, 94–108.

HARRIS, W. V. (Hrsg.): Rethinking the Mediterranean, Oxford 2005

HARRIS, W. V.: The Mediterranean and Ancient History, in: DERS., Rethinking the Mediterranean, 1–44.

HORDEN, P./PURCELL, N. The Corrupting Sea. A Study of Mediterranean History, Oxford 2000.

MANNING, S.: The Roman World and Climate: Context, Relevance of Climate Change, and Some Issues, in: 1.3.1: HARRIS, Ancient Mediterranean Environment, 103–171.

MCCORMICK, M. u. a.: Climate Change during and after the Roman Empire: Reconstructing the Past from Scientific and Historical Evidence, in: Journal of Interdisciplinary History 43.2 (2012), 169–220.

RACKHAM, O.: Ecology and Pseudo-Ecology: the Example of Ancient Greece, in: SHIPLEY, G./SALMON, J. (Hrsg.): Human Landscapes in Classical Antiquity. Environment and Culture, London 1996, 16–43.

SALLARES, R.: The Ecology of the Ancient Greek World, London 1991.

SCHULZ, R.: Die Antike und das Mittelmeer, Darmstadt 2005.

SONNABEND, H.: Mensch und Landschaft in der Antike. Lexikon der historischen Demographie, Stuttgart 1999.

THOMMEN, L.: Umweltgeschichte der Antike, München 2009.

VITA-FINZI, C.: The Mediterranean Valleys. Geological Changes in Historical Times, Cambridge 1969.

WAGSTAFF, J. M.: Buried Assumptions. Some Problems in the Interpretation of the "Younger Fill" Raised by Recent Data from Greece, in: Journal of Archaeological Science 8 (1981), 247–264.

ZIMMERMANN, M.: Die antiken Menschen in ihrer natürlichen Umwelt, in: WIRBELAUER, E. (Hrsg.): Antike, München 2004, 121–144.

2.1.2 Die Stadt als Wirtschaftsraum

BILLOWS, R.: Cities, in: ERSKINE, A. (Hrsg.): A Companion to the Hellenistic World, Oxford 2003, 196–215.

BOWMAN, A./WILSON, A. (Hrsg.): Settlement, Urbanization and Population, Oxford 2011.

ERDKAMP, P.: Beyond the Limits of the 'Consumer City'. A Model of the Urban and Rural Economy in the Roman World, in: Historia 50 (2001), 332–356.

MORLEY, N.: Cities and Economic Development in the Roman Empire, in: BOWMAN/WILSON, Settlement, 143–160.

NIPPEL, W.: Finley and Weber. Some Comments and Theses, in: La cité antique? A partir de l'oevre de M. I. Finley, Opus 6–8 (1987–1989), 43–50.

RICH, J./WALLACE-HADRILL, A. (Hrsg.): City and Country in the Ancient World, London 1991.

VON REDEN, S.: Wirtschaftliches Wachstum und institutioneller Wandel, in: WEBER, G. (Hrsg.): Kulturgeschichte des Hellenismus, Stuttgart 2007, 177–201.

WEBER, M.: Die Stadt (1921). Max Weber Gesamtausgabe I, 22.5, Tübingen 1999.

WHITTAKER, C. R.: The Consumer City Revisited: the *vicus* and the City, in: Journal of Roman Archaeology 3 (1990), 110–118.

2.1.3 Mobilität und Migration

BRAUNERT, H.: Die Binnenwanderung, Bonn 1964.

CHANIOTIS, A.: Die hellenistischen Könige als Ursache für Migration, in: OLSHAUSEN/SONNABEND, Trojaner sind wir gewesen, 98–104.

HALEY, E. W.: Migration and Economy in Roman Imperial Spain, Barcelona 1991.

HARRIS, W. V.: Towards a Study of the Roman Slave Trade, in: 3.5.1: D'ARMS/KOPFF, Seaborne Commerce, 117–140.

MCKECHNIE, P.: Outsiders in the Greek Cities in the Fourth Century B.C., London 1989.

OLSHAUSEN, E.: Patria als Heimatbegriff, in: OLSHAUSEN/SONNABEND, Trojaner sind wir gewesen, 316–325.

OLSHAUSEN, E./SONNABEND, H. (Hrsg.): Trojaner sind wir gewesen. Migration in der antiken Welt, Stuttgart 2006.

OSBORNE, R.: The Potential Mobility of Human Populations, in: Oxford Journal of Archaeology 10 (1991), 231–252.

PURCELL, N.: Mobility and the Polis, in: MURRAY, O./PRICE, S. (Hrsg.): The Greek City from Homer to Alexander, Oxford 1990, 29–82.

RUFFING, K.: Die regionale Mobilität von Händlern und Handwerkern nach griechischen Inschriften, in: OLSHAUSEN/SONNABEND, Trojaner sind wir gewesen, 133–149.

SCHARPER, U.: Die Einwanderung griechischer und makedonischer Bevölkerungsgruppen in den hellenistischen Osten, in: OLSHAUSEN/SONNABEND, Trojaner sind wir gewesen, 336–363.

SCHEIDEL, W.: Human Mobility in Roman Italy: the Free Population, in: JRS 94 (2004), 1–26.

SCHEIDEL, W.: Human Mobility in Roman Italy: the Slave Population, in: JRS 95 (2005), 64–79.

WIERSCHOWSKI, L.: Die regionale Mobilität in Gallien nach den Inschriften des 1.–3. Jh. n. Chr., Stuttgart 1995.

WILSON, A. J. N.: Emigration from Italy in the Republican Age of Rome, Manchester 1966.

2.1.4 Regionen

CONSTANTAKOPOULOU, C.: Proud to Be an Islander: Island Identity in Multi-Polis Islands in the Classical and Hellenistic Aegean, in: Mediterranean Historical Review 20 (2005), 1–34.

ELTON, H./REGER, G. (Hrsg.): Regionalism in Hellenistic and Roman Asia Minor, Bordeaux 2007.

GABRIELSEN, V.: Trade and Tribute: Byzantion and the Black Sea Straits, in: DERS./LUND, Black Sea in Antiquity, 287–324.

GABRIELSEN, V./LUND, J. (Hrsg.): The Black Sea in Antiquity. Regional and Interregional Economic Exchanges, Aarhus 2007.

GREENE, K.: The Archaeology of the Roman Economy, London 1986.

HANNESTAD, L.: 'How much came from where': The Proportion of Local, Regional and 'Long-Distance' Pottery from a Rural Settlement in the Crimea, in: ARCHIBALD, Z./GABRIELSEN, V./DAVIES, J. (Hrsg.): Making, Moving and Managing. The New Wold of Ancient Economies, 323–31 BC, Oxford 2005, 165–187.

HARRIS, W. V.: Roman Terracotta Lamps: the Organisation of an Industry, in: JRS 70 (1980), 120–135.

MACKIL, E./VAN ALFEN, P. G.: Cooperative Coinage, in: VAN ALFEN, P.G. (Hrsg.): Agoranomia. Studies in Money and Exchange Presented to John H. Kroll, New York 2006, 201–247.

MEADOWS, A.: Money, Freedom and Empire in the Hellenistic World, in: DERS./SHIPTON, K. (Hrsg.): Money and its Uses in the Ancient Greek World, Oxford 2001, 53–64.

OLIVER, G.: Hellenistic Economies. Regional Views from the Athenian Polis, in: DESCAT, R. (Hrsg.): Approches de l'économie hellénistique. Entretiens d'archéologie et d'histoire 7, Saint-Bertrand-de-Comminges 2006, 215–256.

OLIVER, G.: Regions and Micro-Regions. Grain for Rhamnous, in: 1.: ARCHIBALD/DAVIES/GABRIELSEN/OLIVER, Hellenistic Economies, 137–155.

REGER, G.: Regionalism and Change in the Economy of Independent Delos, 314–167 B.C., Berkeley 1994.

REGER, G.: Regions Revisited. Identifying Regions in a Greco-Roman Mediterranean Context, in: FACTA. A Journal of Roman Material Culture Studies 1 (2007), 65–74.

REGER, G.: Economic Regionalism in Theory and Practice, in: VIVIERS, D./TSINGARIDA, A. (Hrsg.): Pottery Markets in the Ancient Greek World (8th–1st Centuries B.C.), Brüssel 2013, 119–131.

REGER, G.: The Price Histories of Some Imported Goods on Independent Delos, in: 1.: SCHEIDEL/VON REDEN, Ancient Economy 133–154.

REGER, G.: Interregional Economics in the Aegean Basin, in: 1.: ARCHIBALD/DAVIES/GABRIELSEN, Economies, 368–390.

SAPRYKIN, S. J.: The Unification of Pontos. The Bronze Coins of Mithridates VI Eupator as Evidence for Commerce in the Euxine, in: GABRIELSEN/LUND, Black Sea in Antiquity, 195–208.

SCHMITZ, W.: Händler, Bürger und Soldaten. Die Bedeutung von Münzgewichtsveränderungen in der griechischen Poliswelt, in: MBAH 5 (1986), 59–87.

THONEMANN, P. J.: The Maeander Valley. A Historical Geography from Antiquity to Byzantium, Cambridge 2011.

WEIMERT, H.: Wirtschaft als landschaftsgebundenes Phänomen. Die antike Landschaft Pontos. Eine Fallstudie, Frankfurt 1984.

2.2 Bevölkerung

2.2.1 Historische Demographie

ALCOCK, S.: Graecia Capta. The Landscapes of Roman Greece, Cambridge 1993.

BELOCH, K. J.: Die Bevölkerung der griechisch-römischen Welt, Leipzig 1886.

BOSERUP, E.: Population and Technological Change, Chicago 1981.

HOLLERAN, C./PUDSEY, A. (Hrsg.): Demography and the Graeco-Roman World. New Insights and Approaches, Cambridge 2011.

KOMLOS, J./SCHMIDTKE,S.: Bevölkerung und Wirtschaft, in: AMBROSIUS, G./PETZINA, D./PLUMPE, W. (Hrsg.): Moderne Wirtschaftsgeschichte. Eine Einführung für Historiker und Ökonomen, München 2006, 95–116.

MALTHUS, T. R.: An Essay on Population as it Affects the Future Improvement of Society. London 1798 [dt. Das Bevölkerungsgesetz, München 1977].

MORLEY, N.: Demography and Development in Classical Antiquity, in: HOLLERAN/PUDSEY, Demography, 14–36.

NELSON, R. R.: A Theory of the Low-Level Equilibrium Trap in Underdeveloped Economies, in: American Economic Review 46 (1956), 894-908.

PFISTER, CHR.: Bevölkerungsgeschichte und Historische Demographie 1500-1800, München ²2007.

2.2.2 Fertilität und Mortalität

BAGNALL, R./FRIER, B. W.: The Demography of Roman Egypt, Cambridge 1994.

CLARYSSE, W./THOMPSON, D.: Counting the People in Hellenistic Egypt, Bd. 2, Cambridge 2006.

CORVISIER, J.-N./SUDER, W.: La population de l'antiquité classique, Paris 2000.

DUNCAN-JONES, R.: Government Subsidies for Population Increase, in: 1.3.2: DERS., The Economy of the Roman Empire, 288-324.

FRIER, B.: Roman Life Expectancy: Ulpian's Evidence, in: HSPh 86 (1982), 151-170.

FRIER, B.: Demography, in: BOWMAN, A./GARNSEY, P./RATHBONE, D. (Hrsg.): The Cambridge Ancient History. Bd. XI: The High Empire: AD 70-192, 2. Aufl., Cambridge 2000, 70-192.

HOPKINS, K.: Death and Renewal, Cambridge 1983.

KRON, G.: Nutrition, Hygiene and Mortality. Setting Parameters for Roman Health and Life Expectancy Consistent with our Comparative Evidence, in: 2.2.4: LO CASCIO, Impatto, 193-252.

PARKIN, T. G.: Demography and Roman Society, Harvard 1982.

SCHEIDEL, W.: Demography, in: 1.: MORRIS/SALLER/SCHEIDEL, Cambridge Economic History, 38-86.

WIERSCHOWSKI, L.: Die historische Demographie – ein Schlüssel zur Geschichte?, in: Klio 76 (1994), 355-380.

WIESEHÖFER, J.: Bevölkerung, Bevölkerungsgeschichte, in: DNP, Bd. 2 (1997), 599-605.

2.2.3 Bevölkerungszahlen in griechischen Poleis

GOMME, A. W.: The Population of Athens in the Fifth and Fourth Centuries B.C., Oxford 1933.

HANSEN, M. H.: The Shotgun Method: The Demography of the Ancient Greek City-State Culture, Columbia und London 2006.

HANSEN, M. H.: An Update of the Shotgun Method, in: GRBS 48 (2008), 259-286.

RUSCHENBUSCH, E.: Die Bevölkerungszahl Griechenlands im 5. und 4. Jh. v. Chr., in: ZPE 56 (1984), 55-57.

SCHEIDEL, W.: The Greek Demographic Expansion: Models and Comparisons, in: JHS 123 (2003), 120–140.

2.2.4 Die Bevölkerung Italiens

BRUNT, P. A.: Italian Manpower. 225 B.C.–A.D. 14, Oxford 1971.

DE LIGT, L./NORTHWOOD, S. (Hrsg.): People, Land and Politics. Demographic Developments and the Transformation of Roman Italy, 300 BC–AD 14, Leiden 2008.

DE LIGT, L.: Peasants, Citizens and Soldiers: Studies in the Demographic History of Roman Italy 225 BC–AD 100, Cambridge 2012.

HIN, S.: The Demography of Roman Italy: Population Dynamics in an Ancient Conquest Society (201 BCE–14 CE), Cambridge 2013.

JONGMAN, W.: Slavery and the Growth of Rome: The Transformation of Italy in the Second and First Centuries BCE, in: EDWARDS, C./WOOLF, G. (Hrsg.): Rome the Cosmopolis, Cambridge 2003, 100–122.

JONGMAN, W.: Roman Economic Change and the Antonine Plague: Endogenous, Exogenous or What?, in: LO CASCIO, Impatto, 253–264.

LAUNARO, A.: Peasants and Slaves. The Rural Population of Roman Italy (200 BC to AD 100), Cambridge 2011.

LO CASCIO, E.: The Size of the Roman Population: Beloch and the Meaning of the Augustan Census Figures, in: JRS 84 (1994), 23–40.

LO CASCIO, E. (Hrsg.): L'Impatto della "Peste Antonina", Bari 2012.

ROSSIGNOL, B.: Le climat, les famines et la guerre: éléments du contexte de la peste antonine, in: LO CASCIO, Impatto, 87–122.

SCHEIDEL, W.: Roman Population Size: The Logic of the Debate, in: DE LIGT/NORTHWOOD, People, Land and Politics, 17–70.

SCHEIDEL, W.: Roman Well-Being and the Economic Consequences of the Antonine Plague, in: LO CASCIO, Impatto, 265–296.

SCHEIDEL, W.: Italian Manpower, in: Journal of Roman Archaeology 26 (2013), 678–687.

ZELENER, Y.: Genetic Evidence, Density Dependence and Epidemiological Models of the "Antonine Plague", in: LO CASCIO, Impatto, 167–178.

2.2.5 Bevölkerung und wirtschaftliche Entwicklung

BOWMAN, A.: Ptolemaic and Roman Egypt: Population and Settlement, in: 2.1.2: BOWMAN/WILSON, Settlement, 317–358.

BUTZER, K. W.: Early Hydraulic Civilization in Egypt. A Study in Cultural Ecology, Chicago 1976.

DELIA, D.: The Population of Roman Alexandria, in: TAPhA 118 (1988), 275–292.

Downey, G.: The Size of the Population of Antioch, in: TAPhA 89 (1958), 84–91.

Rathbone, D.: Villages, Land and Population in Graeco-Roman Egypt, in: PCPhS 36 (1996), 103–142.

Scheidel, W.: Demographic and Economic Development in the Ancient Mediterranean World, in: Views and Comments on Institutions, Economics and the Ancient Mediterranean World, Journal of Institutional and Theoretical Economics 160 (2004), 743–757.

2.3 Technik und Infrastruktur

2.3.1 Technische Entwicklung

Cuomo, S.: Technology and Culture in Greek and Roman Antiquity, Cambridge 2007.

Diels, H.: Antike Technik, Leipzig ²1920.

Greene, K.: Technological Innovation and Economic Progress in the Ancient World: M. I. Finley Re-Considered, in: Economic History Review 53 (2000), 29–59.

Meissner, B.: Die technologische Fachliteratur der Antike. Struktur, Überlieferung und Wirkung technischen Wissens in der Antike (ca. 400 v.Chr.–ca. 500 n.Chr.), Berlin 1999.

Schneider, H.: Einführung in die antike Technikgeschichte, Darmstadt 1992.

White, K. D.: Greek and Roman Technology, London 1984.

Wilson, A.: Machines, Power and the Ancient Economy, in: JRS 92 (2002), 1–32.

Wrigley, E. A.: Continuity, Chance and Change: The Character of the Industrial Revolution in England, Cambridge 1988.

2.3.2 Technische Innovation

Malanima, P.: Energy Consumption in the Roman World, in: 1.3.1: Harris, Ancient Mediterranean Environment, 13–36.

Oleson, J. P. (Hrsg.): The Oxford Handbook of Engineering and Technology in the Classical World, New York 2008.

Schneider, H.: Die Gaben des Prometheus: Technik im antiken Mittelmeerraum, in: Hägemann, D./Schneider, H. (Hrsg.): Propyläen Technikgeschichte, Frankfurt 1991, 19–313.

Schneider, H.: Krieg und Technik im Zeitalter des Hellenismus, in: Berichte zur Wissenschaftsgeschichte 19 (1996), 76–80.

SCHNEIDER, H.: Innovative Umbrüche in der antiken Technik, in: BUCH-HAUPT, S. (Hrsg.): Gibt es Revolutionen in der Geschichte der Technik?, Darmstadt 1999, 77–83.

WIKANDER, Ö.; Sources of Energy and Exploitation of Power, in: OLESON, Handbook, 136–157.

WILSON, P.: Raw Materials and Energy, in: 1.: SCHEIDEL, Companion, 133–155.

2.3.3 Wirtschaftliche und technische Entwicklung

MURPHY, T.: Pliny the Elder's *Natural History*. The Empire in the Encyclopedia, Oxford 2004.

SCHNEIDER, H.: Infrastruktur und politische Legitimation im frühen Prinzipat, in: Opus 5 (1986), 23–51.

SCHNEIDER, H.: Das griechische Technikverständnis. Von den Epen Homers bis zu den Anfängen der technologischen Fachliteratur, Darmstadt 1989.

WHITE, K. D.: Technik und Gewerbe im Römischen Reich. Eine Untersuchung der Wechselbeziehungen zwischen Wissenschaft, Technik und Gewerbe im Römischen Reich (engl. Orig. 1959), in: 1.2.3: SCHNEIDER, Sozial- und Wirtschaftsgeschichte, 109–127.

2.4 Institutionen

2.4.1 Begriff

ACHAM, K.: Struktur, Funktion und Genese von Institutionen aus sozialwissenschaftlicher Sicht, in: MELVILLE, G. (Hrsg.): Institutionen und Geschichte. Theoretische Aspekte und mittelalterliche Befunde, Köln 1992, 25–72.

NORTH, D.: Theorie des institutionellen Wandels. Eine neue Sicht der Wirtschaftsgeschichte (engl. Orig. 1981), Tübingen 1988.

NORTH, D.: Institutionen, institutioneller Wandel und Wirtschaftsleistung (engl. Orig. 1990), Tübingen 1992.

2.4.2 Verfügungsrechte und Hauswirtschaft

AUBERT, J. J.: The Republican Economy and Roman Law: Regulation, Promotion, or Reflection?, in: FLOWER, H. I. (Hrsg.): The Cambridge Companion to the Roman Republic, Cambridge 2004, 160–178.

FINLEY, M. I.: The Alienability of Land in Ancient Greece in: DERS.: The Use and Abuse of History, London 1975, 153–168.

FRIER, B./KEHOE, D.: Law and Economic Institutions, in: 1.: MORRIS/ SALLER/SCHEIDEL, Cambridge Economic History, 113–143.

HARRISON, A. R. W.: The Law of Athens. Bd. 1: The Family and Property, Oxford 1968.

HODKINSON, S.: Property and Wealth in Classical Sparta, London 2000.

HÖLKESKAMP, K.-J.: Under Roman Roofs: Family, House, and Household, in: FLOWER, H. I. (Hrsg.): The Cambridge Companion to the Roman Republic, Cambridge 2004, 113–138.

KEHOE, D.: The State and Production in the Roman Agrarian Economy, in: 3.3.3: BOWMAN/WILSON, Agricultural Economy, 33–54.

MANNING, J.: Property Rights and Contracting in Ptolemaic Egypt (323–30 BC), in: Journal of Institutional Economics 160.4 (2004), 158–164.

RILINGER, R.: *Domus* und *res publica*. Die politisch-soziale Bedeutung des aristokratischen „Hauses" in der späten römischen Republik [1997], in: DERS.: Ordo und dignitas. Beiträge zur römischen Verfassungs- und Sozialgeschichte, Stuttgart 2007, 105–122.

ROWLANDSON, J.: Women and Society in Greek and Roman Egypt, Cambridge 1998.

SALLER, R. P.: Patriarchy, Property and Death in the Roman Family, Cambridge 1994.

SALLER, R. P.: Household and Gender, in: 1.: MORRIS/SALLER/SCHEIDEL, Cambridge Economic History, 87–112.

SCHAPS, D. M.: Economic Rights of Women in Ancient Greece, Edinburgh 1979.

SCHMITZ, W.: Haus und Familie im antiken Griechenland, München 2007.

TODD, S.: The Shape of Athenian Law, Oxford 1993.

WINTERLING, A.: ‚Staat', ‚Gesellschaft' und politische Integration in der römischen Kaiserzeit, in: Klio 83 (2001), 93–112.

2.4.3 Hierarchien und Arbeitsverhältnisse

AMELING, W.: Landwirtschaft und Sklaverei im klassischen Attika, in: HZ 266 (1988), 281–315.

ANDREAU, J./DESCAT, R.: The Slave in Greece and Rome (franz. Orig 2006), Madison 2011.

AUBERT, J.-J.: Business Managers in Ancient Rome. A Social and Economic Study of Institores, 200 B.C.–A.D. 250, Leiden 1994.

BRADLEY, K./CARTLEDGE, P. (Hrsg.): The Cambridge World History of Slavery, Cambridge 2011.

CARLSEN, J.: Vilici and Roman Estate Managers until AD 284, Rom 1995.

DE NEEVE, P. W.: A Roman Landowner and his Estates: Pliny the Younger, in: Athenaeum 78 (1990), 363–402.

FINLEY, M. I. Die Sklaverei in der Antike (engl. Orig. 1980), München 1981.

FOXHALL, L.: The Dependent Tenant: Leasing and Labour in Italy and Greece, in: JRS 80 (1990), 97–114.

GARNSEY, P.: Non-Slave Labour in the Roman World, in: DERS. (Hrsg.): Non-Slave Labour in the Greco-Roman World, Cambridge 1980, 34–47.

HERRMANN-OTTO, E.: Sklaverei und Freilassung in der griechisch-römischen Welt, Hildesheim 2009.

HOPKINS, K.: Conquerors and Slaves, Cambridge 1978.

KEHOE, D. P.: Investment, Profit and Tenancy: The Jurists and the Roman Agrarian Economy, Ann Arbor 1997.

KEHOE, D.: Law and Rural Economy in the Roman Empire, Ann Arbor 2007.

KYRTATAS, D. J.: Slavery and Economy in the Greek World, in: BRADLEY/ CARTLEDGE, World History of Slavery, 91–111.

RATHBONE, D.: The Ancient Economy and Graeco-Roman Egypt, in: 1.: SCHEIDEL/VON REDEN, Ancient Economy, 155–172.

SCHÄFER, CHR.: Spitzenmanagement in Republik und Kaiserzeit: die Prokuratoren von Privatpersonen im Imperium Romanum vom 2. Jh. v. Chr. bis zum 3. Jh. n. Chr., St. Katharinen 1998.

SCHEIDEL, W.: Slavery, in: 1.: DERS., Companion, 89–113.

SCHEIDEL, W.: Grundpacht und Lohnarbeit in der Landwirtschaft des römischen Italien, Frankfurt 1994.

SCHNEIDER, H.: Die antike Sklavenwirtschaft: das Imperium Romanum, in: DERS. (Hrsg.): Geschichte der Arbeit. Vom Alten Ägypten bis zur Gegenwart, Köln 1980, 95–154.

THOMPSON, D. J.: Slavery in the Hellenistic World, in: BRADLEY/ CARTLEDGE, World History of Slavery, 194–213.

2.4.4 Reziprozität, Freundschaft und soziale Netzwerke

BLUNDELL, M. W.: Helping Friends and Harming Enemies, Cambridge 1989.

DONLAN, W.: Reciprocities in Homer, in: CW 75 (1981–2), 137–175.

FINLEY, M. I.: Die Welt des Odysseus (engl. Orig. 1954), München 1984.

GILL, C./POSTLETHWAITE, N./SEAFORD, R. (Hrsg.): Reciprocity in Ancient Greece, Oxford 1998.

GRANOVETTER, M.: Economic Action and the Problem of Embeddedness, in: American Journal of Sociology 91 (1985), 481–510.

HERMAN, G.: Ritualised Friendship and the Greek City, Cambridge 1987.

KONSTAN, D.: Friendship in the Classical World, Cambridge 1999.

MALKIN, I./CONSTANTAKOPOULOU, CHR./PANAGOPOULOU, K. (Hrsg.): Greek and Roman Networks in the Mediterranean, London 2009.

MALKIN, I.: A Small Greek World. Networks in the Ancient Mediterranean, Oxford 2011.

MILLETT, P.: Sale, Credit and Exchange in Athenian Law and Society, in: CARTLEDGE, P./MILLETT, P./TODD, S. (Hrsg.): Nomos. Essays in Athenian Law, Politics and Society, Cambridge 1990, 167–194.

MILLETT, P.: Patronage and its Avoidance, in: WALLACE-HADRILL, Patronage, 15–47.

MITCHELL, L. G.: Greeks Bearing Gifts. The Public Use of Private Relationships in the Greek World, 435–323 BC, Cambridge 1997.

ROLLINGER, CHR.: Solvendi sunt nummi: die Schuldenkultur der späten römischen Republik im Spiegel der Schriften Ciceros, Berlin 2009.

ROLLINGER, CHR.: Zur Bedeutung von *amicitia* und Netzwerken für das Finanzwesen der späten Republik, in: GÜNTHER, S. (Hrsg.): Ordnungsrahmen antiker Ökonomien. Ordnungskonzepte und Steuerungsmechanismen antiker Wirtschaftssysteme im Vergleich, Wiesbaden 2012, 111–126.

SALLER, R. P.: Personal Patronage under the Early Empire, Cambridge 1982.

SALLER, R. P.: Patronage and Friendship in Imperial Rome: Drawing the Distinction, in: WALLACE-HADRILL, Patronage, 49–62.

SEAFORD, R.: Reciprocity and Ritual. Homer and Tragedy in the Developing City-State, Oxford 1994.

SEAFORD, R.: Introduction, in: GILL/POSTLETHWAITE/SEAFORD, Reciprocity, 1–12.

VERBOVEN, K.: The Economy of Friends. Economic Aspects of *Amicitia* and Patronage in the Late Republic, Brüssel 2002.

VAN WEES, H.: The Law of Gratitude. Reciprocity in Anthropological Theory, in: GILL/POSTLETHWAITE/SEAFORD, Reciprocity, 13–50.

VON REDEN, S. Exchange in Ancient Greece, London ²2003.

WAGNER-HASEL, B.: Der Stoff der Gaben. Kultur und Politik des Schenkens und Tauschens im archaischen Griechenland, Frankfurt 2000.

WALLACE-HADRILL, A. (Hrsg.): Patronage in Ancient Society, London 1989.

WIEDEMANN, TH.: The Patron as Banker, in: 2.4.5: CORNELL/LOMAS, Bread and Circuses, 12–27.

2.4.5 Großzügigkeit und Euergetismus

CHRISTOL, M./MASSON, O. (Hrsg.): Actes du Xe Congrès International d'Épigraphie Grecque et Latine, Paris 1997.

CORNELL, T./LOMAS, K. (Hrsg.): Bread and Circuses. Euergetism and Municipal Patronage in Roman Italy, London 2003.

DRECOLL, C.: Die Liturgien im römischen Kaiserreich des 3. und 4. Jh. n. Chr., Stuttgart 1997.

ECK, W.: Der Euergetismus im Funktionszusammenhang der kaiserzeitlichen Städte, in: CHRISTOL/MASSON, Actes, 305–331.

GAUTHIER, PH.: Lés cités grecques et leurs bienfaiteurs (IVe–Ier siècle avant J.-C.), Paris 1985.

GEHRKE, H.-J.: Euergetismus, DNP Bd. 4, Stuttgart 1988, 228–230.

GOFFIN, B.: Euergetismus in Oberitalien, Bonn 2002.

GYGAX, M. D.: Euergetismus und Gabentausch, in: Métis N.S 1 (2003), 181–200.

MEIER, L.: Die Finanzierung öffentlicher Bauten in der hellenistischen Polis, Berlin 2012.

MIGEOTTE, L.: L'évergétisme des citoyens aux periodes classique et hellénistique, in: CHRISTOL/MASSON, Actes, 183–198.

OSBORNE, R.: Pride and Prejudice, Sense and Subsistence: Exchange and Society in the Greek City, in: 2.1.2: RICH/WALLACE-HADRILL. City and Country, 119–145 [Nachdr. in: 1.: SCHEIDEL/VON REDEN, Ancient Economy, 114–132].

QUASS, F.: Die Honoratiorenschicht in den Städten des griechischen Ostens. Untersuchungen zur politischen und sozialen Entwicklung in hellenistischer und römischer Zeit, Stuttgart 1993.

ROGERS, G. M.: Demosthenes of Oenoanda and Models of Euergetism, in: JRS 81 (1991), 91–100.

VEYNE, P.: Brot und Spiele. Gesellschaftliche Macht und politische Herrschaft in der Antike, Frankfurt 1988 (franz. Orig. 1976).

WESCH-KLEIN, G.: *Liberalitas in rem publicam*. Private Aufwendungen zugunsten von Gemeinden im römischen Afrika bis 284 n. Chr., Bonn 1990.

ZUIDERHOEK, A.: The Politics of Munificence in the Roman Empire, Cambridge 2009.

2.4.6 Marktplätze und Marktregeln

BANG, P. F.: The Roman Bazaar, Cambridge 2008.

BRESSON, A.: Les cités grecques et leurs *emporia*, in: DERS./ROUILLARD, P. (Hrsg.): L'Emporion, Paris 1993, 163-226.

BRESSON, A.: La Cité marchande, Paris 2000.

CAMP. J. M.: Die Agora von Athen (engl. Orig. 1986), Mainz 1989.

DE LIGT, L.: Fairs and Markets in the Roman Empire. Economic and Social Aspects of Periodic Trade in a Pre-Industrial Society, Amsterdam 1993.

FIGUEIRA, T. J.: *Sitopolai* and *sitophylakes* in Lysias' "Against the Graindealers": Governmental Intervention in the Athenian Economy, in: Phoenix 40 (1986), 149-171.

FRAYN, J. M.: Markets and Fairs in Roman Italy. Their Social Importance from the Second Century BC to the Third Century AD, Oxford 1993.

HÖLKESKAMP, K.: *Agorai* bei Homer, in: DERS./EDER, W. (Hrsg.): Volk und Verfassung im vorhellenistischen Griechenland, Stuttgart 1997, 1-19.

JAKAB, E. *Praedicere* und *cavere* beim Marktkauf. Sachmängel im griechischen und römischen Recht, München 1997.

KURKE, L.: *Kapeleia* and Deceit: Theognis 59-60, in: AJPh 110 (1989), 535-544.

MACMULLEN, R.: Markttage im römischen Imperium (engl. Orig. 1970), in: 1.2.3: SCHNEIDER, Sozial- und Wirtschaftsgeschichte, 280-329.

MIGEOTTE, L.: Le contrôle des prix dans les cités grecques, in: ANDREAU, J./BRIANT, P./DESCAT, R. (Hrsg.) : Économie antique. Prix et formation des prix dans les économies antiques. Entretiens d'archéologie et d'histoire 3, Saint-Bertrand-de-Comminges 1997, 33-52.

MILLETT, P.: Encounters in the Agora, in: CARTLEDGE P./MILLETT, P./VON REDEN, S. (Hrsg.): Kosmos. Essays in Order, Conflict and Community in Classical Athens, Cambridge 1998, 203-228.

NOLLÉ, J.: Marktrechte außerhalb der Stadt: Lokale Autonomie zwischen Statthalter und Zentralort, in: ECK, W. (Hrsg.): Lokale Autonomie und römische Ordnungsmacht in den kaiserzeitlichen Provinzen vom 1. bis 3. Jahrhundert, München 1999, 93-113.

PATTERSON, J. R. The City of Rome: from Republic to Empire, in: JRS 82 (1992), 186-215.

ROBINSON, O. F.: Ancient Rome: City Planning and Administration, London 1992.

SHERRAT, A./SHERRAT, E. S.: From Luxuries to Commodities: the Nature of Mediterranean Bronze Age Trading Systems, in: GALE, N. H. (Hrsg.): Bronze Age Trading Systems, Jonsered 1991, 351-386.

2.5 Staatliche Organisation

2.5.1 Staatliche Organisation und wirtschaftliche Entwicklung

ANDREAU, J./BRIANT, P./DESCAT, R.: (Hrsg.) Économie antique. Les échanges dans l'antiquité: Le rôle de l'état. Entretiens d'archéologie et d'histoire 1, Saint-Bertrand-de-Comminges 1994.

BALTRUSCH, E.: Außenpolitik, Bündnisse und Reichsbildung in der Antike, München 2008.

BANG, P. F./BAYLEY, C. A.: Tributary Empires – Towards a Global and Comparative History, in: BANG, P. F. (Hrsg.): Tributary Empires in Global History, Cambridge 2011, 1–17.

GABRIELSEN, V.: Profitable Partnerships: Monopolies, Traders, Kings and Cities, in: 1.: ARCHIBALD/DAVIES/GABRIELSEN, Economies, 216–250.

GOLDSTONE, J. A./HALDON, J. F.: Ancient States, Empires, and Exploitation: Problems and Perspectives, in: 1.3.4: MORRIS/SCHEIDEL, Dynamics of Empires, 3–29.

LUNDGREEN, CHR.: Staatsdiskurse in Rom? Staatlichkeit als analytische Kategorie für die römische Republik, in: DERS. (Hrsg.): Staatlichkeit in Rom? Diskurse und Praxis (in) der römischen Republik, Stuttgart 2014, 13–64.

MANN, M.: The Sources of Social Power, Bd. 1: A History of Power from the Beginning to AD 1760, Cambridge 1986.

NORTH, D.: A Framework for Analyzing the State in Economic History, in: Explorations in Economic History 16 (1979), 249–259.

TILLY, CH.: Coercion, Capital, and European States, AD 990–1990, London 1990.

WALTER, U.: Der Begriff des Staates in der griechischen und römischen Geschichte, in: HANTOS, TH./LEHMANN, G. A. (Hrsg.): Althistorisches Kolloquium aus Anlass des 70. Geburtstages von J. Bleicken, Stuttgart 1998, 9–27.

WEBER, M.: Wirtschaft und Gesellschaft [1925], Tübingen 1995.

WINTERLING, A.: „Staat" in der griechisch-römischen Antike?, in: LUNDGREEN, CHR. (Hrsg.): Staatlichkeit in Rom? Diskurse und Praxis (in) der römischen Republik, Stuttgart 2014, 249–256.

2.5.2 Poleis

AGER, S. L.: Interstate Arbitrations in the Greek World, 337–90 B.C., Berkeley 1996.

HANSEN, M. H.: Polis. An Introduction to the Ancient Greek City-State, Oxford 2006.

MEIER, CHR.: Die Entstehung des Politischen bei den Griechen, Frankfurt 1980.

MORRIS, I.: The Early Polis as City and State, in: 2.1.2: RICH/WALLACE-HADRILL, City and Country, 25–58.

MORRIS, I.: The Greater Athenian State, in: 1.3.4: MORRIS/SCHEIDEL, Dynamics of Empires, 99–177.

2.5.3 Bündnisse

BECK, H.: Polis und Koinon. Untersuchungen zur Geschichte und Struktur der griechischen Bundesstaaten im 4. Jh. v. Chr., Stuttgart 1997.

EICH, A./EICH, P.: War and State-Building in Roman Republican Times, in: Scripta Classica Israelica 24 (2005), 1–33.

GEHRKE, H.-J.: Jenseits von Athen und Sparta. Das dritte Griechenland und seine Staatenwelt, München 1986.

MACKIL, E. M.: Creating a Common Polity. Religion, Economy and Politics in the Making of the Greek *koinon*, Berkeley 2013.

2.5.4 Imperien und Reichsbildung

BAGNALL, R. S.: The Administration of the Ptolemaic Possessions outside Egypt, Leiden 1976.

BINGEN, J.: Hellenistic Egypt, Edinburgh 2007.

CHANKOWSKI, V./DUYRAT, F. (Hrsg.): Le roi et l'économie: Autonomies locales et structures royales dans l'économie de l'empire séleucide. Topoi Suppl. 6, Lyon 2004.

EICH, P.: Zur Metamorphose des politischen Systems in der römischen Kaiserzeit. Die Entstehung einer „personalen Bürokratie" im langen dritten Jahrhundert, Berlin 2005.

FISCHER-BOVET, C.: Army and Society in Ptolemaic Egypt, Cambridge 2014.

HÖLKESKAMP, K.-J.: Rekonstruktionen einer Republik. HZ Beihefte 38, München 2004.

HUSS, W.: Die Wirtschaft Ägyptens in hellenistischer Zeit, München 2012.

KEAY, S./EARL, G.: Towns and Territories in Roman Baetica, in: 2.1.2: BOWMAN/WILSON, Settlement, 276–316.

LO CASCIO, E.: The Role of the State in the Roman Economy. Making Use of the New Institutional Economics, in: BANG, P. F/IKEGUCHI, M./ZICHE, H. (Hrsg.): Ancient Economies, Modern Methodologies. Archaeology, Comparative History, Models and Institutions, Bari 2006, 215–234.

Lo Cascio, E.: The Early Roman Empire: the State and the Economy, in: 1.: Morris/Saller/Scheidel, Cambridge Economic History, 619–647.

Lo Cascio, E./Rathbone, D. (Hrsg.): Production and Public Powers in Classical Antiquity, Cambridge 2000.

Manning, J.: Land and Power in Ptolemaic Egypt. The Structure of Land Tenure, Cambridge 2003.

Manning, J.: The Ptolemaic Economy, Institutions, Economic Integration, and the Limits of Centralized Political Power, in: Descat, R. (Hrsg.): Approches de l'économie hellénistique. Entretiens d'archéologie et d'histoire 7, Saint-Bertrand-de-Comminges 2006, 257–274.

Manning, J.: The Last Pharaohs. Egypt under the Ptolemies. 305–30 BC., Princeton 2010.

Mattingly, D.: Imperialism, Power and Identity. Experiencing the Roman Empire, Princeton 2011.

Monson, A.: From the Ptolemies to the Romans. Political and Economic Change in Egypt, Cambridge 2012.

Préaux, C.: L'économie royale des Lagides, Brüssel 1939.

Rathbone, D.: Ptolemaic to Roman Egypt: the Death of the *Dirigiste* State?, in: Lo Cascio/Rathbone, Production and Public Powers, 44–54.

Richardson, J.: The Language of Empire. Rome and the Idea of Empire from the Third Century BC to the Second Century AD, Cambridge 2008.

Turner, E. G.: Ptolemaic Egypt, in: Walbank, F. W./Astin, A. E./Frederiksen, M. W./Ogilvie, R. M. (Hrsg.): The Cambridge Ancient History, Bd. VII.1: The Hellenistic World, 2. Aufl., Cambridge 1984, 118–174.

Winterling, A.: Dyarchie in der römischen Kaiserzeit. Vorschlag zur Wiederaufnahme der Diskussion, in: Nippel, W./Seidensticker, B. (Hrsg.): Theodor Mommsens langer Schatten, Hildesheim 2005, 177–198.

Zaccagnini, C. (Hrsg.): Mercanti e politica nel mondo antico, Rom 2003.

3. Wirtschaftliche Praxis

3.1 Steuern, Abgaben und Redistribution

3.1.1 Ausgaben und Einnahmen

Andreades, A. M.: A History of Greek Public Finance, Cambridge/Mass. 1933.

3. Wirtschaftliche Praxis   209

APERGHIS, M.: The Seleukid Royal Economy. The Finances and Financial Administration of the Seleukid Empire, Cambridge 2004.

BAKER, P.: Coût des garnisons et fortifications dans les cités à l'époque hellénistique, in: ANDREAU, J./BRIANT, P./DESCAT, R. (Hrsg.): Économie antique. La guerre dans les économies antiques. Entretiens d'archéologie et d'histoire 5, Saint-Bertrand-de-Comminges 2000, 177–196.

BRUN, P.: *Eisphora, syntaxis, stratiotika*. Recherches sur les finances militaires d'Athènes au IVe siècle av. J.-C., Paris 1983.

BRUN, P.: Guerre et finances: état de la question, in: Pallas 51 (1999), 223–240.

BRUNT, P. A.: Revenues of Rome, in: DERS.: Roman Imperial Themes, Oxford 1990, 324-245.

BURRER, F.: Sold und Verpflegungsgeld in klassischer und hellenistischer Zeit, in: BURRER/MÜLLER, Kriegskosten, 74–90.

BURRER, F./MÜLLER, H. (Hrsg.): Kriegskosten und Kriegsfinanzierung in der Antike, Darmstadt 2008.

CAPDETREY, L.: Le pouvoir séleucide. Territoire, administration, finances d'un royaume hellénistique (312–129 avant J.-C.), Rennes 2007.

CHANIOTIS, A.: War in the Hellenistic World. A Social and Cultural History, Oxford 2005.

CHANIOTIS, A.: The Impact of War on the Economy of Hellenistic Poleis: Demand Creation, Short-Term Influences, Long-Term Impacts, in: 1.: ARCHIBALD/DAVIES/GABRIELSEN, Economies, 122–141.

DAVIES, J. K.: Athenian Propertied Families. 600–300 B.C., Oxford 1971.

DUNCAN-JONES, R.: The Imperial Budget, in: 1.3.2: DERS., Money and Government, 33–46.

FRIESEN, S. J./SCHEIDEL, W.: The Size of the Economy and the Distribution of Income in the Roman Empire, in: JRS 99 (2009), 61–91.

GABRIELSEN, V.: Financing the Athenian Fleet. Public Taxation and Social Relations, London 1994.

GABRIELSEN, V.: Die Kosten der athenischen Flotte in klassischer Zeit, in: BURRER/MÜLLER, Kriegskosten, 46–73.

HANSEN, V. D.: A War Like no Other. How the Athenians and Spartans Fought the Peloponnesian War, New York 2005.

KALLET-MARX, L.: Money, Expense and Naval Power in Thucydides' History 1–5.24, Berkeley 1993.

LEPPIN, H.: Zur Entwicklung der Verwaltung öffentlicher Gelder im Athen des 4. Jahrhunderts v. Chr., in: EDER, W. (Hrsg.): Die athenische Demokratie im 4. Jahrhundert v. Chr., Stuttgart 1995, 557–572.

MALITZ, J.: Der Preis des Krieges. Thukydides und die Finanzen Athens, in: BURRER/MÜLLER, Kriegskosten, 28–45.

MEISTER, K.: Die finanzielle Ausgangssituation Athens zu Beginn des Peloponnesischen Krieges, in: BURRER/MÜLLER, Kriegskosten, 19–27.

Meritt, B. D./Wade-Gery, H. T./McGregor, M. F.: The Athenian Tribute Lists, 4 Bde., Princeton 1939–1953.

MIGEOTTE, L.: Les finances publiques des cités grecques: bilan et perspective de recherches, in: Topoi 5 (1995), 7–32.

MIGEOTTE, L.: Les dépenses militaires des cités grecques: essai de typologie, in: ANDREAU, J./BRIANT, P./DESCAT, R. (Hrsg.): Économie antique. La guerre dans les économies antiques. Entretiens d'archéologie et d'histoire 5, Saint-Bertrand-de-Comminges 2000, 145–176.

MONSON, A.: Hellenistic Empires, in: MONSON/SCHEIDEL, Fiscal Regimes, 169–208.

MONSON, A./SCHEIDEL, W. (Hrsg.): Fiscal Regimes and the Political Economy of Premodern States, Cambridge 2015.

NICOLET, C.: Censeurs et publicains. Économie et fiscalité dans la Rome antique, Paris 2000.

OBER, J.: Classical Athens, in: MONSON/SCHEIDEL, Fiscal Regimes, 492–522.

RATHBONE, D.: Warfare and the State: Military Finance and Supply, in: SABIN, P./VAN WEES, H./WHITBY, M. (Hrsg.): The Cambridge History of Greek and Roman Warfare, Bd. 2: Rome from the Late Republic to the Late Empire, Cambridge 2007, 158–176.

RHODES, P. J. Dioíkesis, in: Chiron 37 (2007), 349–362.

SAMONS, L. J.: Empire of the Owl. Athenian Imperial Finance. Historia Einzelschriften Bd. 142, Stuttgart 2000.

SCHULER, CHR.: Die dioíkesis tes póleos im öffentlichen Finanzwesen der hellenistischen Poleis, in: Chiron 35 (2005), 385–403.

SCHULER, CHR.: Tribute und Steuern im hellenistischen Kleinasien, in: KLINKOTT, H./KUBISCH, S./MÜLLER-WOLLERMANN, R. (Hrsg.): Geschenke und Steuern, Zölle und Tribute. Antike Abgaben in Anspruch und Wirklichkeit, Leiden 2007, 371–405.

SPEIDEL, M. A.: Roman Army Pay Scales, in: JRS 82 (1992), 87–106.

SPEIDEL, M. A.: Die römischen Schreibtafeln von Vindonissa, Brugg 1996.

TAN, J.: The Roman Republic, in: MONSON/SCHEIDEL, Fiscal Regimes, 208–228.

VAN WEES, H.: „Diejenigen, die segeln, sollen Sold erhalten". Seekriegsführung und -finanzierung im archaischen Eretria, in: BURRER/MÜLLER, Kriegskosten, 74–90.

VAN WEES, H.: Ships and Silver, Taxes and Tribute. A Fiscal History of Archaic Athens, London 2013.

VON REDEN, S.: Money in Ptolemaic Egypt, Cambridge 2007.

WALLACE, S. L.: Taxation in Egypt from Augustus to Diocletian, Princeton 1938.

WIERSCHOWSKI, L.: Heer und Wirtschaft. Das römische Heer der Prinzipatszeit als Wirtschaftsfaktor, Bonn 1984.

3.1.2 Organisation

ALPERS, M.: Das nachrepublikanische Finanzsystem. *Fiscus* und *fisci* in der frühen römischen Kaiserzeit. Berlin/New York 1995.

BADIAN, E.: Zöllner und Sünder (engl. Orig. 1972), Darmstadt 1997.

BANG, P. F.: Predation, in: 1.: SCHEIDEL, Companion, 197–217.

BONNEY, R./ORMROD, W. M.: Crises, Revolutions and Self-Sustained Growth: Towards a Conceptual Model of Change in Fiscal History, in: BONNEY, M./BONNEY, R./ORMROD, W. M. (Hrsg.): Crises, Revolutions and Self-Sustained Growth. Essays in European Fiscal History 1130–1830, Stamford 1999, 1–21.

BOWMAN, A.: Provincial Administration and Taxation, in: DERS./CHAMPLIN, E./LINTOTT, A. (Hrsg.): The Cambridge Ancient History, Bd. X, 2. Aufl., Cambridge 1996, 344–370.

BRANSBOURG, G.: The Later Roman Empire, in: 3.1.1: MONSON/SCHEIDEL, Fiscal Regimes, 258–281.

BRUNT, P. A.: The Fiscus and its Development, in: DERS.: Roman Imperial Themes, Oxford 1990, 134-162.

BRUNT, P. A.: Publicans in the Principate, in: DERS.: Roman Imperial Themes, Oxford 1990, 354–432.

CORBIER, M.: The *Lex Portorii Asiae* and Financial Administration, in: 3.5.3: COTTIER/CRAWFORD, Customs Law of Asia, 202–234.

GÜNTHER, S.: „Vectigalia nervos esse rei publicae". Die indirekten Steuern in der römischen Kaiserzeit von Augustus bis Diokletian, Wiesbaden 2008.

LOCASCIO, E.: The Finances of the Roman Empire: Budgetary Policy, in: KOLB, A. (Hrsg.) Herrschaftsstrukturen und Herrschaftspraxis im römischen Kaiserreich, Berlin 2006, 25-34.

MALMENDIER, U.: *Societas publicanorum*: Staatliche Wirtschaftsaktivitäten in den Händen privater Unternehmer, Köln 2002.

NICOLET, C.: Deux remarques sur l'organisation des sociétiés de publicains à la fin de la République romaine, in: 3.1.1: DERS., Censeurs et publicains, 297–319.

ISMARD, P.: La cité des réseaux. Athènes et ses associations vi^e–i^{er} siècle av. J.-C., Paris 2010.

KIENAST, D.: Die Funktion der attischen Demen von Solon bis Kleisthenes, in: Chiron 35 (2005), 69–100.

KOERNER, R.: Inschriftliche Gesetzestexte der frühen griechischen Polis, Köln 1993.

NEESEN, L.: Untersuchungen zu den direkten Staatsabgaben der römischen Kaiserzeit (27 v. Chr.–284 n. Chr.), Bonn 1980.

RATHBONE, D.: The Imperial Finances, in: BOWMAN, A./CHAMPLIN, E./LINTOTT, A. (Hrsg.), The Cambridge Ancient History, Bd. X, 2. Aufl., Cambridge 1996, 309–323.

SCHUBERT, C.: Die Naukrarien: Zur Entwicklung der attischen Finanzadministration, in: Historia 57 (2008), 38–64.

SCHULZ, R.: Herrschaft und Regierung. Roms Regiment in den Provinzen in der Zeit der Republik, Paderborn 1997.

SCHEIDEL, W.: The Early Roman Monarchy, in: 3.1.1: MONSON/SCHEIDEL, Fiscal Regimes, 229–257.

3.1.3 Getreideversorgung und Redistribution

DIRSCHERL, H.-C.: Die Verteilung von kostenlosem Getreide in der Antike vom 5. Jh. v.Chr. bis zum Ende des 3. Jhs. n.Chr., in: MBAH 19 (2000), 1–33.

ERDKAMP, P.: Hunger and the Sword. Warfare and Food Supply in Roman Republican Wars (264–30 BC), Amsterdam 1998.

OLIVER, G.: War, Food and Politics in Early Hellenistic Athens, Oxford 2007.

RICKMAN, G.: The Corn Supply of Ancient Rome, Oxford 1980.

SCHNEIDER, H.: Politisches System und wirtschaftliche Entwicklung in der späten römischen Republik, in: 2.5.4: LO CASCIO/RATHBONE, Production and Public Powers, 55–62.

3.2 Konsum und Lebensstandard

3.2.1 Konsum zwischen Luxus und Bedarf

BAKELS, C./JACOMET, S.: Access to Luxury Foods in Central Europe during the Roman Period: The Archaeobotanical Evidence, in: World Archaeology 34 (2003), 542–557.

FOXHALL, L.: Cargoes of the Heart's Desire: the Character of Trade in the Archaic Mediterranean World, in: FISHER, N./VAN WEES, H. (Hrsg.): Archaic Greece. New Approaches and New Evidence, London 1998, 295–309.

HARRIS, W.: The Late Republic, in: 1.: MORRIS/SALLER/SCHEIDEL, Cambridge Economic History, 511–534.

MILLER, D.: Consumption and Commodities, in: Annual Review of Anthropology 24 (1995), 141–161.

VAN MINNEN, P.: Dietary Hellenization or Ecological Transformation? Beer, Wine and Oil in Later Roman Egypt, in: ANDORLINI, I./BASTIANI, G./MANFREDI, M. (Hrsg.): Atti del XXII Congresso Internazionale di Papirologia, Florenz 2001, 1265–1280.

VON REDEN, S.: Classical Greece: Consumption, in: 1.: MORRIS/SALLER/ SCHEIDEL, Cambridge Economic History, 385–408.

VON REDEN, S.: Demand Creation, Consumption, and Power in Ptolemaic Egypt, in: 1.: ARCHIBALD/DAVIES/GABRIELSEN, Economies, 421–440.

WALSH, J. S. P.: Consumption and Choice in Ancient Sicily, in: 1.3.4: DE ANGELIS, Regionalism and Globalism, 229–246.

3.2.2 Verbrauch, Konsum und Getreidebedarf

CHANKOWSKI, V.: Divine Financiers. Cults as Consumers and Generators of Value, in: 1.: ARCHIBALD/DAVIES/GABRIELSEN, Economies, 142–165.

DUNCAN-JONES, R.: The Impact of the Antonine Plague, in: Journal of Roman Archaeology 9 (1996), 108–136.

FORBES, H. A./FOXHALL, L.: *Sitometreia*: the Role of Grain as a Staple Food in Classical Antiquity, in: Chiron 12 (1982), 41–90.

GARNSEY, P.: Famine in History, in: DERS.: Cities, Peasants and Food in Classical Antiquity, Cambridge 1998, 272–292.

GARNSEY, P.: Food and Society in Classical Antiquity, Cambridge 1999.

KOHNS, H. P.: Hungersnot und Hungerbewältigung in der Antike, in: KLOFT, H. (Hrsg.): Sozialmaßnahmen und Fürsorge: zur Eigenart antiker Sozialpolitik, Graz/Horn 1988, 199–213.

LOHMANN, H.: Atene. Forschungen zu Siedlungs- und Wirtschaftsstruktur des klassischen Attika, Köln 1993.

LOOMIS, W. T.: Wages, Welfare Costs and Inflation in Classical Athens, Ann Arbor 1998.

MIGEOTTE, L.: Le pain quotidien dans les cités hellénistiques. À propos des fonds permanents pour l'approvisionnement en grain, in: Cahiers du Centre Gustave Glotz 2 (1991), 19–41.

MORENO, A.: Feeding the Democracy. The Athenian Grain Supply in the Fifth and Fourth Centuries BC, Oxford 2007.

ROSIVACH, V.: Some Economic Aspects of the Fourth-Century Athenian Market in Grain, in: Chiron 30 (2000), 31-64.

THOMPSON, D. J.: New and Old in the Ptolemaic Fayum, in: BOWMAN, A./ROGAN, E. (Hrsg.): Agriculture in Egypt from Pharaonic to Modern Times, Oxford, 123-138.

WHITBY, M.: The Grain Trade of Athens in the Fourth Century, in: PARKINS, H./SMITH, CHR. (Hrsg.): Trade, Traders and the Ancient City, London 1998, 102-128.

3.2.3 Lebensstandard

FELLMETH, U.: Brot und Politik. Ernährung, Tafelluxus und Hunger im antiken Rom, Stuttgart 2001.

GARNSEY, P.: Mass Diet and Nutrition in the City of Rome, in: DERS.: Cities, Peasants and Food in Classical Antiquity, Cambridge 1998, 226-252.

JONGMAN, W.: The Early Roman Empire: Consumption, in: 1.: MORRIS/SCHEIDEL/SALLER, Cambridge Economic History, 592-619.

JONGMAN, W.: Gibbon Was Right: the Decline and Fall of the Roman Economy, in: HEKSTER, O./DE KLEJN, G./SLOOTJES, D. (Hrsg.): Crises and the Roman Empire. Proceedings of the Seventh Workshop of the International Network Impact of Empire (Nijmegen, June 20-24, 2006), Leiden und Boston 2007, 183-199.

KING, A.: Diet in the Roman World: A Regional Inter-Site Comparison of the Mammal Bones, in: Journal of Roman Archaeology 12 (1999), 168-202.

KRON, G.: Anthropometry, Physical Anthropology, and the Reconstruction of Ancient Health, Nutrition, and Living Standards, in: Historia 54 (2005), 68-83.

MAC KINNON, M.: Production and Consumption of Animals in Roman Italy. JRA Suppl. 54, Portsmouth 2004.

MORRIS, I.: Death-Ritual and Social Structure in Classical Antiquity, Cambridge 1992.

MORRIS, I.: Archaeology, Standards of Living and Greek Economic History, in: 1.3.3: MANNING/MORRIS, The Ancient Economy, 91-126.

SALLARES, R.: Molecular Archaeology and Ancient History, in: 3.2.2: DOBSON/HARVEY/WILKINS, Food in Antiquity, 87-101.

SCHEIDEL, W.: Physical Well-Being, in: 1: DERS., Companion, 321-333.

3.3 Landwirtschaft und Produktion

3.3.1 Agrarorganisation

ALCOCK, S.: The Eastern Mediterranean, in: 1.: MORRIS/ SALLER/SCHEIDEL, Cambridge Economic History, 671–697.

BURFORD, A.: Land and Labor in the Greek World, Baltimore 1993.

DAVIES, J. K.: Classical Greece: Production, in: 1.: MORRIS/SALLER/ SCHEIDEL, Cambridge Economic History, 333–384.

DE NEEVE, P. W.: Colonus. Private Farm-Tenancy in Roman Italy during the Republic and the Early Principate, Amsterdam 1984.

DE STE CROIX, G.: The Class Struggle in the Ancient Greek World. From the Archaic Age to the Arab Conquests, London 1981.

DIGNAS, B.: Economy of the Sacred in Hellenistic and Roman Asia Minor, Oxford 2002.

FOXHALL, L.: The Control of the Attic Landscape, in: 3.3.2: WELLS, Agriculture, 155–159.

HOFFMANN-SALZ, J.: Die wirtschaftlichen Auswirkungen der römischen Eroberung. Vergleichende Untersuchungen der Provinzen Hispania Tarraconensis, Africa Proconsularis und Syria, Stuttgart 2011.

HORSTER, M.: Landbesitz griechischer Heiligtümer in archaischer und klassischer Zeit, Berlin 2004.

ISAGER, S./SKYDSGAARD, J. E.: Ancient Greek Agriculture. An Introduction, London 1992.

DE LIGT, L.: The Economy: Agrarian Change during the Second Century, in: ROSENSTEIN, N./MORSTEIN-MARX, R. (Hrsg.): A Companion to the Roman Republic, Oxford 2006, 590–605.

LOHMANN, H.: Agriculture and Country Life in Classical Attica, in: 3.3.2: WELLS, Agriculture 29–60.

MATTINGLY, D.: The Imperial Economy, in: POTTER, D. S. (Hrsg.): A Companion to the Roman Empire, Oxford 2006, 283–297.

OSBORNE, R.: "Is it a Farm?" The Definition of Agricultural Sites and Settlements in Ancient Greece, in: 3.3.2: WELLS, Agriculture, 21–28.

RATHBONE, D.: Roman Egypt, in: 1.: MORRIS/SALLERS/SCHEIDEL, Cambridge Economic History, 698–719.

ROTHENHÖFER, P.: Die Wirtschaftsstrukturen im südlichen Niedergermanien: Untersuchungen zur Entwicklung eines Wirtschaftsraumes an der Peripherie des Imperium Romanum, Rahden 2005.

SCHULER, CHR.: Die Polis und ihr Umland, in: WEBER, G. (Hrsg.): Kulturgeschichte des Hellenismus, Stuttgart 2007, 56–77.

VAN DER SPEK, R. J.: The Hellenistic Near East, in: 1.: MORRIS/SALLER/ SCHEIDEL, Cambridge Economic History, 409–432.

3.3.2 Haushaltsproduktion als ökologisches System

CHANDEZON, CHR.: L'élevage en Grèce (fin V^e – Ier s. a. C.). L'apport des sources épigraphiques, Bordeaux 2003.

FRAYN, J. M.: Sheep-Rearing and the Wool Trade in Italy during the Roman Period, Liverpool 1984.

GALLANT, TH.: Risk and Survival in Ancient Greece. Reconstructing the Rural Domestic Economy, Cambridge 1991.

HALSTEAD, P.: Traditional and Ancient Rural Economy in Mediterranean Europe: plus ça change?, in: JHS 107 (1987), 77–87 [Nachdr. in: 1.: SCHEIDEL/VON REDEN, Ancient Economy, 53–70].

HODKINSON, S.: Animal Husbandry in the Greek Polis, in: WHITTAKER, Pastoral Economies, 35–74.

HOWE, T.: Pastoral Politics. Animals, Agriculture and Society in Ancient Greece, Claremon/CA 2008.

OSBORNE, R.: Classical Landscape with Figures. The Ancient Greek City and its Countryside, London 1987.

SKYDSGAARD, J. E.: Transhumance in Ancient Greece, in: WHITTAKER, Pastoral Economies, 75–87.

WELLS, B. (Hrsg.): Agriculture in Ancient Greece, Stockholm 1992.

WHITTAKER, C. R. (Hrsg.): Pastoral Economies in Classical Antiquity. PCPhS Suppl. 14, Cambridge 1988.

3.3.3 Absatzorientierte Überschussproduktion

AMOURETTI, M.-CL./BRUN, J.-P. (Hrsg.): La production du vin et de l'huile en Méditerranée. BCH Suppl. 26, Athen 1993.

BOWMAN, A./WILSON, A. (Hrsg.): The Roman Agricultural Economy. Organization, Investment, Production, Oxford 2013.

BOWMAN, A./WILSON, A.: Introduction: Quantifying Roman Agriculture, in: BOWMAN/WILSON, Agricultural Economy, 1–32.

BRESSON, A.: Grain from Cyrene, in: 1.: ARCHIBALD/DAVIES/GABRIELSEN, Economies, 66–95.

CHANIOTIS, A.: Vinum Creticum excellens. Zum Weinhandel Kretas, in: MBAH 7 (1988), 62–89.

DE ANGELIS, F. Estimating the Agricultural Base of Greek Sicily, PBSR 68 (2000), 111–148.

DUNCAN-JONES, R.: Agricultural Investment and Agricultural Profits, in: 1.3.2: DERS., Economy of the Roman Empire, 33–63.

FOXHALL, L.: Olive Cultivation in Ancient Greece. Seeking the Ancient Economy, Oxford 2007.

FRIEDMAN, H.: Agriculture in the Faynan: Food Supply for the Mining Industry, in: BOWMAN/WILSON, Agricultural Economy, 307–322.

GARNSEY, P.: Famine and Food Supply in the Graeco-Roman World, Cambridge 1988.

GARNSEY, P.: Yield of the Land, in: 3.3.2: WELLS, Agriculture, 147–153.

GOODCHILD, H.: GIS Models of Roman Agricultural Production, in: BOWMAN/WILSON, Agricultural Economy, 55–84.

HITCHNER, B.: Olive Production and the Roman Economy: the Case for Intensive Growth in the Roman Empire, in: 1.: SCHEIDEL/VON REDEN, Ancient Economy, 71–83.

JAMESON, M. H./RUNNELS, C. N./VAN ANDEL, T. H.: A Greek Countryside: The Southern Argolid from Prehistory to the Present Day, Stanford 1994.

KRON, G.: Foodproduction, in: 1.: SCHEIDEL, Companion, 156–174.

LEVEAU, P.: Mentalité économique et grands travaux: le drainage du Lac Fucin, in: Annales. Économies, Sociétés, Civilisations 48 (1993), 3–16.

MARZANO, A.: Agricultural Production in the Hinterland of Rome: Wine and Olive Oil, in: BOWMAN/WILSON, Agricultural Economy, 85–106.

MATTINGLY, D.: The Olive Boom: Oil Surpluses, Wealth and Power in Roman Tripolitana, in: Lybian Studies 19 (1988), 21–41.

MATTINGLY, D.: Oil for Export? A Comparison of Libyan, Spanish and Tunisian Olive Oil Production in the Roman Empire, in: Journal of Roman Archaeology 1 (1988), 33–56.

PLEKET, H. W.: Agriculture in the Roman Empire in Comparative Perspective, in: SANCISI-WEERDENBURG, H./TEITLER, H. C. (Hrsg.): De Agricultura: In Memoriam Peter W. De Neeve, Amsterdam 1993, 317–342.

PURCELL, N.: The Roman Villa and the Landscape of Production, in: CORNELL, T./LOMAS, K. (Hrsg.): Urban Society in Roman Italy, London 1995, 151–179.

RATHBONE, D.: Economic Rationalism and Rural Society in Third-Century A.D. Egypt. The Heroninos Archive and the Appianus Estate, Cambridge 1991.

SALLARES, R.: Getreide, in: DNP Bd. 4, Stuttgart 1998, 1029–1037.

SCHULER, CHR.: Ländliche Siedlungen und Gemeinden im hellenistischen und römischen Kleinasien, München 1998.

THOMPSON, D. J.: Agriculture, in: WALBANK, F. W./ASTIN, A. E./FREDERIKSEN, M. W./OGILVIE, R. M. (Hrsg.): The Cambridge Ancient

History, Bd. VII.1: The Hellenistic World, 2. Aufl., Cambridge 1984, 363–370.

3.3.4 Gewerbliche Produktion

FLOHR, M.: The Textile Economy of Pompeii, in: Journal of Roman Archaeology 26 (2013), 53–78.

FÜLLE, G.: The Internal Organization of the Arretine Terra Sigillata Industry: Problems of Evidence and Interpretation, in: JRS 8 (1997), 111–155.

HARRIS, E. M.: Workshop, Marketplace and Household, in: CARTLEDGE, P./COHEN, E. E./FOXHALL, L. (Hrsg.): Money, Labour and Land. Approaches to the Economies of Ancient Greece, London und New York 2002, 67–99.

HAWKINS, C.: Manufacturing, in: 1.: SCHEIDEL, Companion, 175–194.

JONGMAN, W.: The Economy and Society of Pompeii, Amsterdam 1988.

3.4 Geld und Kredit

3.4.1 Geldentwicklung und Münzentstehung in griechischen Poleis

DONLAN, W.: Scale, Value and Function in the Homeric Economy, in: AJAH 6 (1981), 101–117.

ENGELMANN, H.: Wege griechischer Geldpolitik, in: ZPE 60 (1985), 165–176.

FIGUEIRA, T.: The Power of Money. Coinage and Politics in the Athenian Empire, Philadelphia 1998.

GERNET, L.: Value in Greek Myth (franz. Orig. 1949), in: GORDON, R. (Hrsg.): Myth, Religion and Society. Structuralist Essays by M. Detienne, L. Gernet, J.-P. Vernant and P. Vidal-Naquet, Cambridge 1981, 111–146.

HARRIS, W. V. (Hrsg.): The Monetary Systems of the Greeks and Romans, Oxford 2008.

HOWGEGO, C.: Geld in der antiken Welt. Was Münzen über Geschichte verraten, Stuttgart 2000 (engl. Orig. 1995).

KIM, H.: Archaic Coinage as Evidence for the Use of Money, in: MEADOWS, A./SHIPTON, K. (Hrsg.): Money and its Uses in the Ancient Greek World, Oxford 2001, 7–22.

KIM, H. S.: Small Change and the Moneyed Economy, in: CARTLEDGE, P./COHEN, E. E./FOXHALL, L. (Hrsg.): Money, Labour and Land. Approaches to the Economies of Ancient Greece, London und New York 2002, 44–51.

KRAAY, C.: Archaic and Classical Greek Coins, London 1976.

KROLL, J.: Silver in Solon's Laws, in ASHTON, R./HURTER, S. (Hrsg.): Studies in Greek Numismatics in Memory of Martin Jessop Price, London 1998, 225–232.

KROLL, J.: The Monetary Uses of Weighed Bullion in Archaic Greece, in: HARRIS, Monetary Systems, 12–37.

RUTTER, K.: Early Greek Coinage and the Influence of the Athenian State, in: CUNLIFFE, B. (Hrsg.): Coinage and Society in Britain and Gaul, London 1981, 1–9.

SCHAPS, D.: The Invention of Coinage and the Monetization of Ancient Greece, Ann Arbor 2004.

SCHAPS, D. What Was Money in Ancient Greece?, in: HARRIS, Monetary Systems, 38–48.

SCHÖNERT-GEISS, E.: Einige Bemerkungen zu den prämonetären Geldformen und zu den Anfängen der Münzprägung, in: Klio 79 (1987), 406–442.

SEAFORD, R.: Money and the Early Greek Mind, Cambridge 2004.

STRØM, I.: Obeloi of Pre- and Proto-Monetary Value in Greek Sanctuaries, in: LINDERS, T./ALROTH, B. (Hrsg.): Economics of Cult in the Ancient Greek World, Uppsala 1992, 41–51.

VON REDEN, S.: Money, Law and Exchange: Coinage in the Greek Polis, in: JHS 117 (1997), 154–176.

VON REDEN, S.: Money in Classical Antiquity, Cambridge 2010.

VON REDEN, S.: The Monetary Economy in the Greek World, in: HERMARY, A./JAEGER, B. (Hrsg.): Thesaurus Cultus et Rituum Antiquorum. Bd. 8, Los Angeles 2012, 111–127.

WARTENBERG, U.: After Marathon. War, Society and Money in Fifth-Century Greece, London 1995.

WILL, E.: Überlegungen und Hypothesen zur Entstehung des Münzgeldes (franz. Orig. 1955), in: KIPPENBERG, H. G. (Hrsg.): Seminar: Die Entstehung der antiken Klassengesellschaft, Frankfurt 1977, 205–222.

3.4.2 Monetarisierung und Münzentwicklung in Rom und unter römischer Herrschaft

BURNETT, A.: Coinage in the Roman World, London 1987.

BURNETT, A.: The Beginnings of Roman Coinage, Annali dell'Istituto Italiano di Numismatica 36 (1989), 33–64.

BURNETT, A./AMANDRY, M./RIPOLLÈS, P. P.: Roman Provincial Coinage I: From the Death of Caesar to the Death of Vitellius (44 BC – AD 69), London 1992.

CORNELL, T.: The Beginnings of Rome. Italy and Rome from the Bronze Ages to the Punic Wars (c. 1000–264 BC), London 1995.

CRAWFORD, M.: Roman Republican Coinage. 2 Bde., London 1974.

CRAWFORD, M.: Coinage and Money under the Roman Republic, London 1985.

DUNCAN-JONES, R.: Roman Coin Circulation and the Cities of Vesuvius, in: LO CASCIO, E. (Hrsg.): Credito e moneta nel mondo romano, Bari 2003, 161–180.

DUNCAN-JONES, R.: Economic Change and Transition to Late Antiquity, in: SWAIN, S./EDWARDS, M. (Hrsg): Approaching Late Antiquity, Oxford 2004, 20–53.

HARL, K.: Coinage in the Roman Economy: 300 BC–AD 700, Baltimore und London 1996.

HARRIS, W. V.: A Revisionist View of Roman Money, in: JRS 96 (2006), 1–24 [Nachdr. in: 3.4.1: DERS., Monetary Systems, 174–207].

HITCHNER, B.: Coinage and Metal Supply, in: 1.3.2: BOWMAN/WILSON, Quantifying, 281–286.

HOLLANDER, D.: Money in the Late Roman Republic, Leiden 2007.

KATSARI, C.: The Monetization of the Roman Frontier Provinces, in: 3.4.1: HARRIS, Monetary Systems, 242–266.

KATSARI, C.: The Roman Monetary System: the Eastern Provinces from the First to the Third Century AD, Cambridge 2011.

VON REDEN, S.: Money and Finance, in: 1.: SCHEIDEL, Companion, 266–286.

3.4.3 Geldpolitik und Geldkrisen im römischen Kaiserreich

CRAWFORD, M.: Money and Exchange in the Roman World, in: JRS 60 (1970), 40–46.

DUNCAN-JONES, R.: Change and Deterioration, in: 1.3.2: DERS., Money and Government, 213–237.

HOWGEGO, C.: Some Numismatic Approaches to Quantifying the Roman Economy, in: 1.3.2: BOWMAN/WILSON, Quantifying, 287–298.

POINTING, M.: Roman Silver Coinage: Mints, Metallurgy, and Production, in: 1.3.2: BOWMAN/WILSON, Quantifying, 269–280.

RATHBONE, D.: Monetisation, not Price-Inflation, in Third-Century A.D. Egypt?, in: KING, C. E./WIGG, D. G. (Hrsg.): Coin Finds and Coin Use in the Roman World: the Thirteenth Oxford Symposium on Coinage and Monetary History (SFMA 10), Berlin 1996, 321–339.

SCHARTMANN, G.: Die Krise des Jahres 33 n. Chr., in: GÜNTHER, S. (Hrsg.): Ordnungsrahmen antiker Ökonomien. Ordnungskonzepte und Steuerungsmechanismen antiker Wirtschaftssysteme im Vergleich, Wiesbaden 2012, 145–164.

VERBOVEN, K.: Demise and Fall of the Augustan Monetary System, in: HEKSTER, O./DE KLEJN, G./SLOOTJES, D. (Hrsg.): Crises and the Roman Empire. Proceedings of the Seventh Workshop of the International Network Impact of Empire (Nijmegen, June 20–24, 2006), Leiden und Boston 2007, 245–257.

WALKER, D. R.: The Metrology of Roman Silver Coinage. Bd. 3, Oxford 1978.

WOLTERS, R.: Nummi signati. Untersuchungen zur römischen Münzprägung und Geldwirtschaft, München 1999.

3.4.4 Kredit und Banken im klassischen und hellenistischen Griechenland

BAGNALL, R./BOGAERT, R.: Orders of Payment from a Banker's Archive: Papyri in the Collection of Florida State University, in: AncSoc 6 (1975), 79–108.

BOGAERT, R.: Grundzüge des Bankwesens im alten Griechenland, Konstanz 1986.

CHANKOWSKI, V.: Les places financières dans le monde grec classique et hellénistique des cités, in: Pallas 74 (2007), 93–112.

COHEN, E. E.: Athenian Economy and Society. A Banking Perspective, Princeton 1992.

DAVIES, J. K.: Temples, Credit and the Circulation of Money, in: MEADOWS, A./SHIPTON, K (Hrsg.): Money and its Uses in the Ancient Greek World, Oxford 2001, 117–128.

FINLEY, M. I.: Studies in Land and Credit in Ancient Athens, 500–200 B.C.: the Horos Inscriptions, New Brunswick [2] 1985.

GABRIELSEN, V.: Banking and Credit Operations in Hellenistic Times, in: ARCHIBALD, Z./GABRIELSEN, V./DAVIES, J. (Hrsg.): Making, Moving and Managing. The New World of Ancient Economies, 323–31 BC, Oxford 2005, 136–164.

MILLETT, P.: Hesiod and his World, in: PCPhS 210 (1984), 84–115.

MILLETT, P.: Lending and Borrowing in Ancient Athens, Cambridge 1991.

MORRIS, I.: The Athenian Economy Twenty Years after *The Ancient Economy*, in: CPh 89 (1994), 351–366.

VON REDEN, S.: Demos' *phiale* and the Rhetoric of Money in Fourth-Century Athens, in: CARTLEDGE, P./COHEN, E. E./FOXHALL, L. (Hrsg.):

Money, Labour and Land. Approaches to the Economies of Ancient Greece, London und New York 2002, 52–66.

3.4.5 Banken und Handel in der römischen Wirtschaft

ANDREAU, J.: Banking and Business in the Roman World, Cambridge 1999.

CAMODECA, G.: Tabulae Pompeianae Sulpiciorum (TPSulp.). Edizione critica dell'archivio puteolano dei Sulpicii, Rom 1999.

GRÖSCHLER, P.: Die *tabellae*-Urkunden aus den pompejanischen und herkulanensischen Urkundenfunden, Berlin 1997.

JONES, D.: The Bankers of Puteoli. Finance, Trade and Industry in the Roman World, Stroud 2006.

LO CASCIO, E.: State and Coinage in the Late Republic and Early Empire, in: JRS 71 (1981), 76–86.

RATHBONE, D.: The Financing of Maritime Commerce in the Roman Empire, in: LO CASCIO, E. (Hrsg.): Credito e moneta nel mondo romano, Bari 2003, 197–229.

RATHBONE, D.: The "Muziris" Papyrus (SB XVIII 13167): Financing Roman Trade with India, in: Alexandrian Studies II in Honour of Mostafa el Abbadi. Bulletin du Archéologie d'Alexandrie 46, Alexandria 2001, 39–50.

RATHBONE, D./TEMIN, P.: Financial Intermediation in First-Century AD Rome and Eighteenth-Century England, in: VERBOVEN, K./VANDORPE, K./CHANKOWSKI, V. (Hrsg.): *Pistoi dia ten technen*. Studies in Honour of Raymond Bogaert, Leuven 2008, 371–419.

3.5 Handel und Märkte

3.5.1 Voraussetzungen

HARRIS, W. V.: Trade, in: BOWMAN, A./GARNSEY, P./RATHBONE, D. (Hrsg.): The Cambridge Ancient History. Bd. XI: The High Empire: AD 70–192, 2. Aufl., Cambridge 2000, 710–740.

HERZ, P.: Einleitung, in: HERZ, P./SCHMID, P./STOLL, O. (Hrsg.): Handel, Kultur und Militär: Die Wirtschaft des Alpen-Donau-Adria-Raumes, Berlin 2011, 7–10.

MANNING, J.: Networks, Hierarchies and Markets in the Ptolemaic Economy, in: 1.: ARCHIBALD/DAVIES/GABRIELSEN, Economies, 296–323.

MATTINGLY, D.: Supplying Rome and the Empire: Some Conclusions, in: PAPI, E. (Hrsg.): Supplying Rome and the Empire, Portsmouth 2007, 219–223.

MIDDLETON, P.: Army Supply in Roman Gaul, in: BURNHAM, B. C./ JOHNSON, H. B. (Hrsg.): Invasion and Response: The Case of Roman Britain. BAR 73, Oxford 1979, 81–97.

MIDDLETON, P.: The Roman Army and Long-Distance Trade, in: GARNSEY, P./HOPKINS, K./WHITTAKER, C. R. (Hrsg.): Trade and Famine in Classical Antiquity, Cambridge 1983, 75–83.

MORLEY, N.: Metropolis and Hinterland. The City of Rome and the Italian Economy, 200 B.C.–A.D. 200, Cambridge 1996.

MORLEY, N.: The Early Roman Empire: Distribution, in: 1.: MORRIS/ SALLER/ SCHEIDEL, Cambridge Economic History, 570–591.

MORLEY, N. Trade in Classical Antiquity, Cambridge 2007.

WILSON, A.: Approaches to Quantifying Roman Trade, in: 1.3.2: WILSON/ BOWMAN, Quantifying, 213–49.

WILSON, A./SILVER, M./BANG, P. F./ERDKAMP, P./MORLEY, N.: A Forum on Trade, in: 1.: SCHEIDEL, Companion, 287–318.

3.5.2 Handelsentwicklung im Ostmittelmeerraum

BISSA, E. M. A.: Governmental Intervention in Foreign Trade in Archaic and Classical Greece, Leiden 2009.

BRAVO, B.: Remarques sur les assises sociales, les formes d'organisation et la terminologie du commerce maritime à l'époque archaïque, in: DHA 3 (1977), 1–59.

BRESSON, A.: Les cités grecques, les sociétés indigènes et le grain de la mer Noir à l'époques archaïque et classique, in: BRESSON, A./IVANTCHIK, A./FERRARY, J.-L. (Hrsg.): Une koinè pontique: cités grecques, sociétés indigènes et empires mondiaux sur le littoral nord de la mer Noire (VIIe s. a.C.–IIIe s. p.C.), Bordeaux 2007, 49–68.

BURSTEIN, S. M.: IG II^2 653, Demosthenes and the Athenian Relations with Bosporus in the Fourth Century B.C., in: Historia 27 (1978), 428–436.

BURSTEIN, S. M.: IG I^3 61 and the Black Sea Grain Trade, in: MELLOR, R./TRITLE, L. (Hrsg.): Text and Tradition: Studies in Greek History and Historiography in Honor of Mortimer Chambers, Claremont/CA 1999, 93–104.

CARLSON, D. N.: The Classical Greek Shipwreck at Tektas Burnu, Turkey, in: AJA 107 (2003), 551–600.

CARTLEDGE, P.: Trade and Politics Revisited: Archaic Greece, in: GARNSEY, P./HOPKINS, K./WHITTAKER, C. R. (Hrsg.): Trade in the Ancient Economy, Berkeley und Los Angeles 1983, 1–15.

CASSON, L.: Ships and Seamanship in the Ancient World, Princeton ^{2}1986.

CHANIOTIS, A.: Die Verträge zwischen kretischen Poleis in der hellenistischen Zeit, Stuttgart 1996.

DIETLER, M.: The Iron Age in the Western Mediterranean, in 1.: MORRIS/SALLER/SCHEIDEL, Cambridge Economic History, 242–276.

ENGEN, D. T.: Honor and Profit. Athenian Trade Policy and the Economy and Society of Greece, 415–307 B.C.E., Ann Arbor 2010.

GAUTHIER, P. : Symbola. Les étrangers et la justice dans les cités grecques. Annales de l'Est 42, Nancy 1972.

GIBBINS, D.: Shipwrecks and Hellenistic Trade, in: 1.: ARCHIBALD/DAVIES/GABRIELSEN/OLIVER, Hellenistic Economies, 273–312.

GILL, D. W. J.: Pots and Trade: Spacefillers or *objets d'art*?, in: JHS 111 (1991), 29–47.

HALL, J.: A History of the Archaic Greek World: ca. 1200–479 BCE, London 2007.

KEEN, A. G.: Grain for Athens: Notes on the Importance of the Hellespontine Route in Athenian Foreign Policy before the Peloponnesian War, in: Electronic Antiquity: Communicating the Classics 1.6 (1993), 1–4.

KITCHEN, K.: Economics in Ancient Arabia: From Alexander to the Augustans, in: 1.: ARCHIBALD/DAVIES/GABRIELSEN/OLIVER, Hellenistic Economies, 157–173.

MELE, A.: Il commercio greco arcaico prexis ed emporie, Neapel 1979.

MÖLLER, A.: Naukratis. Trade in Archaic Greece, Oxford 2000.

OSBORNE, R.: Pots, Trade and the Archaic Greek Economy, in: Antiquity 70 (1996), 31–44.

PANELLA, C.: La distribuzione e i mercati, in: GIARDINA, A./SCHIAVONE, A. (Hrsg.): Società romana e produzione schiavistica. Bd. 2, Bari 1981, 55–88.

PILKINGTON, N.: An Archaeological History of Carthaginian Imperialism. Diss. Columbia University, New York 2013.

SIDEBOTHAM, S. E.: Berenike and the Ancient Maritime Spice Route, Berkeley und Los Angeles 2011.

TANDY, D.: Warriors into Traders: The Power of the Market in Early Greece, Berkeley 1997.

TSINGARIDA, A./VIVIER, D. (Hrsg.): Pottery Markets in the Greek World, Brüssel 2013.

VAN WEES, H.: The Economy, in: RAAFLAUB, K./VAN WEES, H. (Hrsg.): A Companion to Archaic Greece, Oxford 2009, 444–467.

ZAYADINE, F.: The Spices Trade from South Arabia and India to Nabataea and Palestine, in: POLITIS, K. D. (Hrsg.): The World of the Nabataeans, Stuttgart 2007, 201–215.

ZIEGLER, K. H.: Regeln für den Handelsverkehr in den Staatsverträgen des Altertums, in: DERS. (Hrsg.): Fata Iuris Gentium. Kleine Schriften zur Geschichte des europäischen Völkerrechts, Tübingen 2008, 67–80.

3.5.3 Handelsentwicklung unter römischer Herrschaft

ADAMS, C. E. P.: Land Transport in Roman Egypt: A Study of Economics and Administration in a Roman Province, Oxford 2007.

COTTIER, M./CRAWFORD, M. (Hrsg.): The Customs Law of Asia, Oxford 2008.

DUNCAN-JONES, R.: The Price of Wheat in Roman Egypt under the Principate, in: Chiron 6 (1976), 241–262.

ECK, W.: Das römische Köln. Wie deckt eine Provinzstadt ihren Bedarf?, in: PAPI, E. (Hrsg.): Supplying Rome and the Empire, Portsmouth 2007, 209–218.

ERDKAMP, P.: The Grain Market in the Roman Empire, Cambridge 2005.

FITZPATRICK, M. P.: Provincializing Rome: The Indian Ocean Trade Network and Roman Imperialism, in: Journal of World History 22 (2011), 27–54.

FULFORD, M.: Economic Interdependence among Urban Communities in the Roman Mediterranean, in: World Archaeology 19.1 (1987), 58–75.

FULFORD, M.: To East and West: The Mediterranean Trade of Cyrenaica and Tripolitana, in: Libyan Studies 20 (1989), 169–191.

GRASSL, H.: Die Integration des Alpen-Adria-Raums in das römische Wirtschaftssystem, in: HERZ, P./SCHMID, P./STOLL, O. (Hrsg.): Handel, Kultur und Militär: Die Wirtschaft des Alpen-Donau-Adria Raumes, Berlin 2011, 53–60.

HERZ, P.: Wirtschaft und Militär in der römischen Provinz Raetia, in: HERZ, P./SCHMID, P./STOLL, O. (Hrsg.): Handel, Kultur und Militär: Die Wirtschaft des Alpen-Donau-Adria-Raumes, Berlin 2011, 79–108.

JAKAB, É.: Risikomanagement beim Weinkauf. Periculum und Praxis im Imperium Romanum. MBPR 99, München 2009.

MILLAR, F.: Caravan Cities: The Roman Near East and Long Distance Trade by Land, in: AUSTIN, M. u. a. (Hrsg.): Modus Operandi: Essays in Honour of Geoffrey Rickman, London 1998, 119–137.

ONKEN, B.: Wirtschaft an den Grenzen. Studien zum Wirtschaftsleben in den römischen Militärlagern im Norden Britanniens, Diss. Kassel 2003 (http://d-nb.info/97099771X/34).

PANELLA, C./TCHERNIA, A.: Agricultural Products Transported in Amphorae: Oil and Wine, in: 1.: SCHEIDEL/VON REDEN, Ancient Economy, 173–189.

PEACOCK, D. The Roman Red Sea Port Network, in: KEAY, S. (Hrsg.) Rome, Portus and the Mediterranean, London 2012, 347–354.

RATHBONE, D./VON REDEN, S.: Mediterranean Grain Prices in Classical Antiquity, in: VAN DER SPEK, R./VAN LEEUWEN, B./VAN ZANDEN, J. L. (Hrsg.): A History of Market Performance. From Ancient Babylonia to the Modern World, London 2014, 148–238.

REMSAL-RODRÍGUEZ, J.: Heeresversorgung und die wirtschaftlichen Beziehungen zwischen Baetica und Germanien, Stuttgart 1997.

RUSSELL, B.: The Economics of the Roman Stone Trade, Oxford 2013.

TEMIN, P.: A Market Economy in the Roman Empire, in: JRS 91 (2001), 169–181.

TEMIN, P.: The Roman Market Economy, Princeton 2013.

TCHERNIA, A.: Italian Wine in Gaul at the End of the Republic, in: GARNSEY, P./HOPKINS, K./WHITTAKER, C. R. (Hrsg.) Trade in the Ancient Economy, Berkeley und Los Angeles 1983, 87–104.

TCHERNIA, A.: Le vin de l'Italie romaine. Essai d'histoire économique d'après les amphores, Rom 1986.

WILSON, A./SCHÖRLE, K./RICE, C.: Roman Ports and Mediterranean Connectivity, in: KEAY, S. (Hrsg.): Rome, Portus and the Mediterranean, London 2012, 367–392.

YOUNG, G. K.: Rome's Eastern Trade. International Commerce and Imperial Policy, 31 BC–AD 305, London 2001.

3.5.4 Soziale Organisation des Handels

DITTMANN-SCHÖNE, I.: Die Berufsvereine in den Städten des kaiserzeitlichen Kleinasiens, Stuttgart 2001.

GABRIELSEN, V.: The Rhodian Associations and Economic Activity, in: 1.: ARCHIBALD/DAVIES/GABRIELSEN/OLIVER, Hellenistic Economies, 215–244.

GEERTZ, C.: The Bazaar Economy in Sefrou, in: GEERTZ, C./GEERTZ, H./ROSEN, L., Meaning and Order in Moroccan Society. Three Essays in Cultural Analysis, Cambridge 1979, 123–313.

MÖLLER, A.: Classical Greece: Distribution, in: 1.: MORRIS/SALLER/SCHEIDEL, Cambridge Economic History, 362–384.

RATHBONE, D.: Nero's Reforms of *Vectigalia* and the Inscription of the *Lex Portorii Asiae*, in: 3.5.3: COTTIER/CRAWFORD, Customs Law of Asia, 251–278.

RHODE, D.: Zwischen Individuum und Stadtgemeinde. Die Integration von *collegia* in Hafenstädte, Mainz 2012.

RUFFING, K.: Friedliche Beziehungen. Der Handel zwischen den römischen Provinzen und Germanien, in: SCHNEIDER, H. (Hrsg.): Feindliche Nachbarn. Rom und die Germanen, Köln 2008, 153–165.

TEPSTRA, T.: Trading Communities in the Roman World. A Micro-Economic and Institutional Perspective, Leiden 2013.

4. Theorien der Wirtschaft

4.1 Wirtschaft und Politik

4.1.1 Antike Philosophie und ökonomische Analyse

FINLEY, M. I.: Aristoteles und ökonomische Analyse (engl. Orig. 1970), in: Jahrbuch für Wirtschaftsgeschichte 2 (1971), 87–105.

FIGUEIRA, T. J.: Economic Thought and Economic Fact in the Works of Xenophon, in: HOBDEN, F./TUPLIN, CHR. (Hrsg.): Xenophon: Ethical Principles and Historical Enquiry, Leiden 2012, 514–531.

SCHMITT, A.: Philosophische Voraussetzungen der Wirtschaftstheorie der griechischen Antike (5./4. Jh. v. Chr.), in: SCHEFOLD, B. (Hrsg.): Xenophons ‚Oikonomikos'. Vademecum zu dem Klassiker der Haushaltsökonomie, Düsseldorf 1998, 95–174.

SCHUMPETER, J.: History of Economic Analysis (Hrsg. E. B. Schumpeter), New York 1954 [dt. Geschichte der ökonomischen Analyse, Göttingen 2007].

TODD LOWRY, S.: The Archaeology of Economic Ideas. The Classical Greek Tradition, Durham 1987.

TODD LOWRY, S./GORDON, B. (Hrsg.): Ancient and Medieval Economic Ideas and Concepts of Social Justice, Leiden 1998.

4.1.2 Reichtum und Herrschaftslegitimation

BERNHARDT, R.: Luxuskritik und Aufwandsbeschränkung in der griechischen Welt. Historia Einzelschriften Bd. 168, Stuttgart 2003.

KURKE, L.: The Traffic in Praise. Pindar and the Poetics of Social Economy, Ithaka und London 1991.

KURKE, L.: Coins, Bodies, Games and Gold. The Politics of Meaning in Archaic Greece, Princeton 1999.

LEVINE, D. B.: Symposium and the Polis, in: FIGUEIRA, T./NAGY, G. (Hrsg.): Theognis of Megara, Baltimore und London 1985, 176–196.

MORRIS, I.: The Strong Principle of Equality and the Archaic Origins of Greek Democracy, in: OBER, J./HEDRICK, CH. (Hrsg.): Demokratia: A Conversation on Democracies Ancient and Modern, Princeton 1996, 19–48.

NAGY, G.: Theognis and Megara: A Poet's Vision of his City, in: FIGUEIRA, T./NAGY, G. (Hrsg.): Theognis of Megara. Poetry and the Polis, Baltimore und London 1985, 22–81.

SEAFORD, R.: Tragic Money, in: JHS 118 (1998), 119–139.

4.2 Geldkritik, Zinskritik und Handel

4.2.1 Platon

BALOGLOU, CHR.: Die geldtheoretischen Anschauungen Platons, in: Jahrbuch für Geldgeschichte 177 (1994), 177–187.

HELMER, E.: La part du bronze: Platon et l'économie, Paris 2010.

SCHLANGE-SCHÖNINGEN, H.: Reiche Sophisten – arme Philosophen? Zur Sozialgeschichte der frühen Gelehrten, in: GOLTZ, A./LUTHER, A./SCHLANGE-SCHÖNINGEN, H. (Hrsg.): Gelehrte in der Antike. Alexander Demandt zum 65. Geburtstag, Köln 2002, 17–39.

SCHRIEFL, A.: Platons Kritik an Geld und Reichtum, Berlin 2013.

4.2.2 Geld- und Zinskritik bei Aristoteles und in der nachplatonischen Theorie

BOGAERT, R.: Geld (Geldwirtschaft), in: KLAUSER, TH. (Hrsg.): RAC. Bd. 9, Stuttgart 1976, 797–907.

GREWAL, S. D.: The Invention of the Economy. A History of Economic Thought, Diss. Harvard 2010.

LANGHOHN, O.: Wealth and Money in the Aristotelian Tradition, Oslo 1983.

WITTRECK, F.: Geld als Instrument der Gerechtigkeit. Die Geldrechtslehre des Hl. Thomas von Aquin in ihrem interkulturellen Kontext, Paderborn 2002.

4.2.3 Geld, Gerechtigkeit und politische Gemeinschaft

DANZIG, G.: The Political Character of Aristotelian Reciprocity, CPH 95 (2005), 399–424.

HEROLD, N.: Einführung in die Wirtschaftsethik, Darmstadt 2012.

HERZ, P.: Oikonomia und Politik bei Aristoteles. Der Oikos als Grundlage des staatlichen Lebens, in: Jahrbuch für Wirtschaftsgeschichte 50.1 (2009), 177–194.

KOSLOWSKI, P.: Haus und Geld. Zur aristotelischen Unterscheidung von Politik, Ökonomik und Chrematistik, in: Philosophisches Jahrbuch 86 (1979), 60–83.

KOSLOWSKI, P.: Politik und Ökonomie bei Aristoteles, Tübingen 1993.

MEIKLE, S.: Aristotle's Economic Thought, Oxford 1995.

VAN BERKEL, T.: The Economics of Friendship. Changing Conceptions of Reciprocity in Classical Athens, Diss. Leiden 2012.

SCHOFIELD, M.: Political Friendship and the Ideology of Reciprocity, in: CARTLEDGE, P./MILLETT, P./VON REDEN, S. (Hrsg.) Kosmos. Essay in Order, Conflict and Community in Classical Athens. Cambridge 1998, 37–51.

4.3 Hauswirtschaft und Staatshaushalt

AUDRING, G./BRODERSEN, K. (Hrsg.): Oikonomika. Quellen zur Wirtschaftstheorie der griechischen Antike. Texte zur Forschung 92, Darmstadt 2008.

AUDRING, G./BRODERSEN, K.: Einführung: Das Genre der altgriechischen Ökonomikliteratur, in: DIES., Oikonomika, 11–36.

DAVIES, J.: Accounts and Accountability in Classical Athens, in: OSBORNE, R./HORNBLOWER, S. (Hrsg.): Ritual, Finance, Politics: Athenian Democratic Accounts Presented to David Lewis, Oxford 1994, 201–212.

HARRIS, D.: Freedom of Information and Accountability: The Inventory Lists of the Parthenon, in: OSBORNE, R./HORNBLOWER, S. (Hrsg.): Ritual, Finance, Politics: Athenian Democratic Accounts Presented to David Lewis, Oxford 1994, 213–226.

KALLET-MARX, L.: Money Talks: Rhetor, Demos, and the Resources of the Athenian Empire, in: OSBORNE, R./HORNBLOWER, S. (Hrsg.): Ritual, Finance, Politics: Athenian Democratic Accounts Presented to David Lewis, Oxford 1994, 227–252.

4.3.1 Der Oikonomikos des Xenophon

FÖLLINGER, S.: Sokrates als Ökonom? Eine Analyse der didaktischen Gestaltung von Xenophons Oikonomikos, in: Würzburger Jahrbücher für Altertumswissenschaft. Neue Folge 30 (2006), 5–23.

SCHEFOLD, B.: Xenophons *Oikonomikos:* Der Anfang welcher Wirtschaftslehre?, in: CASPARI, V. (Hrsg.): Beiträge zur ökonomischen Dogmengeschichte, Darmstadt 2004, 1–20.

UNHOLTZ, J.: Der Oikosvorstand als Entrepreneur. Gewinnträchtige Praxis in Xenophons Oikonomikos, in: SEELE, P. (Hrsg.): Ökonomie, Politik und Ethik in der praktischen Philosophie der Antike, Berlin 2012, 49–60.

4.3.2 Die pseudo-aristotelischen Oikonomika

BRODERSEN, K.: Nützliche Forschung: Ps.-Aristoteles' *Oikonomika* II und die Haushalte griechischer Poleis, in: 3.1.1.: BURRER/MÜLLER, Kriegskosten und Kriegsfinanzierung, 106–127.

POMEROY, S.: Xenophon: Oeconomicus. A Social and Historical Commentary, Oxford 1994.

ZOEPFFEL, R.: Aristoteles, *Oikonomika*. Schriften zu Hauswirtschaft und Finanzwesen. Werke in deutscher Übersetzung 10/2, Berlin 2006.

4.3.3 Die Poroi des Xenophon

AUDRING, G.: Wie kann man Xenophons Schrift über die Staatseinkünfte (*Poroi*) gerecht werden?, in: SEELE, P. (Hrsg.): Ökonomie, Politik und Ethik in der praktischen Philosophie der Antike, Berlin 2012, 15–28.

GAUTHIER, P.: Le programme de Xénophon dans les *Poroi*, in: RP 58 (1984), 181–199.

SCHORN, S.: The Philosophical Background of Xenophon's *Poroi*, in: HOBDEN, F./TUPLIN, CHR. (Hrsg.): Xenophon: Ethical Principles and Historical Enquiry, Leiden 2012, 689–724.

4.3.4 Die römische Fachliteratur

DIEDERICH, S.: Römische Agrarhandbücher zwischen Fachwissenschaft, Literatur und Ideologie, Berlin 2007.

GUTSFELD, A.: Zur Wirtschaftsmentalität nichtsenatorischer provinzialer Oberschichten. Aemilia Pudentilla und ihre Verwandten, in: Klio 74 (1992), 250–268.

HART, K.: Heads or Tails? Two Sides of the Coin, in: Man 21 (1986), 637–656.

LO CASCIO, E.: How Did the Romans View their Coinage and its Functions?, in: KING, C. E./WIGG, D. G. (Hrsg.): Coin Finds and Coin Use in the Roman World (SFMA 10), Berlin 1996, 273–287.

NICOLET, C. Pline, Paul et la théorie de la monnaie, in: Athenaeum 62 (1984), 105–135.

VIVENZA, G.: Roman Economic Thought, in: 1.: SCHEIDEL, Companion, 25–44.

VIVENZA, G.: Roman Thought on Economics and Justice, in: 4.1.1: TODD LOWRY/GORDON, Ancient and Medieval, 269–333.

4.4 Theorie und Praxis

GEHRKE, H.-J.: Römischer Mos und griechische Ethik. Überlegungen zum Thema Akkulturation und politische Ordnung im Hellenismus, in: HZ 258 (1994), 593–622.

GEHRKE, H.-J.: Theorie und politische Praxis der Philosophen im Altertum, in: SCHULLER, W. (Hrsg.): Politische Theorie und Praxis im Altertum, Darmstadt 1998, 100–121.

Register

Personenregister

ADAMS, C. E. P.   132, 166
AGER, S. L.   120
ALCOCK, S.   110, 151
Alexander d. Gr.   10, 12, 24, 43, 61, 169
ALPERS, M.   139
AMANDRY, M.   156
AMBROSIUS, G.   90f., 102, 119
AMELING, W.   147
AMOURETTI, M.-CL.   150
ANDREAU, J.   92, 96, 98, 121f., 132, 160
Anthisthenes   81
Antigone   20, 76
APERGHIS, M.   135
Appius Claudius Caecus   31
ARCHIBALD, Z.   93
Aristophanes   32
Aristoteles   26, 30, 41, 60, 78–82, 85, 94, 130, 170f., 174–176
AUBERT, J. J.   120f., 123
AUDRING, G.   176–179
Augustus (Princeps)   12, 18f., 22, 25, 31, 46–48, 59, 71f., 74

BADIAN, E.   138
BAGNALL, R.   113, 133, 159
BAKELS, C.   142
BAKER, P.   136
BALOGLOU, CHR.   172
BALTRUSCH, E.   128
BANG, P. F.   128, 139–141, 168
BAYLEY, C. A.   128
BECK, H.   130
BELOCH, K. J.   92, 114
BERNHARDT, R.   171f.
BILLOWS, R.   108
BINGEN, J.   133
BISEL, J. F.   100
BISEL, S. C.   100
BISSA, E. M. A.   129, 164
BLUNDELL, M. W.   124
BOECKH, A.   89
BOGAERT, R.   158f., 174
BONNEY, R.   141
BOSERUP, E.   112
BOWMAN, A.   98, 100f., 116, 140, 150

BRANSBOURG, G.   141
BRAUDEL, F.   105f.
BRAUNERT, H.   109
BRESSON, A.   92, 95, 98, 102, 105, 126f., 129f., 141, 146, 149f., 158, 162, 164
BRODERSEN, K.   170, 176–178
BROODBANK, C.   105f., 163
BROOKE, J. L.   100
BRUN, J.-P.   150
BRUNT, P. A.   110, 115, 135f., 138f.
BÜCHER, K.   91–93
BURFORD, A.   122
BURKHARDT, J.   90, 174, 177, 179
BURNETT, A.   155f.
BURRER, F.   101
BURSTEIN, S. M.   164
BUTZER, K. W.   116

C. Caecilus Iucundus   66
Caesar   62, 66
CAMODECA, G.   160
CAMP, J. M.   126
CAPDETREY, L.   135
CARLSEN, J.   123, 164
CARTLEDGE, P.   92, 96, 99, 163
CASSONS, L.   164
Cato d. A.   56, 65f., 74, 84
CHANDEZON, CHR.   149
CHANIOTIS, A.   109, 136, 149f., 165
CHANKOWSKI, V.   129, 143, 159
CHASE-DUNN, C.   104
CHRISTOL, M.   125
Cicero   31, 45, 76, 78f., 175
CLARYSSE, W.   109, 113f., 116, 133
Claudius (Princeps)   46f., 151
Clodius   48
COASE, R.   102, 165
COHEN, E.   96–98, 158f., 170
Columella   56, 84
CONSTANTAKOPOULOU, C.   110
CORBIER, M.   140, 162
CORNELL, T.   125, 155
CORVISIER, J.-N.   113f.
CRAWFORD, M.   101, 155f.
CUOMO, S.   117, 129

CURTIN, P. D.   104, 126f.

DANZIG, G.   175
DAVIES, J. K.   99, 137, 144, 159, 179
DE ANGELIS, F.   150
DE LIGT, L.   115, 126, 148
DE NEEVE, P. W.   121, 148
DE STE CROIX, G.   147
DELIA, D.   108
DESCAT, R.   121f.
DIEDERICH, S.   180
DIELS, H.   117
DIETLER, M.   163
DIGNAS, B.   143, 147
Diodor   24
Diokletian   21, 63
Dionysodoros   169
DIRSCHERL, H.-C.   141
DITTMANN-SCHÖNE, I.   168
DONLAN, W.   123, 153
DOWNEY, G.   108
DRECOLL, C.   125
DREXHAGE, H.-J.   92, 101, 126–128, 136, 150, 152, 157, 160
DUNCAN-JONES, R.   97f., 101, 112f., 125, 136f., 156f.
DUYRAT, F.   129

EARL, G.   120, 129
ECK, W.   125
EICH, A.   95, 108, 110f., 127–129, 131, 147, 166
EICH, P.   128f., 131, 133
Electra   76
ELTON, H.   110
ENGELMANN, H.   158
ENGEN, D. T.   165
ERDKAMP, P.   109, 132, 139, 163
Euripides   76, 81

FELLMETH, U.   145, 150
FIGUEIRA, T. J.   111, 127, 130, 155, 170
FINLEY, M. I.   92–99, 107f., 117f., 122f., 149, 158, 161f., 170, 178
FISCHER-BOVET, C.   129
FITZPATRICK, M. P.   104, 168
FLOHR, M.   151
FÖLLINGER, S.   177, 179
FORBES, H.   144
FOXHALL, L.   121, 142, 144, 147f.
FRANK, T.   101
FRAYN, J. M.   126, 149

FRIEDMAN, H.   151
FRIER, B.   102, 113, 119–121
FRIER, B. W.   113
FRIESEN, S. J.   103, 132, 136
FÜLLE, G.   152
FULFORD, M.   167

GABRIELSEN, V.   111, 125, 129, 134, 137, 159, 169
Gaius (der römische Jurist)   26
GALLANT, TH.   99, 148f.
GARNSEY, P.   99–101, 109, 114, 121, 141, 144f., 150, 164
GAUTHIER, PH.   124, 130, 165, 178
GEERTZ, C.   169
GEHRKE, H.-J.   125, 131, 164, 181
GERAGHTY, R. M.   104
GERNET, L.   154
GIBBINS, D.   164
GILL, C.   95, 123, 163
GOFFIN, B.   125
GOLDSTONE, J. A.   128
GOMME, A. W.   114
GOODCHILD, H.   151
GOWLAND, R.   100
GRANOVETTER, M.   123
GRASSL, H.   166
GREENE, K.   97, 101, 110, 117f.
GREWAL, S. D.   170, 175
GRÖSCHLER, P.   160
GÜNTHER, S.   140
GUTSFELD, A.   181
GYGAX, M. D.   125

HACKEL, Chr.   89
HALDON, J. F.   128
HALEY, K.   109
HALL, T. D.   104, 163
HALSTEAD, P.   99, 149
HANNESTAD, L.   110
HANSEN, J. W.   101
HANSEN, M. H.   114, 128
HANSEN, V. D.   134
HARL, K.   157
HARRIS, W. V.   106, 110f., 123, 142, 152, 155, 160, 179
HARRISON, A. R. W.   120f.
HART, K.   181
HASEBROEK, J.   93
HAWKINS, C.   152
HEICHELHEIM, F.   93, 165
HELMER, E.   172

HERMAN, G.   124
Herodot   126
HEROLD, N.   175
Heron   22
HERRMANN-OTTO, E.   121f.
Hesiod   20, 64, 75, 81
Hieron II.   45
HIN, S.   115
HITCHNER, B.   97, 101, 158
HODKINSON, S.   120, 149
HÖLKESKAMP, K.-J.   121, 126, 128f.
HOFFMANN-SALZ, J.   148, 150, 166f.
HOLLANDER, D.   155
Homer   13, 20, 28, 30, 75, 81, 123, 126, 172
HOPKINS, K.   97f., 105, 108, 110, 113, 122, 131, 141, 155f., 161
HORDEN, P.   99f., 105, 109f., 127, 143, 150
HORSTER, M.   146
HOWE, T.   149
HOWGEGO, C.   98, 154–156, 158
HUMPHREYS, S. C.   93f.

ISAGER, S.   146
ISMARD, P.   138, 147

JACOMET, S.   142
JAKAB, E.   127, 162
JAMESON, M. H.   99
JONES, A. H. M.   95, 160
JONGMAN, W.   98, 112, 115, 143, 145, 151
Justinian (Princeps)   85

KALLET-MARX, L.   172, 179
Kallet-Marx, L.   172
Kallias   77
KARDULIAS, P. N.   99
KATSARI, C.   156f.
KEAY, S.   120, 129
KEEN, A. G.   164
KEENAN-JONES, D.   100
KEHOE, D.   97, 102f., 119–121, 148
KESSLER, D.   101
KEYNES, J. M.   176
KILLGROVE, K.   100
KIM, H.   154
KING, A.   145
KITCHEN, K.   165
Kleisthenes   11, 41
Kleomenes von Naukratis   74

KLOFT, H.   96
KOERNER, R.   137
KOHNS, H. P.   144
KOMLOS, J.   112
KONEN, H.   92, 126–128, 136, 150, 152, 157, 160
KONSTAN, D.   124
Konstantin (Princeps)   64
KOSLOWSKI, P.   90, 175
KOUKI, P.   99
KRAAY, C.   154
Kratos   81
Kreon   76
KROLL, J.   153f.
KRON, G.   145, 151, 162
KURKE, L.   126, 171f.
KYRTATAS, D. J.   122

Laertes   81
LANGHOHN, O.   175
LAUNARO, A.   115
LEPPIN, H.   135, 137f.
LEVEAU, P.   151
LEVINE, D. B.   171
Livius   17, 74
LO CASCIO, E.   97, 115, 128f., 131f., 136, 139, 142, 156, 181
LOHMANN, H.   147
LOMAS, K.   125
LOOMIS, W. T.   101
LUNDGREEN, CHR.   128
LYTTKENS, C. H.   103, 119

MAC KINNON, M.   101, 145
MACKIL, E.   102, 110, 129f., 136
MACMULLEN, R.   126
MALANIMA, P.   100, 117f.
MALINOWSKI, B.   94
MALITZ, J.   134
MALKIN, I.   123
MALMENDIER, U.   139
MALTHUS, T. R.   111
MANN, M.   128
MANNING, J.   100, 102, 109, 119f., 124, 129, 133, 162, 165
Marcus Aurelius (Princeps)   72
MARSHAL, A.   90
MARX, K.   176
MARZANO, A.   101, 108, 151, 162
MASSON, O.   125
MATTINGLY, D.   105, 140, 148, 150, 162
MAUSS, M.   94

McCormick, M. 100, 107
McKechnie, P. 109
Meadows, A. 110
Meier, Chr. 181
Meier, L. 125
Meikle, S. 176
Meissner, B. 118
Meister, K. 134
Mele, A. 163
Menger, C. 90
Meritt, B. D. 134
Metall 154
Meyer, E. 92f.
Middleton, P. 143, 162
Migeotte, L. 124f., 127, 135f., 144
Millar, F. 168
Miller, D. 142
Millett, P. 95f., 98, 104, 124, 126–128, 158f., 173f.
Mitchell, L. G. 123f.
Möller, A. 95, 126f., 168
Monson, A. 102, 104, 116, 119f., 133, 135
Moreno, A. 144, 164
Morley, N. 94, 101, 105, 107–109, 112, 119, 126, 142f., 162
Morris, I. 97, 103f., 119, 128–130, 146, 154, 159
Müller, H. 101

Nafissi, M. 92, 94f.
Nagy, G. 171
Neesen, L. 139
Nelson, R. R. 112
Nero (Princeps) 63, 168
Nicolet, C. 139, 181
Nida-Rümelin, J. 90
Nippel, W. 89, 92, 94, 108
North, D. 91, 102, 118, 128

Ober, J. 98, 102f., 119, 125, 135, 137, 158, 170, 181
Octavian siehe Augustus (Princeps)
Odysseus 75, 81
Oexle, O. G. 90, 174, 177, 179
Oliver, G. 110, 115, 136, 141, 144
Olshausen, E. 109
Onken, B. 143, 156, 167
Orestes 76
Ormrod, W. M. 141
Osborne, R. 97, 99, 108f., 120, 125, 147, 150, 163

O'Shea, J. 99

Panella, C. 97, 101, 167
Parker, A. J. 164
Parkin, H. 113
Pasion 64
Patterson, J. R. 126
Paulus (römischer Jurist) 85
Peacock, D. 97, 99, 101, 168
Pekáry, Th. 96
Penelope 81
Perikles 48, 86
Pfister, Chr. 112
Phainippos 55
Phokylides 81
Pilkington, N. 164
Pindar 76
Platon 76f., 81, 172–174
Pleket, H. W. 150, 181
Plinius d. Ä. 20, 22, 31, 73, 79, 84
Plinius d. J. 56, 63
Plumpe, W. 89–91, 102, 119
Plutarch 29
Pointing, M. 158
Polanyi, K. 94f., 102, 123, 127, 175, 178
Polemarchos 77
Polybios 35
Pompeius 46
Postlethwaite, N. 95, 123
Protagoras 81
Ptolemaios I. 61f.
Ptolemaios II. 24, 135
Purcell, N. 99f., 105, 109f., 127, 143, 150

Quass, F. 125

Rackham, O. 106
Rathbone, D. 97–100, 108, 116, 122f., 129, 133, 136f., 140, 148, 150, 157, 160f., 166, 168
Reger, G. 98, 100f., 110, 119, 144, 165
Remsal-Rodríguez, J. 162
Rhodes, P. J. 136, 168
Rice, C. 167
Richardson, J. 120, 129
Rilinger, R. 120
Ripollès, P. P. 156
Robinson, O. F. 126
Rössler, M. 89
Rogers, G. M. 125

Register   237

ROLL, E.   89
ROLLE, R.   90
ROLLINGER, CHR.   123f., 160
ROSCHER, W.   90
ROSIVACH, V.   144
ROSSIGNOL, B.   100, 112
ROSTOVTZEFF, M.   93f., 104, 133, 165
ROTHENHÖFER, P.   143, 152, 162, 167
ROWLANDSEN, J.   121, 148
RUFFING, K.   92, 96, 109, 113, 125–129, 136, 150, 152, 157, 160, 167
RUNNELS, C. N.   99
RUSCHENBUSCH, E.   99, 114
RUSSELL, B.   111
RUTTER, K.   154

SAFRA, Z.   101
SAHLINS, M.   95, 123
SALLARES, R.   100, 106, 145, 150
SALLER, R.   95, 103f., 116, 120f., 124, 151, 161
SAMONS, L. J.   134
SAPRYKIN, S. J.   110
SCHÄFER, CHR.   121, 123
SCHAPS, D.   121, 153f.
SCHARPER, U.   109, 165
SCHARTMANN, G.   155, 157
SCHEFOLD, B.   177
SCHEIDEL, W.   101, 103f., 107, 109f., 112–116, 121–123, 132, 136, 140, 145f., 165
SCHLANGE-SCHÖNINGEN, H.   173
SCHMIDTKE, S.   112
SCHMITT, A.   171
SCHMITZ, W.   110, 119, 121
SCHMOLLER, G.   90
SCHNEIDER, H.   89f., 92, 96f., 117f., 136, 142, 147, 180
SCHÖNERT-GEISS, E.   153
SCHÖRLE, K.   167
SCHOFIELD, M.   123f., 175
SCHORN, S.   179
SCHRIEFL, A.   172f.
SCHUBERT, C.   134, 138
SCHULER, CHR.   120, 126, 135f., 147, 151, 166
SCHULZ, R.   106, 139
SCHUMPETER, J.   170
SEAFORD, R.   95, 123, 154, 172
SEIFERT, S.   89
Seneca   66, 79
Septimius Severus (Princeps)   49

Sestius   79
SHAW, B.   95
SHERRAT, A.   127
SHERRAT, E. S.   127
SHUTES, M. T.   99
SIDEBOTHAM, S. E.   104, 165
SKYDSGAART, J. E.   146, 149
SMITH, A.   90, 175
Solon   76, 130, 154
SONNABEND, H.   106
Sophokles   20, 76, 81
SPAHN, P.   90, 174, 177, 179
SPEIDEL, M. A.   136f.
STRØM, I.   154
SUDER, W.   113f.
Sulla   46
SZAIVERT, W.   101

TAN, J.   131
TANDY, D.   163
TCHERNIA, A.   97, 101, 143, 150, 167
TEMIN, P.   101, 160f., 166
TEPSTRA, T.   124, 160, 169
Themistokles   130, 134
Thomas von Aquin   175
THOMMEN, L.   106
THOMPSON, D.   100, 113f., 116, 122, 133, 143
THONEMAN, P. J.   111
Thukydides   48, 76, 86, 170, 172
THURNWALD, R.   94
TILLY, Ch.   90f., 102, 119, 129–131
TODD LOWRY, S.   170, 175, 179
TODD, S.   121
Trajan (Princeps)   63
TSCHIRNER, M.   95
TSINGARIDA, A.   111
TURNER, E. G.   133
TYKOT, R. H.   100

Ulpian (römischer Jurist)   84
UNHOLTZ, J.   177

VAN AALFEN, P. G.   110
VAN ANDEL, T. H.   99
VAN BERKEL, T.   124, 176
VAN DER SPEK, R. J.   150
VAN MINNEN, P.   143
VAN WEES, H.   95, 125, 130, 134f., 138, 153f.
Varro   23, 26, 56, 84
VEAL, R.   100, 117f.

VERBOVEN, K.   123f., 156f., 160
Verres   45
VEYNE, P.   124f.
VITA-FINZI, C.   106
VIVENZA, G.   124, 170, 179–181
VIVIERS, D.   111
VON FREYBERG, H.-U.   98
VON REDEN, S.   89f., 97, 100, 104, 110, 123f., 126, 128, 131, 135, 142–144, 153–155, 157, 159, 163, 165f., 168, 171f., 175, 178

WAGNER-HASEL, B.   92, 94, 96, 123
WAGSTAFF, J. M.   107
WALKER, D. R.   158
WALLERSTEINS, I.   104f.
WALRAS, L.   90
WALSH, J. S. P.   143
WALTER, U.   128
WARTENBERG, U.   130, 155
WEBER, M.   92f., 108, 128
WEIMERT, H.   110
WELLS, B.   99
WESCH-KLEIN, G.   125
WHITBY, M.   144
WHITE, K. D.   117
WHITTAKER, C. R.   149, 152

WIEDEMANN, TH.   124
WIERSCHOWSKI, L.   109, 113, 136
WIESEHÖFER, J.   113
WIKANDER, Ö.   118
WILL, É   95
WILSON, A.   97f., 100f., 109, 117f., 150, 152, 162–164, 167
WINTERLING, A.   120, 128, 139
WITTRECK, F.   174f.
WOLTERS, R.   97, 101, 137, 139, 157f., 181
WOOLF, G.   98, 105, 131
WRIGLEY, E. A.   117

Xenophon   43, 59, 82f., 169–171, 177–179

YOUNG, G. K.   104, 109, 165, 168

ZACCAGNINI, C.   129
ZAYADINE, F.   168
ZELENER, Y.   112
ZIEGLER, K. H.   165
ZIMMERMANN, M.   99, 105
ZOEPFFEL, R.   172
ZUIDERHOEK, A.   125

Orts- und Sachregister

Achäische Bund   35
Achaia   45, 57f.
Administration   2, 6, 12, 33, 36, 39, 68, 132
Adria   69
Aediles   31
Ägäis   13f., 42, 70
Ägäisinseln   58
Ägypten   9–14, 18–20, 24, 27, 36f., 43f., 47, 50, 54, 57f., 60–63, 66, 69–71, 148, 165–167
– römisches Ägypten   19
Aerarium   45f.
Äthiopien   12, 24
Afrika   8, 10, 17, 22, 45, 56, 71f.
– Nordafrika   9–12, 15, 20–22, 24, 27, 36, 45, 49, 54, 56, 58, 61, 69, 71f., 148, 151f., 163
– Südostafrika   68
Ager privatus   45
Ager publicus   44
Agora   10, 31, 126, *siehe auch* Markt/als Ort
Agoranomoi   31
Aigina   42, 60, 69f.
Aitolischer Bund   35
Akteur   1f., 13, 33
Alexandria   11, 14, 17, 19, 21, 52, 65f., 68, 70, 72, 74, 86, 108, 150, 165, 169

Allokation 1–3, 7, 13, 15, 18, 39, 48, 67f., 70, 79, 171
Al-Mina 69
Ambacti 27
Amicitia 28, 66, *siehe auch* Freundschaft
Amphoren
– Dressel 1-Amphoren 72
– Lamboglia 2-Amphoren 71
– Weinamphoren 72
Anatolien 13, 15, 69
Angebot 2
Annona 49, 74, *siehe auch* Getreide/Getreideversorgung
– Annona civilis 49, 72
Anreiz 3, 19, 24, 36, 70, 74, 84, 164
Antiocheia 11, 17, 52, 63, 108
Antipeponthos 79
Antoninische Seuchenperiode 15
Apamea 14
Apoikia 10f., *siehe auch* Kolonisation
Apulien 71
Aquädukte 22
Arabien 43, 73
Arbeit 26–28
– Arbeitskraft 26, 84
– Arbeitsleistung 26, 39
– Auftragsarbeit 26
– Lohnarbeit 26f., 77f.
– Sklavenarbeit 26, *siehe auch* Sklaven
– Zwangsarbeit 39
Arbeitskraft 8
Archäologie 4f., 11, 13, 18, 22
Archaische Zeit 23, 26, 29, 41f., 52, 69
Archimedische Schraube 23
Arete 75f.
Arezzo 59
Argos 14
Aristokratie *siehe* Elite
Arkadien 55
Armee 24
Armenia 46
Armut 81
Asien 8–10, 17, 20, 45f., 57, 60, 62, 70
– Kleinasien 11–14, 21, 27, 43, 51
– Vorderasien 18, 21, 37
– Zentralasien 12, 43, 68, 70
Ass 62
Athen 4, 10–12, 14f., 21, 26, 28, 30, 32, 34, 36, 40–43, 48, 52f., 60f., 64f., 69f., 74, 86, 89, 92, 94, 97–99, 103, 108f., 111, 114, 119, 125f., 128–130, 134–138, 141, 144–147, 149, 154, 164, 166, 169f., 179
Attika 18, 50, 52, 55, 57, 83, 144
Auktion 65
Aula *siehe* Haushalt
Ausfuhr *siehe* Export
Autarkie 11, 49, 83, 175
– Abkehr von 84

Babylon 24
Baetica 22
Baktrien 61
Bank 65f., 92, 159
Banken 159f.
Bankier 3, 26, 64–67, 159
Barbegal 59
Basar 75, *siehe auch* Markt/als Ort
Bauer 34, 49, 54, 73, 77, *siehe auch* Landwirtschaft
Baumringanalyse *siehe* Dendrochronologie
Bautechnik 21
Bedarf 2, 6, 8, 14, 22, *siehe auch* Nachfrage
– Definition 49
Beneficium 31, 84
Bergbau 11, 22, 33, 39, 83
Bergwerk 39, 44f., 56, 62, 146, *siehe auch* Bergbau
Beruf 2
– Berufsgruppen 73
Bestattung 22
Betrug 2, 31, 40, 75f., 126
Bevölkerungsdichte 18f., 52
Bevölkerungsentwicklung *siehe* demographische Entwicklung
Bewässerung 19, 21–24, 39, 57f.
Bioanthropologie 5, 53, 99f.
Bithynien 63
Bodenschätze *siehe* Ressourcen/natürlich
Bosporus 28
Britannien 10, 19, 56f., 71f.
Bronze 62, 81, *siehe auch* Metall
Brot 50, 58
Brücken 22
Buchführung 81
Buchgeld 161
Bündnis 35f., 68
Bündnissystem 34–36
Bürge 65
Bürger 41, 59, 73, 78, 170

240 Register

Bürgerkrieg 46, 48, 157
Bürgerrecht 33, 59, *siehe auch* Bürgerschaft
- römisch 45
Bürgerschaft 11, 17f., 30, 33–35, 44, 135
Bürokratie 2, 33
Bundesgenossen 12, 131

Caesarea 63
Census *siehe* Zensus
Chaironeia 48
Chalkidike 14
Chalkis 69
China 72f., 105
Chios 56
Chremata 76
Chrematistike 78
Collegium 29, 59
Coloni 27
Commercium 35, *siehe auch* Markt/als Verteilungssystem
Connubium 35
Cyprianische Seuche 15

DDR 95, *siehe auch* Mauerbau
Delisch-Attischer Seebund 42, 48, 61
Delos 42, 65, 71, 74, 165f.
Demen 11, 41
Demiourgoi 13
Demographische Entwicklung 4, 6, 10, 15–18, 52
Demokratie 103, 173
Demosion 42
Denarius 62f.
- Feingehalt 63
Dendrochronologie 4, 100
Deutschland 90
Dike 76
Distribution 39, 68, *siehe auch* Allokation
Domus *siehe* Haushalt
Donau 57
Donauregion 10
Drachme 61f.
Dritter Sektor 40

Edelmetall *siehe* Metall
Edelmetallgefäße 60
Ehe 35
Eigentumsrecht 6, 24–26, 33, 39, 44, 54, 79, 84, 87, 121

Einkommen 52
Eisenzeit 9, 13
Eisphora 30, 42f., *siehe auch* Steuern
Ekphoria 43
Elefanten 24, 71
Elektron 61
Elfenbein 71, 73
Elite 3f., 16, 20, 28, 30f., 34, 36, 39f., 47–49, 52f., 60, 65, 67f., 73, 76, 86f., 150, 168f.
- römisch 29, 104
Emporium 11, 32, 69, 104, 111, 126
Energie 19, 23
Enktesis 35
Entwässerung 21, 57f., 151, *siehe auch* Bewässerung
Ephesos 17, 62
Ephesus 14
Epidauros 14
Epidemie 15f., *siehe auch* Krankheiten
Epidosis 40
Epigamia 35
Epigraphik 4f., 14, 31
Epikleros 25
Equilibrium 112
Erbe 121
Erbrecht 25
Eretria 69
Erga 81
Ernährung 4, 50, 53
- Mangelernährung 51
Ernte 74
Erträge 1
Erythräisches Meer 14, 24
Etrurien 9, 56, 62, 69
Euboia 10
Eudaimonia 76
Euergesie 29–31, 37, 43, 63, 68, 73, 75, 87, 124–126, 128, 180
Euergetismus *siehe* Euergesie
Eunomia 76
Euphrat 24
Expansion 10, 12, 44, 58
Export 70, 83

Faenator 66, 160
Familia 25, 47
Familie 2f.
Feldzug *siehe* Militär/Feldzug
Fernhandel *siehe* Handel/Fernhandel
Fertilität 15f., 51, 113f.
Feste 35

Fides 29, 66
Fisch 50, 128
- Fischsauce 71
- Trockenfisch 69
Fischerei 54f.
Fiscus 46, 63
Flachs 54, 58
Fleisch 32, 49f., 52, 145, *siehe auch* Tier, Konsum/Fleischkonsum
Flotte 39, 42, 44, *siehe auch* Militär/Flotte
- Flottenbau 42, 61
- Handelsflotte 74
Foedera 36, *siehe auch* Bündnisse
Fortschritt
- technisch 6
- wirtschaftlich 6
Forum 10, 31, 126, *siehe auch* Markt/als Ort
- Forum Boarium 32
- Forum Holitorum 32
- Forum Suarium 32
Frankreich 59
Frau 18, 25, 60, 81f., 114, 121
Freigelassener 18, 26, 47, 66
Freundschaft *siehe* Philia, Amicitia
Frumentatio *siehe* Annona

Gabii 73
Gades 69
Gallien 10, 12, 14, 19, 22f., 27, 56-58, 71f.
Garum *siehe* Fisch/Fischsauce
Gastfreundschaft *siehe* Xenia
Gastmahl 40
Gefangene 39
Geld 1, 3, 7, 12, 31, 33, 39f., 43, 46, 60f., 65, 67, 76-80
- Geldkritik 79, 172, 175
- Geldtheorie 78, 80
- Geldverschlechterung 48, 63
Gemüse 50
Geographie 8
Gerechtigkeit
- aristotelisch 79
- sokratisch 77
- Verteilungsgerechtigkeit 75
Germanien 10, 19, 22, 56, 72
Gesandtschaften 39
Geschenk 153, 158
- Geschenkaustausch 123, 153, 163
Gesellschaft 1

Gesetze 33
Getreide 12, 18f., 21, 28, 30f., 39f., 47-51, 53f., 58, 66, 68-71, 99, 106, 127-129, 135f., 142, 144, 147, 149, 165, 169
- Gerste 55f.
- Getreideversorgung 48f., 69, 131, 141, 144, 147, 150f., 161, 164
- Preis 142, 166
- Transport 49
- Weizen 55, 144
Gewerbe 29, 44, 52, 58f., 92f., 117, 151f.
Gewichte 31, 33
Gewichtstandard *siehe* Münzen/Münzfuß
Gewinn 74f., 80
- Handelsgewinn 75
Gewürze 71, 73
Glas 20f., 73
Glaube *siehe* Religion
Gletscherwachstum 4
Gold 60, 64, 71, 76f., 81, 153, *siehe auch* Metall
Grabbeigaben 50
Grenze 33, 68, 72f.
Griechenland 10f., 14, 20f., 26, 30f., 33, 37, 39, 44, 50, 54f., 57, 60, 69, 86
Griechisches Alphabet 20
Grundeigentum 26
Güter 1-3, 8, 10, 12f., 48, 50, 55, 67, 78

Hafenanlagen 21, 32, 39, 42, 58, 68, 71, 78, 83
Handel 1, 6, 8, 10, 24, 26, 29, 34, 39f., 44, 60, 63, 67-71, 74, 76f., 84, 129, 164, 167
- Definition 67
- Etappenhandel 73
- Fernhandel 8, 13f., 20, 69-73
- Großhandel 79
- Handelskontakt 72
- Handelsroute 68f., 72, 74
- Handelsvolumen 71
- Kabotage 8
- Kleinhändler 1, 74, 76, 78, 80, 127, 168
- Seehandel 64f., 69, 72, 74
- Tauschhandel 2, 8, 13f., 31, 34, 39, 60-62, 77, 80f., 94
Handwerk 13, 21, 58f., 73, 77f.
- Werkstätten 59

- Töpferei 20, 59
- Werkstätten 59
Haushalt 25, 58, 75, 78, 178
- Domus 25
- Hausgemeinschaft 174
- Haushaltsführung 78, 81–83, 89, 161, 176f.
- Oikos 25f., 80–82, 170, 175
Hauswirtschaft *siehe* Haushalt/Haushaltsführung
Heereszug *siehe* Militär/Feldzug
Hektemoroi 27
Hellenismus 9, 17, 21–23, 26, 30f., 35–37, 39f., 43f., 48, 55, 57, 65, 69–71, 82, 86, 108, 126, 135, 159
Helotai 27, 120
Herculaneum 66
Heterogenität 36
Hierarchie 13
Historische Schule 90
Holz 12, 28f., 48, 55, 69–71
Homo Oeconomicus 90
Homöostatisches Bevölkerungssystem 15, 18, 112, 116
Humankapital 38
Hunger 51
Hydraulik 23
Hygiene 17, 22

Imperien 36–38
Imperium Romanum *siehe* Römisches Reich
Import 48, 50, 70f., 83, 164
- Öl 72
Indien 12, 14, 66, 68, 70, 72, 105
- Südwestindien 72
Indochina 72
Inflation *siehe* Geld/Geldverschlechterung
Informationsverteilung 1f., 74
Infrastruktur 33, 39, 50, 52f., 71, 86
Innovation 18, 21–23
Institutionen 6
- Definition 24
Interaktion 13
Interessen 1–3
Intervention (staatlich) 48, 70, 129, 143, 164
Investitionen 1, 84
Isopoliteia 35
Italien 9f., 12, 15, 17f., 21–23, 26f., 44, 48, 50, 52f., 55–57, 63, 65f., 72, 85, 131, 148, 163

- Norditalien 62
- Oberitalien 58
- Süditalien 10, 69

Jordanien 151

Kabotage *siehe* Handel
Kaiserzeit *siehe* Prinzipat
Kampanien 56, 62
Kapadokien 63
Kapeloi 78, 80, *siehe auch* Handel/Kleinhändler
Kapitalismus 90, 92–94, 98
Karthago 17, 108, 164
Keramik 12, 50, 58f., 69f., 72, 110, 163, 167f.
Kerdos 75, 78, *siehe auch* Gewinn
Kilikien 58
Kind 16, 18, 80, 114
Kleinasien 9
Kleinbauerntum 57
Kleinhändler *siehe* Handel/Kleinhändler
Kleruchien 12
Klima 4f., 8f., 15
- Niederschlag 4, 8f.
- Temperatur 4, 9
Knochenbefunde 51, *siehe auch* Bioanthropologie
Koinonia 34, 80
Kolonisation 10–12
Konfiskation 39, 41f.
Konkurrenz 1, 20, 23, 31, 34, 38, 70, 75
Konsum 1, 3, 6–8, 10f., 13f., 22, 25, 36, 39, 49f., 53, 67, 70
- Definition 49
- Fleischkonsum 51–53, 145
- Konsumenten 1
- Konsumgüter 72
- Konsuminteresse 73
- Konsumkapazität 49, 52f., 73, 143
- Konsumkritik 76
Konsumentenstadt 10, 97, 108, 152
Kooperation 14, 33, 36
Korinth 14, 42, 52, 60, 69, 108
Korkyra 14
Korruption 76
Kos 56
Kosmos 76
Krankheiten 4, 15f., 51, 175
- Malaria 51, 145
Kreditwesen 1, 4, 8, 25, 29, 33f., 39, 46, 64–67, 73f., 77f., 159, 161, 165

Kreta 27, 61, 150
Krieg 15, 18, 35, 40, 52
- Kriegskosten 44
- Kriegswaisen 39
Krim 10
Krise 82, 164
Kukloi 29
Kulte 35, *siehe auch* Religion
Kulturelle Entwicklung 70
Kushana-Dynastien 73
Kyaneai 11
Kyrenaia 37
Kyrene 14, 28, 70
Kyrios 25

La Graufesenque 22
Lacus Fucinus 58
Lakonien 27, 55
Landbesitz 54, 56, 75, 79, 84f.
- Größe 84
Landesverteidigung 79
Landverteilung 12, 78f.
Landwirtschaft 4, 9, 21, 23, 27, 54, 58f., 77, 79, 82
- Ertragsrate 57f.
- Extensivierung 58
- Missernte 15
- Polikultur 54f., 149
- Produktivität 57
- Trockenlandwirtschaft 8
Latifundia 56
Latinerbund 35
Lebenserwartung 2, 15
Lebensmittel *siehe* Nahrung
Lebensmittelversorgung 30, 39
Lebensstandard 1, 6, 51, 53, 146
Leder 47, 58f.
Legitimation 30f.
Leistung 2f.
Lesbos 56
Levante 11–13, 20, 69
Lex Claudia (218v) 74, 85
Lex Hieronica (3. Jh. v.) 45
Lezoux 22
Liberalitas 31, 84
Libyen 11, 14
Liturgie 30, 40, 97, 125, 134, 137, 150
Lohn 60f.
Lugdunum 63
Luxus 49, 142f., 171f.
- Luxusgüter 84, 93, 96, 142
- Luxuskritik 76, 79, 171f., 175

Lykien 11, 58
Lyon 59

Magistrate 31, 33, 37, 39f., 42
Makedonien 12, 27f., 35f., 43, 45, 48, 61, 70
Malaria *siehe* Krankheit
Mangel 80
Manus-Freie Ehe 25
Markt
- als Ort 2, 10, 29, 31f., 34, 75, 78, 126, 168, 172
- als Verteilungssystem 1f., 6, 25, 29, 33, 35, 38f., 48, 67f., 71f., 74, 79, 141, 148, 165, 168, 170, 180, 182
- Marktaufsicht 48, 68, 75
- Marktorganisation 78
- Marktregeln 31, 68, 126
- Marktteilnehmer 2
- Marktzugangsschranken 2
Maschinen 55
Maße 31
Massilia 14
Mauerbau 44, 136, *siehe auch* Peloponnesischer Krieg
Mechanik 23
Medizin 79
Mehl 58
Melioration 55, 57f.
Menschenbild 3
Mesopotamien 20, 24, 57, 68f., 72f.
- Südmesopotamien 37
Metall 12, 29, 47, 50
- Edelmetall 60, 63, 69f., 75, 153
- Edelmetalle 164
- Metallerz 69, 77
- Metallverarbeitung 51
Metallurgische Kenntnisse 23
Metöke 18, 42, 58, 73, 77f., 83f., 93
Miete 83
Migration 9–13
Milchprodukte 50
Milet 69, 108
Militär 2, 24, 28, 30, 33–35, 39, 47, 58f., 63, 71, 86, 96, 141, 166
- Budget 63
- Bürgermiliz 39, 41
- Feldzug 74
- Flotte 39–41, 61, 76, 125, 130, 134
- Flottenbau 130
- Kosten 43, 156f.
- Söldner 12, 41, 43

- Versorgung 49, 57, 68, 74, 131, 162, 180
- Veteranen 12, 47
Mineralien 12, 54, 67
Mischbebauung *siehe* Landwirtschaft/Polikultur
Missernte *siehe* Landwirtschaft/Missernte
Mitgift 64
Mittelmeerraum 10–12, 54, 67, 69f.
- östlich 20, 22, 71
- westlich 13, 71f.
Mittlere Republik 44f., 62
Mobile Beute 45
Mobiles Eigentum 84
Mobilität 11, 38, 40, 58, 67f., 70, 146
Modelle 3
Modernismus 92, 97
Monetarisierung 43, 61, 70
Monokultur 56
Monopole 44
Mortalitätsrate 4, 15f., 18
Motivation *siehe* Anreiz
Münzen 5, 33–35, 37, 43f., 60–64, 68, 70, 181, *siehe auch* Numismatik
- Feingehalt 63
- Münzentstehung 60f., 153f., 171
- Münzfuß 33, 35, 38, 43, 61
Münzgewicht *siehe* Münzen/Münzfuß
Münzvolumen 62
Muziris 14, 66
Muziris-Papyrus 73

Nachfrage 2
Nahrung 30, 47, 50, 69, 71, *siehe auch* Lebensmittelversorgung
Naturalien 41, 47
Naturwissenschaften 5
Naukraria 41
Neapel 62, 155
Neue Institutionenökonomik 6, 91, 102, 118
Niederschlag *siehe* Klima
Nikomachische Ethik 79f.
Nil 24
- Nildelta 24
NIÖ 119
Nomoi 77f.
Nordafrika *siehe* Afrika
Numismatik 5, 33–35
Nutzenkalkül 90

Obaerati 27

Oberschicht *siehe* Elite
Obolen 61
Obolostatai 78
Odyssee 81
Ökologie 6, 13, 16
Öl 12, 19, 21–23, 44, 50, 54f., 58, 68, 71f., 84, 150, 180
- Anbau 56
- Ölpresse 56
Oikonomia 75, 81
Oikonomikos 82
Oikonomos (Verwalter) 81
Oikos *siehe* Haushalt
Oliven 28, 54, 57f., 69, 163
- Anbau 56, 147
Olynthos 14
Opus Caementicium 21
Ordnung 2, 4, 6
Organisation 2
- sozial 6
- staatlich 6
Ostia 29, 72, 74

Pacht 27f., 33, 36, 42–44, 47, 54, 56, 59–61, 74, 84, 148
- Zwischenpacht 132
Paktolos 60
Paläobotanik 4f.
Pallakotas-Kanal 24
Palmyra 14, 62, 72f.
Papyrologie 4f.
Pater Familias 25
Patria Potestas 25
Patrimonium 46, 132, 139f.
Patronage 28f., 38, 53
Peloponnesischer Bund 34, 61
Peloponnesischer Krieg 42, 134
Penestai 27
Pergamon 17, 21, 45
Peripherie 36
Perlen 71, 73
Persien 43, 54
Persischer Golf 69
Petra 14, 73
Pflug 20
Philia 28, 76, 78
Phokaia 69
Phoroi 42
Phoros 43
Phylen 41
Piräus 29, 32, 70
Pisa 59

Register 245

Pistis 29, 76, 78
Pithekussae 69
Pithomkanal 24
Plebs Urbana 50
Plünderungen 44
Poebene 58
Polikultur *siehe* Landwirtschaft/Polikultur
Polis 9, 33–35, 37, 43, 48, 57f., 60f., *siehe auch* Urbane Zentren
Politeia 77
Pollenanalysen *siehe* paläobotanische Untersuchungen
Pompeji 59, 66
Pontinische Ebene 58
Pontos 58, 70, 164
Portoria *siehe* Zoll/Hafenzoll
Praefectus Annonae 49
Prägestätte 62
Prämonetäre Geldformen 60, 153f.
Preis 2, 4, 68, 85
- Getreide 49
- Preisbildung 70
- Preiskontrolle 31f., 68
- Preistheorie 79
Pressen 21, 23
Priester 33, *siehe auch* Religion
Primitivismus 92f., 144
Princeps 32, 37, 39f., 47, 54, 74
Prinzipat 21, 27, 36f., 39f., 46f., 54, 66, 71, 139
- früher 58, 85
- hoher 74
Privateigentum 79, 103, 120, *siehe auch* Eigentumsrecht
Privilegien 16
Procurator 38, 47, 59, 72, 74
Produktion 1, 3, 6–8, 10f., 22, 25, 38–40, 49, 71, 73f., 84, *siehe auch* Gewerbe
- landwirtschaftlich 54
- Nahrungsmittelproduktion 22, 48, 55
Produzenten 1, *siehe auch* Marktteilnehmer
Prostates *siehe* Verwalter
Protogeometrische Zeit 10
Provinz 36–38, 40, 45, 47, 53, 56–58, 63, 66, 73, 131, 148
- Belastung 46
- Provinzverwaltung 37f.
Ptolemäer 19, 37, 57, 133, 135, *siehe auch* Ägypten

Punier 71
Puteoli 66, 74

Quästor 47
Quellen 7
- archäologisch 5, 22, 56, 60
- literarisch 2, 4, 23
- numismatisch 98, 111, 154f.
- papyrologisch 63, 73

Rational-Choice *siehe* Homo Oeconomicus
Recht 2, 12, 24–27, 35, 38
Rechtsprechung 35, *siehe auch* Recht
Rechtsverfahren *siehe* Recht
Redistribution 38–40, 48, 94, 126, 131f., 134, 141
Regierung 2
Reichtum 77, 179
- Reichtumskritik 79
Rekrutierung 33, 35, *siehe auch* Militär
Religion 2, 33, 41, 50
- Kultabgaben 39
Rente *siehe* Pacht
Res Gestae 18, 31
Ressourcen 6, 35–37, 48, 51, 162
- menschlich 1
- natürlich 1, 4, 39, 70
Reziprozität 28, 64, 94–96, 123, 168
Rheinzabern 22
Rhodos 28, 56, 58, 65, 70, 74, 169
Rio Tinto 22
Risiko 25, 34, 51, 65f., 75
- Ernterisiko 74
Ritterstand 38, 47
Römische Republik 12, 25, 31, 37, 44, 65
- Frühe Republik 44
- Späte Republik 12
Römisches Recht 12, 29, 77
Römisches Reich 13, 36, 38, 53, 67, 73
Rohstoffe *siehe* Ressourcen/natürlich
Rom 4, 10f., 14–17, 21, 31f., 35–39, 44–48, 50–52, 54, 61–63, 68, 71–74, 86, 105, 108, 121, 128, 131, 140f., 145, 151, 155, 162, 168f.
Rotes Meer 24, 68, 70, 72

Salinen 44
Samos 42, 69
Sardinien 11, 48, 69, 163
Sarkophag 72
Satrapie 36, 83, *siehe auch* Provinz

Schifffahrt 19–21, 26, 34, 65, 69, 74f., 86
- Binnenschifffahrt 67
- Hochseeschifffahrt 69
- Ladekapazität 69, 71, 164
- Mischladung 69
- Schiffswrack *siehe* Wrackfunde

Schiffsbau 23, 65, *siehe auch* Militär/Flotte

Schildkrötenpanzer 73
Schriftlichkeit 33
Schwangerschaft 51
Schwarzes Meer 10–13, 27, 50, 55, 61
Seedarlehen 64f.
Seefahrt *siehe* Schifffahrt
Seide 73
Selbstdarstellung 23
Seleukiden 37, 61, 135, 165
Sestertius 62
Seuche *siehe* Epidemie
Severer 63, 72
Silber 60–62, 70f., 77, 135, 153, *siehe auch* Metall
Sizilien 9–11, 13f., 46, 48f., 51, 55, 57, 61, 69f., 86, 163
Sklave 13, 18, 25–27, 29, 34, 39, 45f., 54, 56, 59, 66, 70, 73, 77f., 80, 82–85, 93, 114
Sklaverei *siehe* Sklaven
Societas 29, 66
Söldner *siehe* Militär/Söldner
Soldaten 32, 50, 68, 70, *siehe auch* Migration
Soziale Gruppen 1–4, 11, 13
Späte Republik 18, 21, 48, 71
Spanien 10–12, 56, 58, 62, 69, 71
- Südküste 163
- Südspanien 57
Sparta 26f., 41, 54, 61, 70, 76, 86, 120
Sprache 12, 119
STAAT 1f., 6, 33f., 36, 41, 74, 78, 120, 127–133
Stabilität 41
Stadt 9f., 40, *siehe auch* Urbane Zentren, Konsumentenstadt
- Stadtentwicklung 23, 44, 58
- Stadtgründung 68
- Stadtkultur 10
- Städtebau 70
Stadtkultur 11, 31
Stater 61
Statthalter 45, 66
Statue 70

Status 3, 28, 30
Statusgruppen *siehe* soziale Gruppen
Steinbruch 39, 72
Sterberate *siehe* Mortalitätsrate
Steuer 4, 13, 19, 24, 30f., 33, 35–41, 47, 58, 61, 120, 129–132, 137, 139, 179f.
- Besitzsteuern 45
- Bodensteuer 39, 41, 43, 45, 47
- direkt 44f., 47
- Erntesteuer 39, 46
- Geldsteuer 47, 66
- indirekt 39, 42, 44f., 47, 140
- Kopfsteuer 39, 41–43, 45, 47
- Naturalbesteuerung 41, 47, 74, 131, 138
- Sondersteuer 31, 40, 44, 83
- Steuereinziehung 6, 33f., 38–41, 43–47, 64, 129–131
- Steuerfreiheit 72, 74, 111, 131
- Steuerklassen 43
- Steuerpacht 42, 45–47, 130
- Steuerprivilegien 111, 164
- Steuerrate 40
- Verkehrssteuer 44f.
Stiftung 30f., 39f., 44, 65
Stipendia 45
Stoffe 71, *siehe auch* Textilien
Strafe 60f.
Straßen 8, 21f., 31, 39, 51, 71
- Straßenbau 21f., 38, 51
- Straßennetz 58, 68
Stratiotikon 43
Subsistenzwirtschaft 49, 73
Suntaxeis 43
Symmachie 61, 68
Symmoriai *siehe* Steuer/Steuerklassen
Symposion 50, 76
Syrakus 69, 108
Syrien 14, 20, 45, 58, 61, 68, 72
- Nordsyrien 37
- Südsyrien 37

Tagelöhner 78
Talent 64
Tarent 44
Tarimbecken 73
Tausch *siehe* Handel/Tauschhandel
Technische Entwicklung 19f., 22–24, *siehe auch* Innovation
Tempel 21, 29, 34, 49, 51, 54, 64, 154, 166, *siehe auch* Religion
Terra Sigilata-Ware 22, 59, 72, *siehe auch* Keramik

Register 247

Textilien 20, 44, 47, 50, 58f., 70, 151
Thalassämie 51
Thasos 14, 56
Theophrast 82
Theorikon 43
Thessalien 27, 35, 55, 62, 70, 149
Thrakien 12, 14
Tiberius (Princeps) 63
Tier 44, 49, 55, 80
- Haltung 54f.
- Jagdwild 55
- Pferde 55
- Rinder 50, 55, 60, 81
- Schafe 50, 55, 81
- Schweine 49f., 55, 81, 145
- Ziegen 50, 55, 81
Töpferei 22
Toskana 59
Transaktion 39
- Transaktionskosten 35
Transaktionskosten 91, 102, 165
Transport 22, 24, 33, 44, 49, 58, 70, 73f.
- Flusstransport 69, *siehe auch* Schifffahrt/Binnenschifffahrt
- Kosten 69, 74
- Landtransport 69, 72, 166
- Seetransport 50, 67, 69, 72, 74
Tribut 6, 37, 39, 42, 45-47, 81, 114, 120, 129f., 134, 168
Tripolitana 22, 57, 72
Triumph 40
Tunesien 57
Tutor 25
Tyros 69

Überschuss 49, 55f., 67, 82, 150, 172
Urbane Zentren 6, 9-11, 58, 67, 150, 156
Urbanisierung 10f., 17, 31, 51, 61, 67, 76, 101, 107f., 115f., 126, 151, 165

Vectigalia 44
Veji 51
Verbrauch 1, 50, *siehe auch* Konsum
Verbraucher *siehe* Konsum/Konsumenten, Marktteilnehmer
Vermögensverwaltung 26
Verpachtung *siehe* Pacht
Verschuldung *siehe* Kreditwesen
Verteilung *siehe* Allokation
Verwalter 56, 59
Verwaltung 2, 54, *siehe auch* Administration

Veteranen *siehe* Militär/Veteranen
Via Appia 31
Vilicus *siehe* Verwalter
Villa 56, 71
Vögel 84
Volk
- als politischer Akteur 2, 33
Volksversammlung 33

Währung *siehe* Geld, Münzen
Wärmeerzeugung *siehe* Energie
Waffen 23
Wald 44, 55
Waren 2, 47, 74, *siehe auch* Güter
- Warenwert 85
Wasserkraft 19, 21, 59, *siehe auch* Energie
Wasserleitung 21, 24, 31, 39, *siehe auch* Wasserversorgung
Wasserversorgung 21f., 24, 31, 38f.
Weidewirtschaft 54, *siehe auch* Tier
Weihrauch 73
Wein 12, 21-23, 28, 49f., 54-58, 68-72, 84, 106, 117, 142, 147, 150, 163, 167, 180
- Anbau 56f., 142, 147, 150
- Weinpressen 56
Werkstätten *siehe* Handwerk/Werkstätten
Westspanien 69
Wirtschaftliche Entwicklung 12
Wirtschaftsgeschichte 3-5
Wirtschaftsleistung 1, 6, 51f.
Wirtschaftsmentalität 3
Wirtschaftstheorie 84, *siehe auch* Neue Institutionenökonomik
- klassisch 3, 79
- neoklassisch 2, 90-102, 171
Wirtschaftsverhalten 3
Wirtschaftswachstum 6, 33
Wissenstransfer 20, 23, 38, 86
Wohlstand *siehe* Reichtum
Wolle 20, 55, 58
Wrackfunde 69, 71f., 164

Xenia 28

Zahnmaterial 51
Zahnschmelzaplasie 51
Zensus 4, 17f., 41f.
Zentraleuropa 10
Zinsen 4, 78, *siehe auch* Kreditwesen
- Regulierung 85

- Zinsrate 19, 85, *siehe auch* Kreditwesen
Zoll 4, 13, 33, 39, 42, 47, 62, 68, 70, 73, 83, 134, 140, 165, 168
- Hafenzoll 42f., 45, 47, 134
- Zollfreiheit 74, 111, 131, 162
- Zollvergünstigungen 48, 103, 164
Zweiter Attischer Seebund 35, 83
Zweiter Punischen Krieg (218–201 v. Chr.) 45, 62, 70
Zwölftafelgesetz 84
Zypern 13, 37, 58, 69f.

Enzyklopädie der griechisch-römischen Antike

Band 1
Winfried Schmitz
Haus und Familie im antiken Griechenland
2007. X, 191 S.
ISBN 978-3-486-58376-2

Band 2
Winfried Schmitz
Haus und Familie im antiken Rom

Band 3
Aloys Winterling
Die griechische Gesellschaft

Band 4
Aloys Winterling
Die römische Gesellschaft

Band 5
N.N.
Politische Organisation im klassischen Griechenland

Band 6
Uwe Walter
Politische Organisation im republikanischen Rom

Band 7
Ernst Baltrusch
Außenpolitik, Bünde und Reichsbildung in der Antike
2008. X, 219 S.
ISBN 978-3-486-58401-1

Band 8
Gregor Weber
Antike Monarchie

Band 9
Christian Mann
Antikes Militär
2013. X, 168 S.
ISBN 978-3-486-59682-3

Band 10
Sitta von Reden
Antike Wirtschaft
2015. XII, 248 S.
ISBN 978-3-486-59700-4

Band 11
Tanja S. Scheer
Griechische Geschlechterverhältnisse
2011. XII, 180 S.
ISBN 978-3-486-59684-7

Band 12
Tanja Scheer
Römische Geschlechterverhältnisse

Band 13
Bernhard Linke
Antike Religion
2014. X, 196 S.
ISBN 978-3-486-59702-8

Band 14
N.N.
Das frühe Christentum

www.ingramcontent.com/pod-product-compliance
Lightning Source LLC
Chambersburg PA
CBHW030824230426
43667CB00008B/1359